REVISTA DE DIREITO MERCANTIL
industrial, econômico e financeiro

115

Publicação do
Instituto Brasileiro de Direito Comercial Comparado
e Biblioteca Tullio Ascarelli
do Departamento de Direito Comercial
da Faculdade de Direito da Universidade de São Paulo

Ano XXXVII (Nova Série)
julho-setembro/1999

MALHEIROS EDITORES

REVISTA DE DIREITO MERCANTIL

industrial, econômico e financeiro

Nova Série — Ano XXXVII — n. 115 — julho-setembro de 1999

REVISTA DE DIREITO MERCANTIL
publicação trimestral de
MALHEIROS EDITORES LTDA.
Rua Paes de Araújo, 29, cj. 171
CEP 04531-940
São Paulo, SP - Brasil
Tel. 822-9205 - 820-5549 - Fax: 829-2495

Assinaturas e comercialização:
CATAVENTO DISTRIBUIDORA DE LIVROS S.A.
Rua Conselheiro Ramalho, 928
CEP 01325-000
São Paulo, SP - Brasil
Tel. 289-0811 - Fax: 251-3756

Diretor Responsável: Álvaro Malheiros
Diretora: Suzana Fleury Malheiros

Supervisão Gráfica: Vânia Lúcia Amato
Composição: PC Editorial Ltda.

SUMÁRIO

DOUTRINA

EFICIÊNCIA ALOCATIVA DAS NORMAS QUE REGEM O DIREITO DE PROPRIEDADE E A REFORMA AGRÁRIA
– *Rachel Sztajn* 7

ATUALIDADES

O DIREITO DA PRIVATIZAÇÃO
– *Arnoldo Wald* 33

RESPONSABILIDADE DOS ADMINISTRADORES E OUTROS MEMBROS DOS ÓRGÃOS SOCIAIS POR DÍVIDAS TRIBUTÁRIAS
– *Armindo Saraiva Matias* 42

INTERPRETAÇÃO DO DIREITO COMERCIAL
– *Jorge Lobo* 55

APLICAÇÃO DO ACORDO TRIPS NO BRASIL
– *Newton Silveira* 66

INATIVIDADE DA SOCIEDADE COMERCIAL
– *Joaquim Antônio Vizeu Penalva Santos* 75

APLICABILIDADE DA RESOLUÇÃO 2.493/98 ÀS COMPANHIAS SECURITIZADORAS DE CRÉDITOS IMOBILIÁRIOS
– *Caio Moysés de Lima* 79

OS CONSÓRCIOS DE EMPRESAS E SEUS RISCOS JURÍDICOS
– *João Luiz Coelho da Rocha* 83

ASPECTOS ATUAIS DO CONTRATO DE CÂMBIO
– *Marcelo M. Bertoldi* 88

QUESTÕES JURÍDICAS SOBRE A INADIMPLÊNCIA NO PAGAMENTO DO CHEQUE
– *Celso Barbi Filho* 104

CONTEMPORANEIDADE DO CÓDIGO COMERCIAL IMPERIAL. BREVES CONSIDERAÇÕES
– *Luiz Antonio Guerra da Silva* 120

A PROPÓSITO DA SECURITIZAÇÃO DE RECEBÍVEIS: CESSÃO DE CRÉDITO OU CESSÃO DO CONTRATO
– *Cassio M. C. Penteado Jr.* 124

DO ACESSO AOS LIVROS SOCIETÁRIOS. NOTAS PARA UMA INTERPRETAÇÃO SISTEMÁTICA E TELEOLÓGICA DO § 1º DO ART. 100 DA LEI DE S/A.
– *Nelson Cândido Motta* 127

APLICAÇÃO EXTRATERRITORIAL DA LEI ANTITRUSTE
– *Lior Pinsky* 130

JURISPRUDÊNCIA COMENTADA

O SIGNIFICADO DA EXPRESSÃO “OPERAR INSTITUIÇÃO FINANCEIRA” CONSTANTE DO ART. 16 DA LEI “DOS CRIMES DO COLARINHO BRANCO” (LEI 7.492/86)
– *Haroldo Malheiros Duclerc Verçosa* 142

EXECUÇÃO JUDICIAL DE DUPLICATAS SEM OS ORIGINAIS DOS TÍTULOS
– *Celso Barbi Filho* 171

LIQUIDAÇÃO EXTRAJUDICIAL DE COMPANHIA SEGURADORA. DIREITO DO ACIONISTA RECORRER AO PODER JUDICIÁRIO PARA DEFESA DE SEUS DIREITOS
– *Frederico Simionato* 184

CISÃO. PREJUÍZO AOS MINORITÁRIOS. DESPROPORCIONALIDADE. COMPETÊNCIA DO REGISTRO PÚBLICO DAS EMPRESAS
– *Alexandre Letízio Vieira* 204

ESPAÇO DISCENTE

PREÇO DE EMISSÃO DAS AÇÕES NO AUMENTO DE CAPITAL DA COMPANHIA – ART. 170 DA LEI DAS SOCIEDADES POR AÇÕES (ALTERAÇÕES INTRODUZIDAS PELA LEI 9.457/97)
– *Sandra de Medeiros Nery* 221

PARECERES

A OPERAÇÃO DE "FACTORING" COMO OPERAÇÃO MERCANTIL
– *Luiz Gastão Paes de Barros Leães* 239

INCORPORAÇÃO DE RESERVAS DE CAPITAL AO CAPITAL SOCIAL SEGUIDA DA REDUÇÃO DO CAPITAL – LEGITIMIDADE DA OPERAÇÃO
– *Nelson Eizirik* 255

COLABORAM NESTE NÚMERO

ALEXANDRE LETÍZIO VIEIRA
Pós-Graduando da Faculdade de Direito da Universidade de São Paulo

ARMINDO SARAIVA MATIAS
Professor Associado da Universidade Autónoma de Lisboa. Consultor do Banco de Portugal

ARNOLDO WALD
Professor Catedrático de Direito Civil. Advogado

CAIO MOYSÉS DE LIMA
Bacharel pela Faculdade de Direito da Universidade de São Paulo. Advogado

CASSIO M. C. PENTEADO JR.
Advogado em São Paulo

CELSO BARBI FILHO
Professor Assistente e Mestre em Direito Comercial pela Faculdade de Direito da Universidade Federal de Minas Gerais. Procurador do Estado de Minas Gerais

FREDERICO SIMIONATO
Pós-Graduando da Faculdade de Direito da Universidade de São Paulo

HAROLDO MALHEIROS DUCLERC VERÇOSA
Mestre e Doutor em Direito pela Faculdade de Direito da Universidade de São Paulo. Professor de Direito Comercial nos Cursos de Graduação e Pós-Graduação da USP e da UNICID

JOÃO LUIZ COELHO DA ROCHA
Professor de Direito Comercial da Pontifícia Universidade Católica do Rio de Janeiro. Advogado

JOAQUIM ANTÔNIO VIZEU PENALVA SANTOS
Desembargador aposentado do Tribunal de Justiça do Estado do Rio de Janeiro. Coordenador do Curso de Direito Comercial da Escola de Magistratura do Estado do Rio de Janeiro (UMERJ)

JORGE LOBO
Livre-Docente em Direito Comercial pela Universidade Estadual do Rio de Janeiro. Advogado

LIOR PINSKY
Advogado em São Paulo

LUIZ ANTONIO GUERRA DA SILVA
Chefe do Departamento de Direito Privado da Faculdade de Direito do Distrito Federal, do Centro Universitário de Brasília. Professor de Direito Comercial e Processo Civil da FADI/CEUB. Consultor Jurídico e Advogado

LUIZ GASTÃO PAES DE BARROS LEÃES
Professor Titular da Faculdade de Direito da Universidade de São Paulo

MARCELO M. BERTOLDI
Mestre e Doutorando em Direito Comercial pela Pontifícia Universidade Católica de São Paulo. Professor de Direito Comercial da Pontifícia Universidade Católica do Paraná. Membro da Academia Brasileira de Direito Empresarial. Advogado

NELSON CÂNDIDO MOTTA
Advogado no Rio de Janeiro

NELSON EIZIRIK
Advogado no Rio de Janeiro e em São Paulo

Doutrina

EFICIÊNCIA ALOCATIVA DAS NORMAS QUE REGEM O DIREITO DE PROPRIEDADE E A REFORMA AGRÁRIA

Rachel Sztajn

A análise dos direitos patrimoniais, especialmente do direito de propriedade, constitui instrumento vital quando se avalia eficiência alocativa, notadamente quando se sabe que os bens passíveis de apropriação privada são escassos.

Assim, seja no que tange a operações negociais em que se transfere a titularidade sobre a propriedade, seu uso ou gozo, assim como na outorga de garantias, que cada sistema jurídico confere aos proprietários, a definição das regras jurídicas é fundamental para a acumulação e circulação da riqueza.

Da perspectiva da eficiência alocativa dos bens, a forma pela qual se definem e estruturam os direitos relativos à propriedade, pois que é disso que se trata, de um feixe de direitos, poderes e deveres, é que se pode discutir a circulação da riqueza.

Esta discussão tem por base trabalho de Lee J. Alston, da Universidade de Illinois, Gary D. Libecap, da Universidade do Arizona e Bernardo Mueller, da Universidade de Brasília, cujo título é *Direito de Propriedade e Reforma Agrária: Inconsistências Legais e Fontes do Conflito na Amazônia Brasileira*.

Analisando ações empreendidas pelo Movimento dos Sem Terra (MST), e as contrárias, por parte dos proprietários das áreas invadidas, os autores questionam a discrepância, na sua opinião, entre a tutela da propriedade prevista no Código Civil brasileiro de 1916 e as normas constitucionais quanto à propriedade, após 1988.[1]

A ocupação de terras devolutas por particulares, na região amazônica, cresceu com a construção das rodovias Transamazônica, da Belém-Brasília e Cuiabá-Santarém, que ligam a área ao restante do país. Essas rodovias representam esforços governamentais para ocupar a região, acelerando a colonização da Amazônia e buscando reduzir pressão social para a implantação da reforma agrária.

É inegável o aumento da violência na ocupação da propriedade em várias regiões do país com a crescente mobilização de pessoas que, em decorrência da crise econômica, perderam seus empregos, ou daquelas cujos ideais políticos clamam por revolução para mudar a ordem estabelecida.

1. "In Brazil, there is inconsistency between civil law that supports the sanctity of title held by land owners and constitutional law that supports the right of squatters to claim land that is not in 'beneficial use'. This constitutional provision is part of land reform in a country characterized by highly skewed land ownership and wealth. Given the vagueness of the use criteria and uncertainty as to when a land owner's claim or a squatter's counter claim is enforced, the potential for violence is established".

A importância da solidez das instituições e estruturas em tais circunstâncias é vital para que os espíritos se desarmem e que se possa construir uma sociedade justa e solidária, mantendo os princípios constitucionais e o respeito à propriedade.

É verdade que a posse de terras devolutas ou a exploração de áreas pequenas pelas famílias, decorridos 5 anos, garante-lhes, por via do usucapião especial, a propriedade da terra cultivada e em que residem. Isso, por nenhuma forma, resulta em violação das regras jurídicas, nem constitui prêmio especial para condutas irregulares, de vez que nesse plano intervém a função social da propriedade para dar suporte aos "posseiros invasores".

Entretanto, a crescente onda de invasões de propriedades, muitas delas econômica e adequadamente exploradas por seus proprietários, traz à tona problemas institucionais e estruturais de comportamento e põe em cheque ou a adequação das norma, ou sua aplicação (observância), ou, por derradeiro, a capacidade de indignação social, isto é, o exercício da cidadania, para evitar que o tecido social fique de tal forma esgarçado que seu reparo se torne inviável.

O direito de propriedade compreende os poderes de usar, gozar e dispor da coisa pelo proprietário acompanhado de um dever negativo em relação a terceiros, que é o de abster-se de, por qualquer forma, turbar o exercício daqueles poderes. Porém, é igualmente verdadeiro que a Constituição Federal de 1988, ao reconhecer o direito de propriedade, limitou os poderes do titular por atribuir-lhe o ônus de usá-la com função social.

Função social da propriedade é produzir bens e serviços para a coletividade, além do proprietário, o que significa que a propriedade não garante mais, como no modelo romano que vigeu até a nova ordem constitucional, ampla liberdade ao titular de deixá-la ociosa, sem serventia, pois a atribuição do direito carrega em seu bojo deveres morais e sociais.

Segundo aqueles estudiosos, a previsão constitucional que admite a desapropriação, se facilita a distribuição da propriedade imobiliária de um lado, também favorece a invasão da propriedade privada. Explicam que as oportunidades para invadir crescem quando há grandes áreas, em locais remotos e de baixo valor de venda por falta de qualquer benfeitoria. Assim, para os posseiros, embora não para os titulares, essas áreas são atrativas pois seu custo de oportunidade é baixo em relação aos dos titulares dos imóveis que nada fazem para evitar as invasões. Até porque o custo para impedir as invasões é muito elevado dada a necessidade de vigilância constante em perímetro extenso.

A convivência fica mais áspera quando são invadidas áreas produtivas (da ótica do titular) ou cujo subsolo seja rico em minerais. Observam que conflitos são mais prováveis onde a propriedade é grande, onde seja mais provável a intervenção do INCRA, ou onde haja aumento das oportunidades para desenvolver a propriedade, alterando os incentivos do titular. As invasões organizadas pelo MST visam a desapropriação da área invadida, que teria deixado de cumprir sua função social, para fins de reforma agrária.

Afirmam ainda que o MST conhece muito bem as regras do jogo – formais e implícitas, envolvendo invasores, proprietários, o INCRA e o governo federal, os tribunais e a opinião pública –, o que lhe permite desenvolver uma estratégia para identificar as áreas, invadi-las e transformar a invasão em desapropriação. Essa tática, que deu resultados por algum tempo, ao perder os parâmetros iniciais levou o governo a editar regras, cada vez mais restritivas no que se refere à intervenção do INCRA nos processos expropriatórios e, de outro lado, a fazer com que os proprietários organizassem forças de segurança privadas, fortemente armadas, com os resultados letais conhecidos.

Aparentemente, a norma constitucional que prevê a função social da propriedade não é suficiente para justificar a causa dos conflitos na área rural, agora igualmente na área urbana com as invasões de imóveis pelos “sem teto”, ao pretender dar suporte às pretensões dos invasores para pleitear a desapropriação e entrega dos bens a quem deles possa fazer melhor uso.

Será que a falta de ação dos tribunais no interpretar a norma, demorando a ordem de imissão de posse, seja pela dificuldade de cumpri-la, seja pela certeza dos proprietários de que, eventualmente, serão ou ressarcidos da perda do bem, ou o recuperarão, não se estimula os constantes e violentos conflitos entre proprietários e invasores? Na verdade, os conflitos se acentuam em dois momentos: *ex ante*, quando os proprietários protegem desde logo as áreas; *ex post*, quando decretada judicialmente a ordem de desocupação.

Começa aqui a questão da eficiência alocativa das normas no plano do direito de propriedade. De um lado, o INCRA não dispõe de recursos para pagar o valor da desapropriação de todas as áreas invadidas; de outro, a insegurança dos proprietários quanto à garantia de seus direitos pode desestimular o melhor uso da propriedade.

Como o ambiente institucional desenha os incentivos para que as partes interessadas tomem decisões, essa ambigüidade aparente das normas e sua aplicação contribui, substancialmente, para o clima vigente.

Interesse de proprietários e invasores é a titularidade sobre a propriedade. Pensando num modelo de não cooperação entre eles, é possível avaliar as regras que o rege, aplicando conceitos de teoria dos jogos e tentar formular alguma regra, social ou jurídica, que possa alterar comportamentos.

Supondo que os agente econômicos são racionais e, embora ajam movidos por interesses egoísticos, devam levar em conta a apreciação que faz a coletividade da qual são parte quanto a seus respectivos comportamentos, podendo ignorar a avaliação de outros, desde que não haja norma legal que imponha certas condutas.

No caso, alguns agentes dispõem de certo conjunto de bens, nem todos satisfazendo suas necessidades, enquanto outros não dispõem deles mas os desejam. Nesse caso a troca econômica é o instrumento de maximização de utilidades, porém, a troca econômica depende da atuação do INCRA, dado que uma das partes não tem o que oferecer na operação. Por isso que atrair a atenção do INCRA e chegar à desapropriação é básico nesse jogo.

Invadir e ocupar as áreas é o esforço do MST, enquanto resistir a invasão, e aos proprietários, aí incluindo-se intimidação, força privada e recurso aos Tribunais. As possibilidades de resultado do jogo são: *a*) desocupação da área invadida; *b*) desapropriação a valor inferior ao de mercado; e *c*) a área não é desapropriada e permanece invadida por certo lapso de tempo.

Quanto de esforço cada uma das partes dedicará no desenvolver sua estratégia e agir depende, portanto, de como vê as possibilidades de resultado favorável a seu interesse, comparado com o preço do esforço. Alterações nos custos da invasão e imissão de posse, respectivamente, influirão no comportamento dos oponentes. Se o custo de manter a posse cair, dada a redução do preço pago aos seguranças privados, os proprietários aumentarão os esforços para defender a propriedade, o que poderá provocar o aumento de conflitos já que a estratégia dos invasores será pouco afetada.

É possível supor que o efeito estratégico para os invasores é pequeno em face dos efeitos diretos, por isso que são pouco sensíveis aos esforços dos proprietários. Também seria de supor que escolheriam áreas com grandes probabilidades de serem desapropriadas, o que nem sempre é verdadeiro.

Se o direito de propriedade for absoluto, as invasões serão feitas em áreas de menor valor e, portanto, onde haja pouco interesse no dispêndio de recursos em proteção. Se o direito de propriedade for mais tênue, os proprietários aumentarão os gastos com defesa e quanto maior forem as probabilidades de desapropriação, menores serão os esforços na defesa da área.

Se a estratégia do MST for a de induzir resistências, pode-se supor que o número de conflitos será crescente; também contribuirá para esse resultado a valorização dos imóveis.

Entretanto, se aumentar a possibilidade de o INCRA desapropriar áreas rurais, o custo para os invasores será reduzido, afirmam os autores do estudo, como também entendem que influi nos custos de organização das invasões a capacidade maior ou menor da intervenção da agência governamental. Agora o aumento de invasões tenderá a aumentar.

Entretanto, por alguma razão, a crescente intervenção do INCRA, bem assim a complacência do Judiciário, em certos casos é claro, levaram ao aumento dos conflitos, o que demonstra que uma política de reforma agrária, fundada no atendimento de reivindicações do MST, gera mais problemas do que soluções.

Após considerações surge a idéia de que qualquer política federal para resolver o problema dos sem terra/teto deve dissuadir conflitos e que a presença de delegados do INCRA em certas áreas potencializa os problemas. Parece que os silvícolas adotaram as práticas do MST e volta e meia tomam agentes da FUNAI para reclamar direitos.

As conclusões do estudo são as seguintes: *a*) os conflitos reduzem o valor da riqueza pela dissipação das receitas da terra e pelas mortes causadas; *b*) a causa dos conflitos é a legislação brasileira que dá aos proprietários, pelo Código Civil, direito para garantir a propriedade, enquanto que a Constituição Federal de 1988 fundaria o direito à pretender-se a reforma agrária. Se a terra não for produtiva, exercendo sua função social, pode ser desapropriada e distribuída aos invasores; *c*) o quadro institucional contribui, portanto, para os resultados conflituosos; *d*) a antecipação da notícia de que o INCRA iria desapropriar áreas levou a invasões, resultado que torna risíveis os projetos do governo; *e*) provavelmente o pior efeito, na área da Amazônia Legal, é o desmatamento de largas áreas da floresta tropical que deveriam ser protegidas, pois uma das formas de se obter o título de propriedade é trabalhar a área pleiteada; *f*) o processo inconsistente de garantir direito de propriedade, segundo o Código Civil, e, paralelamente, tolerar invasões e desapropriar áreas invadidas, gera ambiente volátil propício aos conflitos; *g*) resolver a contradição entre segurança, garantia do proprietário, quanto à propriedade e distribuição da terra implica árdua tarefa pois envolve criar e manter instituições que possam sustentar o crescimento econômico.

É evidente que a lei exerce força alocativa importante que, no caso da propriedade privada, das terras devolutas e dos bens dominicais, interfere de maneira intensa nas relações sociais. É sabido que a maximização da satisfação individual exige a circulação dos recursos de seus usos, menos para os mais eficientes, de modo que potencializar as utilidades, ou eficiência alocativa, requer seja a mobilidade dos bens, de sorte que posições e relações negociais permitam satisfazer de modo ótimo, ou próximo do ótimo, os diferentes interesses.

Isso seria obtido se o comportamento dos agentes econômicos que é, em geral, tomado apenas como racional, fosse apenas racional. Porém outros componentes interferem nas decisões "racionais".

Oliver Williamson, em trabalho não publicado, explica que o *homo economicus* e agentes reais não são idéias idênticas, e que há três limites importantes que "condicionam, informam" a conduta humana: racionalidade, força de vontade e egoísmo.[2]

Em matéria de comportamento humano sabe-se que as pessoas se auto-impõem limites na conduta, exercendo sua força de vontade, enquanto que o egoísmo pode ser restringido quando o ser humano se interessa pelo bem-estar de terceiros. Nesse tipo de análise, os agentes ficarão satisfeitos com resultados de suas ações que sejam suficientemente bons.

Ora, esses limites, que abandonam a análise do comportamento do *homo economicus* fundada tão-somente na racionalidade objetiva que visaria simplesmente resultados ótimos, devem ser incluídos em qualquer discussão sobre a eficiência alocativa das normas, já que é indisputado que os contratos complexos são, ineludivelmente, incompletos e que, portanto, a confiança, a boa-fé subjetiva, constituem elementos básicos para facilitar o tráfico econômico.

De outro lado, o interesse egoísta, ainda quando auto-controlado, sofre a influência de decisões estratégicas, oportunísticas, que refletem nos contratos incompletos. Por isso que as normas e instituições interferem no balizamento das condutas humanas. Daí o interesse dos juseconomistas pela análise quer da solidez das instituições quer do comportamento dos agentes econômicos.

Porém, mais importante, é o reconhecimento de que as instituições e as organizações, que podem se tornar instituições, exercem sobre as pessoas. Caminhar em direção a algum tipo de organização tem sido constante. Veja-se, p. ex., os sindicatos de trabalhadores que têm maior poder de barganha do que indivíduos agindo isoladamente.

2. "Human actors and economic organization", apresentado no II Congresso Internacional da New Institutional Economics Association, Paris, 1998.

Normas jurídicas que desprezem tais informações poderão entrar no grupo das leis ineficientes do ponto de vista alocativo, ou daquelas ditas "leis que não pegam", daquelas normas que estão de tal forma distanciadas da realidade que a sociedade não pune sua inobservância ou que mesmo que haja punições sociais elas não induzem mudança de comportamento.

Instituições servem para estabelecer regras sociais que mitigam potenciais conflitos de interesse entre agentes egoístas e oportunistas. Mudanças institucionais no direito de propriedade, nas regras informadoras dos contratos e credibilidade, ou não, Poder Judiciário, agem como parâmetros e induzem alterações que podem produzir condutas ineficientes, com o que toda a sociedade vê seu bem-estar prejudicado. A discussão anterior que demonstra a perda de riqueza é bem ilustrativa desses resultados.

Parece não haver dúvidas de que, entre várias condutas alternativas, os agentes optarão por aquelas que lhes sejam mais favoráveis ou menos gravosas, por vezes impondo aos outros agentes ônus ou perdas que as normas jurídicas deveriam evitar. Esse parece ser o modelo em que se enquadrarão as invasões de propriedade pelo MST.

O MST aparece como uma organização (não ainda uma instituição, nada obstante tenha desta algumas características), que ao invés de transformar conflitos sociais em condutas de cooperação, tem tornado ásperas as relações entre grupos.

Citando Colin Cmarer e Marc Knez, Williamson explica que, sob certas condições, jogos normalmente classificados como dilemas sociais podem ser transformados em jogos de cooperação: *a*) que os jogadores aufiram utilidade por serem afáveis ao cooperar com outros que também cooperam – deve haver reciprocidade condicional; *b*) se os jogadores puderem ser excluídos de benefícios quando os demais cooperam e ele não, poderá ser induzido a cooperar – implica previsão. Mas, diz ele, pode-se também alterar comportamentos alterando a matriz de recompensas/punições.

Ademais disso, a base social pode interferir nas decisões individuais. A alocação aleatória de bens costuma levar a trocas que satisfaçam as necessidades individuais. Seria necessário alterar as funções de utilidade para que as pessoas se sentissem satisfeitas com a alocação existente. O que, evidentemente, inexiste quando se trata de *sem-terra v. com-terra*; quando há iniqüidade nas posições é preciso que um dos jogadores esteja disposto a pagar pela redução da iniqüidade entre ele e outrem que seja atingido por sua ação. Nesse ponto o egoísmo sem barreira age e os proprietários não aceitam a idéia de que há iniqüidades a serem reparadas.

Se a sociedade, porém, entender que a garantia de higidez das relações sociais exige a composição desses interesses conflitantes, num modelo Kaldor-Hicks, as normas sociais deveriam aceitar as invasões, ou algumas delas, desde que haja aumento de produtividade e paz social, o que causaria aumento do bem-estar geral. (O modelo proposto não requer compensação real, concreta, efetiva e individual.)

Mas a organização dos sem-terra no MST, dada a hierarquia de comando, propõe superar a dificuldade de definir metas, comunicação e cooperação entre pessoas com diferentes formações, habilidades e limitações, pois aqui intervém a racionalidade dirigida. O oportunismo combinado com a racionalidade acaba por incentivar condutas perigosas, pois a utilidade dos membros do grupo é diferente daquela dos líderes, num típico caso de *agency*. E a organização adquire vida própria, defendendo interesses próprios.

Como muitas ações humanas produzem externalidades, que podem ser positivas ou negativas, cabe ao sistema jurídico encontrar meios de internalizá-las, especialmente quando negativas, pois nesse caso a conduta do agente implica que ele obtém o benefício e os demais sofrem as perdas. Também por isso, as externalidades, assim como estímulos à internalização de eventuais perdas, devem informar a distribuição de prêmios, recompensas e punições para que se estimulem comportamentos desejáveis e inibindo os indesejáveis.

Parece caminhar nessa direção a política governamental, que impõe um ano de espera para a análise sobre eventual desapropriação de áreas invadidas; não fora o fato de que se essa demora desestimula invasões – é o que se supõe –, também estimula proprietários a se precaverem por conta de eventuais danos causados com a invasão. Novamente a insegurança gera dificuldades sérias para quem é proprietário e para quem almeja sê-lo. Novamente cabe lembrar a advertência dos pesquisadores quanto à dificuldade de criar instituições para disciplinar conflitos.

A verdade é que conflitos de interesse impedem a cooperação e reduzem a produtividade dos bens. A internalização das regras deve ser tal que se tornem parte das pessoas e que, por isso, sejam respeitadas, independente das sanções, jurídicas ou sociais, que possam impor. Mesmo porque a sanção é uma forma de preço a ser pago pela conduta indesejável ou indesejada. Daí que a sanção da espera pode ser ineficaz como instrumento para inibir invasões programadas, se não houver alguma outra sanção imediata e eficaz.

A distinção entre o *preço-sanção* e o *preço de mercado* está em que no caso do primeiro há julgamento social, pois a avaliação do delito praticado depende da atitude do agente, enquanto que os preços de mercado garantem a discricionariedade da conduta do agente.

Robert Cooter[3] explica que pequenos grupos de pessoas que interagem continua-

3. "Models of morality in law and economics: self-control and self-improvement for the 'bad man'

mente entre si, desenvolvem soluções que, embora ineficientes isoladamente consideradas, tornam-se eficientes no conjunto, o que explica as regras de cooperação entre eles.

Continua dizendo que a obediência às normas jurídicas decorre muito mais da internalização do respeito à lei do que de temor às punições, o que se prende a aspectos de moralidade. Auto-controle é para Cooter processo decisório quanto à decisão, ou não, de suportar os efeitos de uma conduta irregular, o que pode levar a alterar as próprias preferências buscando o auto-aperfeiçoamento.

Tratando da influência das preferências havendo oportunidades, com base no ótimo de Pareto, apresenta o estudioso a possibilidade de aperfeiçoamento que leva a alteração de preferências, pois a credibilidade é avaliada e induz a melhor posição do agente no mercado, reduzindo o custo de parecer ser confiável.

Como é que se pode forjar o auto-aperfeiçoamento das pessoas? Imagina Cooter que as sanções sejam desmembradas em: *a*) sanções sociais, e *b*) sanções legais. E daí passa a avaliar o que pode ocorrer quando a sanção legal inexiste. Segundo sua tese, as pessoas que têm baixa taxa de desconto do preço-sanção continuarão a proceder corretamente, enquanto que aquelas cujas taxas de desconto forem elevadas, ficarão estimuladas a proceder de forma indesejável.

A conclusão do trabalho de Cooter é que muitas pessoas internalizam as normas sociais e legais e, por isso, a coerção, típica da norma legal, seja a ponta do *iceberg* no que concerne a conduta do homem mau, concordando com os moralistas que as sanções constituem estímulo para o auto-aperfeiçoamento. Também questiona o fato de que se a lei pode contribuir para o fortalecimento moral, pode solapá-la ao se desviar dela, pois as normas que pareçam injustas, ou moralmente desprezíveis, não merecem respeito.

Assim, fica posto o escopo da discussão presente, de que o Código Civil brasileiro e as normas referentes à reforma agrária devam ser analisados à luz das chamadas "leis da economia", ou seja, a lei da oferta e da demanda, da procura da maximização de valor, utilidade e eficiência, produtiva e alocativa, nas relações inter-individuais e coletivas ou sociais.

A adequação das regras jurídicas deduzidas há 80 anos em face da mudança da base sócio-econômica e de expectativa dos agentes e, em que seria desejável modificá-las para atender à sociedade, que se prevê existirá no próximo milênio, é imperativo de justiça.

Direito e Economia são áreas do conhecimento complementares. Ambas as ciências, ou ciência e arte, como querem alguns, baseiam-se na análise dos fatos sociais e humanos, operam sobre modelos teóricos e buscam prever e/ou ajustar os comportamentos humanos, incentivando-os ou inibindo-os mediante regras gerais e abstratas; as do Direito, seguidas de sanções, as da Economia, sem sanção legal mas com resultados econômico-financeiros que podem ser perversos.

Nesse sentido, Ronald H. Coase,[4] concluindo que a Economia é ciência que estuda o comportamento humano racional. Dois são os modelos de racionalidade: o coletivo e o individual. No último, trata-se da maximização de utilidade, enquanto que o primeiro se funda no designado *Teorema de Pareto*. A racionalidade coletiva implica um Pareto ótimo, isto é, aquele em que não há qualquer Pareto superior que seja melhor.[5]

of Holmes", *Working Papers* 98/8, John M. Olim, 1998.

4. *An Essay on the Nature and Significance of Economic Science*, 2ª ed., London, MacMillan, 1935, p. 16.

5. Pareto superior é definido em relação a preferências individuais em face de estados sociais.

Porém, cada indivíduo tomado isoladamente do grupo não define, racionalmente, nenhum tipo de Pareto superior. Isto porque o indivíduo pode obter alguma vantagem isolada, individual, que o ponha em posição melhor, porém causando algum tipo de perda a outrem. O resultado a que chegam os economistas é que um estado Pareto superior é aquele racional para todos os agentes e de que resultará a cooperação entre eles.

Se a conduta racional explica a motivação e, politicamente, justifica as normas jurídicas, dado que as pessoas estarão motivadas a observá-las, já que, racionalmente, refletem seu interesse, que outra coisa é o interesse visado pelo Direito senão a posição de uma pessoa em face de um bem da vida ou da utilidade que pode obter de bens da vida, seus ou de terceiros?

Aqui o ensinamento de Cooter, pois a relação entre lei, moralidade e cooperação racional, interação vantajosa para a comunidade especialmente porque é produtiva e distributiva. Se cada agente entende que observar as regras de cooperação é de seu interesse, será que ainda se trata da mesma conduta racional *tout court* dos economistas do século passado e primeira metade deste? Parece-me que se está aqui no plano da racionalidade descrita por Williamson.

Claro que o contrato, instrumento de alocação de restrições ou de interesses, retrata a escolha racional num modelo de cooperação. Ao contratar cada parte deseja maximizar sua parcela de benefícios, ao mesmo tempo que busca minimizar os ônus que sobre ela devam recair, ajustando entre si a internalização de algumas externalidades. Daí porque o contrato é o instituto de que se servem os agentes para realizar seus interesses. Tornar eficiente a troca implica aumentar a utilidade ou a velocidade e reduzir o custo da utilidade individualmente considerada. Os comportamentos voltados para o perfeito cumprimento das obrigações contratuais pode resultar tanto de internalização de condutas legal ou socialmente desejáveis, quanto do temor de pagar o preço do inadimplemento.

A pena a que se sujeita quem viola a lei, no caso dos crimes, ou ainda naqueles casos que se enquadrem genericamente na regra do art. 159 do CC, representa *preço* a ser pago por não observar comportamento valorado pela sociedade que o considera digno de tutela prevista em norma jurídica. Outras formas menos evidentes, porém igualmente eficazes, de analisar "preço" constituem o desprezo voltado a certos comportamentos que membros de grupos mantêm em relação a outros que violem normas de conduta não previstas em lei mas desejadas na comunidade de que se trate.

Empregar tal parâmetro pode constituir elemento básico para compor alguns dos conflitos sociais. Retomando o chamado *Teorema de Coase*, designação atribuída a George Stigler a estudo apresentado por Ronald H. Coase no artigo "The Federal Communications Commission", em que afirma: "A propriedade de uma caverna recém-descoberta caberá ao descobridor, ao proprietário da área em que se localize a entrada, ou a quem tenha a propriedade da área sob a qual está situada depende da lei que dispõe sobre propriedade. Mas a lei apenas determina a qual pessoa com quem se deve ajustar o uso da caverna. Se a caverna for usada para armazenar arquivos bancários, reservatório de gás natural, ou cultivar cogumelos, isso será resultado não da lei de propriedade mas se a banco, a companhia de gás ou a produtora de cogumelos, pagará o máximo valor desejado

Exemplifica-se. Um estado S' é Pareto superior em relação a outro estado S, se ninguém preferir S sobre S' e se, ao menos uma pessoa preferir S' em relação a S. Ou de outra forma, o estado S' é Pareto superior ao estado S se ninguém ficar pior em S' do que em S e, ao menos uma pessoa estiver melhor em S' do que em S.

pelo proprietário para ter o uso da caverna"[6] (tradução livre).

Partindo dessa explicação de Coase pode-se pensar, no caso da reforma agrária, situações em que direitos poderiam ser exercidos por quem tivesse com isso a máxima utilidade? A resposta será negativa, pois a discussão do economista tem presente apenas a maximização econômica, não aspectos sociais, ou seja, não o conceito de Kaldor-Hicks. Porém, serve de ponto de apoio para que se prossiga com o assunto.

Ao afirmar que: "the delimitation of rights is an essencial prelude to market transactions (...) the ultimate result (which maximizes the value of production) is dependent of the legal decision",[7] Coase conclui: se inexiste custo de transação a alocação inicial do bem ou de sua propriedade não será feita levando em conta o uso mais eficiente, que é o que se busca em teoria econômica.

Explica George Stigler que, no mercado de competição perfeita, os custos individuais e sociais serão iguais, desde que o *custo de transação* seja igual a zero. Já Coase entende que o custo social depende do valor mais elevado que os fatores de produção teriam em usos alternativos. No caso da propriedade, de sua maior produtividade ao menor custo. Mas se os invasores considerarem que o custo das vidas perdidas nos confrontos é desprezível em face do benefício que será a conquista da propriedade, ou a comoção social que produz, o custo de transação, no caso, será zero para eles e, portanto, as invasões serão sempre desejadas.

A idéia de *custo de transação* é importante quando se discute eficiência alocativa, pois as normas de tutela de partes mais fracas, a pretexto de corrigir imperfeições de mercado, acabam por provocar distorções, impedindo a normal e eficiente alocação da riqueza e, muitas vezes, impondo um custo social perverso e, portanto, indesejável.

Em matéria de propriedade, como em qualquer outra área de conteúdo patrimonial, se os recursos são escassos, o uso do recurso tende a gravitar na posição mais benéfica que o mercado permitir ou oferecer (eficiência produtiva). Exemplo é a Lei de Condomínios Horizontais que aumenta o valor da propriedade imobiliária ao permitir a edificação em planos horizontais de unidades distintas atribuindo-as a diferentes proprietários. A modificação das áreas urbanas nas cidades é conseqüência da legislação aqui referida, que provoca o aumento do valor dos terrenos sempre que seja possível ali implantar um condomínio horizontal.

Porém, a terra destinada à produção agropecuária não pode ser edificada em patamares e distribuída entre os interessados. Sabendo que muita vez os posseiros não dispõem de equipamentos nem de tecnologia para o bom aproveitamento do solo, é certo que a alocação, ainda quando não haja perda de vidas, é ineficiente.

Se o valor econômico de um bem é determinado pelo montante em dinheiro que se esteja disposto a pagar por ele ou, inversamente, quanto se exige para dele se desfazer, imagino que o valor dos imóveis em que se possa edificar segundo a Lei 4.591, de 1965, é significativamente superior ao daqueles de mesma área física situados em região sobre os quais pesem limitações ao direito de edificar. Claro que a contrapartida é a perda de valor de lotes que

6. Coase, ob. cit., p. 157: "Whether a newly discovered cave belongs to the man who discovered it, the man on whose land the entrance to the cave is located, or the man who owns the surface under which the cave is situated is no doubt dependent on the law of property. But the law merely determines the person with whom it is necessary to make a contract to obtain the use of the cave. Whether the cave is used for storing bank records, as a natural gas reservoir, or for growing mushrooms depends, not on the law of property, but on whether the bank, the natural gas corporation, or the mushroom concern will pay the most in order to be able to use the cave".

7. Ibid., p. 158.

não se prestem a esse fim e estejam localizados nas mesmas áreas urbanas. Novamente Kaldor-Hicks permite impor perdas a alguns, quando muitos outros se beneficiam.

A palavra *utilidade* indica, em Economia, o valor do custo ou benefício esperado em face de opções para usos diversos do bem. Utilidade e tutela de interesses caminham juntas, de forma que os remédios ou instrumentos para as hipóteses em que os interesses (ou utilidades) não sejam satisfeitos, ou sejam satisfeitos de forma incompleta, permite supor que as utilidades constituem, embora de forma subjacente, elementos fundantes dos sistemas jurídicos.

Eficiência na alocação de recursos, indica que a maximização da utilidade é a meta dos agentes. A eficiência interessa por ser útil na definição de metas, não do ponto de vista moral, no caso da troca econômica, mas, no plano jurídico, há que avaliar aspectos éticos e sociais.

A redução do preço das propriedades rurais decorrente das invasões é resultado de se ignorar as regras de mercado em suas duas vertentes: a que entende que o paradigma do mercado é importante por criar eficiência alocativa, a outra que o prende à escolha livre contribuindo para gerar estabilidade social. A escolha livre existe nos regimes democráticos, sem que se chegue a supor que todas as normas, nas democracias, sejam desenhadas de modo a tornar os mercados possíveis ou corrigir suas falhas.

Porém, no caso da reforma agrária, inexiste mercado fora das regras constitucionais da observância da função social da propriedade. De outro lado, os posseiros invasores, individualmente, não disporão de recursos para pagar por frações das áreas desejadas, e o preço, por falta de concorrência, não seria o de mercado. A circulação da propriedade entre sem-terra e sem-recursos e proprietário é impossível, e ainda que se diga que as normas contratuais definam a moldura das *permissões* ou *autorizações* individuais, ou seja, permitem às pessoas dispor de seus bens ou interesses como melhor lhes aprouver, fica patente a desigualdade entre esses agentes.

A autonomia privada não é o instituto nem o instrumento adequado para resolver as disputas nesses casos.

Richard Posner vê no direito de propriedade dois aspectos: o estático e o dinâmico. No primeiro caso não se considera a questão temporal, ou decurso do tempo, o que significa que todas as mudanças temporais presumem-se refletidas, instantaneamente, sobre o valor da propriedade.

Sob o aspecto dinâmico, porém, os eventos ocorridos ao longo do tempo são valorizados. Assim, p. ex., os frutos do trabalho agrícola – plantações, criações – devem ser tutelados separadamente da tutela do imóvel, evitando que haja apropriação desse valor por qualquer pessoa que não o agricultor, o criador, para evitar o desestímulo a essas atividades.[8]

A questão que se põe em face da distribuição dos direitos e ganhos (riqueza) gerados pela atividade e os danos por ela causados, leva às regras de responsabilidade civil. Aqui não se trata de proibir condutas moralmente reprováveis, mas sim de alocar riscos de forma a que as condutas culposas, além das dolosas, é claro, sejam inibidas, ou que o causador de danos pague pelo prejuízos que venha a ocasionar.

Jules L. Coleman,[9] lembrando Guido Calabresi, entende que o direito de *torts*, correspondente à responsabilidade civil, ocupa posição entre os contratos e os delitos. Nota que os direitos reais definem a propriedade e outros títulos dominiais; o direito dos contratos é a área que dispõe sobre a forma pela qual fazemos o que desejamos com nossos bens, mediante o desenho de modelos que devem ser atendidos

8. Posner, ob. cit., pp. 29 e ss.

9. *Risks and Wrongs*, Cambridge, University Press, 1992, p. 74.

para a validade e eficácia do negócio; e, por fim, que o Direito Penal define as proibições, que são categóricas, ainda quando se esteja disposto a pagar a compensação pela violação da norma.

A idéia de preço está presente também na doutrina do filósofo do Direito norte-americano, tal como na de Cooter, anteriormente citado, podendo-se pensar que o aumento das penas leve à diminuição das condutas infratoras. Essa parece ser idéia dominante no Brasil, pois os legisladores buscam sempre apenar com mais rigor as condutas, sem que se chegue conta que à redução dos crimes. Mesmo no plano dos ilícitos civis, a legislação parece ser ineficaz para coibir as condutas. Talvez isso seja resultado da certeza da impunibilidade ou da inexistência de inibidores morais que imporiam a internalização de condutas apropriadas.

O que se entende de Calabresi, porém, é que na responsabilidade civil estão previstos atos cuja prática é admitida, desde que o agente pague o preço do prejuízo causado, enquanto que na esfera penal o pagamento é outro, já que se responde pelo dano causado não a uma pessoa isoladamente mas à sociedade, justificando penas privativas de liberdade, proibição ou inabilitação para exercer atividade.

Coleman entende que a responsabilidade civil mescla direito e moral. Vale dizer que a responsabilidade civil constitui elemento que serve para trazer os ideais de justiça e moralidade na contraposição da pura e não valorativa idéia de eficiência alocativa da economia quando há imperfeições de mercado.

Mas a responsabilidade civil no caso das invasões comandadas pelo MST deve caber integralmente ao movimento, não às pessoas que são lideradas e que causam os danos. Primeiro porque é o MST que arregimenta as pessoas, define as áreas e provê seguranças armados para defendê-las quando há mandado de reintegração de posse. Por analogia, aplicar-se-á a regra de que o patrão responde pelos danos causados pelos seus empregados, e o proprietário por aqueles causados por seus animais.

Nada obstante, como regra geral, a disciplina dos direitos de vizinhança, dos comunheiros, dos usuários e usufrutuários, deve apenar a invasão de animais em propriedade alheia, compor danos daí derivados, para estimular os produtores, proprietários, ou não, da terra. Nesse caso, insere-se o usucapião extraordinário já referido para compensar o trabalho e benfeitorias dele decorrentes.

Igualmente no caso de exploração minerária, em que o proprietário da terra deve permitir que terceiros possam escavar o subsolo e extrair minérios, mediante pagamento de direitos ao titular da propriedade. Com essas regras aumenta-se a eficiência alocativa e melhora-se a distribuição da riqueza.

A natureza do direito, exclusivo quanto ao uso de recursos valiosos, dá origem a um conjunto de remédios próprios como as ações reivindicatórias, as reperssecutórias, e os interditos, p. ex., que se exercem *erga omnes*. O direito de propriedade garante ao titular a disponibilidade e utilidade do bem e o poder de obter indenização, até por via da responsabilidade civil, por prejuízos e/ou perda de valor que venha a sofrer, decorrente de danos ou perda da propriedade por ato de terceiro.

Na formação do Direito Privado, a propriedade ocupa posição central, que se mantém nas grandes codificações do século passado, quando surgem as sociedades modernas, facilitando a livre troca, o intercâmbio de bens. Ainda mais, a apropriação da riqueza pelos particulares também depende do reconhecimento da propriedade privada. Assim, o mercado e a troca se transformam em mediadores das relações sociais e a apropriação privada da riqueza se completa.[10] Nos regimes políticos que

10. Pietro Barcelona, *Formazione e Sviluppo del Diritto Privato Moderno*, Napoli, Jovene Editore, s/d, pp. 140 e ss.

desconhecem a propriedade privada a apropriação da riqueza inexiste e sua distribuição obedece a critérios políticos.

O legislador deve ter em mente que nem só eficiência alocativa, maximização da utilidade, deve ser analisada nas regras de propriedade e direitos conexos. Se assim fosse, admitir-se-ia que as pessoas com maior poder econômico causassem danos a outrem por terem capacidade para ressarci-los, levando a sociedade a comportamentos inaceitáveis do ponto de vista da moral.

Essa razão é suficiente para que se fixem limites claros ao "direito absoluto do proprietário" de aumentar seus benefícios, de maximizar sua utilidade. Nessas situações o que se faz, na análise econômica das normas, é tentar encontrar o ponto de equilíbrio, ou Pareto superior, de forma que todas as partes, independentemente de seu poder econômico, aufiram benefícios dos recursos e suportem, equilibradamente, os danos.

Essa a orientação do legislador de 1988 que, na CF, trata da função social da propriedade. Reconhece a propriedade privada, mas impõe que o proprietário exerça o direito tendo em vista interesse social. Da mesma forma, a política fundiária que cria o Imposto Territorial Rural progressivo para áreas improdutivas reflete o princípio constitucional da função social da propriedade.

Proteção ambiental, limitação de emissão de poluentes, proibição de desmatamento, ruído excessivo em certas áreas ou decorrentes de certas atividades, restrições ao direito de edificar, entre outras, constituem modalidades de restrição ao direito de propriedade na forma tradicional.

Muitas dessas restrições são recentes e têm por escopo a tutela de coletividades atuais e futuras. Discute-se se as futuras gerações, potenciais beneficiárias das restrições, estariam dispostas a pagar o preço imposto pela alocação menos eficiente dos recursos. Não há como ter certeza da resposta, mas, sem dúvida, qualquer medida voltada para assegurar que venham a existir e que encontrem ambiente saudável é de ser tomada.

O reconhecimento do direito de propriedade é fundamental para a troca e, portanto, para a existência do mercado e a relação entre propriedade privada e mercado, em um lado, e a disponibilidade da riqueza destinada ao mercado, de outro, deixa claro que o mercado existe porque se reconhece a propriedade privada e a apropriação da riqueza pelos particulares. Por isso, a questão das invasões de terras pode levar a desarticulação do processo produtivo rural, causando danos de monta à sociedade.

Restrições ao uso abusivo da propriedade ou falta de atendimento a sua função social nada mais são do que externalidades que se destinam a aumentar o bem-estar geral. Propriedade e contrato, instrumento de troca voluntária, estão ligados na promoção do bem-estar social e as regras de responsabilidade por culpa (responsabilidade civil) constituem o remédio que tutela os interesses. As tutelas ressarcitórias baseiam-se na reparação dos danos e levam em conta, especialmente, a liberdade das pessoas e, por isso, devem limitar-se ao caráter pecuniário da coação. Está-se no campo da responsabilidade patrimonial que pode levar à execução forçada, sob forma de valor abstrato de troca.[11]

Restrições outras, além das legais, podem resultar de contratos e, diferentemente das regras de domínio, que se exercem contra todas e quaisquer pessoas, refletir-se-ão apenas sobre as partes contratantes. Exemplo seriam loteamentos privados que restringem o tipo de edificação admitido, a área edificanda, livre transmissão da propriedade.

Direitos obrigacionais decorrentes de posições jurídicas que não a de proprieda-

11. Di Majo, ob. cit., p. 157.

de, dão ao prejudicado por atos de terceiros o direito de exigir alguma compensação, não porém, o de exclui-los da posição que ocupa. Também não podem ser exercidos contra todas e quaisquer pessoas, mas sim e só contra o violador causador do dano. Só as medidas ressarcitórias ou compensatórias, aí incluído o ressarcimento de danos não patrimoniais.

Essa distinção entre propriedade e obrigação como instrumentos de tutela de direitos é contraditada por Antonio Gambaro, que diz que mesmo as regras de responsabilidade podem ser empregadas na tutela da propriedade. A posição do professor italiano é de ser respeitada, pois há, também no ordenamento civil pátrio, normas que dispõem que, no trespasse de cercas ou limites, os danos provocados por animais a cultivares de terceiros devem ser indenizados.

Comparando contrato e responsabilidade civil, com ou sem culpa, observa-se que aquele promove a circulação de bens de usos menos para os mais nobres de forma voluntária; a responsabilidade civil fá-lo, igualmente, porém de forma coercitiva, involuntária. No primeiro caso há consenso, no segundo compensação; o contrato é instrumento próprio do mercado, a responsabilidade civil destina-se à correção das falhas do mercado. Um é instrumento direto e a outra indireto de aumentar a eficiência alocativa.

Separado o direito de propriedade dos direitos obrigacionais e da responsabilidade, instrumento de recomposição das imperfeições de mercado e dos comportamentos que produzem resultados ineficientes, pode-se passar a analisar alguns dispositivos legais sob a ótica da eficiência alocativa.

Se o direito de propriedade, diz Coleman,[12] "secure rights when transaction costs are low and liability rules secure rights when transaction costs are too high" (garante os direitos quando os custos de transação são baixos e as regras de responsabilidade os garantem quando os custos de transação são muito elevados), é porque, quando se aplicam as regras de responsabilidade, as perdas são apreciadas segundo as regras de mercado (dano emergente e lucro cessante), enquanto que no caso de disputas sobre propriedade a questão se põe em relação ao excedente que, por definição, ultrapassa o valor de mercado do direito ofendido, o qual está preso ao custo de obter a transferência da propriedade. Alfonso Di Majo explica o fato da seguinte forma: "(...) il valore da corrispondere è quello di mercato e non di affezione (come postulerebbe una regola proprietaria) (...)".[13]

Novamente vêm à tona as questões de desapropriação para fins de reforma agrária. As indenizações a serem pagas aos proprietários acabam sendo mais elevadas do que esperado pois, com as invasões, paga-se duplamente, pela propriedade e pelos danos causados. O número de invasões deveria ser menor se se tivesse presente que a eficiência alocativa fica comprometida se a propriedade é desapropriada e os cultivares perdidos em função da invasão anterior. Mais grave é a tomada da propriedade e seu abandono por falta de recursos/tecnologia para seu desenvolvimento. Talvez isso explique uma certa preferência por áreas formadas e desenvolvidas ...

Promulgado em 1916, o CC brasileiro entrou em vigor em janeiro de 1917, produto de uma sociedade agrária, na qual a propriedade imobiliária rural e a produção agrícola ou agropecuária constituíam o elemento econômico determinante do poder. Não é de surpreender, portanto, a ênfase do legislador no que concerne aos direitos reais, direitos reais limitados e de garantia, às regras de vizinhança, águas.

12. Ob. cit., p. 85.

13. Ob. cit., p. 92.

No campo do direito das coisas o CC começa por tratar da posse (art. 485), passa por sua aquisição, efeitos e perda para chegar à proteção possessória (art. 523).

Quanto à propriedade (art. 524), o legislador seguiu o modelo discutido pelos economistas entendendo que cabe à lei reconhecer a propriedade e definir seus limites, assim como os direitos reais sobre coisa alheia. Assim é que no art. 524 especificam-se os poderes do titular de direito quanto ao uso, gozo e disposição e o dever de abstenção de terceiros quanto à recuperação da posse injusta. Igualmente a lei dispõe que o titular do domínio exerce seu direito sobre a superfície e sobre a profundidade e altura, sendo o domínio presumido como exclusivo e ilimitado (arts. 526 e 527, CC), salvo prova em contrário. Restrições ao exercício do domínio incluem a função social da propriedade.

Dispondo sobre a aquisição da propriedade imóvel o legislador de 1916 determina que os modos são: transcrição do título de transferência no registro de imóveis, acessão, usucapião e por herança.

Veja-se, a propósito, as regras do Projeto de Código Civil abaixo, no que diz respeito a aquisição por acessão: "Art. 536. A acessão pode dar-se": incs. I a IV dispõem sobre a aquisição, ou não, da propriedade por acréscimo quando ocorrem fenômenos da natureza. O inc. V, porém, apresenta outra hipótese, a de "(...) construção de obras ou plantações", em que o acréscimo à propriedade decorre da força de trabalho de outrem. Essa situação está disciplinada pelo disposto nos arts. 545 a 549, em que se diz: *a*) as edificações e/ou plantações existentes no terreno presumem-se pertencentes ao proprietário do terreno ou feitas a suas custas; *b*) quem planta ou constrói em área alheia perde o que edificou ou plantou, tendo direito a indenização, salvo se agiu de má-fé, quando poderá arcar com a reposição do bem no estado anterior e responder por prejuízos; *c*) quem edifica ou semeia em solo alheio perde a propriedade das sementes e construções devendo ser indenizado, salvo se agiu de má-fé (é a regra da responsabilidade que, de forma indireta, tutela a propriedade).

A dúvida está em que se se adquire a propriedade por edificar ou plantar em terreno, por que as exceções todas? A resposta está no art. 545 já citado. A alocação é feita em benefício do titular do solo, independente de quem seja o "dono" da lavoura ou edificação. A aquisição da propriedade por acessão funda-se em boa-fé do titular do solo e na idéia de que o solo tem valor superior ao que nele se agrega. Essa forma de raciocinar é própria da época em que a lei foi elaborada.

Em 1964, porém, verifica-se mudança profunda, ao menos no plano legislativo, quanto à função da propriedade rural. A Lei 4.504, de 30.11.64, conhecida como Estatuto da Terra, indica já a tendência de diferenciar a tutela sobre a propriedade rural, atribuindo-lhe função social. O legislador explica que a função social estará preenchida quando, simultaneamente, favorecer o bem-estar dos proprietários e trabalhadores, assim como suas famílias; mantiver níveis satisfatórios de produtividade; assegurar a conservação de recursos naturais e, com justiça, disciplinar as relações de trabalho entre proprietários e trabalhadores (art. 2º).

Essa disciplina reconhece que o trabalhador agrícola agrega valor à propriedade rural, pois as benfeitorias resultantes de seu esforço se incorporam ao solo aumentando-lhe o valor, valor esse que pode superar o dos insumos utilizados, produzindo ganho adicional que beneficia o proprietário.

O legislador de 1964 foi além e tratou de discriminar o que se entende por imóvel rural, separando-o em latifúndio, minifúndio, propriedade familiar, empresa rural, além de tratar da parceria, da colonização e da sociedade cooperativa voltada para a reforma agrária.

O que interessa, para o presente estudo é de um lado a *propriedade familiar* (art. 4º, II), que é o imóvel rural explorado direta e pessoalmente pelo agricultor e família, e cuja área máxima é fixada para cada região e tipo de exploração. A idéia central do dispositivo legal é estimular o emprego de força de trabalho da família para garantir seu sustento e estimular o progresso sócio-econômico.

A alocação da propriedade é feita por mérito, para premiar o esforço pessoal e, como subproduto, estimular o aumento do bem-estar geral. A norma é alocativa e indutora de transformação comportamental, tanto no pequeno agricultor quanto no latifundiário, pois que no art. 12 da Lei está o mandamento quanto à função social da terra, cujo uso deve visar o bem-estar coletivo, seguindo-se o comando de que se as áreas não cumprirem o mandamento anterior deverá ser extinta outra forma de ocupação ou exploração.

As regras quanto à desapropriação da propriedade rural visam promover a função social da propriedade, sua justa distribuição, exploração racional, recuperação sócio-econômica regional, estímulo à pesquisa, experimentação e assistência técnica, renovação de recursos naturais e proteção ambiental, à fauna e flora. Pune-se o proprietário que desenvolve atividade predatória e não atende a comando para empregar normas conservacionistas dos recursos naturais, o que permite observar a precificação determinada para comportamentos indesejáveis.

A ocupação de terras devolutas federais foi reconhecida, dando aos possuidores o direito de adquirirem a titularidade, aceitando-se que o trabalho agrícola é forma de aquisição da propriedade. Essa forma não prevista na legislação de 1916 é resultado de conflitos entre proprietários e trabalhadores, posseiros, invasores, produtores de riquezas estes e não aqueles.

Em 1981, Lei 6.969, de 11 de dezembro: mais uma que altera as regras do direito de propriedade. A aquisição da propriedade rural, além das formas previstas no CC, pode resultar de posse, de boa ou má-fé, por cinco anos, somada a exploração produtiva e residência. Nesse momento, porém, o legislador inclui não só as terras federais devolutas como as particulares, excluídas apenas as áreas necessárias à segurança nacional, terras habitadas por silvícolas e áreas de interesse ecológico.

Mais recentemente, em 1992, o Decreto 433, de 24 de janeiro, dispõe sobre a aquisição de imóveis rurais, por meio de compra e venda, para fins de reforma agrária, quando o INCRA passa a ter papel fundamental no processo de distribuição da propriedade rural.

É a essa pletora de diplomas legais, muitos deles dispondo sobre o mesmo objeto, que assenta uma das dificuldades observadas pelos pesquisadores estrangeiros acima referidos, quando discutem o conflito legal entre norma constitucional e direito privado.

Não é de aceitar o argumento, de vez que o legislador sempre teve presente as normas de direito privado que, no caso da propriedade rural, são com freqüência alteradas para ajustar o direito exclusivo do proprietário com a criação de empregos e a produção de riqueza, a par da preservação ecológica.

A leitura equivocada dos textos é que tem provocado muitos dos conflitos, ainda mais quando se vê agravada a produção rural por falta de planejamento e políticas públicas consistentes com as propostas das leis citadas.

Que há discrepância entre as previsões do CC e as normas posteriores que regem a propriedade rural é inegável, já se constatou, mas que haja conflito entre o disposto na CF e normas de direito privado é inadmissível.

Intuito das regras do CC é proteger o titular do solo contra terceiros que, a pretexto de terem ali laborado, executado alguma obra, pretendam apossar-se da terra, o que implicaria em aumentar custos com a guarda do bem. Por isso é que se idealizou, em 1916, impor a quem assumisse o risco de plantar ou edificar em solo que não tem certeza seja seu, o preço que é deixar a benfeitoria para o dono do solo. A lei tornava onerosas as decisões que envolvessem a má, por descuidada, alocação de recursos.

Reconhecendo que a base social era outra, que a propriedade rural deveria ser promotora do aumento do bem-estar social, as normas foram sendo, paulatinamente, revistas, culminando-se com a inserção, como princípio constitucional o reconhecimento da propriedade privada, cuja tutela plena depende de estar cumprindo a função social.

Em resumo, é patente que todas as garantias quanto à defesa da propriedade privada previstas no CC estão em vigor, mas devem ser aplicadas só quando o princípio constitucional esteja presente.

É eficiente a atual alocação de direitos? Dada a crescente onda de conflitos e invasões de propriedades, tanto rurais quanto urbanas, é de crer que haja descompasso entre as prescrições legais e a realidade social, levando a imaginar que o custo de transação é muito baixo para alguns dos interessados e, por isso, tendem a tomar decisões exacerbando ou subestimando as reações dos demais agentes.

Nesse sentido, o Projeto de Código Civil (Projeto de Lei da Câmara 118, de 1984, n. 634/75 de origem) oferece alteração importante. O art. 1.255, que corresponde ao art. 546 atual, recebeu parágrafo único que prevê a transferência da titularidade sobre o solo em benefício de quem executou a obra, sempre que o valor desta superar o do solo em que foi executada. Acredito que haja no projeto reconhecimento que um dos fatores valiosos e escassos, o trabalho, fora desprezado de forma incorreta. O que interessa, mais do que tutelar terra improdutiva, é garantir a produção, oferta de bens no mercado, que aumenta o bem-estar geral.

Foi mais além o projetista e, nos arts. 1.258 e 1.259, cuidou de invasões parciais de solo alheio, comparando o valor da área invadida com o da construção, limitada a invasão a não mais de 1/20 avos (ou seja, 5%) do terreno, respondendo o invasor de boa-fé pelo valor da área e pela desvalorização do remanescente. Novamente, valor comparado com valor e perda servem para *a*) desestimular invasões de um lado; e *b*) compor as perdas reais de outro.

Se houve má-fé do construtor/invasor, a composição do dano é agravada com a pena de pagamento do décuplo das perdas e danos conforme modelo anterior. Essa pena serve de desestímulo ainda mais intenso a invasões, pois o eventual ganho com a área edificada deverá ser muito inferior ao valor do desembolso imposto ao infrator. Novamente a lei procura, na relação custo/benefício, tranqüilizar a sociedade sem perder de vista a eficiência.

Finalmente, no art. 1259 do Projeto está a hipótese de invasão de área superior a 1/20 avos, quando a responsabilidade por indenização é fixada, se de boa-fé o invasor, considerando o valor do acréscimo da construção à área, mais o da área perdida, além da desvalorização do remanescente; se de má-fé, a pena é a demolição da obra nas perdas e danos em dobro.

A eficiência alocativa das novas regras é superior à das atuais, aí incluídas algumas normas da legislação extravagante. Visa-se a inibir invasões de grandes áreas, pois é sabido que a exploração de algumas glebas fica anti-econômica se forem desmembradas. Nem por outra razão a lei de 1964 cuidava de definir módulos rurais, parcelas de terreno cuja exploração seja viável.

Também se desestimula as invasões quando haja má-fé, quando a perda da obra é total, além de ser acrescida de indenização (perdas e danos) pelo valor duplo. Se houve boa-fé, o preço é dispêndio maior de dinheiro, do que resultaria de eventual compra da área.

O que se pode notar é que se aplicam a esses casos as regras de avaliação a valor de mercado, pois que o agente causador do dano não pode repará-lo entregando bem igual ou equivalente. A lesão de interesse ou bem pode ser considerada do ponto de vista do ativo (*Vermögen*) que engloba o valor e outros resultados favoráveis ao titular que dele derivariam. Assim, o valor do ressarcimento se apura segundo critério diferencial, ou seja, o valor do bem ou interesse e o que, razoavelmente, poderia carrear para o lesado. Conforme tenha ou não havido culpa, fala-se em dano emergente e lucro cessante.

O cuidado que se toma com a avaliação da parte remanescente da propriedade no Projeto de Código Civil, incluindo a perda de valor, tem significado econômico evidente. Admitir invasões que causem sério dano ao titular da propriedade e beneficiem o invasor seria compactuar com ineficiências alocativas danosas para o aumento do bem-estar geral. Essa posição é a que mais se aproxima da discussão de Posner quanto ao critério dinâmico de encarar a propriedade. Avalia-se o bem ou interesse antes e depois do dano, além do nexo de causalidade para saber quais os danos posteriores passíveis de reparação. Segundo Di Majo, esse dualismo está presente nos remédios restituição/compensação.[14] Parece que o projetista foi além do legislador de 1916, mais atento à realidade urbana atual. Do ponto de vista da eficiência alocativa, o resultado do projeto é mais eficiente.

Coleman denomina essa característica das ofensas ao direito de propriedade de *paradigma incremental de mercado* (*incremental market paradigm*), por se afastar da idéia dos modelos de cooperação racional resultantes de contratos. O modelo para cálculo da indenização é, ou se assemelha, ao da responsabilidade civil, acrescido o dano do que se deixa de ganhar dele decorrente.

O direito de passagem forçada, igualmente, leva em conta a eficiente alocação dos recursos ao garantir ao titular do prédio encravado direito de passagem contra pagamento de indenização. Explica-se: o prédio encravado terá pouca ou nenhuma serventia para o dono e para a sociedade em geral, especialmente se se tratar de área produtiva, pois a produção não poderá ser escoada, logo, nenhum interesse haverá em cultivar a área. Ora, disso resulta alocação ineficiente dos recursos, o que não se pode permitir; mas, também não se pode causar inconveniências aos proprietários dos prédios contíguos, na busca de passagem, sem indenizá-los. O equilíbrio entre dano, incômodo e eficiência alocativa está presente nessa fórmula da lei, não no modelo de responsabilidade mas sim no do tipo contratual.

Porém, talvez o exemplo mais claro da busca de eficiência alocativa esteja na Lei 4.591/64, que dispõe sobre o condomínio em edificações e as incorporações imobiliárias. As edificações em pavimentos, ou condomínios horizontais trouxe nova e importante disciplina ao tradicional condomínio do CC (arts. 623 a 645). A introdução dessa nova "forma de propriedade comum", a um tempo coletiva e individual, serve para atender às exigências da sociedade urbana que se instala no país na década de 50.

O modelo é o de, sobre o solo, serem edificados pavimentos que permitem definir unidades individuais. O solo sobre o qual se ergue o edifício e outras áreas como portões, elevadores, áreas de passagem, p. ex., seguem aproximadamente o regime do condomínio tradicional (art. 3º da Lei 4.591/64), enquanto as unidades individuadas são privativas. As despesas de manutenção e reparo de cada unidade cabem aos respec-

14. Ob. cit., p. 189.

tivos proprietários; as de manutenção e melhorias das áreas comuns e as empregatícias, aí incluídos encargos sociais e previdenciários, são rateadas entre os condôminos na proporção das frações ideais de suas respectivas propriedades, frações essas que representam partes ideais do solo.

Essa utilização do solo, criando áreas, busca maximizar de forma muito eficiente, um recurso escasso – áreas edificáveis em certas regiões metropolitanas –, cujo valor de revenda poderia tornar inviável a circulação da riqueza o que acabaria por resultar em perda econômica para o proprietário e, por via de conseqüência, para a sociedade.

Outra forma de maximizar o valor e a eficiência alocativa da propriedade imobiliária é a edificação de centros comerciais, os *shopping centers*, que, ao lado da multipropriedade – modalidade de uso de imóveis cuja origem pode ser encontrada na Suíça e Estados Unidos da América, já bastante utilizada no Brasil –, é forma de investimento que pode ser vista quer como forma atípica de propriedade, quer como contrato.

O que importa notar é que não se encontram nos tipos negociais previstos nos diferentes ordenamentos, regramento adequado para tal modalidade negocial.[15] A multipropriedade se exerce sobre imóveis, especialmente os condomínios e visa atender aos interesses de maior número de agentes, aumentando a "apropriação" da riqueza. Segundo Caselli, há vários tipos de multipropriedade: o acionário, o imobiliário, o hoteleiro e o cooperativo.[16]

O primeiro se caracteriza pela titularidade de ações de sociedade que é proprietária do imóvel. Assemelha-se aos fundos imobiliários brasileiros. Os demais se caracterizam pela propriedade de fração ideal de imóvel para desfrute de períodos determinados. Segundo a localização pode ser do tipo hoteleiro ou cooperativo. Deve lembrar-se, finalmente, de tipo desconhecido no Brasil, mas comum nos Estados Unidos da América, é o condomínio horizontal organizado sob forma cooperativa e cujas regras de administração e transferência de propriedade se aproximam das regras de transferência de participação nas sociedades *intuito personae*.

O crescente número de edifícios ditos *flats*, condomínios com serviço de hotelaria, em que proprietários das unidades condominiais podem compor um *pool*, tipo de consórcio para a exploração continuada de locação de curto prazo que, por sua vez, não cai sob as regras da Lei de Locação de Imóveis Residenciais Urbanos, vem obviar dois problemas. De um lado, oferecer locais de hospedagem menos honrosos do que os hotéis e, de outro, propiciar renda de locação sem sujeitar o proprietário às regras do inquilinato. Outra vez a atividade econômica impõe ao Direito a revisão normativa para adequar as regras às novas necessidades sociais. Igualmente lembrado por Caselli, os *club/trustees*, que ele denomina de plurilocação e que poderia ser, como direito de uso, enquadrado em quadro específico dentro dos direitos reais.[17]

Finalmente, a multipropriedade ou o *time sharing*, em que várias pessoas são titulares de direito de uso de imóvel, sendo certo que o uso é dividido em períodos ao longo do ano, e, por vezes, em sistema que permite que o direito de uso se exerça sobre diferentes locais e imóveis, em que ninguém tem mais do que fração ideal, constitui outra evidência de que a propriedade tradicional tende a dividir espaço com outras modalidades negociais em que há alguma aparência de direito real sobre imóveis.

15. Giovanni Caselli, *La Multiroprietà – La Direttiva Communitaria del 26 Ottobre 1994 – Dottrina Giurisprudenza Proposte di Legge in Italia*, Guiffrè Editore, 1995 – que discute a matéria de forma abrangente.

16. Ob. cit., pp. 4 e ss.

17. Ob. cit., pp. 11-12.

Nem o CC nem o Projeto estão aptos a lidar com essa novas necessidades resultantes do tráfico negocial e, portanto, pode-se concluir que no campo do direito das coisas a eficiência alocativa da lei é insuficiente, assim como foi insuficiente no caso dos loteamentos de imóveis rurais ou urbanos levando à edição do Decreto-lei 58, de 10.12.37.

A disciplina tem que ver com imperfeições de mercado na distribuição dos ganhos e perdas e maximização da utilidade. Por força das normas do CC, os contratos que versem sobre imóveis não transferem domínio, criam apenas vínculo obrigacional. Ora, a falha de mercado acaba por gerar situação de conflito social que deve ser corrigida. Daí a lei dispor, para tutela do compromissário comprador, regras que garantam a futura transferência do domínio do lote vendido após pagamento do preço. A garantia se consuma mediante registro do instrumento de compra e venda do lote, de sorte que, após o pagamento da última prestação, o adquirente obterá escritura pública de transferência de domínio, seja voluntariamente, seja por força de medida judicial – adjudicação compulsória (arts. 15 e 16 do Decreto-lei 58/37).

Não se deve, porém, esquecer a regra constitucional da função social da propriedade, que nada mais representa do que o reconhecimento de que sem *custo de transação* os bens não serão utilizados de modo a maximizar a utilidade. Função social da propriedade é ser produtiva, ou seja, maximizar a utilidade que dela se pode extrair, criar riqueza, garantir alimentação, moradia, trabalho. Igual regra é encontrada na Lei 6.404/76, que impõe ao controlador o poder-dever de observância da função social da empresa.

De notar que o Código de Águas (Decreto 24.643/34), o Código de Mineração e o Código de Caça e Pesca também interferem na eficiência alocativa da propriedade, destinados que são a resolver problemas de uso da água, recurso escasso e valioso, do subsolo, para permitir a extração de minerais de diferentes tipos (a atividade extrativa contrasta com o uso agropecuário da propriedade imobiliária rural, podendo causar erosão do solo), bem assim para lazer, quanto para exploração econômica, as atividades de caça e pesca, além do aspecto de preservação da fauna e flora e do meio ambiente, em época recente.

Análise do Projeto de Lei 118/75 denota, seguindo o preceituado na Carta de 1969, o trato da função social da propriedade pois o art. 1.229, no § 2º ao dispor sobre o uso da propriedade proíbe atos que não tragam comodidade ou utilidade e que visem a prejudicar outrem. De um lado admite-se a prática de atos que possam maximizar utilidade, o que resulta em melhor alocação da riqueza, de outro, compensam-se prejuízos a terceiros. Fica clara a idéia de maximizar utilidade no art. 1.230, que faculta a terceiros o uso do subsolo e do espaço aéreo sobre o imóvel, desde que o proprietário não demonstre legítimo interesse em impedi-lo. Novamente a idéia de maximizar utilidades está presente.

No campo dos direitos de vizinhança, veja-se o caso do criador de gado que não mantém cercas em sua propriedade. Se o seu gado danificar a plantação do vizinho, deverá indenizá-lo pela perda, mas não pode ser compelido a manter seu gado preso pela aplicação de multas.

Estudando o problema, afirma Ronald Coase[18] que nos casos de responsabilidade civil é preciso decidir entre duas partes, qual delas suporta um determinado dano, havendo nexo de causalidade entre dano e conduta de um dos agentes. Explica que se o gado engordar aumenta a oferta de carne, mas se a área invadida for uma plantação de milho, reduz-se, concomitantemente, a oferta de milho. Apenas analisando

18. "The problem of social cost", in *The Journal of Law and Economics* 3/1-44, The University of Chicago Press, out. 60.

qual o melhor resultado, mais carne e menos milho, ou mais milho e menos carne – lembrando que o milho alimenta outros animais além do homem –, em face de produção de riqueza e satisfação de necessidades, diz o economista, é que se pode tomar uma decisão que, se atende aos interesses do criador, prejudica os do agricultor, e vice-versa.

A decisão de tolerar a invasão sem reparação do dano acaba por desestimular o plantio e reduzir a produção; deixar que o gado invada a área estimula descuido do criador. Propõe-se que se estime o que o agricultor deveria receber do criador para manter um trato da área improdutiva em face do que o criador ganha com não ter que se preocupar em vigiar o gado.

O ponto ideal será aquele em que o agricultor ainda obtenha ganhos plantando milho na área remanescente após o recebimento de alguma indenização. Se, porém, a indenização mais o resultado do plantio sobre o trato restante for inferior ao de plantar milho em outra área, então, diz Coase, o melhor é buscar outro espaço pois estará havendo uso ineficiente dos recursos produtivos. Essa é uma forma de alocação que independe de lei por se tratar de composição de interesses mesmo que a melhor eficiência alocativa fosse permitir o dano se, p. ex., o bem-estar com a maior oferta de gado superasse o interesse na lavoura.

Nas economias liberais (ou neo-liberais) a alocação dos recursos, via de regra, se faz pelos mecanismos de mercado. Mas, nos casos em que os custos de mercado forem elevados, superando os da lei, esta será o meio mais eficiente para que se proceda à alocação. Daí porque não se pode afastar a interferência do legislador quando se discute propriedade, pois o uso mais eficiente pode ser determinado pela lei. A principal distinção entre lei e mercado como instrumentos de alocação de recursos é que, em geral, o mercado é mais eficiente na avaliação de usos concorrentes, pois as pessoas devem, por si, decidir o que sacrificar, havendo mais de uma alternativa, enquanto que a lei, comando abstrato e impessoal, não avalia preferências.

Porém, não diferente do mercado, a lei pode usar o mesmo critério de precificação, considerando o custo marginal como instrumento para estimular os agentes a maximizarem os recursos. Assim, nos casos de compensação por danos causados a terceiros, o que a lei faz é impor que se pague o preço da decisão, mas não que se obrigue o agente a se abster, a não fazer o que lhe parece melhor; quer dizer, pagando o preço do dano pode o agente, livremente, determinar sua conduta, ainda que danosa. Apenas quando se verifica que há interesse em exigir certa conduta é que se aplicam penalidades.

Com as regras de responsabilidade civil não se desenha modelo incondicional do dever de reparar danos, à semelhança do dever incondicionado de respeitar a propriedade alheia, mas avalia-se, comparando-os, os interesses em conflito

Tendo presente essa posição, é mais fácil pensar em modelos de responsabilidade civil no quadro do custo social em que acabam por refletir, pois as decisões judiciais, bem como as normas legais atingem a alocação de recursos nos sistemas produtivos.

As idéias acima são compatíveis, no Direito brasileiro, quando há interação entre as partes, que avaliam de forma similar os danos e os benefícios, porque será indiferente para cada uma delas obter o resultado econômico da atividade ou por meio de compensação. Havendo avaliações distintas, o modelo não produzirá os mesmos resultados, como já se constatou no caso das invasões de terras nos últimos anos.

Isso explica muitos dos preceitos legais que admitem o dano justificado, que decorre de avaliação desigual dos resultados e da composição. Exemplo desse dano admissível está no art. 170, § 1º, da Lei 6.404/76, que admite lançamento de ações a preço inferior aos parâmetros fixados na lei, desde que justificado. (A lei diz injustificadamente, o que *a contrario sensu*, implica dizer que justificadamente é permitido causar dano aos acionistas.) O legislador entende que o interesse da companhia em obter recursos é mais digno de tutela do que os individuais de seus acionistas que serão prejudicados.

No mesmo sentido, o art. 160 do CC que não considera ilícito, logo, não impõe o dever de indenizar, o ato praticado em legítima defesa ou exercício regular de direito reconhecido, ou quando a deterioração ou destruição da coisa alheia for promovida para remover perigo iminente, hipótese em que a legitimidade do ato depende de ser absolutamente necessário e ficar dentro dos limites exigidos para a remoção do perigo. O balizamento é o perigo iminente ou a necessidade imperiosa, de um lado, e o equilíbrio no exercício, de outro.[19]

O dano imposto a terceiro encontra justificativa na preservação de bem jurídico cuja tutela se reputa mais valiosa. A alocação da utilidade decorre da lei que imputa o ônus ao titular da coisa destruída e distribui desigualmente a utilidade.

George P. Fletcher, em *Fairness and Utility Theory*,[20] propõe a discussão da responsabilidade civil não apenas sob as formas subjetiva e objetiva, mas partindo de dois paradigmas. Um, o da reciprocidade, o outro, o da razoabilidade. Segundo o primeiro, a dúvida está entre saber se a vítima tem direto de receber e o causador o dever de indenizar e, de outro lado, o da razoabilidade que tem ligação com o bem-estar da comunidade. Assim, os danos reciprocamente causados pelas pessoas umas às outras devem ser suportados por todos, indistintamente, enquanto que é razoável que as vítimas suportem os riscos (razoáveis, ordinários) desde que haja maximização da utilidade total da comunidade, ainda quando não sejam resultados de ações recíprocas.

Claro que muitas vezes a regra da reciprocidade apresenta exceções, que são as hipóteses de dano "justo", não indenizável. Mais ainda, o homem médio, as cautelas que toma, ou deveria tomar, no proteger seus interesses, passam a influir sobre a medida da razoabilidade. Portanto, há na discussão da responsabilidade civil embate entre duas estratégias. Uma privilegia a utilidade e propõe que, quando haja benefício para a comunidade, a vítima suporte o ônus, enquanto a outra, partindo dos direitos individuais, se apoia no comportamento da vítima e sua contribuição, ou não, para o dano.

O Projeto de Código Civil (Projeto 118/84) trata dos atos ilícitos nos arts. 186 a 188. No primeiro deles dispõe sobre ações ou omissões voluntárias que causem dano, inclusive moral e que implicam na reparação em benefício da vítima. A regra do art. 188 repete o atual art. 160 do CC.

A novidade vem no art. 187, que inclui como ilícitos os atos praticados no exercício de direito legítimo, mas de forma que exceda os limites impostos pelo fim econômico ou social, pela boa-fé e os bons costumes. Os parâmetros para avaliação da licitude do ato, que elimina o dever de indenizar, são definidos e incluem, na minha visão, tentativa de ajustar a alocação dos efeitos danosos segundo padrões éticos e econômicos. A alocação legal favorece, no caso do projeto, art. 187, o paradigma da razoabilidade enquanto que o regra do art. 186, assim como a do art. 159, CC, se fundam no paradigma da reciprocidade.

Parece que há tendência no Projeto de Código Civil de não privilegiar isoladamente nenhum dos paradigmas apontados, mas visa, em certa medida, chegar a modelo de justiça corretiva cuja base econômica

19. Remete-se a discussão a Richard Posner em "Killing or wounding to protect a property interest", in *The Journal of Law and Economics* 14/201 e ss., The University of Chicago Press, 1971.

20. In *The Harvard Law Review* 85/537 e ss., Harvard University Press, 1972.

é, segundo Posner, partindo de Aristóteles, a idéia de conduta injusta. A lei deve corrigir distorções na alocação de recursos pelo mercado cada vez que a perda da vítima for superior ao ganho do causador do dano. A medida da compensação é, para o professor de Chicago, questão de apuração a cada caso visando a maximizar a alocação de recursos.

Sobre sistemas de responsabilidade por danos confronte-se o art. 159 do Código Civil brasileiro com os arts. 1.382 e 1.383 do Código Civil francês ("Tout qui fait quelconque de l'homme, qui cause à autrui un dommage, oblige celui par la faute duquel il est arrivé, à le réparer. 1.383 – Chacun est responsable du dommage qu'il à causé non seulement par son fait, mais encore par sa négligence ou par son imprudence"). Ou ainda com o art. 2.043 do Codice Civile italiano em que se prevê a responsabilidade por dano culposo e que se refere a dano injusto ("Risarcimento per fatto illecito – Qualunque fatto doloso o colposo, che cagiona ad altri un danno ingiusto, obbliga colui che ha commesso il fatto a risarcire il danno").

Nos dois sistemas apontados a regra é que a conduta culposa cria custo para o causador de danos de forma que não se beneficie por agir de forma negligente, imprudente ou imperita e quando agir deliberadamente para causar o dano.

Calabresi e Melamed[21] combinam propriedade com regras de responsabilidade e propõem que é necessária a interferência do Estado em muitos casos, além de definir direitos. A interferência do Estado se faz necessária e desejável sempre que a alocação de recursos não possa melhorar a posição dos que ganham de forma que compensem os perdedores pelos danos que sofram.

Uma tal escolha está baseada na decisão de tutelar direitos e impor regras de responsabilidade ou de inalienabilidade. As regras de responsabilidade, dizem os autores, demonstram como se decidiu privilegiar uma forma de alocação de recursos sobre outra, pois o recurso a tais normas resolve a incerteza. Quando há certeza, o custo das regras de responsabilidade – avaliar quem admite e quem não admite o dano, mais o custo de pagar àqueles que não o admitem o valor do dano considerado –, seria desnecessário.

As diversas posições dos juseconomistas servem para demonstrar que existe dificuldade, na prática, de fazer-se uma alocação de direitos geral e depois pensar em termos de tutela legal, de justiça distributiva ou compensatória. Como é que se opta por fazer a distribuição dos recursos entre pessoas desiguais? Pode-se remunerar as pessoas por usarem, ou não usarem, seus recursos, pode-se recompensar as que são vítimas do uso, ou abuso, dos recursos por outrem? Pode-se admitir certos danos recíprocos, voluntários ou não? Só opções de política legislativa que, aos poucos se ajustam às necessidades e moral sociais de cada país, poderia chegar a esse resultado.

O art. 159, CC, refere-se a dano derivado de ação ou omissão voluntária e, por isso, se prevê o dever de indenizar, de recompor o dano causado ou imposto a outrem. Culpa, mais nexo de causalidade e mais dano são os elementos definidores da responsabilidade subjetiva. Nexo de causalidade mais dano, sem culpa, podem resultar ou dano não indenizável ou em responsabilidade objetiva, conforme haja ou não previsão legal.

Por isso é que a imputação sobre os sujeitos, os agentes, se faz segundo critérios que buscam estabelecer liame entre a ação (ou omissão) e o dano, liame esse do tipo voluntário e/ou normativo, de que resultam a responsabilidade subjetiva e objetiva, respectivamente. Observa-se que os ordenamentos modernos tendem a abandonar a

21. Guido Calabresi e A. Douglas Melamed, "Property rule, liability rules and inalienability: one view of the Cathedral", in *Harvard Law Review* 85/ 1.089 e ss., Harvard University Press.

responsabilidade subjetiva, ampliando os casos de responsabilidade objetiva de forma a garantir "una distribuzione (del peso) del danno sulla base di criteri socialmente ed economicamente giustificabili".[22] Tal critério parece ter sido privilegiado pela Lei 8.078/90: está presente nos seguros obrigatórios de veículos automotores, em que a indenização independe de prova de culpa, p. ex.

Fica patente que a opção, no caso da responsabilidade objetiva, é pelo paradigma da reciprocidade, modificado. Não importa que os pedestres e motoristas disputem o mesmo espaço exíguo, nem que a atividade produtiva, por maior que seja o controle de qualidade, leve para o mercado produtos defeituosos, embora seja desejável ter veículos automotores para facilitar a locomoção das pessoas, ou bens de consumo que atendam e satisfaçam suas necessidades.

Os direitos individuais das pessoas prevalecem sobre os benefícios comuns em ambos os casos provocando desvio de comportamento pois que se agindo alguém diligentemente responde, e agindo negligentemente também responde, por que deveria incorrer nos custos das condutas diligentes? A resposta é que há alguns bens, como a vida e a integridade física das pessoas, p. ex., que não podem ser avaliados apenas sob o aspecto de alocação de recursos.

O campo da responsabilidade civil é muito mais interessante do que o dos contratos, ainda que o acordo entre particulares que livremente podem dispor e regrar seus interesses, possibilite ajustar salvaguardas para inadimplemento, pois a responsabilidade civil funciona como corretivo quando há irracionalidade ou a contratação é impossível ou impraticável.

De onde se conclui que as ineficiências do mercado ou os altos custos de negociação (*transação*) é que exigem a aplicação da responsabilidade civil, pois contratar previamente ou compensar posteriormente servem para estimular a alocação eficiente de recursos. Além disso, a responsabilidade civil, como instrumento inibitório de certas condutas, deve ser ainda analisada como promotora do bem-estar coletivo quando certos comportamentos sejam considerados nocivos ou indesejáveis pela comunidade.

Diz Coleman,[23] sem concordar inteiramente com o argumento, que a responsabilidade por culpa contém certa parcela de responsabilidade objetiva, cuja defesa não é moral, mas sim econômica. Definir, do ponto de vista econômico, a estrutura da responsabilidade civil deve ter em mente a relação entre vítima, que tem o incentivo para buscar a composição do dano sofrido e, de outro lado, o(s) causador(es) que, ao menor custo, podem evitar que o dano se espalhe. Isso significa que, no caso de responsabilidade subjetiva o fundamento moral existe; no da responsabilidade objetiva falece.

Quando se impõe a alguém culpa de que resulta o dever de indenizar, o que se faz, sob o aspecto econômico, é corrigir uma ação ou omissão ineficiente pois negligência, imprudência ou imperícia significam ações desse tipo porque o custo de prevenir a ação ou omissão deve ser menor, logo, mais eficiente. Se incerta a ocorrência do fato danoso, a prevenção daqueles eventos cuja ocorrência é mais provável e menos custosa deve ser feita.

Racionalmente, avalia-se o custo da prevenção em termos de investimento em medidas acauteladoras, de sorte a maximizar a utilidade. Sendo o custo menor do que o valor da indenização está feita a mais eficiente alocação de recursos. Assim, agir com culpa é não agir de forma racional do ponto de vista econômico.

Responsabilidade objetiva, porém, nada tem a ver com conduta racional, como se

22. Di Majo, ob. cit., p. 159.

23. Ob. cit., pp. 234 e ss.

via anteriormente. Aqui o argumento é outro. Responsabilidade objetiva aumenta o custo de exercer certas atividades e, portanto, desestimula o empresário ou agente. Racionalmente só se as aceita quando o custo marginal for inferior ao lucro marginal. Logo, impor a essas pessoas o custo da atividade depende de fixar os limites em que seja socialmente interessante tê-las e dar àquele esse parâmetro.

Logo, em termos econômicos, responsabilidade objetiva significa internalizar externalidades, o que interessa sempre que haja estímulo para a alocação eficiente de recursos. Portanto, pode-se concluir que a responsabilidade objetiva serve para definir o limite ótimo da atividade, com alocação eficiente de recursos. (Externalidades são fatos ou eventos fora do controle das pessoas, que alteram regras econômicas sem que os agentes tenham sobre elas algum controle direto. Ex.: taxa de juros fixada pelo governo, controle de preços.)

Mais ainda, a responsabilidade objetiva transfere riqueza dos agressores (autores) para as vítimas do dano e, ainda, segundo a análise econômica do Direito, isso reflete uma certa preferência social na distribuição da riqueza. Se os empresários acumulam riqueza à custa dos consumidores é racional pensar em retornar alguma parte para os que contribuíram para tal acúmulo, por meio da responsabilidade objetiva.

Parece-me que, quanto mais fluida for a regra de responsabilidade menos tipificado será o sistema e, portanto, mais apto a corrigir as imperfeições de mercado, bem assim os lapsos no desenho e conteúdo dos contratos, com as transformações decorrentes da autonomia privada. Mas, um tal sistema aumenta os *custos de transação* impondo às partes cuidados maiores no prever situações de risco e formas de composição. Quer dizer, a distribuição dos ônus do dano entre agente causador e quem o suporta é mais trabalhosa.

Por sua vez, contratos constituem modelos de cooperação para benefício mútuo. Daí porque aplicações da teoria dos jogos, segundo modelo de cooperação, podem servir para indicar a escolha racional das partes ao negociar, incluindo, na negociação, regras para as hipóteses de inadimplemento do acordo por qualquer das partes.

Nesses modelos as partes considerariam, basicamente, as vantagens de contratar sobre as de agir individualmente; a impossibilidade de chegar a qualquer acordo e o que isso representa em termos de maximização de utilidade; e, ainda, a hipótese de descumprimento do contrato. Esses passos são importantes já que, no contrato, ajusta-se a alocação dos benefícios e custos diretamente pelos contratantes, o que resultará, indiretamente, da determinação da forma pela qual a alocação será feita em momento futuro.

Na falta de contrato, o dano causado a outrem será composto seguindo modelo de responsabilidade aquiliana, observados os critérios de imputação, o que implica buscar eficiência alocativa por via indireta. Exemplo é a desconsideração da personalidade jurídica que altera o centro de imputação transferindo-o da pessoa jurídica para sócio(s).

O que separa claramente os ajustes contratualmente dispostos das regras de responsabilidade – civil ou penal – é que a alocação de benefícios e ônus nos contratos se faz entre partes que estão já em relação uma com a outra, enquanto que na responsabilidade civil as partes não estão entre si, necessariamente, em relação contratual, consistindo, portanto, em alternativa para contratos como se demonstrou anteriormente. No caso de responsabilidade civil extra-contratual (ou contratual, cuja resposta não tenha sido prevista pelas partes), retoma-se o esquema de compensação por dano causado a outrem.

Lembre-se que a compensação (indenização) repara o dano, não o retifica, logo não é o "preço" a ser pago para obter permissão para causar danos a terceiros. Ainda mais que nosso CC não usa a idéia de dano injusto no caso de reparação, como o italiano. A lei brasileira considera o ato danoso como lícito ou ilícito, este reparável, aquele não.

Comparando o ótimo de Pareto com o de Kaldor-Hicks, diz Posner,[24] que o primeiro é um ótimo de Pareto potencial pois os ganhadores podem compensar os perdedores, mas não precisam fazê-lo sempre. Fica patente que não se faz qualquer questionamento sobre justiça, ou não, da eficiência alocativa dos recursos, a moralidade e distribuição social da riqueza nessa posição do professor de Chicago, valores esses que devem ser apreciados pelo Direito.

Além disso, há que se ter presente que os mercados não são perfeitos, apresentam falhas que devem ser corrigidas, daí serem as regras de responsabilidade civil (*liability/tort*) o remédio para certos comportamentos que, na busca de eficiência alocativa, em presença de imperfeições de mercado, estimulam alguns comportamentos e inibem outros. Em outras palavras, as regras que tratam da responsabilidade civil podem ser consideradas como regras econômicas que determinam, anteriormente, a compensação de danos causados posteriormente, independente da forma como sejam analisadas.

A culpa aquiliana ou a responsabilidade extra-contratual se contrapõe à responsabilidade contratual. A idéia de culpa, surgida no Direito romano, servia para apurar a existência de dano(s).[25] Na análise econômica do Direito, porém, a responsabilidade com ou sem culpa deve ser analisada em relação aos benefícios e desvantagens ou perdas que cada uma das partes, ofendido e ofensor, experimentem.

Havendo remédio adequado, diz Posner,[26] a busca de eficiência alocativa deve ter a preferência dos Tribunais. Não se cogitaria, igualmente, de hipóteses com previsão contratual de danos, já que uma tal situação implica elevados *custos de transação*, sendo indesejável.

Contra uma tal opinião está Daniel Friedmann,[27] ao afirmar que uma tal afirmativa se amplia para indicar que qualquer um que esteja disposto a pagar por isso pode não observar os direitos alheios. O sistema jurídico seria, então, segundo o jurista, forma de definir preços que seriam devidos para induzir certas condutas.

É preciso reconhecer que a busca de utilidade não pode estimular comportamentos deletérios que promovam a desconfiança, dificultando as contratações, porque os custos de negociação tornariam inatingível a alocação ótima dos recursos.

Exemplo do poder que as partes têm para buscar a melhor alocação de recursos são as arras. O art. 1.095, do CC, dispõe que as partes podem ajustar cláusula de arrependimento, mas as arras são perdidas em favor do outro contratante, ou devolvidas em dobro, dependendo de quem seja o desistente. Evidente que o escopo de uma tal regra é induzir algum tipo de comportamento, que é cumprir a palavra dada ou suportar o custo de criar para a outra parte alguma expectativa que se frustra. Poder-se-á imaginar que há aí a compensação pelo custo de oportunidade da parte prejudicada com a desistência. Poderia ter empregado seus recursos em outra operação, obtido alguma satisfação e, por isso, há de ser compensada.

As disposições quanto a vícios redibitórios são igualmente forma de alocação legal, pois que o desconhecimento da existência do vício só escusa havendo ignorân-

24. Richard A. Posner, *Economic Analysis of Law*, Little, Brown and Company, Boston/Toronto, 1986, p. 13.

25. Caio Mário da Silva Pereira, *Responsabilidade Civil*, 2ª ed., Forense, 1990, pp. 8 e ss.

26. Ob. cit., pp. 117-120.

27. "The efficient breach fallacy", in *Perspectives on Contract Law*, Randy E. Barnett, Little, Brown and Company, 1995, pp. 42 e ss.

cia do alienante e ressalva no contrato. Novamente o que se deseja é que a troca seja eficiente, boa para todos, e como o mercado poderia propiciar troca ineficientes, a lei busca fazer que a alocação dos recursos seja eqüitativa. Mesmas considerações poderiam ser feitas no caso de garantia por evicção. A devolução dos valores recebidos pelos alienantes constitui o instrumento da alocação ótima.

Igualmente a previsão quanto a frutos, prejuízos resultantes da evicção, demonstrando que não só o valor do bem mas, ainda, o que poderia ter ganho com o bem evicto. Exceção é a deterioração do bem por culpa do adquirente evicto.

Mas uma regra alocativa interessante é a que resulta dos arts. 1.521, inc. III e 1.522, do CC, que determinam que os empregadores, pessoas naturais ou jurídicas, respondem pelos danos causados por seus empregados. Qual a razão de uma tal imputação por fato de terceiro?

Do Direito romano temos a regra *respondeat superior*, talvez com base no trabalho escravo, mais recentemente no poder que tem o empregador de selecionar os empregados. Mas, pode-se, de forma talvez um pouco mais objetiva, supor que a imputação legal seja transferida apenas para facilitar a composição do danos já que o empregador tem o que os norte-americanos denominam *deep pocket*.

Admitida a teoria do risco na atividade, o fato de que o empresário, por produzir para o mercado, poder dividir, espalhar o risco, seja mediante celebração de contrato de seguro, seja pelo aumento de preços de forma a constituir um fundo, amortecedor econômico-financeiro, que suporte o risco, é argumento que se ajusta à análise econômica do Direito.

A tese parece permear o Código de Defesa do Consumidor, que impõe sobre os fornecedores responsabilidade objetiva por fato do produto ou do serviço. Seguro e aumento de preços são as respostas certas no mercado. Mas seguro e aumento de preços recaem sobre os consumidores, que, por fim, acabam pagando o "custo da eficiência alocativa" no sistema de direito do consumidor.

Parece que se procura encontrar "quem paga" o dano, indagando se a vítima ou o causador devem arcar com o prejuízo, especialmente nos casos da chamada "culpa concorrente" ou do dano não indenizável.

Conclusões

• A compatibilização de princípios constitucionais e normas de Direito Privado, infraconstitucionais, especialmente no que concerne à propriedade rural, é tarefa permanente que, ademais, inclui a constante análise dos comportamentos sociais;

• Avaliar o custo de "transação" para cada um dos grupos envolvidos na distribuição/manutenção da propriedade rural e, agora no caso de prédios urbanos, é fundamental para que se tracem políticas públicas em que se possa crer e que sejam factíveis;

• Do exame de algumas das normas do CC e do Projeto de Código Civil sob a ótica da eficiência alocativa dos recursos, parece que as observações de Gilmore, Coleman, Calabresi e Melamed, entre outros, são também sensíveis no Brasil;

• A análise econômica do Direito, aplicada em conjunto com princípios éticos e morais, pode constituir importante instrumento na construção de uma ordem jurídica justa e eficiente, voltada para o bem-estar geral.

Atualidades

O DIREITO DA PRIVATIZAÇÃO*

ARNOLDO WALD

A – Introdução e considerações gerais. B – As concessões. C – As licitações nas concessões. D – As concessões e o Direito Societário.

"Agora, cabe ao setor privado atender à convocação para recolocar o Brasil na trilha do crescimento econômico sustentado. No modelo proposto, o desenvolvimento será financiado pela iniciativa privada, à qual caberá o papel de agente executor dos serviços públicos, em vez de ter como base principal os recursos orçamentários. Ao Governo compete, como missão irrevogável e fundamentável, a regulamentação e fiscalização dos serviços, representando e defendendo os usuários e os interesses da sociedade. Acredito no dinamismo, nas técnicas gerenciais modernas e na força de vontade dos nossos empresários em promover, com eficiência, qualidade e preços competitivos, um novo ciclo de desenvolvimento. Para isso o Governo precisa criar condições favoráveis ao investimento em infra-estrutura. Unidos, Estado e iniciativa privada, em parcerias estratégicas, alcançaremos os grandes objetivos sociais" (Fernando Henrique Cardoso, Prefácio de *O Direito de Parceria e a Nova Lei de Concessões,* de Arnoldo Wald *et al.*, São Paulo, Ed. RT, 1996, p. 7).

"A privatização é a única maneira de assegurar-se de que as necessidades de infra-estrutura serão satisfeitas. Nenhum governo do mundo hoje dispõe de recursos suficientes para fazê-lo por conta própria, seja através de taxação ou de empréstimos. Contudo, o capital está aí, em abundância, como também as oportunidades para investimentos lucrativos" (Peter Drucker, *Gazeta Mercantil* de 11.7.95, Relatório Especial, p. 4).

"Nosso Direito Administrativo clássico é um direito do comando, do privilégio, do controle e, numa palavra, da desconfiança (da administração em relação ao contratado). O Direito Administrativo do aleatório, que está sendo elaborado atualmente, apresenta e apresentará, cada vez mais, características diferentes: será um direito do 'esforço comum', enquadrado em atos coletivos, 'da colaboração' entre a Administração e os seus parceiros, ou, numa palavra, da confiança" (André Hauriou, "Le Droit Administratif de l'aléatoire", in *Mélanges offerts à Louis Trotabas*, Paris, Librairie Genérale de Droit et de Jurisprudence, 1970, p. 24).

* Palestra realizada em 16.5.98 no Seminário "Aspectos Jurídicos, Econômicos e Sociais das Privatizações" organizado pela Escola Superior da Magistratura em Comandatuba.

"Somente se atenderá às necessidades da sociedade contemporânea no tocante à infra-estrutura e aos serviços mediante uma aliança audaciosa e bem articulada do setor público e do setor privado. Cada parceiro, no fundo, deve doravante fazer o inventário do que é realmente fundamental na sua missão e assumir plenamente o seu papel, todo o seu papel e nada além dele" (Henry Lesguillons, *Financement Privé d'Ouvrages Publics a l'Horizon 1993*, colóquio de Paris de 26 a 27.3.90, sob a direção de Henry Lesguillons e Marcel Sarmet, Paris, Forum Européen de la Communication, 1991, p. 322).

"Foram precisos dez séculos para que a Europa amadurecesse primeiramente todas as possibilidades de concessão, para, em seguida, elaborar o conceito de gestão delegada. Bastaram dez anos para que a concessão viesse a ser implantada no mundo inteiro" (Christian Bettinger, *La Gestion Déléguée des Services Publics dans le Monde*, Ed. Berger Levrault, Paris, 1997, p. 13).

A – Introdução e considerações gerais

1. A privatização corresponde a uma tendência mundial, que surgiu tanto em virtude da globalização da economia como em decorrência da falência do Estado-Providência (*Welfare State*), ensejando o redimensionamento das atribuições do Poder Público para que o mesmo seja eficiente, garantindo o bom funcionamento dos serviços públicos essenciais.

2. A existência de importante déficit público e a impossibilidade de continuar financiando as despesas estatais mediante a emissão de moeda, dentro de um clima inflacionário, fizeram com que, em todos os países, se realizasse uma grande transformação do Estado que, na palavra de um sociólogo francês, para ser moderno tinha que ser modesto.[1]

3. Assim sendo, o Estado onipresente, que se desenvolveu no Brasil entre 1930 e 1990, sendo produtor, financiador, transportador, industrial, hoteleiro e até moteleiro, para ser substituído pelo Estado regulamentador, executor e fiscalizador dos serviços públicos essenciais, catalisador da produção, e reformador de instituições. Ao mesmo tempo em que se abria a economia do país, tinham que ser extintos certos monopólios estatais e a reserva de determinados mercados, que não mais se coadunam com a nossa época, especialmente quando o Estado deixou de ter os recursos necessários para realizar os indispensáveis investimentos para garantir o desenvolvimento da nossa economia.

4. A privatização tem vários sentidos, abrangendo desde a venda de ativos (bens públicos, empresas públicas e ações de sociedades de economia mista), até a reformulação das concessões, que, em certos setores, eram atribuídas, exclusiva ou quase exclusivamente, a empresas mistas. Também constituem formas de privatização a extinção parcial ou total de monopólios estatais, a implantação de um sistema de acordos de acionistas entre o Estado e empresas privadas nas sociedades de economia mista, a transformação do Poder Público de acionista majoritário em acionista minoritário, com ou sem uma ação especial (*golden share*) e até, em certo sentido, a abertura de certas atividades ou participações ao capital estrangeiro.

5. O conjunto de decisões referentes à privatização, em todos os sentidos, representa uma verdadeira revolução econômica, política, jurídica e cultural. Como lembrava Ortega y Gasset, a revolução se caracteriza por ser feita não contra os abusos, mas contra os usos. Trata-se, pois, de um verdadeiro novo direito, cujas regras abran-

1. Michel Crozier, *État Moderne, État Modeste, Stratégie pour un Changement*, Paris, 1987.

gem o direito constitucional, o direito administrativo, o direito econômico e até o direito do desenvolvimento, com reflexos no direito societário e no direito do trabalho.

6. O leque de normas jurídicas que trata do assunto, a partir da criação do Conselho de Desestatização e da Medida Provisória 26, há cerca de dez anos, até hoje, abrange numerosas Emendas Constitucionais, Leis Complementares, Leis Ordinárias, Medidas Provisórias, Decretos, Regulamentos e Portarias Ministeriais, tanto no plano federal, quanto nos diversos Estados e até em alguns Municípios.

7. As privatizações já realizadas e em curso ultrapassam algumas dezenas de bilhões de dólares e o Brasil pretende realizar, este ano, no plano das telecomunicações, uma das maiores privatizações do mundo ao transferir, para a iniciativa privada, o controle das empresas do sistema Telebrás.

8. Embora diante de uma realidade econômica da maior importância e de um conjunto de textos legislativos sobre as privatizações, concessões e parcerias, nos setores mais diversos, que permitiriam a elaboração de um verdadeiro código do direito da privatização, poucos foram os estudos jurídicos exaustivos na matéria, e até agora muito reduzida foi a presença dos magistrados, juristas e advogados, nos inúmeros seminários e trabalhos que trataram da matéria.

9. É verdade que os advogados participaram ativamente no processo de privatização, seja como conselheiros do Poder Público, seja como assessores jurídicos de compradores, concessionários ou parceiros do Estado. Por outro lado, o Poder Judiciário teve o ensejo de apreciar, numerosas vezes, as medidas judiciais para evitar a privatização e, mais recentemente, as peculiaridades do direito de licitação a ela referente, que ensejou contribuições jurisprudenciais da mais alta valia. Mas a doutrina não teve tempo de assimilar as regras jurídicas, de sedimentar os seus resultados e repercussões, e de tentar deduzir alguns princípios gerais peculiares ao novo direito.

10. Trata-se, no caso, de um verdadeiro atraso da doutrina em relação aos fatos e aos textos legislativos e regulamentares, o que dá maior ênfase à muito oportuna iniciativa da Escola Nacional da Magistratura realizando o presente Seminário no qual trata dos Aspectos Jurídicos, Econômicos e Sociais da Privatização. Está pois de parabéns o Diretor Ministro Sálvio de Figueiredo, especialmente por ter conseguido fazer desta reunião um verdadeiro evento pluridisciplinar, multiplicando assim as pontes entre administradores, empresários, advogados, economistas e sociólogos.

11. Não podendo tratar de todos os aspectos jurídicos da privatização, no prazo reduzido de tempo que nos foi dado, destacarei três pontos que me parecem merecer uma análise específica: as concessões, as licitações e os problemas societários.

B – As concessões

12. As privatizações, entendidas como simples vendas de ativos, têm a vantagem de aumentar a eficiência das empresas, substituindo o espírito burocrático pelo espírito empresarial e liberando-as da verdadeira camisa-de-força que, algumas vezes, lhes impõem o direito administrativo. São pois um fator importante para a redução de despesas e subsídios estatais, permitindo garantir, de modo adequado, a estabilidade econômica e monetária do país.

13. Mais importantes todavia, pelos seus efeitos, são as concessões de obras e serviços, com as quais não só se combate o déficit público, mas também se resolve o problema angustiante do déficit de infraestrutura. A solução do primeiro, por si só, não é suficiente para assegurar o progresso do país, pois não basta reduzir as despesas. É preciso criar novas fontes de produção, e consequentemente, de riqueza, multiplicar os empregos e, para tanto, impõe-se eliminar os nós de estrangulamento que impedem ou dificultam o desenvolvimento do país. É necessário aumentar e aprimorar a produção e distribuição de energia, multiplicar as estradas, ampliar e renovar a rede de telecomunicações, o que pressupõe importantes recursos financeiros e tecnologias adiantadas que o Estado não possui.

14. Ora, a concessão de serviços públicos, especialmente quando abrange a manutenção ou a realização de obras e equipamentos, é uma forma de mobilizar, no interesse público, de acordo com a regulamentação e sob a fiscalização do Estado, tanto a poupança interna e externa, como as tecnologias mais modernas aplicadas nos países industrializados e as formas de administração (*management*) da iniciativa privada. Atende-se, assim, mais adequadamente, aos interesses dos usuários e da própria economia nacional. Por outro lado, transforma-se uma atividade que, no passado, era deficitária ou pouco rentável e mal aproveitada pelo Poder Público, numa fonte de receita, que permite o investimento estatal nas atividades não rentáveis e, em particular, a segurança, a educação e a saúde.

15. Mantém-se, assim, o serviço público sob a forma de delegação, com a responsabilidade da iniciativa privada e o controle do Poder Público, sob a forma de regulamentação prévia e de fiscalização *a posteriori*. Na medida em que os recursos investidos são privados, ocorre todavia uma modificação básica do papel do Estado, cuja intervenção não mais pode ser arbitrária, nem discricionária, mas sempre deve ser razoável e baseada na lei.

16. Tratando-se de contratos de longo prazo realizados num mundo no qual as tecnologias estão evoluindo muito rapidamente, a relação entre o Estado e o concessionário deve inspirar-se num conceito que juridicamente é novo – o da parceria. Trata-se de um contrato no qual as partes têm uma finalidade específica, superando os seus próprios interesses e fazendo prevalecer sempre um conceito amplo de boa-fé e de lealdade, que deve atender não só à letra, mas ao espírito da lei e do contrato. Indo mais longe, a parceria se distingue dos conceitos de direito privado e das obrigações deles decorrentes nas quais, muitas vezes, os interesses das partes são contraditórios e nenhuma delas é obrigada a abrir mão dos seus direitos. Diferencia-se também dos contratos administrativos clássicos nos quais o Poder Público manda e o contratado privado obedece, sem prejuízo de obter uma indenização, no longo prazo, numa ação que é ordinária em todos os sentidos.

17. O que caracteriza a parceria é o dever da constante readaptação do contrato às novas circunstâncias que vão surgindo, no plano econômico, político ou técnico. Há na parceria um verdadeiro dever de negociar para manter vivo e eficiente o contrato e fazer com que cumpra a sua função social. Pode-se até fazer referência a uma espécie de *affectio contractus*, do mesmo modo que se cogita atualmente da *affectio societatis* dos sócios, ou da *affectio maritalis* do cônjuge.

18. A parceria que existe nas concessões, especialmente quando envolvem importantes investimentos do concessionário, constitui pois um contrato de colaboração, flexível e dinâmico, que pressupõe a existência de uma obrigação de cooperar, por parte dos contratantes, para encontrar sempre soluções legais, justas e eqüitativas, diante de fatos ou situações não previstas pelo legislador ou pelo instrumento contratual.

19. Os fundamentos jurídicos dessa parceria se encontram na nova legislação, mas já tem os seus princípios consagrados na Constituição brasileira quando ela garante, de um lado, o devido processo legal substantivo, entendido como assegurando todos os direitos fundamentais do contratado, e, de outro, o equilíbrio econômico e financeiro do contrato, que é, há longo tempo, da tradição do nosso direito.

20. É interessante salientar que talvez seja o Brasil o único ou um dos raros países a ter incluído na Constituição a garantia da equação econômica e financeira do contrato. E certamente é o único a ter feito a distinção entre o econômico – entendido como garantia de rentabilidade – e o financeiro – considerado como assegurando a simultaneidade do ingresso das receitas e do desembolso das despesas ou dos investimentos, o que aliás se explica pelo longo período inflacionário que o país atravessou.

21. A jurisprudência dos tribunais tem feito com que os princípios acima referidos não fossem letra morta. Ao contrário, em decisões reiteradas, o STJ, ao julgar os recursos especiais, e o STF, ao decidir os recursos extraordinários, têm reconhecido o direito ao equilíbrio econômico-financeiro, especialmente em relação ao concessionário. Mesmo quando há normas gerais, como as que se referem ao congelamento de preços aplicáveis à totalidade das empresas, ressaltou o Excelso Pretório que, quando lesivas aos interesses individuais, não se podem aplicar às tarifas dos concessionários.

22. Justifica-se essa posição da jurisprudência tanto pelas determinações constitucionais (em particular o art. 37, XXI, da Constituição como bem salientado em acórdão do TRF da 1ª região do qual foi relator o eminente Ministro Vicente Leal (*RF* 319/141)) como pelo fato de merecer o investimento feito pelo concessionário um tratamento especial. É o que já entendia a jurisprudência da Suprema Corte norte-americana quando, em voto do *Justice Brandeis*, afirmou a natureza peculiar do investimento do concessionário feito no interesse público, que, por este motivo, merece proteção especial ensejando inclusive, em nosso país, consagração constitucional.

23. A parceria pressupõe pois obrigações por parte dos contratantes que não existiam no passado em outros contratos. À obrigação de manter a continuidade e modernidade do serviço público eficiente, por parte do concessionário, corresponde a do Poder Público de manter a equação econômica e financeira estabelecida no edital de licitação. Qualquer modificação básica só pode ser consensual ou compensada imediatamente pela indenização adequada por implicar verdadeira desapropriação de um dos direitos do concessionário.

24. Torna-se, pois, muito importante definir desde logo, no próprio edital, todos os direitos e deveres das partes, evitando toda e qualquer ambigüidade. É também aconselhável prever o modo de solução de eventuais divergências futuras, podendo ser adequado o recurso à arbitragem, que é aconselhado pela melhor doutrina, para que se possa obter soluções rápidas em matérias que, muitas vezes, são tecnicamente complexas.

25. No Brasil, a legislação sobre concessões, que praticamente levou meio século para ser elaborada, pois prevista desde a Constituição de 1934, tem sido adequada, mas exige uma complementação, considerando as peculiaridades dos vários setores envolvidos. Assim, numerosas vezes, o STF teve que manifestar-se sobre alegadas inconstitucionalidades e o STJ apreciou os mandados de segurança e outros procedimentos pelos quais, em reiteradas ocasiões, no passado e no presente, houve tentativas de impedir a privatização, abrangendo as empresas concessionárias.

26. A demora de conversão das Medidas Provisórias em textos legais também tem ensejado uma incerteza, que não se coaduna com os investimentos necessários que devem ser feitos pelos concessionários.

Mas parece que estamos concluindo essa fase, que se explica pela inovação que representa a concessão na sua versão atual e dinâmica, e na ruptura que representa com as nossas tradições, de tal modo que podemos falar num verdadeiro renascimento do instituto.

27. Do ponto de vista técnico, também não foi fácil aos juristas brasileiros assimilar a concessão como nova técnica de direito administrativo.

28. Efetivamente, se a tradição jurídica brasileira em matéria de serviço público está ligada aos ensinamentos dos juristas franceses, a nossa administração herdou do poder regaliano português a concepção do Estado operador da economia, e a regulamentação e fiscalização das concessões por entidades independentes é inovação americana, num país cujo direito não conhece as concessões propriamente ditas mas autoriza certas empresas a funcionar no interesse público.

29. Assim mesmo, cabe reconhecer que o sistema de concessões está tendo sucesso no Brasil e que as entidades reguladoras estão se implantando com espírito construtivo, substituindo, com vantagem, as antigas autoridades burocráticas que desempenhavam papel análogo, embora com poderes mais limitados.

30. Concluímos pois que, como afirmado por especialista inglês, para o país e para os usuários dos serviços, "a propriedade privada sob controle público é muito melhor do que a propriedade do Estado sob controle político".[2]

C – As licitações nas concessões

31. As licitações para o fim de concessão também merecem um comentário específico. Em primeiro lugar, pelo fato de haver, em matéria de preço a ser pago, pelo concessionário, ao concedente, uma inversão da tradição que existia, considerando-se sempre como sendo vencedor na licitação quem oferecia o menor preço. Já na concessão a vitória cabe a quem pretende pagar, ao Poder Público, o maior preço.

32. Por outro lado, a obediência ao edital há de ser meticulosa, tanto por parte dos licitantes quanto da autoridade. A importância dos recursos a serem investidos e dos eventuais lucros esperados, levam os interessados a verdadeiras batalhas judiciais, para que sempre prevaleça a norma jurídica.

33. Cabe, aliás, salientar a importância que passou a ter o Poder Judiciário ao julgar a matéria, dedicando-lhe especial atenção e ponderando quais os requisitos indispensáveis e quais os que são secundários, pouco relevantes ou até ilegais ou inconstitucionais para o julgamento de licitações. Em particular a Egrégia 1ª Seção tem tido, neste sentido, sessões memoráveis, nas quais se destacaram os votos dos eminentes Ministros Ari Pargendler e José Delgado, que nos honram hoje com as suas lições e ainda dos ilustres Ministros Demócrito Reinaldo e Humberto Gomes de Barros, entre outros.

34. No particular, o mandado de segurança continua a ser o grande instrumento de defesa dos direitos individuais contra os eventuais atos arbitrários da administração, corrigindo desde logo as ilegalidades em vez de fazer com que só possam ensejar indenizações a serem pagas longos anos depois, com prejuízo para o Tesouro Nacional.

35. No particular, uma das questões que talvez merecesse reexame é a da competência da Justiça Federal para conhecer os mandados de segurança contra as sociedades de economia mista controladas pela União. Parece-nos que não se deveria aplicar, no caso de licitação de interesse do

2. John G. Bellak, *Privatisation en Grande Bretagne de l'Industrie des Eaux et des Égouts*, in Lesguillons, Sarmet e outros, ob. cit., p. 180.

Governo Federal e com repercussões no seu patrimônio, as Súmulas que atribuem competência à Justiça Estadual para apreciar ações contra as sociedades de economia mista.

36. No tocante aos editais, é também preciso lembrar a importância específica que têm, no caso das concessões de longo prazo referentes aos serviços públicos de maior complexidade, os conhecimentos técnicos e a idoneidade financeira das empresas licitantes.

37. Na realidade, o interesse público não se limita – ou não se deve limitar – à obtenção do melhor preço mas deve exigir também que os licitantes tenham os conhecimentos tecnológicos e a experiência necessária para assegurar a adequada realização das obras e a manutenção e atualização do serviço de acordo com a evolução técnica que pode vir a ocorrer.

38. A idoneidade financeira deve ser proporcional ao valor das obras e serviços a serem realizados e neste sentido poderia ser utilizado de modo mais amplo o *performance bond*, que necessitaria ter uma regulamentação nacional compatível com a que existe no mercado internacional.

39. Finalmente, na medida em que se abriu o mercado às empresas estrangeiras, torna-se necessário aceitar, com maior flexibilidade, mas com a adequada fiscalização, os documentos estrangeiros e os critérios vigentes em outros países para determinados fins, a fim de atender não só à letra mas ao espírito da nossa legislação.

40. No fundo, trata-se de rever a lei de licitações e adaptá-la às novas necessidades, sem prejuízo de um melhor controle das informações dadas aos licitantes e das respostas que lhes são dadas, na fase anterior à licitação e que nem sempre atendem às determinações legais. Uma presença mais ampla dos advogados da administração pública neste setor seria aconselhável para evitar determinadas situações que têm ensejado recursos administrativos e judiciais. Ocorre, algumas vezes, que a administração pretende fazer uma exigência razoável, numa determinada licitação, no interesse público. Pode e deve fazê-la, mas somente se constar do edital, pois, *a posteriori*, não há como introduzir novos critérios, mesmo quando são justificáveis e correspondem a interesses legítimos.

41. Finalmente, é preciso reconhecer que as recentes licitações comprovam que em tese inexistem fraudes ou acordos prévios das partes e que, na maioria dos casos, os resultados atendem exclusivamente ao interesse público, havendo assim maior transparência. Para os casos nos quais tal situação não ocorre, talvez se justificasse a criação do cargo de *ombudsman*, para que um ouvidor-geral pudesse, com imparcialidade e maior afastamento da administração específica, determinar as providências cabíveis, como chegou a ser sugerido pelo Professor Caio Tácito.

D – As concessões e o Direito Societário

42. Outra área que merece ser examinada é a dos reflexos das privatizações e concessões no direito societário.

43. Em primeiro lugar, cabe lembrar que o Brasil tinha, no seu mercado de capitais, uma situação muito peculiar, diferente da existente nos demais países, pois a maioria das dez ou vinte maiores empresas de capital aberto era constituída por sociedades de economia mista. Essas empresas eram e são também as mais negociadas nas Bolsas, representando entre 50% e 80% do movimento das mesmas.

44. Com as privatizações nos setores elétrico, bancário e de telecomunicações, este panorama será profundamente alterado, no próximo ano, e as concessionárias sob gestão privada ocuparão certamente o lugar das estatais, o que importa numa modificação relevante do nosso mercado de capitais.

45. Por outro lado, as privatizações introduziram, em nosso mercado, o controle partilhado, com todas as suas peculiaridades. Podemos afirmar que tal controle praticamente inexistia até a década de 1990, enquanto atualmente essa forma de governo da empresa se multiplica, com um papel mais ativo dos fundos de pensão, que, no passado, não participavam da administração. Todo o problema do comando empresarial e a própria noção de controle estão assim sofrendo importantes modificações, com reflexos na lei e na jurisprudência. Cabe até indagar agora se há ou não uma espécie de controlador do grupo do controle que comanda a empresa – ou seja, um controlador do controlador – e até que ponto o acordo de acionistas pode ou não criar uma situação de controle por parte de quem não é o acionista majoritário.

46. A privatização também ensejou uma multiplicação de pequenos acionistas, que são os funcionários da empresa, reunidos em clubes de investimento ou sob outras formas.

47. A posição dos acionistas minoritários se tornou assim mais relevante e eles estão acompanhando a gestão empresarial, com mais atenção e interesse do que os chamados acionistas passivos – ou rendeiros – que existiam no passado.

48. Coloca-se, assim, toda uma discussão sobre o governo da empresa, o direito dos acionistas minoritários e dos acionistas preferenciais, ensejando um direito societário mais complexo que exige maior presença de advogados e juízes, para evitar a tirania, tanto dos majoritários como dos minoritários.

49. A presença do usuário e a proteção do direito do consumidor é mais um elemento importante que se faz sentir na medida em que as empresas deixam de ser mistas ou públicas, para serem privadas, e as entidades reguladoras devem garantir o bom funcionamento dos serviços públicos.

50. Quanto às agências reguladoras independentes com poderes regulamentares e de fiscalização, constituem também entidades que o nosso direito não conhecia e cujas atribuições hão de ser bem definidas, assim como o exercício das mesmas dentro dos limites em que a Constituição reserva à lei, a faculdade de obrigar as pessoas a fazer ou deixar de fazer algumas coisas (art. 5º, II).

51. Finalmente, as licitações devem resguardar os direitos dos minoritários, não podendo sacrificá-los como recentemente pretendeu fazer o Governo de São Paulo, no caso de uma das subsidiárias da CESP, no que foi impedido oportunamente pela CVM e pelo clamor público, sem que houvesse necessidade de recurso ao Poder Judiciário. Mas se sabia que os minoritários contariam com o recurso à Justiça, que lhes daria as medidas cautelares adequadas.

52. Também o Estado não pode pensar como o fazia um banqueiro alemão, que considerava o acionista um tolo e um arrogante. Um tolo na medida em que entrega o seu dinheiro à empresa e um arrogante porque ainda queria receber o seu dividendo. O Estado de Direito não mais permite que o Poder Público abuse de sua força, devendo ao contrário submeter-se à lei, mesmo quando ele a fez.

53. Assim, com a garantia do Poder Judiciário, há uma nova fase na vida brasileira, que surge com o direito da privatização, assegurando a prevalência do Direito, que deve ser respeitado por economistas, empresários, administradores e funcionários, para que a sociedade possa alcançar não só o progresso mas o desenvolvimento, que significa o aprimoramento das instituições. É o direito que assegura o respeito a uma escala de valores. É ele que, na palavra de ilustre jurista italiano, submete a Economia e o Estado à Ética, que deve prevalecer em nossa sociedade. E não há desenvolvimento nacional sem que a economia cresça de acordo com as normas jurídicas, dentro do Estado de Direito, num clima de liberdade, responsabilidade e justiça.

Atualidades

RESPONSABILIDADE DOS ADMINISTRADORES E OUTROS MEMBROS DOS ÓRGÃOS SOCIAIS POR DÍVIDAS TRIBUTÁRIAS*

ARMINDO SARAIVA MATIAS

I – A responsabilidade civil dos membros dos órgãos sociais até à entrada em vigor do Código das Sociedades Comerciais. II – Princípios gerais sobre a responsabilidade civil dos membros dos órgãos sociais, no âmbito do Código das Sociedades Comerciais. III – A responsabilidade por dívidas de impostos no Código de Processo de Contribuições e Impostos de 1963. IV – A responsabilidade dos membros dos órgãos sociais e Revisores Oficiais de Contas, no Código do Processo Tributário de 1991. V – O regime de responsabilidade por dívidas tributárias consagrado na Lei Geral Tributária. VI – A responsabilidade dos gestores no âmbito do regime das Infracções Fiscais não Aduaneiras. VII – As infracções fiscais criminais. VIII – As infracções fiscais contraordenacionais. IX – Concurso de infracções fiscais criminais e contraordenacionais. X – Responsabilidade civil dos gestores pelo pagamento de multas e coimas. XI – Conclusão.

I – A responsabilidade civil dos membros dos órgãos sociais até à entrada em vigor do Código das Sociedades Comerciais

A primeira regulamentação desta matéria teve lugar no Código Comercial de Veiga Beirão, de 1888.

Ali se previa, designadamente no art. 165º, a responsabilidade dos fundadores, até à constituição da sociedade, do mesmo modo que, no art. 173º, se criava um tipo de responsabilidade pessoal e solidária dos Directores da sociedade para com ela e perante terceiros, por inexecução do mandato ou pela violação dos estatutos ou da lei.

Naturalmente, na previsão do Código de Veiga Beirão, estavam apenas as sociedades anónimas, tendo o mesmo regime sido adoptado pela Lei das Sociedades por Quotas, com a criação destas, em 1901.

Foi, porém, com o Decreto-lei 49.381, de 15.11.69, que veio, no decurso do século, produzir-se a grande reforma, nesta matéria.

Este diploma, do mesmo passo que vem pormenorizar as funções dos órgãos de fiscalização das sociedades anónimas,

* Texto de Conferência promovida por M.G.I. Portugal, que teve lugar em Lisboa, em 21 de janeiro de 1999. O tema original suberido foi "Responsabilidade dos Administradores e outros Membros dos Órgãos Sociais por dívidas de Impostos". A alteração do tema foi determinada pela publicação, entretanto ocorrida, da Lei Geral Tributária. E que, como no texto se verá, o conceito de dívida tributária é mais amplo que o de dívida de imposto.

traz, como inovação, a criação de novos tipos de responsabilidade por factos ilícitos dos seus administradores e a responsabilidade civil dos administradores perante os credores sociais; correspondentemente, cria a possibilidade de os accionistas desencadearem acção social para efectivar a responsabilidade dos administradores.

E foi com este regime que as Sociedades Comerciais conviveram, entre 1969 e 1986, ano em que entrou em vigor o Código das Sociedades Comerciais. O Código das Sociedades Comerciais não é, aliás, pródigo em novidades, relativamente ao regime de responsabilidade em vigor desde 1969. Há, contudo, inovações.

A primeira delas é que o regime das sociedades anónimas passa, agora, a ser aplicável a todos os demais tipos de sociedades.

Depois, expressamente impõe como dever geral o que antes apenas se presumia, através do seu art. 64º: os administradores, directores e gerentes devem actuar com a diligência de um gestor criterioso e ordenado, no interesse da sociedade.

Em terceiro lugar, cria um prazo de prescrição de cinco anos, para a efectivação da responsabilidade civil (art. 174º).

Em quarto lugar, diminui a percentagem de 10% para 5% (dos sócios ou accionistas) necessária para designação dos representantes da sociedade, com vista à efectivação da responsabilidade dos Administradores (art. 76º n. l).

Finalmente, cria um novo tipo de responsabilidade por *culpa in eligendo* (art. 83º). Consiste este último na responsabilidade do sócio ou accionista a quem compita nomear representante para os órgãos sociais. A ilicitude do comportamento do mandatário passa a gerar responsabilidade solidária do mandante desde que se prove a culpa deste na designação ou escolha daquele.

Central, em todo o caso, neste regime, é a ideia da responsabilidade por actos ilícitos ou responsabilidade aquiliana, isto é, aquela que constitui no dever de indemnizar quem, com culpa ou negligência, por acção ou omissão, tenha causado danos a terceiro.

Funciona, pois, aqui, toda a estrutura da responsabilidade civil prevista e regulada nos arts. 483º e ss. do Código Civil da qual são pressupostos: a existência de dano, a prática de ilícito (por acção ou omissão com culpa ou negligência) e o nexo de causalidade entre o ilícito e o dano.

E parece óbvio o alargamento que o já citado art. 64º do Código das Sociedades Comerciais veio operar. De facto, a partir de agora, o gestor deve actuar com diligência, deve ser criterioso e ordenado, presidindo, em todas as suas actuações, o interesse da sociedade. Este recorte rigoroso da actuação do gestor e dos deveres que lhe incumbem conduz, naturalmente, a um apuramento de culpa ou negligência muito mais exigente do que antes, do mesmo passo que o vincula ao interesse social, sendo difícil isentar o gestor de culpa sempre que, ao menos como objectivo, aquele interesse não esteja presente.

Este novo modelo de responsabilidade vai impor a formulação de um conjunto de princípios gerais a que nos referiremos já de seguida.

II – Princípios gerais sobre a responsabilidade civil dos membros dos órgãos sociais, no âmbito do Código das Sociedades Comerciais

Não vou tratar, especialmente, da responsabilidade criminal, nem contraordenacional, nem civil: outros conferencistas o farão melhor do que eu.

Do que me coube falar-vos, agora, foi da responsabilidade por dívidas de impostos! Pois bem, nesta cabem, no entanto, aqueles três tipos de responsabilidade: a civil, a contraordenacional e a criminal. É o que veremos mais adiante.

Começaremos, justamente, pela responsabilidade civil por dívidas tributárias.[1]

Não podemos, em todo o caso, até por necessidade de contraposição, prosseguir o nosso trabalho sem passarmos, em revisão, os princípios que regem a responsabilidade civil dos membros dos órgãos, em geral, relativamente a dívidas de outra qualquer natureza.

Parece-me podermos elencar, como segue, os princípios que regem a *responsabilidade civil do gestor*:[2]

1. o gestor deve actuar com diligência e criteriosamente no interesse da sociedade (art. 64º do Código das Sociedades Comerciais);

2. os gestores respondem perante a sociedade pelos danos causados por actos ou omissões, com preterição dos seus deveres legais ou contratuais, salvo se provarem que agiram sem culpa;

3. a responsabilidade dos gestores perante a sociedade é solidária, com direito de regresso na medida da respectiva culpa, presumindo-se esta igual (art. 73º do Código das Sociedades Comerciais);

4. os gestores são responsáveis perante os credores sociais por actuação culposa, com preterição das disposições legais ou contratuais (art. 78º) quando o património se mostre insuficiente; logo,

5. a responsabilidade é subsidiária perante os credores sociais: subsidiária em relação à sociedade, solidária em relação aos outros gestores.

Os *membros dos órgãos de fiscalização:*

1. regra geral: respondem nos mesmos termos em que respondem os gestores;

2. respondem solidariamente com os gestores, por actos ou omissões destes, no desempenho dos seus cargos, provando-se que o dano não se teria produzido se houvesse cumprimento dos seus deveres de fiscalização.

Os *Revisores Oficiais de Contas* respondem:

1. perante a sociedade e os sócios pelos danos que lhes causarem com a sua conduta culposa;

2. também respondem perante os credores sociais pela inobservância culposa dos seus deveres, se esta levar à insuficiência patrimonial.

Já os *sócios* poderão responder, solidariamente, por culpa *in eligendo* se o seu eleito for, também, culpado.

De tudo quanto acaba de dizer-se, retira-se o princípio geral da responsabilidade civil por culpa dos gestores e membros dos órgãos de fiscalização. Culpa cuja prova caberá a quem a alega ou invoca. Sem prejuízo, naturalmente, das presunções derivadas dos arts. 72º n. 1, 262º-A e 420º-A do Código das Sociedades Comerciais.

III – A responsabilidade por dívidas de impostos no Código de Processo de Contribuições e Impostos de 1963

Até aqui, fizemos um apontamento genérico e sumário do regime de responsabilidade, não atentas nem a pessoa do credor nem a natureza da dívida.

Ao referirmo-nos a dívidas por impostos estamos, no entanto, a especificar dentro do género. Ora, a espécie determina-se pela natureza da dívida e pela qualidade do credor.

É discutível que esta diferença específica se justifique para o efeito de criar um regime diferenciado. Conhecemos opiniões nos dois sentidos: no de que a dívida fiscal deve ter o tratamento da dívida cível; no de que a dívida fiscal deve merecer priorida-

1. Não é o mesmo que falar de dívidas de impostos, como adiante se mostrará.

2. De ora em diante, usarei a designação de gestor para significar cargo de administração: administrador, gerente, director, consoante o órgão social em causa.

de na cobrança por revestir interesse colectivo e social, com o fundamento de que só com as receitas de impostos é possível fazer face às necessidades sociais mais prementes.

Não teremos, aqui, que tomar partido sobre a questão, porquanto o que nos compete é traçar o seu regime e este tem sido definido manifestamente em função da segunda tese.

A natureza da dívida e a qualidade do credor tem determinado um regime de privilégio de cobrança e, conseqüentemente, de maior onerosidade para o devedor.

Vamos ver em que se traduzem aquele privilégio e aquela maior onerosidade.

IV – A responsabilidade dos membros dos órgãos sociais e Revisores Oficiais de Contas, no Código do Processo Tributário de 1991

Considerando sem interesse de maior o regime do art. 1º do DL 17.730, de 7.12.29, tomemos para estudo apenas os regimes mais recentes de dívidas de impostos.

O art. 16º do Código de Processo das Contribuições e Impostos, datado de 1963, dispunha muito simplesmente: "São responsáveis pelos impostos liquidados às sociedades de responsabilidade limitada os sócios gerentes que exercerem a gerência durante o período em que se verifica o facto tributário ou se proceder à cobrança dos mesmos impostos".

A regra não podia ser mais clara e dificilmente poderia ser mais gravosa para o gestor.

Este respondia, objectivamente, perante o credor – Fisco – independentemente de culpa (culpa propriamente dita ou negligência).

A responsabilidade do gestor era objectiva e funcional.

Objectiva porque desconsiderava a inexistência de culpa; funcional porque a responsabilidade emergia directa e automaticamente da função.

Uma absoluta excepção aos princípios da responsabilidade civil, já antes enunciados, em que só há responsabilidade quando haja culpa, excepto nos casos expressamente previstos na lei (responsabilidade objectiva, como é o caso de acidentes de viação e de trabalho).

A alteração do Código das Sociedades Comerciais levada a efeito pelo Decreto-lei 262/86, de 2 de setembro, com entrada em vigor em 1.11.86, fez repensar o regime de responsabilidade dos gestores das sociedades, reconduzindo-a aos moldes que inicialmente recordámos. Mas não teve efeitos imediatos no âmbito da responsabilidade por dívidas fiscais, uma vez que esta era regulamentada por diploma especial: o Decreto-lei 45.005, de 27.4.63 (Código de Processo das Contribuições e Impostos).

Embora lenta, a influência foi, porém, decisiva.

Em primeiro lugar, deu origem à alteração do art. 16º do Código de Processo das Contribuições e Impostos levada a cabo pelo Decreto-lei 68/87, de 9 de fevereiro.

É que a responsabilidade objectiva consagrada naquele preceito, assim de modo tão frio, chocava com as novas regras do Código das Sociedades.

O legislador denuncia, aliás, esta sua constatação, dizendo que "perde cada vez mais sentido dotar o Estado, enquanto credor social, de um estatuto desproporcionalmente privilegiado".

E anota que a responsabilidade dos gestores, de acordo com a jurisprudência, entretanto formada, terá de pressupor uma gestão de direito e de facto, não bastando que o gestor tenha sido, de direito, investido na função. Reconhece-se, todavia, e do mesmo passo, que também o gestor de direito (e não de facto) poderá, por omissão, ser responsável por falta de diligência em função que lhe compita exercer. A segurar com a segunda mão o que lhe escapara da primeira.

Na parte dispositiva do diploma, manda-se, então, aplicar, na determinação da responsabilidade dos gestores da sociedade, o regime do art. 78º do Código das Sociedades Comerciais.

Isto é: "Os gerentes, administradores ou directores respondem para com os credores da sociedade quando, pela inobservância culposa das disposições legais ou contratuais destinadas à protecção desta, o património social se torne insuficiente para a satisfação dos respectivos créditos".

A responsabilidade por dívidas de impostos, vinha, deste modo, reconduzir-se a uma responsabilidade civil, segundo os princípios gerais.

Nem a natureza da dívida nem a pessoa do credor introduziriam alterações nos pressupostos da responsabilidade civil.

Mas... foi sol de pouca dura!

O Decreto-lei 154/91, de 23 de abril, aliás rectificado em 29 de junho seguinte, veio aprovar o novo Código do Processo Tributário que havia de entrar em vigor em 1.7.91.

Com este Código, fica revogado o Código de Processo de Contribuições e Impostos e, conseqüentemente, o Decreto-lei 68/87, de 8 de fevereiro que apenas regulamentava o art. 16º daquele diploma legal.

O Código do Processo Tributário dispunha no seu art. 13º:

"1. Os Administradores, gerentes e outras pessoas que exerçam, ainda que somente de facto,[3] funções de administração nas empresas e sociedades de responsabilidade limitada, são subsidiariamente responsáveis em relação àquelas e solidariamente entre si, por todas as contribuições e impostos relativos ao período do exercício do seu cargo, salvo se provarem que não foi por culpa sua que o património da empresa ou da sociedade de responsabilidade limitada se tornou insuficiente para a satisfação dos créditos fiscais".

"2. A responsabilidade prevista neste artigo aplica-se aos membros dos órgãos de fiscalização e revisores oficiais de contas, nas sociedades em que os houver, desde que se demonstre que a violação dos deveres tributários das sociedades resultou do incumprimento das suas funções de fiscalização."

São muitas as questões que têm sido suscitadas com o art. 13º do Código do Processo Tributário.

Vamos enunciar e tentar dilucidar algumas delas.

1. Em primeiro lugar, o regime do art. 13º é aplicável, apenas, a dívidas de contribuições e impostos. Estão, pois, excluídas quaisquer outras dívidas ao Estado. Estas últimas terão regime próprio ou estarão sujeitas ao regime geral.

2. A responsabilidade recai sobre os gestores que exerçam funções de facto, não carecendo de eleição, nomeação ou outro qualquer acto juridicamente previsto para o exercício do cargo.

3. Os gestores são responsáveis em regime de subsidiariedade e solidariedade: de subsidiariedade relativamente à sociedade e de solidariedade entre si, perante o credor.

4. A responsabilidade em causa gera-se em qualquer tipo de empresa ou sociedade de responsabilidade limitada (uma cooperativa, um agrupamento complementar de empresas podem ser considerados empresas).

5. A responsabilidade é delimitada, no tempo, pelo período do exercício do cargo.

6. A responsabilidade emerge *ex lege*, é funcional, com presunção de culpa. Trata-se, não obstante, de presunção *juris tantum*, ilidível, mediante prova em contrário.

3. Redacção introduzida pela Lei 52-C/96, de 27.12.96.

As conclusões que acabamos de tirar têm suscitado, por seu turno, dificuldades. Enunciaremos algumas, tentando delas, na medida do possível, a melhor solução.

Assim:

1. Havendo gestores juridicamente investidos, mas processando-se a gestão através de gestores de facto (directores, outros empregados), a quem caberá a responsabilidade prevista no art. 13º do Código do Processo Tributário)?

Em nossa opinião, cabe ao gestor juridicamente investido que só poderá desonerar-se demonstrando ausência de culpa (e haverá culpa se não actuou, devendo ter actuado).

Por gestor de facto a que o art. 13º se refere deverá entender-se, em nossa opinião, o gestor que actua como tal, como se fora gestor de direito, ainda que a sua investidura no cargo se mostre juridicamente inválida (nula ou anulável). Não o será o trabalhador da empresa que pratica actos de gestão ainda que para tal mandatado ou autorizado.

Não faz sentido, p. ex., incluir na previsão legal, o mandatário, o técnico de contas, o director financeiro que exerçam funções de gestão. Estes poderão ser responsáveis, mas a outro título.

2. Sendo a presunção de responsabilidade ilidível, é ao gestor que incumbe fazer prova de que não houve culpa. E como? Demonstrando que a constituição da dívida do imposto não dependeu da sua actuação; que a não pôde evitar.

E poderá a não efectividade de funções constituir prova e ilidir a presunção de culpa? Achamos que o efeito não é automático; mas poderá constituir um bom fundamento; bastará, para tanto, que a não efectividade esteja legal ou contratualmente prevista e que seja compatível com a normal gestão da empresa.[4]

3. E quais as dívidas de impostos por que respondem os gestores?

São as que se referem aos impostos cujos factos constitutivos tenham ocorrido no período de sua gestão ou os vencidos e não pagos naquele período? Somos pela segunda alternativa, com as seguintes reservas.

Em nosso entender, duas hipóteses são possíveis:

• se o imposto se não constituiu perante o Fisco, por culpa do gestor, é este que responde, a todo o tempo;

• se o imposto se constituiu, correctamente, sob a gestão do A e não foi pago sob gestão de B, só este será responsável pelo imposto em dívida (não aquele). Isto é: responde pela dívida de imposto apenas aquele que contribuiu para o não pagamento.

A diferença é que terá de provar-se a culpa do primeiro; presume-se a culpa do segundo.

Não faria, na verdade, qualquer sentido, responsabilizar um gestor que não podia ter procedido ao pagamento do imposto por já nem se encontrar em exercício de funções.

4. A responsabilidade dos gestores é, então, presumida, resulta *ex lege*, é funcional.

Esta conclusão é tão gravosa que pode ser vista como atentatória dos direitos individuais.

Justamente por isso, há autores que defendem a inconstitucionalidade do art. 13º do Código do Processo Tributário.

Assentaria esta inconstitucionalidade, na opinião daqueles autores, no facto de o contribuinte ficar despojado do direito de

4. Tome-se para exemplo um conselho de administração constituído por 11 membros, em que exista uma comissão executiva permanente, constituída apenas por três. Achamos que os membros do conselho não efectivos poderão ilidir a presunção de culpa pela sua não efectividade, com demonstração de que a gestão incumbe à comissão executiva.

defesa, arrostando com uma prova de factos negativos cuja dificuldade todos conhecemos.

Seria, deste modo, violado o art. 2º da Constituição da Republica portuguesa, designadamente no que toca aos direitos fundamentais do Estado Democrático, com igualdade de tratamento e respeito pelos direitos individuais. Sairiam também violados os arts. 266º, n. 2 e 107º da Constituição da Republica Portuguesa.

O art. 13º seria, pois, inconstitucional.

O número dois do art. 13º do Código do Processo Tributário estendeu a responsabilidade por dívidas de contribuições e impostos aos membros dos órgãos de fiscalização e revisores oficiais de contas, mas fê-lo em termos bastante diversos do disposto quanto aos gestores.

1. Em primeiro lugar, teremos de anotar que entre os membros dos órgãos de fiscalização estarão os membros do conselho fiscal e o fiscal único, segundo for o caso.

2. Em segundo lugar, os revisores oficiais de contas serão responsáveis quando exercerem tais funções na sociedade como membros do conselho fiscal ou como fiscais únicos ou, ainda, outras quaisquer funções de revisores que lhe sejam atribuídas por lei.

Poderá entender-se que só ao ROC membro do órgão de fiscalização é que a lei imputa responsabilidades por dívidas de impostos? Cremos que não.

Primeiro, porque seria inútil a alusão da lei, expressamente, aos revisores, bastando ter referido, como fez, os membros dos órgãos de fiscalização; depois, porque ao ROC têm sido conferidas missões de grande responsabilidade, contando com a sua competência profissional, honestidade e são critério.

Quando, pois, actue como ROC no exercício das suas funções, a missão a cumprir terá de ser integral: como se fosse membro de um órgão.

3. Todavia, dizíamos, o legislador não dá aos membros dos órgãos de fiscalização o mesmo tratamento que dá aos membros dos órgãos da administração.

Com efeito, dispõe que aqueles são responsáveis, "desde que se demonstre que a violação dos deveres tributários das sociedades resultou do incumprimento das suas funções (de fiscalização)".

É o regresso ao regime do art. 78º do Código das Sociedades Comerciais.

É a entrega do ónus da prova ao credor. Deste modo, competirá ao Fisco fazer a prova do incumprimento, bem como de nexo causal entre o incumprimento dos seus deveres funcionais e o não pagamento das contribuições e impostos em dívida.

É, pois, o Fisco que deve fundamentar a reversão que promova contra o membro do órgão de fiscalização ou o ROC. A estes bastará uma posição defensiva. A reversão não fundamentada e não provada, ainda que perante a completa passividade do fiscal ou ROC tem de improceder.

Bem diferente, por conseqüência, do regime aplicável aos administradores. Neste último caso, perante a reversão, são eles que devem provar ou a inexistência do seu ilícito funcional ou a falta de nexo causal entre o ilícito e o não pagamento da dívida fiscal.

Por fim, anotaremos que a reversão só pode dar-se quando excutido o património do devedor principal: a responsabilidade é subsidiária, não é solidária (arts. 519º do Código Civil e 239º do Código do Processo Tributário).

V – O regime de responsabilidade por dívidas tributárias consagrado na Lei Geral Tributária

A nova Lei Geral Tributária foi publicada em 17.12.98 e entrou em vigor em 1.1.99.

Com ela, foi pura e simplesmente revogado o art. 13º do Código do Processo Tributário.

Estamos, assim, ainda, demasiado quentes, com a sua primeira leitura, para um comentário que se desejaria frio, esclarecedor, experimentado.

Vamos, por isso, tentar uma análise de feição essencialmente literal.

Um primeiro ponto, porém, a esclarecer é por que nos pronunciamos até aqui, sobre o regime do art. 13º do Código do Processo Tributário, em vigor desde 1991 até 31.12.98, sabendo-o revogado.

A razão é simples: para além de que não podemos esquecer que se mantém em vigor o Código do Processo Tributário, acresce que, nos termos do art. 12º da Lei Geral Tributária, as normas desta constantes aplicam-se aos factos posteriores à sua entrada em vigor, não podendo ser criados quaisquer impostos retroactivos.

E, quando o facto tributário for de formação sucessiva, a lei nova só se aplica ao período decorrido a partir da sua entrada em vigor. Só as normas sobre procedimento e processo são, por isso, de aplicação imediata.

Donde, as normas tributárias dos Códigos de Processo de Contribuições e Impostos (até 1991) e do Código do Processo Tributário (até 1999), continuarão a ser aplicados aos factos ocorridos nos respectivos períodos de vigência.[5]

Aos factos tributários que tenham ocorrido e venham a ocorrer após 1.1.99, aplica-se, em todo o caso, e sem qualquer dúvida, a nova Lei Geral Tributária.

5. A excepção relativa às normas de índole penal e contraordenacional por força do disposto nos ns. 2 e 4 do art. 2º do Código Penal ("É sempre aplicado o regime que concretamente se mostre mais favorável ao agente"), será analisada mais adiante.

Embora no acórdão 12.125, do STA, de 29.1.92, se tenha julgado no sentido de ressalvar os efeitos já produzidos, ser o art. 13 do CPT de aplicação retroactiva.

Prescindindo da análise pormenorizada desta nova Lei, designadamente dos princípios que consagra, é indispensável, para o nosso tema, estudar as diferenças de regime consignadas, no que respeita à responsabilidade dos gerentes e administradores e membros de outros órgãos sociais. É quanto tentaremos, de seguida.

Ora, começa por proclamar-se, no preâmbulo do DL 398/98, de 17 de dezembro (que aprova a Lei Geral Tributária), pretender-se "a sujeição a uma regulamentação clara e equilibrada do instituto da responsabilidade subsidiária, incluindo a responsabilidade dos administradores ou gerentes, limitando os pressupostos de reversão e libertando, assim, os Tribunais tributários de múltiplos casos susceptíveis de resolução meramente administrativa (...)".

E de acordo com este objectivo, é revogado o art. 13º do Código do Processo Tributário. Cremos, em todo o caso, que o legislado se ficou muito aquém do anunciado.

Em substituição daquela disposição legal, veio, agora, dispor o art. 24º da Lei Geral Tributária, sob a epígrafe "Responsabilidade dos corpos sociais e responsáveis técnicos:

"1. Os administradores, directores e gerentes e outras pessoas que exerçam, ainda que somente de facto, funções de administração, nas sociedades, cooperativas e empresas públicas, são subsidiariamente responsáveis em relação a estes e solidariamente entre si:

"a) Pelas dívidas tributárias cujo facto constitutivo se tenha verificado no período de exercício do seu cargo ou cujo prazo legal de pagamento ou entrega tenha terminado depois deste, quando, em qualquer dos casos, tiver sido por culpa sua que o património da sociedade se tornou insuficiente para a sua satisfação;

"b) Pelas dívidas tributárias cujo prazo legal de pagamento ou entrega tenha terminado no período do exercício do seu cargo, quando não provem que não lhes foi imputável a falta de pagamento."

Temos algumas observações a fazer.

A primeira, de ordem meramente formal, é a de que a epígrafe é infeliz, por duas razões: porque se refere à responsabilidade dos órgãos sociais quando deveria referir-se à responsabilidade dos membros dos cargos sociais; e porque, tautologicamente, alude à "responsabilidade" dos "responsáveis" técnicos.

Depois, consagra a responsabilidade dos gestores, das sociedades, ainda que somente de facto (tal como no já comentado art. 13º), alargando-a, agora, aos gestores das cooperativas e empresas públicas, deixando cair a menção a "empresas" constante do art. 13º do Código do Processo Tributário. O efeito parece ser redutor: as cooperativas e as empresas públicas já se encontravam incluídas no conceito de "empresa" e haverá, porventura, outras realidades antes incluídas e que agora não estão![6]

Distinguem-se, agora, dois regimes de responsabilidade por dívidas tributárias:

1. se o facto constitutivo do imposto se tiver verificado no período do exercício do cargo ou o prazo legal de pagamento (ou entrega) tiver terminado depois daquele período, será o gestor responsável apenas se o património da sociedade se tiver tornado insuficiente por culpa sua.

Neste caso, caberá ao credor o ónus da prova da culpa do gestor;

2. se o prazo legal de pagamento ou entrega tiver terminado no período do exercício do cargo, é o gestor responsável, a menos que prove que a falta de pagamento lhe não é imputável.

O ónus da prova da inexistência de culpa recai, aqui, sobre o gestor. É a culpa presumida ou funcional.

Temos, assim: relativamente às dívidas de impostos constituídas ao tempo do mandato, aplica-se o regime do art. 78º do Código das Sociedades; relativamente aos impostos cujo pagamento devesse ocorrer no período do mandato, aplica-se o regime do art. 13º do Código do Processo Tributário, com responsabilidade funcional.

Não é, pois, grande a diferença de regimes operada: confina-se à expressa inversão do ónus da prova, no caso apenas, de o facto constitutivo ter ocorrido ao tempo do mandato, com necessidade de demonstração pelo credor do nexo de causalidade entre o comportamento do gestor e a insuficiência patrimonial.

Era já esta, como vimos, a nossa tese, por simples interpretação do art. 13º do Código do Processo Tributário, mesmo sem a alteração.

Verifica-se, por outro lado, que a ideia da inconstitucionalidade daquele art. 13º, não venceu, ao menos no que respeita à segunda hipótese.

A responsabilidade dos membros dos órgãos de fiscalização e revisores oficiais de contas manteve-se nos mesmos termos do art. 13º do Código do Processo Tributário; são responsáveis desde que se demonstre que a violação dos deveres tributários resultou do incumprimento das suas funções de fiscalização.

O novo dispositivo legal, mostrando-se demasiado fiel à redacção revogada refere-se apenas aos órgãos de fiscalização das sociedades, omitindo referência às cooperativas e empresas públicas. Apesar de infeliz... a redacção do preceito não impedirá, segundo cremos, que sejam abrangidos os membros dos órgãos de fiscalização e ROCS destas últimas entidades.

O ónus da prova do incumprimento e do nexo de causalidade cabe, neste caso, ao Fisco.

A acção de reversão que não invoque os fundamentos necessários àquela prova deve, pois, desde logo, improceder.

O n. 3 do art. 24º da Lei Tributária contempla um novo responsável (e muito

6. P. ex., Agrupamentos Complementares de Empresas.

bem, em nosso entender). Trata-se do Técnico Oficial de Contas, em caso de violação dolosa dos deveres de assunção de responsabilidade pela regularização técnica nas áreas contabilística e fiscal ou de assinatura de declarações fiscais, demonstrações financeiras e seus anexos.

Isto é: os técnicos de contas serão responsáveis desde que se demonstre que a violação dos deveres tributários resultou do incumprimento, com dolo, das suas funções específicas. O ónus da prova recai, também neste caso, sobre o credor do imposto.

Estão, ainda, consagrados regimes específicos relativamente aos gestores e titulares de estabelecimento individual de responsabilidade limitada, a liquidatários de sociedades e gestores de bens ou direitos de não residentes.

Entendemos que estes casos não cabem no nosso tema de hoje e, por isso, nos abstemos de os comentar.

Finalmente, mas de especial relevância, é o conceito de dívida tributária, muito mais amplo que o resultante do art. 13º do Código do Processo Tributário.

Repare-se:

• no Código do Processo Tributário, consagrava-se a responsabilidade dos gestores por dívidas de contribuições, impostos ou dívidas fiscais (não cabiam, por isso, as dívidas por taxas, parafiscais...);

• na versão da Lei Geral Tributária, a responsabilidade refere-se a dívidas tributárias. E, nos termos do art. 3º do mesmo diploma, os tributos podem ser: fiscais e parafiscais; estaduais, regionais e locais. De outro lado, os tributos compreendem os impostos e outras espécies tributárias criadas por Lei, designadamente as taxas e demais contribuições financeiras a favor de entidades públicas, constando o seu regime de lei especial;

• não aprofundaremos este ponto: não é nossa especialidade nem o tema em análise o exige. Mas cremos que a nova Lei Geral Tributária amplia imenso o campo da responsabilidade dos gestores, justamente por via da introdução do novo conceito de dívida tributária, muito mais abrangente que o de imposto.

VI – A responsabilidade dos gestores no âmbito do regime das Infracções Fiscais não Aduaneiras

O Código do Processo Tributário constitui também direito adjectivo do Regime Jurídico das Infracções Fiscais não Aduaneiras.

Este importante núcleo de Normas foi aprovado pelo Decreto-lei 20-A/90, de 15 de janeiro, sob autorização legislativa concedida pela Lei 89/89, de 11 de setembro, posteriormente alterado pelo Decreto-lei 394/93, de 24 de novembro, este sob autorização legislativa concedida pela Lei 61/93, de 20 de agosto.

Vigora desde 1.1.94.

Não é nossa pretensão o estudo deste conjunto normativo.

Pretendemos, apenas, surpreender e recordar os preceitos de algum modo reguladores da responsabilidade dos membros dos órgãos das sociedades e outras entidades equiparadas.

O Regime Jurídico das Infracções Fiscais não Aduaneiras aplica-se às infracções às normas reguladoras dos impostos e demais prestações tributárias, entendendo-se por infracção fiscal todo o facto típico, ilícito e culposo, declarado punível por lei fiscal anterior (arts. 1º e 2º).

As infracções fiscais dividem-se em crimes fiscais e contraordenações fiscais.

Aos primeiros aplica-se, subsidiariamente, o Código Penal e legislação complementar.

Às contraordenações são aplicáveis, subsidiariamente, as disposições do Decreto-lei 433/82, de 27 de outubro.

VII – As infracções fiscais criminais

Dispensemo-nos do estudo dos aspectos penais, em geral, para nos concentrarmos nos crimes fiscais tipificados no *Regime Jurídico das Infracções Fiscais não Aduaneiras*:

O art. 23º tipifica, assim, o *Crime de Fraude Fiscal*:

1. Constituem fraude fiscal as condutas ilegítimas tipificadas no presente artigo que visem a não liquidação, entrega ou pagamento de imposto ou a obtenção indevida de benefícios fiscais, reembolsos ou outras vantagens patrimoniais susceptíveis de causarem diminuição das receitas tributárias;

2. A fraude fiscal pode ter lugar por:

a) ocultação ou alteração de factos ou valores que devam constar das declarações à administração fiscal;

b) ocultação de factos ou valores não declarados e que deviam ser revelados;

c) celebração de negócio simulado.

3. Considera-se que tem lugar a ocultação ou alteração de factos e valores quando se verifique alguma das circunstâncias:

a) quando a vantagem patrimonial ilegítima for superior a 1.000 contos, tratando-se de pessoa singular ou a 2.000 contos, tratando-se de pessoa colectiva;

b) se o agente se conluiou com terceiros, sujeitos a obrigações acessórias;

c) o agente for funcionário público e tiver abusado gravemente das suas funções;

d) se o agente se tiver socorrido de funcionário público com grave abuso das suas funções;

e) se o agente falsificar, viciar, ocultar, destruir, inutilizar ou recusar entregar, exibir ou apresentar livros e outros documentos ou elementos probatórios exigidos pela Lei Fiscal.[7]

O prazo da prescrição do procedimento criminal é de 5 anos (art. 15º).

O prazo da prescrição das penas é de 10 anos (art. 16º). Por seu lado, recorda-se que a dívida do imposto prescreve em 8 anos.

4. Deverá ter-se em conta, na tipificação da fraude fiscal:

• que é indispensável a existência de dolo (ainda que indirecto ou eventual);

• que o crime pode ser cometido por omissão (de apresentação das declarações);

• que o crime é tipificado com desvalorização do resultado (do benefício obtido), o que nem surpreende, face ao acrescido rigor com que é tratado em ordenamentos jurídicos que nos são próximos como sejam:

– o ordenamento jurídico espanhol (art. 349º do Código Penal);

– o ordenamento jurídico francês (art. 1.741 do *Côde General des Imposts*);

– o ordenamento jurídico alemão (§ 370 do Código Tributário).

5. A emissão de factura falsa e sua utilização para obter devolução de IVA foi considerada pelo STJ como integrando crime de burla e não de fraude fiscal (art. 313º do Código Penal).

Não se trataria de fraude fiscal por não afectar directamente as receitas fiscais, prosseguindo, não obstante, benefícios ilegítimos.

Crime de Abuso de Confiança Fiscal:

1. O art. 24º do Regime das IFNA tipifica, do seguinte modo, o crime de abuso de confiança fiscal: "Quem se apropriar, total ou parcialmente, de prestação tributária, deduzida nos termos da lei e que estava legalmente obrigado a entregar ao cre-

7. A pena para a fraude fiscal é de prisão até 3 anos ou multa não inferior ao valor da vantagem patrimonial e não superior ao dobro; se houver cumulação por pessoas singulares, é aplicável a pena de prisão entre 1 e 5 anos. Se a vantagem patrimonial não for superior a 100 contos, a pena será de multa até 60 dias.

dor tributário, será punido com pena de prisão até 3 anos ou multa não inferior ao valor da prestação em falta, nem superior ao dobro, sem que possa ultrapassar o limite máximo abstractamente estabelecido".[8]

2. Considera-se prestação tributária a que foi recebida ou que houvesse obrigação de liquidar.

3. O disposto no art. 24º aplica-se, agora, também, às prestações parafiscais.

4. Se a entrega não efectuada for inferior a 250 cts. a punição é limitada a multa até 120 dias.

5. Se a importância não entregue for superior a 5.000 cts. o crime é punido com 1 a 5 anos de prisão.

6. O procedimento só poderá ter lugar, 90 dias após o termo do prazo previsto para a entrega da prestação.

7. As prestações tributárias objecto de abuso de confiança fiscal, resultarão de:

- trabalho dependente (cat. A) – IRS;
- trabalho independente (cat. B) – IRS;
- IVA.

Todavia, só existe crime, havendo dolo, uma vez que não está prevista a negligencia, nos termos do art. 13º do Código Penal.

Crime de Frustração de Créditos Fiscais: dá-se o crime de frustração de créditos fiscais quando alguém, sabendo que tem de pagar imposto, alienar, danificar ou ocultar o seu património com intenção de frustar o pagamento (art. 25º do RIFNA).

Crimes contra a Segurança Social: em termos perfeitamente homólogos com os que acabámos de referenciar, prevê o RIFNA os crimes de fraude à Segurança Social; de abuso de confiança em relação à Segurança Social e de frustração de créditos da Segurança Social, respectivamente, nos arts. 27º-A, 27º-B e 27º-C introduzidos no Regime pelo DL 140/95, de 14 de junho, no uso de autorização legislativa concedida pela Lei 39/B/94, de 27 de dezembro.

São-lhes aplicáveis as disposições dos crimes fiscais que acabámos de estudar.

VIII – As infracções fiscais contraordenacionais

As infracções fiscais que não constituam crimes são contraordenações fiscais.

A título de exemplo, referenciam-se como contraordenações:

- a recusa de entrega ou apresentação de escrita (art. 28º);
- a falta de entrega de prestação tributária dentro do prazo (art. 29º);
- a violação do segredo fiscal (art. 30º);
- a entrega de declarações fora do prazo (art. 31º);
- a existência de omissões ou inexactidões (art. 34º);
- a inexistência de contabilidade (art. 35º);
- a não organização de contabilidade segundo as normas aplicáveis (art. 36º);
- a violação do dever de emitir ou exigir recibos ou facturas (art. 38º);[9]
- a transferência para o estrangeiro de rendimentos sujeitos a tributação.

IX – Concurso de infracções fiscais criminais e contraordenacionais

Duas breves notas, ainda, sobre contraordenações:

8. A pena de multa varia entre 2 e 100 mil escudos diários para pessoas singulares e entre 5 e 500 mil escudos diários para pessoas colectivas. Os limites máximos abstratamente estabelecidos são até 5 anos de prisão (art. 11) e 360 dias de multa para pessoas singulares ou 1000 dias de multa para pessoas colectivas.

9. A coima pode variar entre 7.500$00 e 300.000$00 para a falta de emissão de recibo ou factura e entre 5.000$00 e 150.000$00 para a sua inexigência. Provando-se apenas a negligência, as coimas são reduzidas a metade. Tratando-se de pessoas colectivas o montante das coimas eleva-se para o dobro.

• as contraordenações são puníveis a título de dolo, podendo sê-lo a título de negligência, se a lei o previr, reduzindo-se, neste caso, para metade, o valor da respectiva sanção;

• pelas contraordenações são puníveis as pessoas colectivas e as pessoas singulares (sendo a coima, normalmente, elevada para o dobro, quando imputável a pessoas colectivas);

• se houver concurso de crime e contraordenação será a infracção punida apenas pelo crime (art. 14º);

• a responsabilidade das pessoas colectivas não exclui a responsabilidade individual dos respectivos agentes (art. 7º, n. 3).

X – Responsabilidade civil dos gestores pelo pagamento de multas e coimas

Finalmente, à semelhança do que ficou referido quanto à responsabilidade civil, os gestores são subsidiariamente responsáveis, em caso de insuficiência patrimonial, por si culposamente causada, pelas multas ou coimas aplicadas às pessoas colectivas, referentes às infracções praticadas no decurso do seu mandato. Como também ali se disse, se forem várias as pessoas, a responsabilidade é solidária entre elas (art. 7º-A, ns. 1 e 2).

XI – Conclusão

É tempo de concluirmos.

Os tempos não vão fáceis para os gestores, em termos de responsabilidade por dívidas tributárias.

Tem valido, a quanta se adivinha, a complacência do credor. Talvez o segredo resida na disfunção entre a perfeição da lei e a insuficiência da máquina administrativa fiscal.

Por quanto tempo?

Lisboa, janeiro de 1999

INTERPRETAÇÃO DO DIREITO COMERCIAL

JORGE LOBO

"Começaremos pela hermenêutica jurídica, cujo estudo deve preceder ao de todo direito positivo (...)" (Barão de Ramalho).

I – Hermenêutica: A – Conceito; B – As Escolas Hermenêuticas; C – Escola Hermenêutica Dogmática: a) Escola da Exegese; b) A "Analytical School"; c) A jurisprudência conceitual; d) Escola italiana; D – Escola Hermenêutica Sociológica: a) Jurisprudência teleológica; b) Jurisprudência dos interesses; c) Escola de Livre Pesquisa Científica; d) Escola de Direito Livre; e) Escola de Jurisprudência Sociológica; E – Escola Hermenêutica Realista: a) Realismo psicológico; b) Realismo lingüístico; c) Realismo culturalista; F – As Escolas Hermenêuticas e o Direito Comercial. II – Interpretação do Direito: A – Interpretação quanto à origem e aos meios; B – Interpretação literal; C – Interpretação lógica: a) Interpretação sistemática; b) Interpretação histórica; c) Interpretação teleológica; d) Efeitos da interpretação; e) As lacunas da lei. III – Interpretação do Direito Comercial.

I – Hermenêutica jurídica

A – Conceito

Não se chegou ainda a um conceito unímodo de hermenêutica jurídica. Uns autores consideram-na sinônimo de interpretação das leis; outros, distinguem-nas.

Carlos Maximiliano, na Introdução ao seu magnífico *Hermenêutica e Aplicação do Direito*, doutrina: "a Hermenêutica Jurídica tem por objeto o estudo e a sistematização dos processos aplicáveis do direito, para determinar o sentido e o alcance das expressões de direito" (*Hermenêutica e Aplicação do Direito*, 6ª ed., Freitas Bastos, 1957, p. 13).

Todavia, logo a seguir, ao cuidar da noção de interpretação, afirma, categórico: "Interpretar é determinar o sentido e o alcance das expressões de direito" (loc. cit.), valendo-se, portanto, das mesmas palavras com as quais definiu hermenêutica.

Mais adiante, observa: "Do exposto ressalta o erro dos que pretendem substituir uma palavra pela outra; almejam ao invés de Hermenêutica, Interpretação", aduzindo, com ênfase: "Esta é a aplicação daquela; a primeira descobre e fixa os princípios que regem a segunda. A Hermenêutica é a teoria científica da arte de interpretar" (ob. cit., p. 14), para, afinal, advertir: "Ao invés de abandonar um vocábulo clássico e preciso, é preferível esclarecer-lhe a significação, variável com a marcha evolutiva do Direito. Todos os termos técnicos suportam as acepções decorrentes do progresso da ciência a que se acham ligados" (ob. cit., p. 15), chegando, finalmente, à conclusão de que "a palavra Hermenêutica resume o sentido das três outras conjugadas – Teoria da Interpretação" (loc. cit.).

Antes de Carlos Maximiliano, o Barão de Ramalho e Paula Baptista já se haviam valido do vocábulo hermenêutica para títulos de suas obras *Cinco Lições de Hermenêutica Jurídica* e *Compêndio de Hermenêutica Jurídica*, respectivamente.

Em época mais recente, adotaram as idéias de Maximiliano, entre outros, Serpa Lopes (*Curso de Direito Civil*, v. I, 6ª ed., Freitas Bastos, 1988, p. 115); R. Limongi França, que declara: "A interpretação, portanto, consiste em aplicar as regras, que a hermenêutica perquire e ordena para o bom entendimento dos textos legais" (*Elementos de Hermenêutica e Aplicação do Direito*, Saraiva, 1984, pp. 21-22); Maria da Conceição Ferreira de Magalhães, que assegura: "Hermenêutica Jurídica é a disciplina científica da arte ou técnica de interpretar o direito. Interpretar, por sua vez, significa explicar, explanar, aclarar o sentido ou representar, reproduzir, exprimir o pensamento" (*A Hermenêutica Jurídica*, Forense, 1989, p. 1).

A maioria, entretanto, não faz distinção entre interpretação e hermenêutica, muitos nem sequer utilizam a palavra hermenêutica, quer nos títulos de seus livros, artigos e estudos, quer durante a exposição do tema, preferindo sempre empregar o termo interpretação, havendo, outrossim, quem denomine a obra de "Hermenêutica Jurídica", sem contudo, no texto, valer-se dessa expressão, como ocorreu com Alípio Silveira (*Hermenêutica no Direito Brasileiro*, ED. RT, 1968).

Com efeito, Miguel Reale (*Lições Preliminares de Direito*, 10ª ed., Saraiva, 1983, p. 273), Eduardo Espinola (*Sistema de Direito Civil Brasileiro*, 4ª ed., Ed. Conquista, p. 175), W. Barros Monteiro (*Curso de Direito Civil*, Parte Geral, 25ª ed., Saraiva, 1985, p. 34), Alípio Silveira (ob. cit., v. I, pp. 3 e ss.), Francesco Ferrara (*Interpretação e Aplicação das Leis*, Coimbra, Arménio Amado Ed., 1987) e Manoel A. Domingues de Andrade (*Ensaio sobre a Teoria da Interpretação das Leis*, Coimbra, Arménio Amado Ed., 1987), falam, exclusivamente, em interpretação das leis, não fazendo uso do vocábulo hermenêutica.

Mais correta é a lição de L. Fernando Coelho, segundo o qual a hermenêutica, sob o ponto de vista epistemológico, é a "parte da Ciência do Direito, cujo objeto é o estudo e a sistematização dos processos lógicos de interpretação, integração e aplicação do direito" (*Lógica Jurídica e Interpretação das Leis*, 2ª ed., Forense, 1981, p. 178).

B – As Escolas Hermenêuticas

As escolas hermenêuticas devem ser classificadas de acordo com o predomínio da "atitude racionalista ou empirista em face do fenômeno jurídico" (L. Fernando Coelho, ob. cit., p. 192).

Se o intérprete adota uma "atitude racionalista", pois julga que o direito contém princípios gerais e abstratos, que devem ser aplicados às situações concretas da vida do homem em sociedade, a sua função esgota-se na identificação daqueles princípios e na sua aplicação, não obstante as constantes mudanças sociais; todavia, se adota uma "atitude empirista", porque vê no direito o modo de perseguir-se certos fins, sempre intimamente relacionados com os dados da realidade fática, a sua função é "adaptá-los e, de certa forma, subordiná-los àqueles dados da experiência histórica" (L. Fernando Coelho, loc. cit.).

Destarte, se prepondera a "atitude racionalista", estamos diante de uma "escola hermenêutica dogmática"; se prevalece a "atitude empirista", diante do que L. Fernando Coelho denomina de "escola hermenêutica zetética".

Esclarece, ainda, Coelho: "A orientação dogmática decorre da concepção tradicional de que o direito está, todo ele, contido nas leis; assim a função do intérprete passa a ser unicamente a de adequar o fato à lei, mediante o processo lógico da subsunção, o qual tem o método racional-dedutivo por basilar" (loc. cit.).

Depois, acentua: "A orientação zetética agrupa as escolas de interpretação jurídica que reagiram aos exageros do dogmatismo exegético, conceitualista e analítico e o tentaram superar, mediante uma atitude de oposição a todo apriorismo jurídico e procurando interpretar o direito de acordo com os fins por ele visados" (ob. cit., p. 195).

Mas, ainda consoante L. Fernando Coelho, tanto a "escola hermenêutica dogmática", porque "coloca o Direito e a Jurisprudência a serviço, não da paz, da ordem, da segurança, da liberdade, da justiça, dos valores, enfim, mas das pessoas que se beneficiam da ordem social que deve ser mantida e cujos interesses convém que permaneça inalterada" (ob. cit., p. 198), quanto à "escola hermenêutica zetética", porque, "embora subordine declaradamente o princípio dogmático às considerações político-sociais, acaba por reduzir-se a um dogmatismo encoberto" (ob. cit., p. 199), devem ser "questionadas pela teoria crítica do direito, que pretende introduzir uma terceira orientação, que denomina crítica, mas que pretende ser transformadora em seus resultados operacionais relativos à ordem jurídica e social" (ob. cit., p. 198), chegando à conclusão de que "as escolas tradicionais de hermenêutica jurídica servem na realidade para legitimar a ordem real, qualquer que ela seja" (ob. cit., p. 199), o que o leva a propor a "tese de que a interpretação jurídica deve ser sempre metadogmática, porque dimanada de uma noção crítica e prospectiva do direito e voltada para um princípio basilar, o princípio construtivo ou de transformação que oponho ao princípio da ordem e da segurança" (ob. cit., p. 200).

O pensamento de L. Fernando Coelho está inserido em uma corrente chamada "teoria critica do direito", que em França tem como um de seus prosélitos Michel Miaille.

Para Miaille, a Universidade não tem ministrado, a contento, a disciplina "Introdução à Ciência do Direito", pois ela não cria, nem provoca, no estudante, a vontade de exercer juízos críticos, de "fazer aparecer o invisível", o que só se consegue se, além de valer-se do pensamento abstrato, o estudioso lançar mão do pensamento dialético. O pensamento dialético parte da induvidosa constatação de que o mundo é complexo e está em permanente luta e transformação, "quer ela seja consciente, ou inconsciente". Comparando o pensamento dialético com o pensamento positivista, Miaille acentua que o pensamento dialético se baseia na existência, assaz contraditória e em contínua mudança, do homem em sociedade, encarando o fenômeno não apenas no momento atual, mas como foi, é e provavelmente será no futuro, dai porque, afirma, "a realidade é coisa diversa e muito mais do que está codificado", não se podendo reduzir o real a apenas uma de suas faces, enquanto o pensamento positivista limita-se a descrever o que é visível, como as cousas se apresentam em determinado momento histórico (*Introdução Crítica ao Direito*, 2ª ed., trad. portuguesa, Lisboa, 1989, pp. 21 e ss.).

Ensina, outrossim, Miaille que o pensamento crítico, por abarcar o passado, o presente e o futuro, portanto a totalidade dos fatos, tem uma profunda ligação com a realidade prática, com a sociedade, com o homem "animal social", pois o mundo jurídico não pode ser verdadeiramente conhecido e compreendido senão em relação a tudo o que permitiu a sua existência e o seu futuro possível. O estudo do direito, se realizado dentro desse padrão, tira-o do isolamento a que vem, com insistência por mestres de todos os tempos, sendo confinado, projetando-o no mundo concreto, no mundo real, onde ele, finalmente, encontra o seu lugar e a sua razão de ser, passando, então, a ficar ligado a todos os demais fenômenos sociais e a fazer parte da mesma história.

A propósito das escolas hermenêuticas, Miguel Reale esclarece que, no plano histórico, três movimentos conduziram às atuais concepções trivalentes ou tridimensionais do direito: (*a*) o normativismo jurídico: o direito é um sistema de comandos ou de regras; (*b*) o eticismo jurídico: o direito é um sistema de valores morais; (*c*) o empirismo jurídico: o direito não é apenas norma, mas, por igual, o fato, que o direito visa disciplinar (ob. cit., pp. 409-410).

Carlos Maximiliano, a sua vez, diz que são dois os sistemas de hermenêutica e aplicação do direito: o escolástico ou dogmático e o histórico-evolutivo ou, apenas, evolutivo (ob. cit., pp. 67 a 42).

Franzen de Lima, sob a epígrafe "métodos de interpretação", oferece a seguinte classificação dos vários sistemas: "(a) método lógico ou dogmático; (b) histórico; (c) teleológico; (d) sociológico; (e) livre indagação científica ou direito livre ou livre pesquisa do direito" (*Da Interpretação Jurídica*, 2ª ed., Forense, 1955, p. 10).

Caio Mário da Silva Pereira explica que há uma "hermenêutica tradicional" (ob. e v. cits., p. 141) e uma "interpretação científica" (idem, p. 143), recordando que, no Direito romano primitivo, o intérprete se limitava aos elementos literais do texto, reflexo da concepção formalista da época, somente vindo a empenhar-se numa interpretação lógica em fase adiantada da civilização romana, quando o homem passou a expressar-se através de conceitos abstratos e gerais, asseverando "que a interpretação é algo mais do que o conhecimento literal da linguagem da lei, para envolver também a perquirição da sua força e da sua vontade" (idem, p. 142).

Na Idade Média houve um retrocesso, volvendo-se à interpretação meramente literal, em virtude da perfeição técnica do direito romano recepcionado, quando surgiu a glosa, "espécie de comentário marginal ou interlinear sob a vinculação dominadora da expressão lingüística" (idem, p. 142).

O Direito moderno, lembra Caio Mário, conheceu um movimento semelhante com a Escola da Exegese de Toullier, Duverger, Duranton, Troplong, Demolombe, Malleville, Demante, Colmet de Santerre, Laurant, Huc, entre outros, a qual, dominada pela excelência do Código de Napoleão, pregava que a "hermenêutica deve consistir na explicação da lei escrita, subordinando toda a técnica interpretativa à regra de que não pode haver direito fora da lei. Interpretar é indagar a vontade do legislador. A lei é fonte exclusiva do direito e na sua palavra está expressa a soberania legislativa. O juiz não aplica o direito, aplica a lei, e, como esta é concretizada na forma escrita, seu entendimento mora na sua expressão vocabular" (idem, p. 143).

De minha parte, adoto a classificação de L. Fernando Coelho, apenas suprimindo a palavra "zetética", embora aceitando a subdivisão em escolas sociológica e realista, de modo que a seguir tratarei (1º) da escola hermenêutica dogmática, (2º) da escola hermenêutica sociológica e (3º) da escola hermenêutica realista.

C – Escola Hermenêutica Dogmática

Como doutrinou Miguel Reale, "no período anterior à Revolução Francesa, o Direito era dividido ou fragmentado em sistemas particulares", quer do ponto de vista de classes (clero, nobreza, povo), quer do ponto de vista territorial (um para cada região, estado), o que obrigava o intérprete a recorrer a normas do Direito natural, do Direito Romano, do Direito Canônico e à opinião comum dos doutores.

Promulgado em 1804 o Código Civil francês, a "tarefa fundamental passou a interpretar seus texto s de maneira autêntica, em confrontá-los entre si, tirando deles os resultados fundamentais graças a um fino labor de sistematização" (Miguel Reale, ob. cit., p. 414), pois não se admitia que o Direito positivo tivesse lacunas, sendo todos os problemas jurídicos resolvidos pela interpretação extensiva dos textos, graças à analogia e aos princípios gerais do direito.

a) Escola da Exegese

"A tese fundamental da Escola da Exegese é a de que o Direito por excelência é revelado pelas leis, sendo o Direito um sistema de conceitos bem articulados e definidos e coerentes, não apresentando senão lacunas aparentes" (Miguel Reale, ob. cit., pp. 415-417), daí porque o jurista deve partir do Direito positivo, analisando-o cuidadosa e metodicamente, no tríplice plano gramatical, lógico e sistemático.

Os opositores da Escola da Exegese, também conhecida por escola clássica, subjetiva ou psicológica, criticam-na porque ela faz da lei a única fonte do direito e põe a vontade do legislador como objetivo da interpretação, acabando por conduzir ao fetichismo da lei, ao culto da lei, confundindo-se o Direito com a fórmula legal.

Devido à excelência do Código Napoleônico, a Escola da Exegese conquistou a Alemanha (Jurisprudência dos Conceitos) e a Inglaterra (Jurisprudência Analítica), na esteira do postulado liberal individualista de não se deixar margem ao arbítrio do juiz, pois a lei era dogma jurídico e o método interpretativo por isso mesmo se denominou dogmático, já que o direito era uma criação da razão humana, que ao legislador apenas incumbia revelar, devendo o intérprete limitar-se, valendo-se da lógica matemática, ao uso do processo lógico-dedutivo.

b) A "Analytical School"

Na Inglaterra, surgiu movimento semelhante, denominado Escola de Jurisprudência Analítica, procurando compreender o direito segundo esquemas lógico-formais, como sistemas de vínculos normativos decorrentes de precedentes jurisprudenciais.

c) A jurisprudência conceitual

Na Alemanha, os pandectistas, que desenvolveram o movimento chamado Jurisprudência Conceitual, orientavam-se como franceses e ingleses, pois, para eles, o direito também era um corpo de regras uniformes, e a lei, a fonte verdadeira e autêntica do direito.

d) Escola italiana

Partindo das idéias da Escola da Exegese e dos pandectistas, formou-se na Itália uma plêiade de grandes jurisconsultos com o propósito de "compor em unidade harmônica o abstrato e o concreto, o valor certo e estrutural das normas de Direito com o seu conteúdo histórico-social" (Miguel Reale, ob. cit., p. 420).

Para a Escola Italiana, era necessário unir, ou pelo menos relacionar, o teórico com o prático, as especulações com suas aplicações concretas, como anotou Scialoja: "O teórico não pode conseguir clareza em nossas matérias se não e enquanto se proponha a tese da aplicação prática. Diga ele a si mesmo: Tudo o que estou em vias de formular, que conseqüências produzirá no campo das relações jurídicas? produzirá alguma? e se produz, quais serão essas conseqüências", e, outrossim, Vivante: "É uma deslealdade científica, é um defeito de probidade falar de um instituto para fixar-lhe a disciplina jurídica, sem o conhecer a fundo na sua realidade" (*apud*, Miguel Reale, ob. cit., p. 420).

D – Escola Hermenêutica Sociológica

A insuficiência dos postulados da Escola da Exegese impôs se buscasse a *ratio legis*, para, numa sociedade em transformação, atender aos anseios sociais, evitando, dessarte, uma ruptura entre a lei e o fato, vindo Ihering a sustentar que "o fim é o criador de todo o direito", devendo o intérprete identificar o fim, o escopo, a razão, a finalidade da lei, até mesmo sendo-lhe lícito atualizá-la, pois o texto evolui e o que se deve buscar é o que pretende a lei e não o que pretendeu o legislador, prevalecendo o caráter valorativo, ético e político-social da interpretação.

Devido a essa nova concepção, que teve como precursores a Escola Histórica de Savigny, quanto a "uma visão mais concreta e social do Direito" (cf. Miguel Reale, ob. cit., p. 422) e Ihering, Heck e Gèny, quanto à idéia de finalidade (cf. L. Fernando Coelho, ob. cit., p. 241), passou-se, então, a admitir que se deveria buscar a intenção presumida do legislador, "abandonando-se assim a colocação puramente lógico-analítica do processo, para recorrer a um elemento empírico, metanormativo ou metalegal, mas não buscar a intenção que o legislador teria quando elaborou a lei, mas sim a que ele teria se estivesse vivendo no tempo da aplicação da lei, acomodando a lei ao fato, através de um enriquecimento do seu conteúdo" (Miguel Reale, ob. cit., p. 427).

Podemos considerar como integrantes da "Escola Hermenêutica Sociológica".

a) Jurisprudência teleológica

A jurisprudência teleológica, preconizada por Ihering, que sustenta a "concepção do direito como ciência de fins, em oposição à causalidade", "onde os dados sociais, históricos e sociológicos passam a constituir não já o elemento a mais de intelecção da *mens legis* e da *mens legislatoris*, mas o campo favorável à criação do novo direito mediante a interpretação" (L. Fernando Coelho, ob. cit., p. 241).

b) Jurisprudência dos interesses

A jurisprudência dos interesses, de Heck, Soll e Rumeline, que se "preocupava sobretudo com o processo decisório e procurava descrever o que realmente acontece quando o juiz decide", devendo o juiz "submeter-se à lei, e não aos seus ideais da justiça, mas, diante de um fato concreto que a lei regula mal, a sua função construtiva" (L. Fernando Coelho, ob. cit., pp. 245-246).

c) Escola de Livre Pesquisa Científica

A Escola de Livre Pesquisa Científica, de Gèny, que difunde a idéia de que, na solução dos problemas, o trabalho científico do intérprete consiste em extrair dos dados "da realidade social o direito, sempre levando em conta o interesse dos particulares" com o fim de descobrir o "direito no mundo dos fatos" (L. Fernando Coelho, ob. cit., pp. 213-214).

d) Escola de Direito Livre

A Escola de Direito Livre, de Ehlich e Zitelmann, que "opõe o direito vivo às proposições abstratas da lei", pois o "direito estatal está sempre em atraso em relação às exigências da vida e do direito dinâmico e concreto que se estabelece dentro das associações" (L. Fernando Coelho, ob. cit., p. 257), devendo o juiz afastar-se da norma se ela não conduzir à verdadeira justiça.

e) Escola de Jurisprudência Sociológica

A Escola de Jurisprudência Sociológica, de Oliver Holmes, Roscoe Pound, Benjamin Cardoso e Luiz Brandeis, que prega "a necessidade da correta compreensão das realidades sociais em permanente fluxo histórico, como atividade preliminar à interpretação das normas jurídicas expressas nos costumes, nas leis e nos precedentes", afirmando ainda que a "lógica dedutiva é imprestável para elaboração de sentenças justas, porque se funda em princípios gerais que têm algo de imutável e rígido", e que "os princípios gerais precisam ser instrumentos de soluções justas verdadeiramente", exigindo do juiz notável "senso de equilíbrio", "pois o direito deve ter estabilidade e, não obstante, não pode permanecer inalterável. Por isso toda meditação em torno do direito tem tratado de conciliar as necessidades contraditórias da estabilidade e transformação", fazendo com que a "ordem jurídica seja flexível e ao mesmo tempo estável", submetendo-a "continuamente à revisão e adaptação", porquanto "os princípios que buscamos hão de ser tanto de evolução quanto de estabilidade" (L. Fernando Coelho, ob. cit., pp. 259 a 270).

E – Escola Hermenêutica Realista

Para os adeptos da Escola Hermenêutica Realista, o direito é aquele que se apresenta no universo fenomênico, que decorre da vida do homem no mundo real, e não dos princípios, da legislação, das noções metafísicas de fins e valores, devendo-se sempre subordinar tais princípios à realidade fática, pois o direito é fruto natural dos fatos sociais e históricos.

A doutrina costuma dividir o movimento realista em três escolas: a do *realismo psicológico*, a do *realismo lingüístico* e a do *realismo culturalista*.

a) Realismo psicológico

O *realismo psicológico* tem duas vertentes: a do *psicologismo jurídico*, que sustenta que a jurisprudência deve minimizar os elementos normativos e axiológicos da experiência jurídica, reduzindo-a ao fato, e substituir a norma geral pela vontade do juiz, sem, todavia, perder de vista o sentido profundamente ético de toda juridicidade, pois o que é decisivo no julgamento do juiz é a sua intuição e o seu sentimento, sem o que a aplicação do direito não responderá às necessidades que o direito tem sido chamado a suprir, e ao do *realismo jurídico* nos EUA, que prega que o direito real é somente aquele declarado pelo juiz ao decidir o caso concreto, defendendo, outrossim, a idéia de que juiz, no processo de elaboração da sentença e da decisão, não se vale, conscientemente, do uso das regras da lógica formal, que tem início com a formulação das premissas até chegar à conclusão, mas, sim, do processo psicológico da busca das premissas após haver chegado, durante o estudo do caso submetido a seu julgamento, a determinada conclusão. Para esta Escola, o direito é mais um conjunto de decisões do que de normas, pois só com a prolação da sentença ao caso concreto se tem como definitivamente certa a norma capaz de dirimir esta ou aquela controvérsia ou de aplicar-se a esta ou aquela situação fática. Antes da sentença transitada em julgado, dizem os prosélitos dessa corrente de pensamento, só há conjecturas sobre um provável direito, sobre a regra definidora da relação jurídica, da controvérsia ou do litígio.

b) Realismo lingüístico

O *realismo lingüístico* faz da linguagem o meio de realizar-se o direito, procurando pôr fim ao dualismo entre as escolas que, de um lado, reputam o direito apenas e tão-somente um conjunto de fatos sociais, e, de outro, a que considera como um sistema ideal de normas.

c) Realismo culturalista

O *realismo culturalista* tem na teoria tridimensional um dos seus segmentos, para a qual o direito é fato, valor e norma, numa permanente e fecunda interação.

F – As Escolas Hermenêuticas e o Direito Comercial

Das diversas escolas, aquela que mais atende aos reclamos e às exigências impostas pelas contínuas e ininterruptas mudanças no campo do Direito Comercial é a *sociological jurisprudence*.

Não há mister grande esforço de observação e análise para perceber-se que a elaboração de normas de conduta nos dias atuais, seja de conduta individual (através de normas contratuais bilaterais), seja de conduta coletiva (através de normas contratuais plurilaterais – contratos de sociedades, p. ex., – e de normas legais, editadas pelo legislador), não é um privilégio dos representantes do povo no parlamento, pois, tanto as partes de um contrato sinalagmático, como os membros de uma sociedade mercantil, podem regular, como melhor lhes aprouver, as suas relações no mundo jurídico, criando, *ipso facto*, "direito". Por igual, o jurista, quando, num trabalho hermenêutico, interpreta uma norma individual ou coletiva de conduta, e o juiz quando, no exercício de seu *munus*, decide uma controvérsia submetida a seu esclarecido julgamento, criam "direito". Destarte, todos são, em verdade, "construtores do direito", artífices de uma realidade histórica material e racional, sob a influência de inúmeros fatores físicos e psíquicos, o que faz recordar François Gèny, fundador da *libre récherche scientifique*, e a sua célebre distinção entre o *donné* e o *construit*: aquele, a "realidade concreta"; este, a "realidade racional", produto da elaboração de conceitos abstratos e gerais.

A Escola Sociológica de Jurisprudência surgiu sob os efeitos da *debacle* da Bolsa de Nova York e da grande depressão dos anos trinta dos EU e propôs-se ser uma prática e eficiente alternativa ao teórico dogmatismo analítico tradicional.

A Escola, partindo da observação segundo a qual a realidade é cambiante e do princípio ético de que é indispensável sempre agir-se com acurado sendo de equilíbrio, luta por "inserir o direito no mundo das ações concretas, tendendo à efetiva realidade das coisas e da gente que as realiza, conduzindo o direito para fora do exclusivamente formal, conceitual e analítico" (Luiz Fernando Coelho, *Teoria Crítica do Direito*, 2ª ed., Porto Alegre, Ed. Sérgio Antonio Fabris, 1991, p. 113).

Assim, creio, deverá ser pensado o Direito Comercial, como realidade concreta assaz cambiante, extremamente impregnada do ideal ético de equilíbrio, pois, se a composição jurisdicional dos conflitos de interesses pelo Poder Judiciário é uma tarefa que não tem fim, porque o homem, eterno insatisfeito com o que conseguiu e o que possui, sempre estará em busca do que ainda não tem e pretende alcançar e em conflito com seus semelhantes, que se esforçam por atingir igual objetivo, a criação de novos mecanismos de realização dos anseios humanos é, outrossim, infindável, o que pressupõe e exige o surgimento de novas normas jurídicas que os regulem.

II – Interpretação do Direito

"Interpretar é buscar o fundamento (por quê) e a finalidade (para quê) da lei" (Rocco).

"Interpretar é explicar, esclarecer, dar o significado do vocábulo, mostrar o sentido verdadeiro de uma expressão (C. Maximiliano, ob. cit., p. 23), daí porque incumbe ao intérprete "examinar o texto em si, o seu sentido, o significado de cada vocábulo". Faz depois obra de conjunto; compara-o com outros dispositivos da mesma lei, e com os de leis diversas, do país ou de fora. Inquire qual o fim da inclusão da regra no texto, e examina este tendo em vista o objetivo da lei toda e do Direito em geral. Determina por esse processo o alcance da norma jurídica, e, assim, realiza, de modo completo, a obra moderna do hermeneuta" (C. Maximiliano, ob. cit., p. 24).

A – Interpretação quanto à origem e aos meios

A interpretação, quanto à origem, pode ser autêntica, judicial e doutrinal; quanto aos meios, elementos, métodos ou processos, há discussões, a maioria falando em interpretação gramatical, lógica, sistemática e histórica; alguns acrescentando a interpretação teleológica e suprimindo a interpretação histórica. De minha parte, sigo a orientação de José de Oliveira Ascenção, conforme exposta na obra *Direito*, 1ª ed., Lisboa, pp. 311 e ss.

B – Interpretação literal

"O ponto de partida de toda interpretação é o texto da lei; aliás, não só o ponto de partida, mas, por igual, o limite da busca do espírito" (Ascenção, ob. cit., p. 311), daí deve o jurista, através do elemento literal ou gramatical, proceder à análise filológica do texto, da sua linguagem, do significado dos termos. Pode, entretanto, o elemento literal não exprimir o pensamento do legislador em termos adequados, quer porque usou palavras ambíguas, quer porque o espírito e a letra podem não coincidir, impondo-se então o sacrifício da letra.

C – Interpretação lógica

A par do elemento literal ou gramatical, é mister recorrer ao elemento lógico, para apreender o espírito ou o sentido da lei, pois a tarefa da interpretação é una, cabendo ressaltar que, em verdade, o processo de interpretação faz com que ambos os elementos sejam utilizados a um só tempo num processo mental natural de, ao mesmo tempo em que se examina o significado da palavra do texto, ir o cérebro humano fazendo ilações na busca do espírito da lei, pois o homem, ao ler o texto da lei, já o está interligando com outros e ao mesmo tempo valorando-o, quer seguindo uma orientação subjetivista (*mens legislatoris*, o sentido da lei será o sentido do legislador), quer objetivista (*mens legis*, o sentido da lei não está condicionado ao pensamento e à palavra do legislador), sendo certo que a interpretação deve ser sempre evolutiva, pois deve-se buscar o sentido atual da lei, porquanto, como diz Clóvis, "o que interessa é determinar o fundamento e a finalidade da lei, o porquê e para quê".

O elemento lógico se subdivide em (1) sistemático, (2) histórico e (3) teleológico.

a) Interpretação sistemática

Como a interpretação deve ter em conta a "Unidade do Sistema Jurídico", já que toda norma se integra numa ordem da qual a regra é apenas um modo de expressão dessa ordem global, é preciso estabelecer as necessárias relação entre as várias disposições, através do elemento sistemático, que se desdobra em relações: de subordinação (relacionamento do preceito isolado com os princípios gerais do sistema jurídico); de conexão (o preceito deve ser interpretado em função do contexto, jamais isoladamente, pois cada trecho é desenvolvimento de um plano lógico, cada artigo só é compreensível se o situarmos perante os que o antecedem ou o sucedem) e de analogia (buscam-se semelhanças entre os preceitos. Não confundir com a analogia, que supre as lacunas das fontes do direito).

b) Interpretação histórica

Através do elemento histórico, tem-se em conta os dados históricos que expliquem a lei, que podem ser: (1) precedentes normativos históricos (regras que vigoravam no passado) e comparativos (regras estrangeiras que vigoravam em época da formação da lei e tiveram influência sobre ele); (2) trabalhos preparatórios (segundo a orientação objetivista não têm grande importância); (3) *occasio legis*: circunstâncias sociais que rodearam o aparecimento da lei.

c) Interpretação teleológica

Através do elemento teleológico busca-se a justificação social da lei, a finalidade perseguida pela norma, o "para quê" da lei.

d) Efeitos da interpretação

Da conjugação desses elementos, resulta a *ratio legis*, o sentido, o espírito, a razão da lei; se, por acaso, o resultado da interpretação conduzir à conclusão de que a lei tem um sentido nocivo, contrário aos interesses que se pretendem superiores, faz-se, então, uma interpretação corretiva, sem, contudo, jamais afastar-se o intérprete do texto da lei.

Fala-se, ainda, em interpretação declaratória (o sentido da lei cabe dentro da sua letra), extensiva (a letra disse menos, é necessário ampliar-lhe o sentido) e restritiva (a lei disse mais, é necessário restringir-lhe o sentido).

e) As lacunas da lei

Ao final de todo esse processo hermenêutico, pode ocorrer que o ordenamento jurídico não contenha nenhuma previsão, no que se denomina de lacuna da lei, que é suprida pela (1) analogia (dá-se tratamento igual aos casos semelhantes) legal ou "*legis*" (utilização de disposições normativas semelhantes) ou jurídica ou "*iuris*" (segundo princípios gerais normativos); (2) princípios gerais do direito (são aqueles que decorrem das necessidades sociais, para uns; princípios de ordem positiva, para outros). A nossa Lei de Introdução manda, constatada a lacuna, aplicar a analogia, os costumes e os princípios gerais do direito, devendo o juiz atender aos fins sociais da lei e às exigências do bem comum (arts. 4º e 5º).

III – Interpretação do Direito Comercial

É consabido que o Direito Comercial é fragmentário, lacunoso e insuficiente, praticamente em todos os países do mundo, formado que é por um complexo de leis vetustas, surgidas em distantes épocas para atender aos reclamos, aos anseios e às necessidades de uma sociedade sob todos os pontos de vista diferente – e quão diferente – da nossa.

Por isso, a primeira questão consiste em procurar saber se a doutrina geral da interpretação das leis pode ser empregada na exegese dos textos das leis comerciais, quer dispostas no Código Comercial, quer em leis extravagantes.

A teoria da interpretação das leis é uma só, não variando quer em função da disciplina – Direito Civil, Direito Comercial, Direito Constitucional, Direito Administrativo etc. –, quer em função do ramo do Direito – Direito Público ou Direito Privado.

Embora uma só e única, é certo que a interpretação do Direito Comercial, como, aliás, a interpretação do Direito Constitucional e das demais disciplinas, apresenta particularidades devido à natureza das relações decorrentes do intenso tráfego mercantil do mundo moderno e, também, pela insuficiência do ordenamento jurídico, que as mais das vezes, não acompanhou as mudanças radicais e vertiginosas que a sociedade experimentou a partir da década de 50.

Destarte, na análise das convenções e tratados internacionais sobre matéria comercial, das leis, regulamentos, resoluções, circulares e portarias comerciais, dos atos constitutivos das sociedades de pessoas e dos estatutos das sociedades de capitais, da manifestação de vontade dos comerciantes, enfim, na interpretação do Direito Comercial hodierno, é absolutamente indispensável que o estudioso se aprofunde no exame de sua gênese, no estudo dos fatos econômicos que lhe deram origem, pois, por certo, na maioria das vezes, sobretudo quando se tratar de um novo instituto jurídico (como, no Brasil, o *franchising*, o cartão de crédito etc.) o intérprete ver-se-á compelido a um enorme esforço de criação, já que a lei escrita não prevê, claramente, solução para o problema, dele exigindo, portanto, grande tirocínio e capacidade de resposta a uma situação não contemplada pelo legislador.

A primeira reação do jurista, regra geral, é socorrer-se de consagrados institutos, lutando para adaptá-los ao caso concreto. Se, por vezes, embora não muitas, é valioso o recurso a antigos paradigmas, como, *v.g.*, no caso do *leasing*, valer-se das normas sobre o arrendamento mercantil, na maioria dos casos o intérprete deveria empenhar-se num trabalho de construção jurídica, partindo dos fatos tais como são e a ele se apresentam, com vistas a suprir as lacunas do direito positivo.

Casos há, outrossim, e também não são poucos, em que a lei antiga não regula, de forma satisfatória, o fenômeno, obrigando o jurista a um esforço de adaptação, de maneira que o dispositivo, elaborado em época passada para atender a uma realidade diferente, possa aplicar-se a uma situação nova, certamente não prevista pelo legislador.

Portanto, em resumo, podemos enunciar as seguintes hipóteses: (*a*) o Direito Comercial possui norma disciplinadora da hipótese: basta interpretá-la consoante a teoria da interpretação das leis, inclusive, se for o caso, corrigindo, restringindo ou estendendo os seus efeitos; (*b*) a norma antiga não é perfeitamente adequada para a solução do litígio, porque a situação de fato se modificou com o tempo: é mister um esforço de adaptação do texto legal; (*c*) o direito positivo não possui norma expressa: o jurista, criando o direito, com base no conhecimento dos dados técnicos e econômicos que possui, suprirá a lacuna, alçando-se assim à condição de autêntico hermeneuta.

Atualidades

APLICAÇÃO DO ACORDO TRIPS NO BRASIL

NEWTON SILVEIRA

Antecedentes remotos. Antecedentes próximos. O resultado. A questão da vigência e eficácia do Acordo TRIPS no Brasil. O Acordo TRIPS obriga Estados ou particulares? A questão do prazo das patentes já concedidas antes da entrada em vigor da Lei de Propriedade Industrial brasileira (15.4.97).

Antecedentes remotos

Pressionada pelo exército de Napoleão Bonaparte, a Corte portuguesa transferiu-se para o Brasil em 1808. Nesse mesmo ano o Príncipe Regente promoveu a abertura dos portos do Brasil ao comércio internacional e à liberdade de indústria: "Sou servido abolir e revogar toda e qualquer proibição que haja a esse respeito no Estado do Brasil e nos meus domínios ultramarinos e ordenar que, daqui em diante, seja lícito a qualquer dos meus vassalos, qualquer que seja o país em que habitem, estabelecer todo o gênero de manufaturas, sem excetuar alguma, fazendo seus trabalhos em pequeno, ou em grande, como entenderem que mais lhes convém (...)" (Alvará de 1.4.1808).

Já no ano seguinte, D. João VI baixou Alvará isentando de impostos a importação de matérias-primas e a exportação de manufaturados e estabelecendo a concessão de privilégios aos inventores e introdutores de novas máquinas. Assim fazendo, tornou o Brasil o 4º país do mundo a estabelecer a proteção dos direitos do inventor, após o *Statute of Monopolies*, de 1623, da Inglaterra, a Lei norte-americana, de 1790, e a Lei francesa, de 1791 (*apud Tratado da Propriedade Industrial*, de João da Gama Cerqueira, 2ª ed., v. 1, p. 6).

Como se sabe, no ano de 1878 ocorreu em Paris uma Exposição Universal, durante a qual tomaram-se resoluções que vieram a resultar na assinatura da Convenção de Paris, de 6.3.1883. Dentre os onze signatários originais dessa Convenção figurava o Brasil, que a implementou pelo Decreto 9.233, de 28.6.1884.

A Convenção de Paris criou a União para a Proteção da Propriedade Industrial, hoje administrada pela OMPI (WIPO) – Organização Mundial da Propriedade Intelectual, órgão das Nações Unidas.

Dentre as normas estabelecidas pela Convenção, sobrelevam as denominadas de *tratamento nacional*:

"A third category of provisions of the Convention relates to substantive law in the field of industrial property regarding rights and obligations of private parties, by only to the extent of requiring the domestic law of the member States to be applied to these parties.

"Under this category comes the very important basic rule of the Convention, that nationals of each member State shall, as regards the protection of industrial property, enjoy in all other member States the advantages that their respective laws grant, or may grant in the future to nationals of these latter member States (article 2)" (*Guide to the Application of the Paris Convention for the Protection of Industrial Property*, G. H. C. Bodenhausen, p. 12).

A última revisão da Convenção de Paris (Estocolmo) foi promulgada por inteiro no Brasil pelo Decreto 1.263, de 10.10.94.

Antecedentes próximos

Na década de 80 a diplomacia econômica norte-americana veio a ser influenciada por pressões protecionistas dos setores ameaçados pelo surgimento de novos pólos econômicos internacionais. Essa pressão se manifestava em favor da abertura agressiva de mercados externos e da criação de uma nova ordem econômica internacional. Em decorrência dessa pressão, o governo norte-americano passou a recorrer à imposição de barreiras não-tarifárias e à aplicação de sanções comerciais, através da Seção 301 do *Trade Act*. Assim fazendo, pretendia preservar a competitividade norte-americana principalmente no que se refere à indústria farmacêutica, biotecnologia, *software*, telecomunicações, indústria aeroespacial e de entretenimentos.

Apesar dessa competição internacional, os Estados Unidos mantinham, em 1992, um superávit em transações internacionais de patentes e licenças de cerca de 12 bilhões de dólares (cf. "A Reforma da Lei de Patentes no Brasil e as pressões norte-americanas na área de propriedade intelectual", artigo de Regis Percy Arslanian e Maurício Carvalho Lyrio, in *Revista Política Externa*, v. 4, n. 2, set. 95, pp. 3 e ss.).

Proporcionalmente, no entanto, a participação dos Estados Unidos no comércio internacional de alta tecnologia vinha decrescendo da década de 70 para a de 80, em decorrência da alta competitividade de novos atores no comércio mundial de alta tecnologia, como o Japão e os NIC's asiáticos. Esse fato levou o governo norte-americano a optar por uma atuação agressiva na área de propriedade intelectual (cf. artigo citado).

A atuação norte-americana centrou-se em duas atividades contraditórias: buscar legitimar o GATT como fórum para a regulamentação dos "novos temas" e, ao mesmo tempo, enfraquecê-lo pelo recurso recorrente a medidas unilaterais (artigo citado).

"O *Trade Act* de 1974 já previa o uso da Seção 301 quando da violação de patentes em outros países, como as sanções impostas ao Brasil em 1988. Com o *Trade and Tariff Act* de 1984, o nível de proteção à propriedade intelectual de um país torna-se também um dos fatores para a sua inclusão ou exclusão do Sistema Geral de Preferências norte-americano, um dos principais instrumentos de 'persuasão' sobre os países em desenvolvimento. Instrumentos ainda mais constrangedores para os parceiros comerciais dos Estados Unidos foram criados com o *Omnibus Trade and Competitiveness Act* de 1988, como a Seção Super 301 e, particularmente, a Seção 301 Especial, que incidia especificamente sobre países que desrespeitavam o que os norte-americanos consideravam uma *world class protection* na área de propriedade intelectual" (artigo citado, p. 7).

Acrescenta o artigo: "(...) as pressões norte-americanas para a inclusão do tema da propriedade intelectual no GATT tinham como fim último substituir a liberdade nacional de padrões de proteção prevista pela Convenção de Paris por uma observância estrita e obrigatória de normas rígidas de propriedade intelectual por todas as partes contratantes do Acordo Geral" (p. 8).

A partir de 1990, em virtude das pressões mencionadas, o Poder Executivo brasileiro alterou sua posição com relação às patentes na área farmacêutica. Essa alteração, na visão dos autores do artigo, deu-se mais em decorrência do projeto de modernização e de maior inserção internacional da economia brasileira: "No GATT, a partir do início da década de 90, o Brasil passou a admitir a patenteabilidade para todos os setores, inclusive para o farmacêutico, como seria consagrado, por fim, no acordo de TRIPS. Internamente, o Poder Executivo passou a defender a reforma do Código da Propriedade Industrial (...)" (artigo citado, p. 10).

A adesão do Brasil ao acordo TRIPS foi defendida pela diplomacia brasileira: "O ADPIC (TRIPS), portanto, trará maiores benefícios ao Brasil na medida em que houver uma política industrial voltada para a capacitação tecnológica, com mecanismos efetivos de incentivo às atividades inventivas. Em setores em que o Brasil apresenta grande potencial de competitividade e notórias vantagens comparativas, como, p. ex., na pesquisa agrícola e no desenvolvimento de sementes e variedades vegetais pela biogenética, o fortalecimento da proteção aos direitos de propriedade intelectual deverá garantir a justa remuneração, em nível mundial, dos investimentos em pesquisa realizados ao longo dos anos" ("Direitos de propriedade intelectual", de Otávio Brandelli, in *Boletim de Diplomacia Econômica* 18, 1994, do Ministério das Relações Públicas).

E acrescenta o autor do artigo: "Outro ganho importante para o Brasil está na possibilidade de recurso, prevista no ADPIC (TRIPS), ao sistema de soluções de controvérsias da OMC, o que reduzirá o risco de ações unilaterais injustificadas por parte de grandes potências econômicas, sob a alegação de deficiências no regime brasileiro de proteções à propriedade intelectual" (artigo citado, p. 83).

O resultado

Foi nesse ambiente que o Brasil, pelo Decreto 1.355, de 30.12.94, promulgou a Ata Final que incorpora os Resultados da Rodada Uruguai de Negociações Comerciais Multilaterais do GATT, para entrar em vigor em 1.1.95.

Na esteira desse decreto, o Brasil vem editando novas leis de propriedade intelectual, implementando os compromissos assumidos em Marrakesh, em 12.4.94.

A Lei 9.279, de 14.5.96: revogou o Código da Propriedade Industrial, de 1971, e regula, desde 15.5.97, os direitos e obrigações relativos à propriedade industrial.

O novo Código, que não é Código, aproveitou o ensejo para albergar as marcas coletivas e de certificação e as marcas tridimensionais.

Quanto aos modelos e desenhos industriais, passaram a chamar-se, todos, desenhos industriais e não mais objeto de patente, mas de simples registro, atendendo aos reclamos e sugestões constantes do meu *Direito de Autor no Desenho Industrial.*

A querela, na verdade, restringia-se às patentes na área farmacêutica, o que trouxe no seu bojo as patentes para alimentos (nunca reivindicadas pela indústria alimentícia, seja a estrangeira, seja a nacional) e para os produtos químicos em geral.

Logo estar-se-á reivindicando outra nova lei para albergar, também, patentes para programas de computador, em face da recente decisão da Suprema Corte norte-americana no caso *Logus vs. Borland*.

Mas as discussões do projeto trouxeram seus frutos: introduziu-se na lei a figura do *contributory infringement* e uma tímida abertura para as importações paralelas no caso de patentes, que contradiz os tempos de globalização da economia.

Agora, a tarefa é do Judiciário para resolver os novos problemas trazidos pela nova lei.

A Lei das Cultivares 9.456, de 25.4.97: antes mesmo da entrada em vigor da nova Lei de Propriedade Industrial, n. 9.279, de 1996, foi editada a Lei brasileira das Cultivares.

Sua fonte recente é o tratado da UPOV, em fase de adesão por parte do Brasil. A fonte remota é o Código da Propriedade Industrial de 1945, o Decreto 7.903 (publicado no *Diário Oficial* de 29.9.45, com a redação do Decreto-lei 8.481, de 27.12.45). Seu art. 3º estabelecia que: "A proteção da propriedade industrial se efetiva mediante: a concessão de privilégios de: patentes de invenção; modelos de utilidade; desenhos ou modelos industriais; variedades novas de plantas; (...)".

No entanto, a única menção feita naquela lei foi no art. 219: "A proteção das variedades novas de plantas, prevista no art. 3º, alínea *a*, deste Código, dependerá de regulamentação especial".

Ao que consta, a matéria nunca foi regulamentada. E ficou assim ... até a edição desta nova lei, cujo art. 54 estabelece que "o Poder Executivo regulamentará esta Lei no prazo de noventa dias após sua publicação" ...

Apesar de ter sido propugnada a proteção das cultivares como direito autoral (a exemplo da lei especial do *software*), tudo indica que esta lei foi calcada no sistema de propriedade industrial (aliás, boa parte de seus artigos foi copiada do Código da Propriedade Industrial de 1971).

Por essa trilha histórica, descambou o Brasil na Lei 9.456, cujos conceitos e normas são de difícil compreensão, apesar de seu constante apelo às normas da propriedade industrial, talvez inadequadas.

A Lei do Software 9.609, de 19.2.98: a nova lei, que dispõe sobre a proteção da propriedade intelectual de programas de computador e sua comercialização, foi publicada em 19.2.98 e entrou em vigor na data de sua publicação. Revoga, expressamente, a Lei 7.646, de 1987, e, implicitamente, o Decreto 96.036, de 1988, que regulamentava a Lei do *Software*, ora revogada.

Mantém esta lei o mesmo sistema da lei anterior (universalmente adotado, até agora) de assemelhar o direito sobre tratamento da informação ao direito de autor sobre forma de expressão, submetendo o direito do criador de *software* às normas gerais da lei autoral (n. 9.610, de 19.2.98).

Importante ressaltar que a Lei de Propriedade Industrial exclui, expressamente, "programas de computador em si" da tutela por meio de patentes (art. 10, V, da Lei 9.279, de 1996).

A nova lei elimina o cadastramento do programa para efeitos de comercialização e as discriminações entre empresas nacionais, brasileiras e estrangeiras.

A Lei de Direitos Autorais 9.610, de 19.2.98: com poucas exceções, mantém-se na nova lei e se acentua o espírito nitidamente empresarial da Lei de Direitos Autorais anterior, de n. 5.988, de 1973. A nova lei é uma reescrita da lei anterior, com acréscimos, algumas correções e a supressão do intervencionismo na arrecadação de direitos autorais.

Parece ter sido montada, como uma transparência, sobre a lei ora revogada.

Os acréscimos se devem aos desafios do desenvolvimento tecnológico: os programas de computador, os bancos de dados e as transmissões e armazenamento por meios eletrônicos.

Mantém-se o sistema unitário de tratamento do direito de autor e dos direitos conexos, sob a designação de *direitos autorais*, neles incluídos os direitos dos artistas, intérpretes e executantes (que são, por natureza, direitos de personalidade) e os direitos industriais dos produtores de fonogramas e videofonogramas e empresas de radiodifusão. Todos sob a rubrica do art. 3º: "Os direitos autorais reputam-se, para os efeitos legais, bens móveis".

Desapareceu a regra do art. 36 da lei anterior, que conferia ao empregado ou prestador de serviços participação na titularidade da obra. É verdade que a nova lei também nada diz sobre o direito do empregador ou do encomendante, deixando as partes na insegurança da lacuna legal.

Os programas de computador, embora objeto de nova lei especial, de n. 9.609, de 19.2.98 (que substituiu a Lei 7.646, de 1987), ganham expressa menção na Lei de Direitos Autorais, no rol de obras protegidas, art. 7º, XII, embora o § 1º do mesmo artigo estabeleça que "os programas de computador são objeto de legislação específica, observadas as disposições desta lei que lhes sejam aplicáveis".

As bases de dados passam a receber abundante tratamento. O art. 7º, inc. XIII, as inclui entre as obras protegidas, ao lado das compilações, antologias, enciclopédias e dicionários, que eram objeto do art. 7º da lei revogada. O art. 87 da nova lei trata *Da Utilização de Bases de Dados*, estabelecendo que seu titular terá direito exclusivo sobre a "forma de expressão da estrutura da referida base".

As violações de direitos autorais através de meio eletrônico são objeto de especial preocupação do legislador. No conceito de reprodução, expresso no art. 5º, VI, inclui-se "qualquer armazenamento permanente ou temporário por meios eletrônicos".

O art. 29, que cuida dos direitos patrimoniais de autor, faz expressa referência à *distribuição* mediante "cabo, fibra ótica, satélite, ondas ou qualquer outro sistema" (inc. VII).

A questão da vigência e eficácia do Acordo TRIPS no Brasil

O denominado Acordo TRIPS (ou ADPIC) integra, como Anexo 1C, a Ata Final que incorpora os resultados das negociações comerciais multilaterais do GATT.

Segundo Parecer de 18.3.97, da Diretoria de Patentes do Instituto Nacional da Propriedade Industrial, "A aprovação pelo Congresso nacional (Decreto Legislativo 30, de 15.12.94) do Acordo TRIPS, promulgado pelo Decreto 1.355, de 30.12.94, e sua incorporação ao ordenamento jurídico nacional a partir de 1.1.95, ocasiona questionamentos por parte dos usuários quanto à obrigação imediata de atendimento de todas as suas disposições notadamente as matérias tratadas em seu art. 70, especialmente nos 70.2 e 70.7. O próprio Acordo distingue data de entrada em vigor de data de aplicação das disposições do Acordo".

A posição do INPI a respeito funda-se na interpretação do art. 65 do TRIPS, o qual prevê:

1. um prazo geral de um ano após a data de entrada em vigor do Acordo Constitutivo da OMC para a aplicação de suas disposições;

2. mais um prazo de quatro anos para um país-membro em desenvolvimento;

3. (art. 65.4) um prazo adicional de cinco anos para estender proteção a patentes em setores tecnológicos que não eram protegidos no território antes da data do Acordo.

Como o Brasil adotou, desde logo, pela Lei de Propriedade Industrial, a proteção a setores tecnológicos que não eram protegidos (indústria farmacêutica, alimentícia e química), teria renunciado ao prazo adicional de cinco anos. Em conseqüência, "somente a partir de 1º de janeiro de 2000 estará o Brasil obrigado a tal aplicação salvo previsão em contrário do próprio Acordo".

A interpretação do INPI parece fazer sentido, desde que ninguém pretenderá que um país qualquer deva aplicar o Acordo antes do decurso do prazo geral de um ano, independentemente de qualquer manifestação desse país. Logo, tratando-se de um país em desenvolvimento, a obrigação de aplicação do Acordo só se torna exigível em mais quatro anos, independentemente de qualquer manifestação desse país.

Essa é também a posição do professor de Direito Internacional da USP, Dr. Guido Soares: "Aquele acordo não se encontra vigente no Brasil, por força dos seus dispositivos de natureza transitória, em particular no art. 65, § 4º (...) O § 2º referido concede aos países em desenvolvimento membros, o direito de postergar a aplicação dos dispositivos do Acordo TRIPS por um prazo de quatro anos (...). Assim sendo, em particular no que se refere ao Brasil, as normas do Acordo TRIPS, nos seus efeitos internacionais, ou seja, no que respeita a direitos e deveres em relação aos demais membros da OMC, não se encontram vigentes, enquanto não se escoarem os prazos previstos naquele ato internacional. No que respeita a seus efeitos no território nacional, igualmente sua vigência se encontra condicionada à passagem do tempo e, até o momento da adimplência dos termos para a entrada em vigor daquele ato internacional, não se pode cogitar de um conflito entre a legislação interna e o direito internacional de origem convencional" (in *Revista do Direito Civil*, FADUSP, out./dez. 1995, pp. 113-114).

O Acordo TRIPS obriga Estados ou particulares?

Embora, para a conclusão do tema que me foi proposto, esta questão seja pouco significante, é importante mencioná-la.

A doutrina nacional faz distinção entre tratados contratuais e tratados normativos.

O professor de Direito Internacional Luiz Olavo Baptista (in *Revista da ABPI* – Anais do XVI Seminário Nacional de Propriedade Intelectual, 1996) faz essa distinção, e acentua: "O TRIPS faz parte, segundo entendo, da modalidade dos tratados-contrato e integra o grupo de acordos conhecidos como Tratados da OMC, que foram aprovados em Marrakesh em 1994. (...) É claro, assim, que os mandamento do TRIPS não se endereçam aos súditos, mas aos Estados-membros da OMC. (...) Ele está em vigor no Brasil e deve ser aplicado, mas os efeitos do TRIPS limitam-se à obrigação do governo federal de editar normas para que seja cumprido. (...) Por último, creio que não devemos tentar nos fundamentar no TRIPS como se fora uma norma interna, porque há o risco de ver essa pretensão rejeitada nos tribunais. Temos que entendê-lo, realmente, como um tratado-contrato, tal como as demais obrigações da OMC".

A questão do prazo das patentes já concedidas antes da entrada em vigor da Lei de Propriedade Industrial brasileira (15.4.97)

Segundo o Parecer da Diretoria de Patentes do INPI, a controvérsia se baseia no seguinte: "É que o TRIPS, em seu art. 33, estabeleceu como padrão mínimo: a vigência da patente não será inferior a um prazo de 20 anos, contados a partir da data de depósito".

Ainda na Parte VII do Acordo, tratando sobre a *Proteção de Matéria Existente*, outro ponto de controvérsia, o art. 70, que reza em seus §§ 1 e 2: "1. Este Acordo não gera obrigações relativas a atos ocorridos antes de sua data de aplicação para o respectivo membro. 2. Salvo disposição em contrário nele prevista, este Acordo, na data de sua aplicação para o membro em questão, gera obrigações com respeito a toda matéria existente, que esteja protegida naquele membro na citada data, ou que satisfaça ou venha posteriormente a satisfazer, os critérios de proteção estabelecidos neste Acordo".

O Código da Propriedade Industrial brasileiro (Lei 5.772/71) revogado somente em 15.5.97, com a vigência da nova Lei da Propriedade Industrial, dispunha que o prazo de vigência das patentes era de 15 (quinze) e não 20 (vinte) anos contados da data de depósito.

Não recaindo, atualmente, qualquer dúvida quanto à prevalência dos tratados sobre as leis internas anteriores à sua promulgação (STF, no julgamento do RE 80.004-SE-77, in *RTJ* 83/809-848), estaria o Acordo TRIPS incorporado ao ordenamento nacional, passando a viger plenamente desde 1.1.95. Assim, o prazo das patentes que viessem a ser concedidas a partir de tal data, gozariam, em princípio, do prazo de proteção de 20 e não de 15 anos das datas de seus depósitos.

Por outro lado, alguns juristas afirmam que nenhum dos acordos da Rodada Uruguai, inclusive o de TRIPS, seria *self-executing*. Tal assertiva teria como sustentação o disposto no § 4 do art. XVI do Acordo que criou a Organização Mundial do Comércio-OMC, assinado em Marrakesh e que o Brasil assumiu. A norma introduziria somente uma Obrigação Geral.

"4. Todo o membro deverá assegurar a conformidade de suas leis, regulamentos e procedimentos administrativos com as obrigações constantes dos Acordos anexos".

Esta Obrigação Geral, conforme o Embaixador e professor titular da Faculdade de Direito da USP Celso Lafer, decorre da natureza das "normas do ordenamento da OMC que são predominantemente, *standards* jurídicos, não constituindo tipificação rígida de condutas, por isso precisam ser especificados por legislação implementadora no plano interno que deve estar em consonância com estes *standards*".

Continuando, afirma o Embaixador, que o TRIPS não é, no plano interno, uma norma primária endereçada aos particulares e, enquanto tal, suscetível de apreciação pelo Judiciário. É norma secundária, cujo destinatário é o Estado brasileiro, é norma internacional, em vigor para o Executivo e o Legislativo, que não se pode exigir em juízo diretamente sem a necessária mediação da legislação nacional implementadora. "O Acordo de TRIPS como norma secundária internacional fixa o piso de proteção a ser concedido à propriedade intelectual no Brasil, isto é, o limite mínimo das garantias e direitos que devem ser outorgados às partes no âmbito do Direito brasileiro. Fixa um piso e não um teto, e estabelece princípios que podem ser considerados, no caso, normas programáticas mínimas, cabendo ao Estado, no processo legislativo implementador, dentro da natureza do seu sistema jurídico, determinar a forma e os métodos, ou seja, os meios para dar execução plena a estes princípios".

Em nossa opinião, é irrelevante se o TRIPS entrou em vigor no Brasil em 1.1.95, ou entrará em vigor em 1.1.2000 ou 2005. A questão é outra, de cunho constitucional.

A CF/88 consagra, seguindo as constituições anteriores e as do mundo civilizado (desde Weimar), o princípio da livre iniciativa e da liberdade de trabalho (veja-se, a propósito, o Alvará de D. João VI, mencionado no início deste texto).

Esse princípio é firmado no art. 170 e seu parágrafo único da Carta Magna: "Art. 170. A ordem econômica, fundada na valorização do trabalho humano e na livre iniciativa, tem por fim assegurar a todos existência digna conforme os ditames da justiça social, observados os seguintes princípios: (...) Parágrafo único. É assegurado a todos o livre exercício de qualquer atividade econômica, independentemente de autorização de órgãos públicos, salvo nos casos previstos em lei".

Em contraposição, e como exceção ao princípio geral da livre iniciativa, a mesma Constituição garante, entre os direitos e garantias fundamentais estabelecidos no art. 5º, os direitos de propriedade industrial: "XXIX – a lei assegurará aos autores de inventos industriais privilégio *temporário* para sua utilização, bem como proteção às criações industriais, à propriedade das marcas, aos nomes de empresas e a outros signos distintivos, tendo em vista o interesse social e o desenvolvimento tecnológico e econômico do país".

A parte final do dispositivo constitucional é *condição* e não *fundamento* dessa proteção (veja-se, a propósito, o inc. III do mencionado art. 170 da Constituição, que prevê, como princípio da ordem econômica, a *função social da propriedade*).

O art. 5º da Carta Magna não se sobrepõe ao art. 170. Os direitos e garantias individuais devem se coordenar com a ordem econômica e social, constituindo, ambos, regras pétreas. Não há dúvida que o privilégio temporário constitui exceção à regra geral da livre iniciativa.

Daí sua temporariedade, que estabelece tanto os direitos subjetivos do inventor, quanto os direitos subjetivos daqueles que almejam a liberdade de indústria. A Constituição ampara ambos os direitos, sujeito o primeiro ao *tempo*.

O importante é salientar que existem dois sujeitos de direitos: o titular de um monopólio temporário (identificado) e o titular de um direito à liberdade de indústria (não identificado, mas sujeito da norma constitucional), que espera o decurso do tempo para exercer o seu direito.

Trata-se de um direito, ou de uma expectativa de direito?

Agora temos de nos socorrer do ilustre Jurista Rubens Limongi França, em seu memorável trabalho *Irretroatividade das Leis e o Direito Adquirido* (4ª ed., Ed. RT).

Referindo-se ao Projeto anterior à Carta de 1937, dispunha ele: "Considera-se ato jurídico perfeito o que está concluído na conformidade da lei vigente ao tempo em que foi praticado" (p. 43).

À p. 161, na nota 50, transcreve texto de Francisco Campos: "A não retroatividade é tão-somente uma norma de interpretação, uma regra de hermenêutica, e por ela se entende que o intérprete, ou o juiz, não pode aplicar a lei nova às relações jurídicas já consumadas na vigência da lei antiga".

À p. 164, cita Tito Prates da Fonseca: "O direito validamente adquirido, a relação jurídica estabelecida de acordo com a lei vigente, ao tempo em que se praticou o ato ou se deu o fato, pertencem irrevogavelmente ao patrimônio do sujeito".

À p. 188, cita Eduardo Theiler, o qual aceita que a lei possa retroagir "desde que ela não acarrete prejuízos, danos ao patrimônio de alguém, ou, em outros termos, desde que o limite da retroatividade da lei consista no respeito ao direito adquirido".

Ou, "a lei que domina é a do tempo em que se iniciou o prazo" (ac. do STF, rel. Min. Orozimbo Nonato, *RF* 95/103, in *Ementário Forense*, ob. cit., p. 187).

Assim é que o inc. XXXVI do art. 5º da Carta Magna de 1988 dispõe: "A lei não prejudicará o direito adquirido, o ato jurídico perfeito e a coisa julgada".

À p. 203, a propósito do tema, o autor cita Barbalho: "(...) uma das mais importantes garantias individuais, ao mesmo passo que é um dos grandes princípios da ordem social e da política".

Essa é uma característica do sistema jurídico brasileiro e das Américas, motivo pelo qual o autor salienta: "Legatário das tradições jurídicas lusitanas que são, entre os Estados modernos, as mais antigas do mundo, soube, sob certos aspectos, guardálas, melhor do que a própria Pátria-mãe, de onde ser natural que, na matéria, o nosso Direito esteja, pelo menos nas suas linhas fundamentais, mais evoluído que o dos outros países.

"Para roborar esta nossa afirmação basta ponderar que, sem a garantia semelhante à do art. 150 da nossa Constituição, de nada vale, ante uma lei qualquer que a desconheça, a *doutrina de Roubier na França*, a de Affolter na Alemanha e de Gabba na Itália" (ob. cit., pp. 207-28).

À p. 218, diz o autor: "Quanto ao ato jurídico perfeito, é ele o principal fato gerador do direito adquirido (...)".

As regas da LICC, concernentes ao Direito Intertemporal, se encontram no art. 6º: "§ 1º. Reputa-se ato jurídico perfeito o já consumado segundo a lei vigente ao tempo em que se efetuou".

Por isso, não se aplica ao Brasil a doutrina de Roubier: "Ora, essa questão é tanto mais importante quanto se tem em vista que, revogando a Lei de Introdução de 1942, a Constituição de 1946 condenou a teoria do renomado autor francês" (p. 222).

Daí conclui Limongi que "inexiste incompatibilidade entre a idéia do efeito imediato e a doutrina do Direito Adquirido" (ob. cit., p. 223).

Em conclusão, não há que se confundir *expectativa de direito* com *direito a termo*.

São direitos adquiridos não só os que já se podem exercer, como "aqueles cujo começo de exercício tenha *termo prefixo*" (p. 245). Em nota à mesma página, o autor, diz que o termo pode ser estabelecido em lei, em *ato administrativo*, em preceito estatutário, ou ainda em ato jurisdicional. Além disso, o art. 123 do CC estabelece que o *dies a quo* "suspende o exercício, *mas não a aquisição do direito*".

À p. 251, o Autor cita Beviláqua: "(...) o direito condicional já é um bem jurídico, tem valor econômico e social, constitui elemento do *patrimônio do titular*".

A conclusão de Limongi França é: "(...) no silêncio da Lei, a regra é a irretroatividade" (p. 282).

"O direito adquirido abrange os direitos a termo, seja final (*dies ad quem*), seja inicial (*dies a quo*)."

Ora, o ato administrativo de concessão da patente, pelo prazo de 15 anos na vigência da lei anterior, criou Direito Adquirido para os concorrentes do titular da patente de passarem a explorar seu objeto a partir do término do prazo, não podendo ser prorrogado.

Essa é a conclusão que se impõe.

São Paulo, 31 de maio de 1999

INATIVIDADE DA SOCIEDADE COMERCIAL

Joaquim Antônio Vizeu Penalva Santos

Inatividade da sociedade comercial. Sociedade comercial por tempo determinado. Reativação da sociedade inativa. Significado do vocábulo "inatividade". Interpretação contida no Decreto 1.800, de 30.1.96, que regulamentou a Lei 8.934, de 18.11.94. Problema relativo à sociedade anônima. Conclusão.

Inatividade da sociedade comercial

A nova Lei 8.934, de 18.11.94, concernente ao registro de comércio trouxe várias novidades no que diz respeito ao assunto, a principiar pelo próprio nome, hoje designado por *registro de empresas*, abrangente, não só das sociedades comerciais, como as chamadas despersonalizadas, a exemplo do grupo de sociedades e consórcios regidos pela Lei 6.404, de 1976.

Em suma: o registro abrange um espectro mais amplo, a compreender as empresas no sentido genérico, e até certas sociedades civis como a cooperativa, cujo registro se faz na Junta de Comércio.

A nova lei introduziu, ademais, a figura da *inatividade da sociedade*, cujos contornos acham-se contidos nos arts. 59 e 60 da referida Lei 8.934/94.

Sociedade comercial por tempo determinado

A disposição do art. 59 da citada lei dispõe que, expirado o prazo de vigência da sociedade celebrada por tempo determinado, esta perderá a proteção de seu nome empresarial, o que significa a perda do uso do nome comercial, isto é, a firma, a razão social ou a denominação, conforme se trate de sociedade de pessoas ou de capitais.

A capitulação do dispositivo leva a uma série de perquirições, entre as quais as seguintes: O que ocorre com a atividade da sociedade? Passa esta a ser uma sociedade irregular? E os seus atos constitutivos?

Tais problemas exigem uma solução, ou pelo menos uma explicação plausível para a mesma.

Suponhamos que a sociedade não cumpriu as exigências da Junta Comercial, *v.g.*, a respeito da regularização de seus atos constitutivos, no prazo fixado na lei, e outra sociedade requeira na Junta o registro de nome comercial idêntico ao da primeira sociedade, como se resolverá o problema?

Todas essas perquirições envolvem a interpretação do art. 60 da Lei 8.934/94, cuja redação estabelece o prazo de 10 (dez) anos consecutivos para a sociedade que deixou de tomar as providências necessárias à regularização de seus atos constitutivos, provar à Junta Comercial a sua intenção de se manter em regular funcionamento.

Duas soluções, então, podem sobrevir:

a) a sociedade se mostra omissa, deixando de dar ciência à Junta Comercial a respeito de sua reativação e, nesse caso, esta promoverá o cancelamento do registro de seu nome comercial, com a perda de sua proteção;

b) a sociedade manifesta o desejo de cumprir a exigência contida na intimação direta ou por edital, para os fins do referido art. 60 e, nessa hipótese, não lhe poderá ser imposta a penalidade aludida, consoante dispõe o § 2º do mesmo art. 60, desde que, evidentemente, atendida no prazo, a exigência formulada.

A Junta Comercial terá o prazo de 10 (dez) dias para comunicar às autoridades arrecadadoras, para os fins previstos na lei fiscal, no caso referido na letra *a*, acima mencionada (§ 3º).

Reativação da sociedade inativa

Na aplicação do contido na letra *b* acima, faculta o § 4º do mesmo art. 60 à sociedade em vias de desativação, requerer a sua reativação, mediante nova constituição, expressão não muito adequada, por se tratar de renovação ou repetição do ato, caso o prazo já se expirara, como se tratasse de nova constituição da sociedade, insuscetível de convalidação.

Na hipótese de o prazo ainda não se ter expirado, bastaria o pedido de prorrogação do ato, em atendimento às exigências da Junta comercial.

Se, porventura, transcorrido *in albis* o prazo, caso nova sociedade obtenha, nesse interregno, o registro do mesmo nome comercial, o pedido feito pela sociedade antiga não poderá ter eficácia retroativa, em prejuízo da nova sociedade, pelo que prevalece o registro levado a efeito por esta efetivado.

Significado do vocábulo "inatividade"

A acepção do vocábulo significa a *extinção da vida ativa regular* da sociedade comercial, pois, para nós, não pode existir extinção provisória ou inatividade temporária, logo, a inatividade da sociedade traz conseqüências muito graves em relação à própria sociedade, aos sócios e a terceiros.

Transcorridos os dez anos, o novo titular do nome comercial gozará de todos os direitos a ele atinentes que a lei lhe assegura.

A respeito do assunto, o ilustre prof. José Edwaldo Tavares Borba, na obra *Direito Societário* (3ª ed., p. 67, nota 1), assevera que o legislador estabeleceu, no caso, uma presunção *iuris tantum*, que, ao se considerar a sociedade inativa, tal fato tem a característica de sanção, como a perda da proteção ao nome comercial.

A lição do mestre é correta, apenas não se pode deixar de observar que o cancelamento do registro da sociedade, nos termos da lei, traz graves conseqüências, tanto assim que a disposição do § 4º do art. 60, ao referir-se à reativação da empresa, exige a obediência aos mesmos procedimentos que os exigidos para a sua constituição.

De outro lado, concordamos com o douto professor em que, provada a boa-fé da sociedade, ou se tiver ocorrido alguma falha sanável, estando a sociedade em plena atividade, tal reativação é possível.

Contudo, transcorrido o prazo fatal, na omissão da sociedade mercantil, os atos constitutivos hão de repetir-se de forma inapelável, assegurados, entretanto, os direitos concedidos ao terceiro, eventual adquirente do nome empresarial, no interregno do prazo estabelecido na lei, no caso de omissão de seu exercício pelo titular da empresa faltosa.

Cumpre, ainda, atentar-se para o fato de que a disposição dos arts. 59 e 60 da Lei 8.934/94 tem por objetivo o abandono da empresa, pelo não exercício da atividade empresarial, pois é a sua defesa que o legislador visou proteger, sobretudo quando terceiro interessado requerer o reconhecimento dessa atividade em seu favor, logrando conquistar o nome empresarial, em face do total abandono pelo omisso empresário.

Interpretação contida no Decreto 1.800, de 30.1.96, que regulamentou a Lei 8.934, de 18.11.94

O art. 72 do referido Decreto estatui a seguinte disposição:

"A firma mercantil individual ou sociedade mercantil cujo ato tenha sido objeto de decisão de cancelamento do registro providenciará, no prazo de 30 (trinta) dias a sua retificação, se o vício for sanável, sob pena de desarquivamento do ato pela Junta Comercial, no dia seguinte ao do vencimento do prazo".

O art. 73 do mesmo Decreto admitiu que:

"Os recursos previstos neste Regulamento não suspendem os efeitos da decisão a que se referem".

A exegese dos dispositivos acima referidos induz à conclusão de que o transcurso *in albis* do prazo citado, de 30 (trinta) dias leva inexoravelmente ao cancelamento do registro, mediante decisão da Junta Comercial, fato que leva à conclusão do término do caráter regular da sociedade, passando a mesma a se caracterizar como sociedade irregular, cujos atos constitutivos não se encontram devida e regularmente registrados na Junta Comercial.

No caso presente, mais grave é a conseqüência relativa à perda do direito de utilização do nome comercial.

Daí podem surgir dois caminhos, a seguir analisados:

a) outra sociedade, nesse meio termo, requereu e obteve o registro do mesmo nome comercial;

b) nenhuma outra firma pediu o registro do mesmo nome comercial do qual decaiu a sociedade faltosa, na hipótese em que o registro permanece em aberto, sendo permitido, no futuro, a quem o desejar, vir a requerê-lo.

Problema relativo à sociedade anônima

A sociedade anônima rege-se por princípios especiais contidos na Lei 6.404/76, donde existirem obstáculos à aplicação do disposto nos arts. 59 e 60 da Lei 8.934, de 1994, a esse tipo de sociedade, dada a complexidade que a envolve e ao seu caráter institucional. Com mais razão, não se compreende tal aplicação à companhia aberta regida por regras muito mais complexas, tanto mais quando se tem presente a sua fiscalização pela Comissão de Valores Mobiliários (CVM), designadamente no que tange à sua atuação no mercado, tanto de Bolsa, quanto de balcão.

Em assim sendo, parece-nos que a linear exegese dos referidos dispositivos mereceria do intérprete um exame mais criterioso em relação ao instituto da inatividade da sociedade anônima.

Conclusão

Com exceção da sociedade anônima, o transcurso do prazo para o exercício do direito pela sociedade, conforme já enfatizamos, torna-a uma sociedade irregular, a qual passa a sofrer as seguintes restrições:

1) os sócios tornam-se solidários e ilimitadamente responsáveis pelas dívidas contraídas pela sociedade;

2) a sociedade está impedida de impetrar concordata preventiva, embora possam os respectivos credores pedir-lhe a falência, havendo inclusive a possibilidade de apuração de crime falimentar, com relação aos livros comerciais;

3) no requerimento de sua falência serão os bens dos sócios solidários arrecadados, os quais irão compor outras massas, além da massa falida, às quais poderão ha-

bilitar-se os credores sociais juntamente com os credores particulares do respectivo sócio;

4) não podem revestir-se os livros comerciais da sociedade irregular de formalidades legais;

5) não podem tais sociedades requerer a falência de outra sociedade, nos termos do disposto no art. 9º, inc. III, letra *a* da Lei de Falências;

6) ter a forma de sociedade anônima.

Essas são as principais restrições a sofrer a sociedade considerada irregular, por ter sido considerada inativa, por descumprimento ao capitulado nos arts. 59 e 60 da Lei 8.934/94.

APLICABILIDADE DA RESOLUÇÃO 2.493/98 ÀS COMPANHIAS SECURITIZADORAS DE CRÉDITOS IMOBILIÁRIOS

CAIO MOYSÉS DE LIMA

1. Introdução. 2. As companhias securitizadoras de créditos imobiliários. 3. As companhias securitizadoras de créditos financeiros. 4. Aplicabilidade da Resolução 2.493/98 às companhias securitizadoras de créditos imobiliários.

1. Introdução

Nas operações tipicamente chamadas de "securitização", uma determinada empresa, desejosa de obter recursos monetários, cede um conjunto de créditos de sua titularidade (normalmente originados de sua própria atividade empresarial) para uma sociedade formada com o propósito exclusivo de adquirir tais créditos, a qual normalmente é chamada de "sociedade securitizadora" ou "sociedade de propósito específico".

O pagamento do preço dos créditos adquiridos é normalmente feito pela sociedade securitizadora com recursos por ela captados no mercado através da emissão de valores mobiliários. Daí a expressão "securitização", que deriva da palavra inglesa *security* (valor mobiliário).

Trata-se de operação em que se serve da técnica da personalidade jurídica para isolar um determinado grupo de ativos (tipicamente direitos creditórios) dos riscos comerciais de uma empresa. Com isso, torna-se possível captar recursos no mercado a custos mais baixos, já que os riscos dos ativos segregados costuma a ser menor que os referidos riscos comerciais.

Por esse motivo, costuma-se chamar também de "securitização" a outras operações em que, embora não haja emissão de valores mobiliários, se utilize da técnica da personalidade jurídica para segregar um conjunto de bens do patrimônio de uma empresa.

Exemplo típico dessa última modalidade de securitização é a cessão de bem imóvel a uma sociedade formada com o propósito exclusivo de garantir uma dívida. Nesse caso, ao invés de se constituir hipoteca sobre o bem, prefere-se segregá-lo do patrimônio do devedor através da técnica da personalidade jurídica. O credor torna-se normalmente sócio minoritário da sociedade garantidora, sendo-lhe outorgados determinados poderes inerentes ao controle, a fim de que possa manter ingerência sobre as atividades sociais.

As operações de securitização se disseminaram no Brasil a partir do início da década de 90, inicialmente como forma alternativa de financiamento das operações de crediário de grandes lojas de departamento.

Até recentemente, todavia, não era possível a securitização de créditos bancários. Isto porque, como regra geral, é vedado às instituições financeiras cederem seus créditos a pessoas ou entidades não integrantes do Sistema Financeiro Nacional-SFN.[1]

2. *As companhias securitizadoras de créditos imobiliários*

Uma primeira exceção a essa regra geral foi criada pela Lei 9.514, de 20.11.97, que instituiu o Sistema Financeiro Imobiliário-SFI. A lei, buscando facilitar a negociação de créditos imobiliários[2] originados no âmbito do SFI e fomentar, por conseguinte, os financiamentos para a construção e a negociação dos imóveis, autorizou a securitização desses créditos através de sociedades anônimas denominadas "companhias securitizadoras de créditos imobiliários".

De acordo com o art. 3º da Lei 9.514/97, "as companhias securitizadoras de créditos imobiliários, instituições não financeiras constituídas sob a forma de sociedade por ações, terão por finalidade a aquisição e securitização desses créditos e a emissão e colocação no mercado financeiro, de Certificados de Recebíveis Imobiliários, podendo emitir outros títulos de crédito, realizar negócios e prestar serviços compatíveis com as suas atividades".[3] De acordo com o parágrafo único do mesmo artigo, facultou-se ao Conselho Monetário Nacional "fixar condições para o funcionamento das companhias de que trata este artigo".

3. *As companhias securitizadoras de créditos financeiros*

Passados alguns meses após a promulgação da Lei 9.514/97, o Conselho Monetário Nacional emitiu a Resolução 2.493, de 7.5.98, cujo art. 1º autoriza "a cessão de créditos oriundos de operações de empréstimo, de financiamento e de arrendamento mercantil contratadas por bancos múltiplos, bancos comerciais, bancos de investimento, sociedades de crédito, financiamento e investimento, sociedades de crédito imobiliário, sociedades de arrendamento mercantil e companhias hipotecárias a sociedades anônimas que tenham por objeto exclusivo a aquisição de tais créditos".

A Resolução 2.493/98 impôs, ainda, uma série de requisitos para a constituição e funcionamento das sociedades anônimas de objeto exclusivo, mencionadas no art. 1º acima transcrito, as quais denominou de "companhias securitizadoras de créditos financeiros".[4]

1. Ver Resolução 2.561, de 5.11.91, e a já revogada Resolução 1.962, de 27.8.92, ambas do Conselho Monetário Nacional.

2. Na verdade, a lei representou exceção à restrição geral anteriormente mencionada (de ceder créditos para entidades não integrantes do SFN) só no tocante aos créditos imobiliários de titularidade de instituições financeiras, uma vez que os créditos imobiliários detidos por não financeiras nunca estiveram sujeitos a essa restrição. A expressão "créditos imobiliários" não é definida em lei. Entendemos que o seu significado pode ser aferido a partir da leitura do art. 1º da Lei 9.514/97, que dispõe: "o Sistema Financeiro Imobiliário-SFI tem por finalidade promover o financiamento imobiliário em geral, segundo condições compatíveis com as da formação dos fundos respectivos". Assim, créditos imobiliários seriam aqueles derivados de financiamentos imobiliários, isto é, financiamentos destinados à construção (em acepção ampla, abrangendo reforma, ampliação etc.) e comercialização de bens imóveis.

3. A par dessa disposição expressa da lei, o caráter não financeiro das sociedades securitizadoras foi fartamente demonstrado pelo prof. Eduardo Salomão Neto (*Atividade Privativa de Instituição Financeira*, FADUSP, 1998, pp. 167-171).

4. A definição de créditos financeiros extrai-se do próprio art. 1º acima transcrito. Trata-se dos créditos "oriundos de operações de empréstimo, de financiamento e de arrendamento mercantil contratadas por bancos múltiplos, bancos comerciais, bancos de investimento, sociedades de crédito, financiamento e investimento, sociedades de crédito imobiliário, sociedades de arrendamento mercantil e companhias hipotecárias".

4. A aplicabilidade da Resolução 2.493/98 às companhias securitizadoras de créditos imobiliários

Em vista do disposto no art. 3º, parágrafo único, da Lei 9.514/97, segundo o qual o Conselho Monetário Nacional poderia estabelecer condições para o funcionamento das companhias securitizadoras de créditos imobiliários, e considerando que, apenas alguns meses depois, o Conselho Monetário Nacional emitiu a Resolução 2.493/98, discute-se atualmente se as condições fixadas nessa Resolução para constituição e funcionamento das companhias securitizadoras de créditos financeiros aplicar-se-iam também às companhias securitizadoras de créditos imobiliários.

Um exame atento das regras contidas na Lei 9.514/97 e na Resolução 2.493/98 mostra que a disciplina conferida às companhias securitizadoras de créditos imobiliários é completamente distinta e independente da disciplina conferida às companhias securitizadoras de créditos financeiros.

As diferenças começam pelo objeto social de cada uma das modalidades de companhias securitizadora. Enquanto as companhias securitizadoras de créditos imobiliários podem ter por objeto, além da aquisição e securitização de créditos imobiliários, também a realização de negócios e a prestação de serviços compatíveis com suas atividades, o objeto das companhias securitizadoras de créditos financeiros deve se restringir à aquisição de créditos financeiros, conforme se depreende da expressão "objeto exclusivo" contida no art. 1º da Resolução 2.493/98.

Em segundo lugar, ao disciplinar a captação de recursos pelas companhias securitizadoras de créditos imobiliários, a Lei 9.514/97 permitiu que as mesmas emitissem, além dos títulos denominados "Certificados de Recebíveis Imobiliários", criados pela própria Lei 9.514/97, "quaisquer outros títulos de crédito". A Resolução 2.493/98, por outro lado, restringiu as formas de captação das companhias securitizadoras de créditos financeiros à emissão de debêntures para distribuição pública e de ações, quando no país, e à emissão de títulos e valores mobiliários em geral, quando no exterior (art. 1º, § 1º, II).

Além disso, os créditos imobiliários a que se refere a Lei 9.514/97 não se confundem com os créditos financeiros mencionados na Resolução 2.493/98. Se é possível haver créditos imobiliários que sejam ao mesmo tempo créditos financeiros, é falsa a idéia de que os primeiros sejam apenas modalidades dos segundos.

Com efeito, há créditos imobiliários não financeiros, como aqueles gerados no âmbito do SFI em virtude da comercialização de imóveis.[5] Há, ainda, créditos financeiros relacionados à construção e comercialização de imóveis que não se inserem no âmbito do SFI, como aqueles gerados no âmbito do Sistema Financeiro de Habitação-SFH.[6] Estes últimos, embora não sejam créditos imobiliários para os fins específicos da Lei 9.514/97, são considerados créditos financeiros para os fins da Resolução 2.493/98.

Por fim, é bom lembrar que a Resolução 2.493/98 sequer cita em seu texto a Lei 9.514/97. Na verdade, o Conselho Monetário Nacional emitiu as normas contidas na Resolução 2.493/98 com base em sua competência genérica para disciplinar o crédito, fiscalizar a atividades das instituições financeiras e regular a atividade de arrendamento mercantil,[7] e *não* com base na

5. O art. 8º, parágrafo único, da Lei 9.514/97 dispõe que "será permitida a securitização de créditos oriundos da alienação de unidades em edificação sob regime de incorporação nos moldes da Lei 4.591, de 16.12.64".

6. Art. 39, I, da Lei 9.514/97: "às operações de financiamento imobiliário em geral a que se refere esta lei: I – não se aplicam as disposições da Lei 4.380, de 21.8.64, e as demais disposições legais referentes ao Sistema Financeiro de Habitação-SFH".

7. O Preâmbulo da Resolução 2.493/98 indica os seguintes dispositivos legais como fundamentos para a competência do Conselho Monetário Nacio-

competência outorgada pela Lei 9.514/97 para disciplinar o funcionamento das companhias securitizadoras de créditos imobiliários.

A esse respeito, note-se que o Conselho Monetário Nacional disciplina as companhias securitizadoras de créditos financeiros apenas *indiretamente*. O verdadeiro objeto da disciplina da Resolução 2.493/98 são as cessões de créditos. Ao limitar as cessões de créditos às companhias securitizadoras de créditos financeiros, a Resolução 2.493/98 não está preocupada em disciplinar tais companhias, mas apenas delimitar quais qualidades deve ter o cessionário para que a cessão seja lícita.

A Lei 9.514/97, por outro lado, concedeu ao Conselho Monetário Nacional competência para disciplinar *diretamente* o funcionamento das companhias securitizadoras de créditos imobiliários e não a cessão de créditos a tais companhias, que já está devidamente disciplinada pela lei. Ora, conceber que o Conselho Monetário Nacional tenha se servido da competência a ele outorgada pela Lei 9.514/97 para emitir a Resolução 2.493/98 é o mesmo que dizer que o Conselho Monetário Nacional agiu fora de sua competência.

Ficando assim demostrada a completa incompatibilidade entre os dois normativos em exame, e sendo um completo absurdo considerar que a Lei 9.514/97 possa ter sido derrogada pela Resolução 2.493/98, resta-nos apenas concluir que as disciplinas contidas em cada um dos normativos coexistem de forma autônoma e independente, caracterizando cada qual um regime distinto de securitização de créditos.

Não se aplica, portanto, a Resolução 2.493/98 às companhias securitizadoras de créditos imobiliários.

São Paulo, abril 1999

nal: (i) o art. 4º, incs. VI e VIII, os quais estabelecem, respectivamente, competência para "disciplinar o crédito em todas as suas modalidades e as operações creditícias em todas as suas formas, inclusive aceites, avais e prestações de quaisquer garantias por parte das instituições financeiras" e "regular a constituição, funcionamento e fiscalização dos que exercerem atividades subordinadas a esta lei, bem como a aplicação das penalidades previstas", e (ii) o art. 23 da Lei 6.099, de 12.9.74, com a redação dada pela Lei 7.132, de 26.10.83, o qual estabelece competência para "a) expedir normas que visem a estabelecer mecanismos reguladores das atividades previstas nesta lei, inclusive excluir modalidades de operações do tratamento nela previsto e liminar ou proibir sua prática por determinadas categorias de pessoas físicas ou jurídicas; b) enumerar restritivamente os bens que não poderão ser objeto de arrendamento mercantil, tendo em vista a política econômico-financeira do País".

OS CONSÓRCIOS DE EMPRESAS E SEUS RISCOS JURÍDICOS

JOÃO LUIZ COELHO DA ROCHA

A – A moderna tendência consorcial. B – O balizamento jurídico dos consórcios. C – O risco da sociedade irregular. D – Os riscos do consórcio sob o Código do Consumidor. Conclusão.

A – A moderna tendência consorcial

Fica muito nítida para qualquer observador essa inefreável tendência da economia no último decênio do século em aglomerar capitais e investimentos diversos em segmentos de grande dimensão.

A pauta desestatizante tem se aliado à universalização dos vetores econômicos, e nesta toada se buscam os instrumentos jurídicos hábeis a refletir, com a indispensável segurança e a desejada maleabilidade, aquela agregação de investidores vários em projetos de maxi porte.

Como é sabido, a estrutura sedimentada da sociedade comercial própria, ainda que na sua forma mais evoluída, que é a das companhias, nem sempre parece atender à flexibilidade tão pretendida nesses empreendimentos.

Tantas e quantas razões, de economia interna, de macro estratégia empresarial, ou até de ordem tributária (planejamento fiscal), muitas vezes recomendam a não agregação do investimento sob forma de uma sociedade comum, nem mesmo via empresa *holding*.

Nesse contexto, temos, na ordem jurídica brasileira, metamorfoseado o amplo conceito anglo-saxão da *joint venture*, procurando fixar os termos dessas parceirizações modernas preferencialmente sob a estrutura e as normas dos consórcios empresariais.

B – O balizamento jurídico dos consórcios

Acontece que é reconhecidamente escasso o trato legislativo no Brasil sobre os consórcios. Os dispositivos mais orgânicos que temos são apenas aqueles dos arts. 279 e 281 da Lei 6.404/76, e que já surgiram com atraso na esteira da prática consorcial no país, e com muito atraso em relação às elaborações doutrinária e legislativa de outras ordens.

A partir daí, em vários diapasões legislativos surgem uma e outra determinação relativa à aplicação de tais e quais normas à estrutura consorcial.

Só como ilustração percebe-se que as autoridades fiscais sempre buscando mais rigor no controle de pagadores e recebedores de receitas, exigem a inscrição no Cadastro de Pessoas Jurídicas (IN 105/84) de cada consórcio, que efetivamente opere economicamente, apesar de, contradição em termos, não terem os consórcios, no Brasil, personalidade jurídica, por definição legal.

Temos de outro lado, como superada a objeção inicial que parte da doutrina (Fábio Konder Comparato, *Ensaios e Pareceres de Direito Comercial*, 1ª ed., Rio, Forense, 1978, p. 233 e Fran Martins, *Comentários à Lei das Sociedades Anônimas*, v. 3, Rio, Forense, 1985, p. 481) fez à formação de consórcios contendo sociedade não anônima, pois que se vê admitido na prática intensa, e não rejeitado pela jurisprudência, o advento das sociedades por quotas adjuntadas às anônimas em certos consórcios.

Em obra mais recente, José E. Tavares Borba (*Direito Societário*, 2ª ed., Freitas Bastos, 1995, p. 444) já afirma pela possibilidade de consorciação de "quaisquer sociedades", como realmente tem sido a experiência dos últimos modelos conhecidos.

C – O risco da sociedade irregular

Alguns problemas e perigos jurídicos da moldagem dos negócios em consórcios acontecem aí na razão desse tênue, escasso, ainda imberbe arcabouço regulador da ordem jurídica brasileira.

Por uma rarefação de balizamentos, muitos assumem que só são admissíveis consórcios de empresas se bem caracterizado e definido no seu contrato constitutivo o objeto próprio, que há de ser certo e caracterizado no tempo e no espaço.

Bem dizendo, diante dos alegados princípios legais, um tanto genéricos, da Lei 6.404, não caberia um consórcio para a realização de serviços de pesquisa em aberto para a indústria petrolífera, p. ex., ou um consórcio para oferecimento, no mercado, de obras de engenharia civil em geral.

Para bem capitular e configurar-se certo o consórcio haveria que se definir seu objeto como limitado a tais e quais (identificados) serviços de pesquisa para a indústria de petróleo, ou a uma (ou algumas) tais e quais obras de engenharia para tais e quais clientes.

A indeterminação relativa, pois, a mera concessão, em aberto, de um objetivo geral para aquele consórcio, retirar-lhe-ia a qualidade como tal.

E pior, carrearia aquele agregado para o perigoso campo das sociedades irregulares (art. 305 do Código Comercial) configuradas então pelos negócios comuns entre partes não formalmente associadas sob nenhum dos moldes legais admitidos.

Mauro Brandão Lopes, na sua monografia *A Sociedade em Conta de Participação* (Saraiva, 1990, pp. 38 e ss.) já chamava a atenção para esse risco, ao mesmo tempo em que enfatizava as vantagens, em muitos casos, em se optar pela forma daquele modelo ancião, mas muito prático, previsto no Código Comercial (art. 326). De nossa parte também assim pensamos, conforme nosso artigo "Conta de participação, consórcio e parceria – Formas associativas não personalizadas", nesta *RDM* 105/37, sendo de reconhecer que talvez um certo preconceito cultural quanto à conformação do "sócio oculto" parece prejudicar o prestígio da conta de participação.

O receio da doutrina quanto àquela precariedade da seara consorcial, dependente que é no seu reconhecimento, de extrema e formal definição em seus termos, fica bem justificado por decisões relativamente recentes, como a do Primeiro Conselho de Constituintes do Ministério da Fazenda, no acórdão unânime da sua 1ª Câmara (*DOU* de 13.5.96, p. 8.157).

"Por consórcio se denomina a sociedade não personificada, cujo objeto é a execução de determinado e específico empreendimento. Incorrendo a unicidade do empreendimento, como também constatado que o contrato é por prazo indeterminado, o acordo firmado entre as sociedades não pode ser reconhecido como de natureza consorcial. Trata-se, na essência, de Sociedade de Fato."

Extrai-se do acórdão, lição de Pontes de Miranda:

"O consócio supõe a com-sorte, o pôr-se em comum a sorte de duas ou mais empresas. O elemento consorcial resulta de ligação negocial no tocante a determinada atividade econômica, ou atividades econômicas conexas. Hão de existir disciplina e organização que permitam a comunidade no tratamento dos interesses e nos resultados. (...) O consórcio é, necessariamente, negócio jurídico causal. Tem de haver referência à mesma atividade econômica ou a atividade econômica conexa, para que resultem a função comum e o interesse comum. Quando há exigência de mesmidade ou de conexidade do que se há de prestar, a acusa aparece, para que a consortilidade possa existir. (...) A empresa consorciada pode ser pessoa jurídica ou pessoa física. O que é essencial é que haja mesmidade ou conexidade de atividade das empresas. Bem assim, que o laço consórtil não retire a independência das empresas que se consorcial (...) Cumpre prestar atenção a que o consórcio não tem finalidade de lucro, mas sim de lucros dos consorciados."

A correta montagem do instrumento contratual, observadas as estritas e contidas definições do objeto do empreendimento, tal como acima, assim como o seu devido registro na Junta Comercial, acabam se mostrando como elementos de extremo cuidado e rigorosa abrangência, a bem do próprio interesse das empresas consorciadas.

D – Os riscos do consórcio sob o Código do Consumidor

Há um outro fator de complicação muito grave, para os consórcios, contido no art. 28, § 3º do Código de Defesa do Consumidor (Lei 8.078/90).

Sim, estamos aí nos domínios das relações de consumo, mas é de se ver que a jurisprudência anda extensiva em sua visão do que se integra dentro desse relacionamento, *vis a vis* o art. 2º da Lei 8.078.

"Consumidor é toda a pessoa física ou jurídica que adquire ou utiliza produto ou serviço como destinatário final."

Na obra *Contratos no Código de Defesa do Consumidor* (3ª ed., Ed. RT, 1998, p. 150) a Dra. Cláudia Lima Marques explica: "Portanto, em princípio, estão submetidas às regras do código os contratos firmados entre o fornecedor e o consumidor não profissional, e entre o fornecedor e consumidor, o qual pode ser um profissional, mas que, no contrato em questão não visa lucro, pois o contrato não se relaciona com sua atividade profissional e seja este consumidor pessoa física ou jurídica".

Não cabe, por óbvio, alongar essa questão aqui, ficando claro que é bem ampla a incidência da Lei 8.078 e suas regras de rigor nas relações contratuais, desde que não esteja o adquirente dos bens ou dos serviços atuando, e os adquirindo, no escopo profissional de suas atividades lucrativas, mas como manifestação simples da cidadania de consumo.

Ora, sabe-se o quão rigorosa veio a ser aquela lei no trato das relações de consumo, consagrando inclusive de modo expresso – e da maneira mais abrangente contemplada em toda a ordem jurídica brasileira – o princípio da desconsideração ou despersonalização da pessoa jurídica (art. 28, *caput*).

É de se ver bem: a simples existência do prejuízo do consumidor ("em detrimento de consumidor") já é requisito suficiente nos termos daquela lei (Thereza Arruda Alvim, *Código do Consumidor Comentado*, 2ª ed., Ed. RT, 1995, p. 181) a permitir a desconsideração da pessoa jurídica, ensejando, assim, arrastem-se seus controladores para a responsabilização devida.

A severidade do art. 28 da Lei 8.078 é tamanha que, para descartar a personalidade jurídica e atingir-se seus sócios, não apenas as hipóteses culposas (em sentido amplo) como abuso de direito, excesso ou desvio de poder, infração legal ou estatutária, ato ilícito, enfim, são admitidas, mas até hipóteses de mero risco como a má gestão que provoque "falência, estado de insolvência, encerramento ou inatividade da pessoa jurídica".

Assim, chama a atenção a Dra. Flávia Lefréve Guimarães, na excelente monografia *Desconsideração da Personalidade Jurídica no Código do Consumidor* (Max Limonad, 1998, p. 72): "Vale notar que nesta hipótese a desconsideração da pessoa jurídica acontece independentemente de se configurar fraude ou abuso de direito, o que, mais uma vez, representa inovação no que tange à *disregard doctrine*".

Na obra seminal *Código Brasileiro de Defesa do Consumidor comentado pelos autores do anteprojeto* (5ª ed., Forense Universitária, 1997, p. 195) Zelmo Denari também esclarece sobre o dispositivo: "o texto introduz uma novidade, pois é a primeira vez que o direito legislado acolhe a teoria da desconsideração sem levar em conta a confirmação da fraude ou do abuso de direito. De fato, o dispositivo pode ser aplicado pelo juiz se o fornecedor em razão da sua administração, pura e simplesmente, encerrar suas atividades como pessoa jurídica".

Pois bem. O *supra* referido § 3º daquele art. 28 declara que "as sociedades consorciadas são solidariamente responsáveis pelas obrigações decorrentes deste Código".

O que se segue pois é que em qualquer consórcio que atue em relações de consumo, comerciando produtos ou serviços ao público em geral, cada um de seus membros, de suas sociedades componentes, ainda que não ligado, nos termos do ato consorcial, à gestão do negócio, estará (*a*) se obrigando *solidariamente* por quaisquer prejuízos a consumidores causados pelo consorciado gestor (*b*) assim chamado a responder até em certos casos onde aquele consorciado sequer agiu culposamente (*c*) conduzindo igual responsabilização a seus (do consorciado) sócios ou acionistas diante do princípio da desconsideração naquela lei expresso.

São muito radicais e extensas pois as possíveis seqüelas de responsabilização legal que se aplicam à empresa consorciada e a seus sócios ou acionistas, sempre que relações envolvendo consumidores se acharem na pauta do consórcio.

Veja-se, por contraste, que o trato da Lei 8.078 é tão severo quanto aos consórcios que os grupos societários e as sociedades controladoras respondem, subsidiariamente, por aquelas obrigações legais decorrentes, mas o fazem apenas subsidiariamente, nos termos da lei.

Ao contrário da hipótese do consórcio, portanto, se uma sociedade participa do empreendimento, ainda que como controladora, *só entra no circuito da responsabilização pela demanda de consumo, em caráter suplementar à principal responsável, sua controlada.*

E, enfim, se a sociedade não se agregar como consorciada, mas como sócia sem controle da empresa operadora, sua responsabilização dependerá de culpa sua, mesmo que, na hipótese, seu vínculo será solidário com a empresa operadora.

O relevante é que, *só se houver culpa da própria empresa ela será chamada a responder, caso seja coligada acionariamente (ou por quotas) à empresa operadora.*

Sobre esta hipótese de coligadas, ensina Zelmo Denari, um dos autores do anteprojeto, naquela clássica obra acima (p. 197): "(...) o Código somente admite sua responsabilidade na ocorrência de culpa, vale dizer, em caráter excepcional, quando ficar demonstrado que participaram do evento danoso ou incorreram em vício de qualidade ou quantidade por negligência ou imprudência".

De toda forma, muito mais compatível (e empresarialmente consistente) será para a empresa saber-se vinculada apenas em função de eventual e possível falha sua, sem que seu mero aporte social como sócio da empresa que comercie ou preste serviços de consumo, já traga o peso de uma responsabilização que pode depender apenas de prejuízos causados ao consumidor, em alguns casos até independendo de culpa do comerciante ou prestador de serviços.

Conclusão

Na estruturação de empreendimentos conjuntos dentro dessas novas tendências de parcerias industriais, comerciais ou mesmo na prestação de serviços, até de serviços públicos, deve-se pois levar na linha de conta as extremas complicações que podem derivar de uma formalização tão frágil quanto a do consórcio.

Quaisquer que sejam os apontes positivos de se escolher a mera consorciação, a nós nos parece mais seguro, nas considerações jurídicas *a la longue*, que se monte o interesse econômico participativo da empresa sob o molde de uma sociedade em conta de participação, se acaso não se optar pela formal agregação sob uma sociedade controlada ou coligada, seja ela por quotas ou anônima.

Atualidades

ASPECTOS ATUAIS DO CONTRATO DE CÂMBIO

MARCELO M. BERTOLDI

I – Introdução. II – Espécies de contrato de câmbio. III – O regime cambial brasileiro. IV – Conceito do contrato de câmbio e sua natureza jurídica em face da teoria geral dos contratos. V – Aplicabilidade do Código de Defesa do Consumidor aos contratos de câmbio. VI – O adiantamento sobre o contrato de câmbio e sua natureza jurídica. VII – O inadimplemento do contrato de câmbio de exportação. VIII – Assertivas de cunho conclusivo. IX – Bibliografia.

I – Introdução

Vários dos autores que se dedicaram ao estudo dos aspectos jurídicos do contrato de câmbio procuram, antes de qualquer outro tipo de análise, realçar a dificuldade encontrada pelo operador do Direito em decifrar a complexidade do mercado cambial, que contém seus próprios termos técnicos e é regulado por uma teia de dispositivos legais de difícil compreensão,[1] já que em sua maioria promanam da administração, redigida por pessoas experientes em matéria cambial, mas de escassa formação jurídica.[2]

Este estado de coisas é representado com bastante nitidez por Fábio Konder Comparato,[3] ao observar que "na omissão do legislador em estabelecer regras equânimes sobre a matéria, a jurisprudência se perde, literalmente, nas especiosidades terminológicas e no tecnicismo abstruso das instruções normativas ou instrumentos contratuais, para julgar de acordo com a aparente ortodoxia das autoridades monetárias ou a presumida competência dos operadores de banco. Prevalece, no conjunto, o temor reverencial do leigo perante o saber esotérico dos iniciados nessa grande religião do século: o poder tecnológico".

Inobstante esta aparente dificuldade, cabe ao estudioso do Direito subtrair da

1. Bem observa Luiz Gastão Paes de Barros Leães que "essa disciplina valutária tem caráter fragmentário e contingente, consubstanciando-se em diversos textos, de níveis distintos e imbricados no tempo, com disposições nem sempre homogêneas. Ademais, é integrada por uma abundante atividade normativa da Administração Pública, tendo como característica básica a instabilidade, na medida em que o controle de câmbio é conjuntural, sujeito a 'condições variáveis', sempre que surjam ou se agravem as dificuldades do país nos pagamentos internacionais. Ademais, esses dispositivos de lei são via de regra redigidos ao arrepio da técnica jurídica, mais afeiçoados à prática comercial internacional" ("Controle cambial e fluxo internacional da moeda nacional", *RDM* 83/11).

2. Cf. Jayme Bastian Pinto, "Alguns aspectos do controle de câmbio", *RDA* 150/228.

3. "Contrato de câmbio", *RT* 575/54-55.

técnica negocial e prática cotidiana os fundamentos básicos do contrato de câmbio, de forma a enquadrá-lo no sistema jurídico já existente, especialmente com respeito à teoria geral dos contratos, pois "qualquer que seja o valor próprio e incontestável das técnicas, elas não deixam nunca de se submeter, nas relações negociais, ao império dos princípios gerais do Direito, à tríade fundamental do *honeste vivere, alterum non laedere et suum cuique tribuere*. Não há técnica que se não possa reduzir, em sua utilização econômica, as regras universais do Direito, expressas nas normas positivas da ordenação jurídica nacional".[4]

Diante deste quadro, o estudo que ora apresentamos não tem a pretensão de esgotar o assunto, mas tão-somente extrair alguns princípios básicos a respeito do contrato em estudo, de forma a auxiliar na solução dos problemas e empasses encontrados pelas instituições financeiras autorizadas a operar no mercado cambial, seus clientes e o próprio Banco Central.

II – Espécies de contrato de câmbio

Como sabemos o câmbio significa a compra de uma determinada moeda estrangeira por outra, esta de curso forçado e poder liberatório. O contrato de câmbio pode se apresentar de diversas formas, dependendo do fato gerador, permitido por lei, que torna a conversão de moedas necessária, desde aquela pessoa que pretende viajar ao exterior e necessita de moeda corrente do país de destino, até o importador que necessita saldar seu compromisso financeiro no exterior, todos estão obrigados a recorrer ao contrato de câmbio.

Por imposição legal, o exportador não pode receber moeda estrangeira em pagamento da venda efetuada no exterior, necessitando convertê-la em moeda nacional. No Brasil, as operações de compra e venda de moeda estrangeira obrigatoriamente devem ser intermediadas por instituições financeiras autorizadas pelo Banco Central,[5] que se encarregará de receber, no exterior, a moeda utilizada para o pagamento pelo importador estrangeiro e repassar este valor, convertido em moeda nacional para o exportador. Nesta operação a empresa exportadora vende as divisas (moeda estrangeira) a um banco autorizado a operar em câmbio. A exportadora é a vendedora de moeda estrangeira e o banco o correspondente comprador. O exportador, em contrapartida, recebe o valor equivalente em moeda nacional, calculado pelo preço da moeda estrangeira ou taxa de câmbio[6] acertada no contrato

Verificamos que na operação exemplificada acima, existem dois contratos, um de compra e venda internacional, ou seja, um nacional que exporta mercadorias para

4. Fábio Konder Comparato, ob. cit., p. 55.

5. Art. 10, IX, *d*, Lei 4.595/64.

6. João Sayad e Simão Davi Silber esclarecem que "a taxa de câmbio, portanto, é a medida pela qual a moeda de um país qualquer pode ser convertida em moeda de outro país. Em outras palavras, a taxa de câmbio é exatamente o preço de uma moeda em termos de outra. Assim, se o dólar custar R$ 1,00, a libra custará aproximadamente R$ 1,45 e o yen R$ 0,01. É por meio da taxa de câmbio, enfim, que podemos relacionar dois sistemas de preços relativos de dois países quaisquer. Como qualquer preço, a taxa de câmbio também é influenciada pela oferta e pela demanda. P. ex., o preço do dólar é fixado pela oferta de dólares e pela demanda de dólares; o preço do franco pela oferta e demanda de francos e assim por diante. De uma forma geral, a taxa de câmbio é influenciada pela oferta e demanda de divisas, isto é, pela oferta e demanda de moeda estrangeira num determinado país. Os ofertantes de divisas são exatamente os exportadores que receberam, em troca de suas vendas, moedas estrangeiras que não podem ser utilizadas no país e que necessitam, portanto, ser trocadas por moeda nacional e as firmas que obtiveram empréstimos em moeda estrangeira precisam convertê-la em reais. A demanda de divisas é constituída pelos importadores que necessitam de moedas estrangeiras para efetuar suas compras em outras nações, já que neste caso a moeda nacional não é aceita, e pelos devedores em moeda estrangeira que precisam de divisas para saldarem as suas dívidas" ("Comércio internacional", in *Manual de Economia*, equipe de profs. da USP, 3ª ed., Saraiva, 1998, pp. 459-460).

outro país, e um outro contrato que tem como função econômica o recebimento do valor a ser pago pela operação de compra e venda, só que convertido em moeda corrente.

Se a operação fosse de importação e não de exportação, o raciocínio seria exatamente o mesmo, ou seja, o importador-nacional necessita firmar contrato de câmbio com instituição financeira autorizada para poder efetuar o pagamento de seu compromisso com o exportador-estrangeiro. Deverá entregar dinheiro nacional ao banco autorizado, que por sua vez irá pagar o compromisso correspondente, só que em moeda estrangeira.

De um modo geral o contrato de câmbio pode ser classificado em duas espécies, o *câmbio miúdo* ou *manual*, que caracteriza-se pelo fato de as partes negociarem à vista as moedas presentes, utilizado normalmente por turistas que se deslocam para o exterior,[7] representando pouca importância econômica, na medida em que seu volume é bastante reduzido se comparado com a outra espécie que é o *câmbio trajectício*, onde a moeda estrangeira, objeto da transação, não é entregue diretamente ao comprador, mas sim transferida para outro país em seu benefício através de ordem de pagamento ou mediante a apresentação de um título tal como uma letra de câmbio, um cheque etc. Nessa espécie de câmbio, ligado às operações de importação e exportação, a distância entre os contratantes e a "distinção temporal entre o fechamento e a liquidação da operação"[8] é o que o caracteriza, já que o contrato de câmbio é fechado no dia em que a ordem é dada, mas a realização material permanece em suspenso, já que a entrega das divisas e seu pagamento são reportados a uma data ulterior.

Com relação ao contrato de câmbio *trajectício*, podemos dividi-lo, ainda, em outras duas subespécies, qual seja, o *sacado* e o *escritural*. Aquele se dá quando a liquidação é feita com base na entrega, pelo exportador, dos documentos relativos à exportação e que assegurem o direito ao recebimento da moeda estrangeira pelo banco negociador do câmbio, dando ensejo a uma operação subjacente de mútuo, ou seja, "o instituto tem lugar entre um banco autorizado a operar em câmbio e um exportador, que ainda não recebeu o preço da exportação realizada ou a realizar. As partes celebram um contrato de câmbio para liquidação futura, em que nenhuma moeda é prestada naquele momento, mas ambas são prometidas para data posterior."[9]

A outra espécie de contrato de câmbio trajectício, o escritural, ocorre quando a liquidação se dá com o efetivo recebimento da moeda estrangeira, mediante crédito em conta mantida no exterior por banco autorizado a operar em câmbio.

O contrato de câmbio trajectício também pode ser dividido em *contrato de câmbio de exportação ou contrato de câmbio de importação*, dependendo da espécie de relação jurídico-econômica geradora da necessidade da compra e venda da moeda

7. A respeito do câmbio manual, Fernando G. M. Cavalcanti bem esclarece que "Não deve ser confundido o câmbio manual com o mercado paralelo de câmbio. O câmbio manual – compra e venda ou troca de moedas em espécie ou 'traveller's checks' – constitui-se em atividade legal, sendo exercida por entidades autorizadas a operar nesse mercado, pelas autoridades cambiais, enquanto o mercado paralelo trata de operações ilegítimas, conduzidas por pessoas físicas ou jurídicas *não autorizadas* a operar no mercado de câmbio, constituindo-se no chamado mercado '*negro*' ou '*clandestino*', decorrendo sua existência (tolerada) da instabilidade política e monetária; da remessa de lucros clandestinamente; do pagamento de mercadorias contrabandeadas; da fuga dos responsáveis aos encargos, tais como depósitos, ágios, selos, tributos; do conhecido 'câmbio português' (venda de café pelo preço fixado pelo IBC, mas com remessa 'paralela' de diferenças em favor do comprador); das propinas e subornos" (*Contrato de Câmbio de Exportação em Juízo*, Rio de Janeiro, Renovar, 1989, p. 4).

8. Fábio Konder Comparato, "Contrato de câmbio", *RT* 575/56.

9. Haroldo Malheiros Duclerc Verçosa, "O contrato de câmbio", *RDM* 42/34.

estrangeira, se importação ou exportação de mercadorias.

Distingue-se ainda o câmbio em *financeiro* e *comercial*.[10] É financeiro aquele contrato de câmbio que tem como função a remessa para o exterior de divisas cuja função é a manutenção de estudantes ou de bolsistas; de donativos; de amortizações ou pagamentos de empréstimos, juros e dividendos, *royalties* etc. Enfim, são operações de câmbio que não se referem diretamente à exportação e importação e se concretizam através de débitos e créditos em conta corrente; cartas de crédito; cheques bancários; ordens de pagamento etc. Em contrapartida, é comercial o câmbio relacionado com o comércio exterior, envolvendo exportações e importações de mercadorias e serviços correlatos de fretes e seguros.

III – O regime cambial brasileiro

As restrições ao câmbio sempre existiram, com maior ou menor intensidade dependendo do momento econômico. No entanto, após a I Grande Guerra, com a devastação da economia de divisas dos Estados, generalizou-se o controle cambial como medida de preservar as economias internas e as moedas de cada país. Após isso, "o desequilíbrio econômico, instaurado pela crise de 1929, e ampliado por ocasião da II Guerra Mundial, fez do controle de câmbios uma necessidade inelutável para a maioria dos países. Impunha-se o controle das exportações e das importações, para enfrentar a desorganização das reservas cambiais, que lavrava em todos os países".[11]

No Brasil, a exemplo da maioria dos países civilizados, o mercado de câmbio não é de livre acesso, estando sujeito ao controle governamental, significando que o Poder Público, através do Banco Central que atua como órgão fiscalizador do sistema, controla a entrada e saída de divisas, administrando as reservas cambiais.[12-13-14]

Este controle surge por disposição constitucional. É de competência da União a administração das reservas cambiais do país e a fiscalização das operações de natureza financeira, notadamente as de crédi-

10. Cf. Fernando G. M. Cavalcanti, *Comércio Exterior e Contrato de Câmbio de Exportação*, Rio de Janeiro, Freitas Bastos, 1981, pp. 51-52.

11. Luiz Gastão Paes de Barros Leães, "Controle ...", cit., *RDM* 83/11.

12. Luiz Gastão Paes de Barros Leães, citando F. A. Mann, argumenta que "nos dias de hoje, o controle de câmbio (*exchange control*) por parte dos governos – entendido esse controle cambial como controle da moeda estrangeira (*control of foreign money*), ou, mais precisamente, como controle dos meios de pagamento internacionais (*control of media of international payment*) – é um fenômeno generalizado, sendo por todos admitida a submissão nas economias nacionais da autonomia privada à vontade estatal em tudo aquilo que se refere à conversão de divisas e importação e exportação de moedas nacionais ou estrangeiras" ("Controle ...", cit., *RDM* 83/11).

13. Sobre a limitação imposto aos contratantes pelo Poder Público, exceção ao princípio da liberdade de contratar, Antunes Varela assinala que: "Tal, porém, como a liberdade de contratar e a liberdade de escolha do outro contraente, também a regra da livre fixação do *conteúdo* do contrato está sujeita a *limitações*. Pode mesmo dizer-se que, uma vez destruídos os pressupostos fundamentais em que assentava o liberalismo econômico e afastada pelo *intervencionismo* político-econômico a relutância do Estado em se intrometer nas relações do comércio privado, essas limitações se têm multiplicado de forma acentuada nas modernas legislações, principalmente nos contratos (como o de trabalho, o arrendamento, o seguro, os negócios bancários, os transportes etc.) em que afloram, com mais freqüência ou maior intensidade, poderosos interesses coletivos ao lado dos meros interesses particulares, ou em que, ao lado ou acima dos interesses dos contraentes, importa acautelar legítimas expectativas de terceiros" (*Das Obrigações em Geral*, v. I, 7ª ed., Coimbra, Livraria Almedina, pp. 256-257).

14. Este proceder é um exemplo típico de intervenção do Estado no domínio econômico, na medida em que a iniciativa privada fica circunscrita em sua atuação aos limites impostos pela autoridade monetária, que, como assinala Fernando Albino de Oliveira, traça "normas refratoras do Direito à livre iniciativa, através do exercício do poder de polícia" ("Limites e modalidades da intervenção do Estado no domínio econômico", *RDP* 37-38/52).

to, câmbio e capitalização. Compete privativamente à União legislar sobre política de crédito, câmbio, seguros e transferência de valores, e ao Congresso Nacional cabe dispor sobre matéria financeira, cambial e monetária, instituições financeiras e suas operações.[15]

Historicamente o regime cambial brasileiro sempre foi marcado pelos mais variados obstáculos à movimentação da moeda estrangeira, sendo a evasão de divisas considerada como atividade criminosa e contrária aos interesses nacionais. Até pouco tempo atrás havia um mercado *oficial* inteiramente regulado pelo Banco Central e outro *paralelo* que encobria as transações ilegais ou mesmo operações lícitas, mas que não encontravam no mercado oficial condições de operação. Nos últimos anos, no entanto, a conjuntura econômica se alterou sensivelmente, de forma a tornar viável um controle menos severo do regime cambial. A escassez de divisas se transforma em abundância, com a entrada, no início dos anos noventa, de investimentos externos, somando-se a uma taxa cambial mais alinhada com o momento econômico do país e a inserção da economia brasileira nos circuitos financeiros internacionais tornaram viável um regime cambial mais inserido na realidade econômica de nosso país.

A Lei 4.595, de 31.12.64, que cria o Banco Central do Brasil, em substituição à antiga Superintendência da Moeda e do Crédito-SUMOC, estabelece a competência daquela autarquia para efetuar o controle dos capitais estrangeiros; exercer a fiscalização das instituições financeiras e conceder a elas autorização para praticar operações de câmbio.[16] Com relação ao câmbio, compete ainda ao Banco Central atuar no sentido de manter o funcionamento regular do mercado cambial,[17] da estabilidade relativa das taxas de câmbio e do equilíbrio do balanço de pagamentos, podendo para esse fim comprar e vender ouro e moeda estrangeira.[18]

Atualmente o regime cambial brasileiro é formado pelo *Mercado de Câmbio de Taxas Livres-MCTL* e pelo *Mercado de Câmbio de Taxas Flutuantes-MCTF*. Estes dois segmentos têm como característica o fato de as taxas cambiais serem livremente pactuadas pelo mercado,[19] sendo que, tal liberdade é vigiada pelo próprio Banco Central que pode aplicar sanções às contratações que situem-se em patamares destoantes daqueles praticados pelo mercado e que possam configurar evasão cambial, sonegação fiscal ou que venham a causar dano ao patrimônio público.[20]

O Banco Central do Brasil, a exemplo do que ocorre com a maioria dos países, atua no mercado de câmbio comprando ou vendendo moeda estrangeira de modo a satisfazer suas necessidades de caixa e para regular o valor externo da moeda nacional. Desde março de 1995 até janeiro de 1999 vivíamos sob o sistema de banda cambial, que, em síntese, significa que o Banco Central declarava publicamente a faixa de flutuação admissível para a taxa cambial, sendo que, sempre que houvessem pressões do mercado abaixo ou superiores aos limites fixados, o Banco Central acabava por intervir no mercado de forma a ver respeitados os patamares estabelecidos.[21]

Desde janeiro de 1999 é o mercado interbancário quem define livremente a

15. CF, arts. 22, VII e 48, XIII.

16. Art. 10, IX.

17. Entende-se por mercado de câmbio o conjunto de operações de compra e de venda de moedas de diversos países, contra moeda nacional.

18. Art. 11, III.

19. "Apesar de termos taxas livres de câmbio, não temos um mercado livre de câmbio, ou seja, aquele onde inexistam quaisquer restrições" (Bruno Ratti, *Comércio Internacional e Câmbio*, São Paulo, 1994, p. 229).

20. Resolução do Banco Central 1.690, art. 7º.

21. O Banco Central comprava dólares americanos sempre que a taxa de câmbio, no mercado, ficava abaixo do limite inferior da banda e vendia sempre que a taxa ficava acima do limite superior, isto sem prejuízo de intervenções dentro dessa faixa (operações "intrabanda").

taxa de câmbio, podendo o Banco Central intervir nos mercados, ocasionalmente e de forma limitada, com o objetivo de conter movimentos desordenados das taxas de câmbio. Desta forma, hoje o Brasil conta com um regime de taxas livres de câmbio, monitoradas pelo Banco Central e fortemente influenciado pela oferta e procura por moedas estrangeiras.

É no Mercado de Câmbio de Taxas Livres-MCTL[22] onde são cursadas as principais operações de câmbio realizadas no País, sendo que todas as operações são formalizadas através de contratos gerados pelo Sistema de Informações do Banco Central-SISBACEN, sendo automaticamente datados, numerados e clausulados com as disposições compulsórias, sendo que as operações são obrigatoriamente efetuadas nas instituições financeiras autorizadas a operar o câmbio pelo Banco Central, facultada a intermediação de sociedades corretoras.[23]

No MCTL são cursadas as operações relativas a:

• importação ou exportação;

• ligadas ou decorrentes de operações comerciais, tais como transporte, seguro e serviços em geral;

• relativas ao fluxo de capitais com o exterior amparadas em Certificados de Registro emitido pelo Banco Central;

• receitas e despesas dos cofres públicos.

Já no Mercado de Câmbio de Taxas Flutuantes-MCTF[24] são realizadas operações de câmbio relativas a:

• viagens internacionais, incluídas além de câmbio a viajantes as despesas referentes a fins educacionais, negócios, tratamento de saúde e cartões de crédito;

• serviços diversos, tais como aluguel de imóveis, aquisição de medicamentos, *software*, cursos e congressos, serviços turísticos, eventos, feiras e congressos;

• transferências unilaterais, aí incluídas as relativas a contribuições a entidades de classe, doações, indenizações não amparadas por seguro, aposentadorias, vales postais, entre outras;

• aplicações de renda fixa – MERCOSUL, investimentos diretos no exterior, aquisição de imóveis, operações com ouro, bem como as operações entre instituições e arbitragens;

• qualquer natureza, desde que sejam partes pessoas jurídicas de Direito público interno;

O MCTF tem como principais objetivos: legalizar as operações de reconhecida legitimidade, como aquelas relacionadas a viagens internacionais; trazer os agentes de mercado para a formalidade, com a conseqüente transparência dos negócios realizados, permitindo o conhecimento das transações pelo Banco Central; limitar a abrangência do segmento aos fluxos de moeda estrangeira de difícil visão, viabilizando, com isso, o seu conhecimento e acompanhamento pelo Banco Central; e restringir as disponibilidades dos recursos aos montantes comprados e vendidos no próprio segmento, de forma livre, sem o comprometimento de divisas por parte do Banco Central e sua participação direta. Isto sem excluir a possibilidade de interferência para a correção de eventuais desequilíbrios no mercado.

No começo do ano de 1999 o Banco Central iniciou determinadas ações que si-

22. Instituído pela Resolução 1.690, de 18.3.90.

23. Por força da Lei 5.601/70 a intervenção de sociedades corretoras era obrigatória na formalização das operações de câmbio. No entanto, com a edição da Lei 9.069/95, que deu caráter definitivo às sucessivas medidas provisórias do Plano Real, acabou por revogar referida obrigatoriedade, sendo que, hoje, não mais há necessidade da intervenção de sociedades corretoras para a realização de operações de câmbio.

24. Criado pela Resolução 1.552 de 22.12.88, do Conselho Monetário Nacional e regulamentado pela Circular 1.402 de 29.12.88, do Banco Central do Brasil e inicialmente batizado pelo mercado de "dólar-turismo".

nalizam a unificação do mercado de câmbio, com a possibilidade de os bancos poderem deslocar os dólares que sobram em um segmento para o outro, numa espécie de operação contábil de compra e venda para si próprio, o que acaba por unificar as cotações.

Ambos os mercados se dividem em *primário* e *secundário* ou *interbancário*, dependendo das pessoas que nele intervêm. Primário é o mercado formado pelas operações de compra e venda de moeda estrangeira realizadas entre as instituições autorizadas e seus clientes, tais como a compra e venda de moeda estrangeira dos exportadores; venda de moeda estrangeira aos importadores e compra e venda de moeda estrangeira a turistas.

No mercado interbancário, as operações de compra e venda de moeda estrangeira são realizadas entre as instituições financeiras autorizadas, e entre elas e o Banco Central. Neste mercado as operações podem ser efetuadas para liquidação pronta ou futura, com prazo máximo de 360 dias, sendo que tais operações não podem ser canceladas ou baixadas ou ter sua liquidação antecipada ou postergada, salvo em situações excepcionais expressamente autorizadas pelo Banco Central.

IV – Conceito do contrato de câmbio e sua natureza jurídica em face da teoria geral dos contratos

Sobre a natureza jurídica do contrato de câmbio, muito já se discutiu. Alguns estudiosos do assunto já observaram que trata-se de mera permuta de dinheiro por dinheiro. Outros entendem que o câmbio nada mais é senão negócio oblíquo e indireto, no qual se verifica contratos de mútuo, de mandato e de câmbio propriamente dito. Existem ainda aqueles que defendem que, na verdade, o contrato de câmbio configura combinação de diversos contratos produzindo uma figura especial, governada por princípios próprios, tratando-se de um tipo misto de contrato onde a reunião das características de vários outros contratos acaba por constituir uma nova espécie, que não guarda identidade com qualquer daqueles contratos que o formou.[25]

Hoje parece assente que o contrato de câmbio é um típico contrato de *compra e venda*.[26] Seja pelo fato de assim determinar o art. 191, parágrafo segundo do Código Comercial,[27] seja em relação a existência, em sua estrutura, dos elementos tipificadores daquela espécie de contrato: *res, pretium* e *consensus*. A coisa é a moeda estrangeira (mercadoria). O preço é a moeda nacional. O consenso é o resultado do encontro de vontades do comprador e vendedor sobre a operação.[28]

25. Cf. Haroldo Malheiros Duclerc Verçosa, "O contrato ...", *RDM* 42/23.

26. A própria Consolidação das Normas Cambiais, emitida pelo Banco Central, dá conta de definir o contrato de câmbio como sendo "o instrumento firmado entre o vendedor e o comprador de moedas estrangeiras, no qual se mencionam as características das operações de câmbio e as condições sob as quais se realizam".

27. "É unicamente considerada mercantil a compra e venda de efeitos móveis ou semoventes, para os revender por grosso ou a retalho, na mesma espécie ou manufaturados, ou para alugar o seu uso; compreendendo-se na classe dos primeiros a moeda metálica e o papel-moeda, títulos de fundos públicos, ações de companhias e papéis de crédito comerciais, contanto que nas referidas transações o comprador ou vendedor seja comerciante".

28. Entre aqueles que sustentam ser o contrato de câmbio um contrato de compra e venda destacam-se Fábio Konder Comparato (*RT* 575/54); Eduardo Salomão Neto ("Operações cambiais e contrato de câmbio: natureza e regime jurídico", in *Aspectos Atuais do Direito do Mercado Financeiro e de Capitais*, coord. Roberto Quiroga, Dialética); Maria Helena Diniz (*Tratado Teórico e Prático dos Contratos*, Saraiva, v. 4, p. 441); José da Silva Lisboa ("Princípios de Direito Mercantil", *Tratado* 4º, 6ª ed., v. II, p. 35); J. X. Carvalho de Mendonça (*Tratado de Direito Comercial Brasileiro*, 8ª ed., v. II, parte II, pp. 130-140); Waldemar Ferreira (*Instituições de Direito Comercial*, v. 3, t. II, pp. 650-651); Pontes de Miranda (*Tratado de Direito Privado*, 38/18, 31 e 60) e Haroldo Malheiros Duclerc Verçosa (*RDM* 67/57 e 42/23), sendo que este último autor salienta que pouco importa se se considerar o contrato de câmbio como um contrato de compra e venda ou um contrato de troca, já que

O consenso deve recair sobre o objeto e sobre o preço, com a deliberação de alcançar o resultado que o contrato oferece, qual seja, a aquisição da coisa (moeda estrangeira) e a transferência do preço (moeda nacional).

O preço, que é exatamente o montante em moeda nacional suficiente para a aquisição da *mercadoria* moeda estrangeira deve ser sério, ou seja, deve resultar das taxas que se situem dentro dos limites das cotações praticadas no mercado.

É contrato de compra e venda do tipo por *adesão*,[29] já que seus termos e condições são predeterminados pelo Banco Central, e, no âmbito de liberdade contratual deixado pela legislação aos contratantes, a própria instituição bancária acaba por estabelecer regras fixas, situação esta que caracteriza a pouca ou nenhuma opção de interferir nas cláusulas contratuais por parte do comprador ou vendedor da moeda estrangeira.[30]

É *solene* ou *formal*,[31] já que a ordem jurídica exige forma especial para a sua celebração, sem a qual não pode gerar os efeitos colimados pelas partes. Além disso é também *comutativo*, pois trata-se de contrato oneroso e bilateral, ou seja, cada contraente, além de receber do outro prestação relativamente equivalente à sua, pode verificar essa equivalência de imediato,[32] sendo que o comprador se priva do preço (moeda nacional) e o vendedor, da coisa (moeda estrangeira).[33] É *consensual*, já que se reputa concluído, perfeito e acabado somente com o consentimento (*consensu*), da integração das duas declarações de vontade.

Observação especial deve ser feita com relação a *res* objeto do contrato de câmbio contratado pelo exportador. A coisa que está sendo vendida por meio desta espécie de contrato é a moeda estrangeira, que faz parte das divisas do Estado e a ele pertence. Sendo assim, poder-se-ia indagar acerca da licitude da venda de coisa pertencente a terceiro, já que a instituição financeira autorizada a operar o câmbio não é a proprietária da moeda a ser vendida, mas sim o Estado.

Na doutrina muito já se discutiu a respeito da possibilidade de se contratar a compra e venda de bem alheio. Algumas legislações expressamente chegam a proibir tal proceder.[34] Nosso ordenamento jurídico não é absolutamente claro sobre este assunto, diante disso, Cunha Gonçalves salienta que "no Brasil, nem o Código Comercial, nem o Código Civil, fazem referência alguma expressa à venda de coisa alheia. O primeiro, no final do art. 214, parece reputar essa venda válida, embora sujeita ao risco da evicção, mas, em face do art. 620 do Código Civil, que só por efeito da tradição admite a transferência do domínio, uma tal venda pode haver-se, sem dúvida alguma, como inteiramente válida,

o art. 1.164 do CC brasileiro determina que se aplique à troca, no que couber, as disposições referentes à compra e venda.

29. Cf. Fábio Konder Comparato, ob. cit., p. 56.

30. Mesmo em se tratando de contrato de câmbio do tipo manual, ainda assim será tido como contrato por adesão, já que o Banco Central impõe fórmula específica para que ele se realize.

31. "Se inobservadas as formalidades legais, o negócio é descaracterizado para os efeitos legais correspondentes" (Haroldo Malheiros Duclerc Verçosa, "O contrato ...", cit., *RDM* 42/23).

32. É o oposto do contrato aleatório, "que seria aquele em que a prestação de uma ou de ambas as partes dependeria de um risco futuro e incerto, não se podendo antecipar seu montante" (Maria Helena Diniz, ob. cit., v. 1, p. 90).

33. Fábio Konder Comparato afasta a possibilidade de o contrato de câmbio ser considerado como um contrato aleatório, tendo em vista que o risco inerente à operação não constitui seu elemento essencial, já que "a aleatoriedade não faz parte da essência dos contratos de câmbio. Ao contrário, o risco de falta de entrega da moeda vendida corresponde ao risco normal de descumprimento de qualquer contrato, com ou sem culpa do vendedor" ("Contrato ...", *RT* 575/57).

34. Sebastião de Souza, em excelente estudo a respeito do contrato de compra e venda, noticia que na Itália, França, Argentina e Portugal a compra e venda de coisa alheia não é considerada válida (*Da Compra e Venda*, Rio de Janeiro, Revista Forense, 1956, pp. 219 e ss.).

ficando o vendedor constituído na 'obrigação de adquirir a coisa ao seu legítimo dono e entregá-la ao comprador', como se infere da segunda parte do citado art. 622, que diz: 'Mas, se o adquirente estiver de boa-fé, e o alienante adquirir depois o domínio, considera-se revalidada a transferência e operado o efeito da tradição, desde o momento do seu ato. Deve notar-se, porém, que a validade da venda de coisa alheia é encarada somente quanto às relações entre o vendedor e o comprador. Em relação ao terceiro, que é o verdadeiro dono da coisa vendida, o contrato não é válido, nem nulo, é apenas inexistente, visto ser *res inter alios acta*".[35-36]

Devemos lembrar ainda que o art. 191 do Código Comercial brasileiro estabelece que o contrato de compra e venda se torna perfeito e acabado tão logo comprador e vendedor se acordem na coisa, no preço e nas condições; e desde esse momento nenhuma das partes pode arrepender-se sem consentimento da outra, ainda que a coisa se não ache entregue nem o preço pago. Verifica-se, portanto, que, pelo dispositivo acima mencionado, não é essencial para a validade do contrato, seja a coisa imediatamente entregue ao comprador.

Na verdade, como já vimos, a instituição financeira vendedora da moeda estrangeira deve ter a autorização do proprietário da "coisa" para poder contratar a compra e venda. Se esta autorização existe, o adquirente tem a certeza de que o objeto do contrato será entregue, e, caso contrário, na hipótese de tal autorização ser inexistente, ou até mesmo de ocorrer qualquer fato imprevisto que impeça que a moeda estrangeira seja efetivamente entregue nos moldes contratados, o vendedor deverá arcar com as perdas e danos.

Para que o contrato de câmbio tenha plena validade não é necessário que a moeda estrangeira encontre-se no patrimônio do vendedor, não há qualquer impedimento na venda de uma coisa que futuramente virá a existir. Assim, se o contrato de compra e venda não transfere de imediato o domínio da coisa, nada impede que esta venda se faça para liquidação em data futura.

Fernando Albino de Oliveira[37] traça a distinção entre o contrato à vista e o a termo enfatizando que ambos os contratos se diferenciam "apenas quanto ao prazo de entrega do bem contratado". No contrato a termo "o acordo de vontades é concluído em certo momento e a liquidação do contrato vai se dar em momento posterior, quando o preço é pago e o bem recebido".[38-39]

35. "Compra e venda no Direito Comercial brasileiro", n. 27.

36. Carvalho de Mendonça entende da mesma maneira, observando que "em nosso sistema legislativo, o contrato não transfere *ipso facto* a propriedade da coisa vendida. O comprador adquire um direito pessoal contra o vendedor *ut rem hebere illi liceat*. Se, pois, antes da época marcada para a entrega, o vendedor adquirir a coisa que vendeu, ou se sobrevier o prazo para o usucapião, o contrato se executará normalmente. Se não puder adquiri-la para entregar ao comprador, fica o vendedor obrigado a indenizá-lo. A lei não exige que a mercadoria se ache nas mãos do vendedor, e, no caso de que cogitamos, não há a intenção dolosa de apossar-se do alheio. Seriam impossíveis os grandes negócios do comércio sem se reconhecer a venda de coisa de terceiros como legítima; basta lembrar a venda de ações de companhias e de debêntures, que o vendedor ainda vai adquirir para entregar. Nas venda a termo o vendedor promete entregar a coisa vendida dentro de certo prazo; ainda não a tem, vai adquiri-la de terceiros" (*Tratado de Direito Comercial*, v. VI, 2ª parte, n. 615).

37. "Contratos futuros. Características jurídicas. Regulação dos mercados futuros", São Paulo, 1987, inédito.

38. "O que caracteriza essa modalidade de compra e venda é o adiamento da execução do contrato por ambas as partes, comprador e vendedor. O contrato de compra e venda fica prefeito e acabado, mas a entrega da coisa fica adiada para época determinada, quando também será feito o pagamento do preço" (Sebastião de Souza, *Da Compra* ..., cit., p. 421).

39. É importante que não se faça confusão entre o contrato a termo com o chamado contrato futuro. Embora exista semelhança entre os dois já que em ambos as partes assumem compromisso de compra e venda para liquidação em data futura, no mercado a termo, porém, não há ajuste diário nem intercambialidade de posições, ficando os intervenientes vincu-

Tratando-se de contrato a termo, temos então dois momentos distintos. Um primeiro onde o contrato é firmado e as partes acordam em transferir a propriedade de determinada coisa e em contrapartida pagar o preço, sendo que a transferência da coisa em si não se opera de imediato, mas sim em ato posterior mediante a tradição.

V – Aplicabilidade do Código de Defesa do Consumidor aos contratos de câmbio

É evidente que para que tenhamos a exata dimensão acerca de uma determinada figura contratual devemos analisar sob qual conjunto normativo ela está submetida.

Vimos que o contrato de câmbio, tendo em vista a fundamental importância econômica de seu objeto (divisas), é submetido a um rígido controle por parte das autoridades monetárias, a ponto de afirmarmos que trata-se de contrato de adesão *sui generis*, na medida em que ambos os contratantes estão submetidos a cláusulas contratuais preestabelecidas e impostas pela norma legal, tome-se como exemplo o que estabelece a Consolidação das Normas Cambiais ao exigir que em todos os contratos conste expressamente o texto do art. 23 da Lei 4.131, de 3.9.62, que trata da veracidade das informações prestadas pelos contratantes, sua classificação e possíveis sanções pela inexatidão de tais informações.

Ocorre, no entanto, que além de se submeter a regras específicas, de ordem pública, ao contrato de câmbio aplicam-se subsidiariamente todas as demais normas jurídicas concernentes às obrigações civis de natureza privada. Sendo assim é de se indagar da possibilidade das disposições do Código de Defesa do Consumidor incidirem sobre este tipo de contrato.

A CF consagrou a defesa dos direitos dos consumidores desde a sua promulgação, como garantia constitucional, conforme o art. 5º, inc. XXXII, impondo-se a reprovação de condutas que venham a desrespeitar a sua dignidade, bem como seus interesses econômicos, levando-se em conta a sua fragilidade no mercado de consumo.

O Código de Defesa do Consumidor, Lei 8.078/90, enuncia os conceitos básicos para que se verifique a existência da relação de consumo, denunciando o grau de abrangência de referido diploma. Os seus arts. 2º, 3º, § 2º estabelecem que *consumidor* é toda pessoa física ou jurídica que adquire ou utiliza produto ou serviço como destinatário final e *fornecedor* é toda pessoa física ou jurídica, pública ou privada, nacional ou estrangeira, bem como entes despersonalizados, que desenvolvem atividades de produção, montagem, criação, construção, transformação, importação, exportação, distribuição, ou comercialização de produtos ou prestação de serviços, sendo *serviço* qualquer atividade fornecida no mercado de consumo, mediante remuneração, inclusive as de natureza bancária, financeira, de crédito e securitária.

Além do conceito de consumidor referido acima, a Lei 8.078/90 comporta ainda mais outras compreensões ou equiparações a consumidor, sendo que, para o presente estudo interessa destacar o que esta-

lados um ao outro até a liquidação do contrato. Luiz F. Forbes esclarece que "um contrato futuro é o compromisso legalmente exigível de entregar ou receber determinada quantidade ou qualidade de uma *commodity*, pelo preço combinado no recinto de negociações de uma bolsa de futuros, no momento em que o contrato é executado" ("Mercados futuros: uma introdução", São Paulo, BMF, 1994, p. 14). Arnoldo Wald, por sua vez, enfatiza que "em tais operações, ao invés da entrega física das mercadorias, permite-se que se proceda à liquidação por diferença (*cash delivery*). Na realidade, em Bolsas de Futuros, a esmagadora maioria das operações é liquidada por diferença, dadas as evidentes dificuldades da liquidação das operações por entrega física da mercadoria. Assim, normalmente tais negócios são liquidados mediante o pagamento da variação do dia do vencimento do respectivo contrato" ("O mercado futuro de índices e os valores mobiliários", *RDM* 57/14).

belece o art. 29[40] do Código referente às pessoas físicas ou jurídicas expostas às práticas previstas em todo capítulo V (das práticas comerciais) e VI (da proteção contratual) do CDC.[41]

Em estudo específico a respeito da extensão conceitual do art. 29 do CDC, James Marins[42] argumenta que "não há lugar para sustentar-se que como condição para que possa a empresa receber a proteção referente à abusividade contratual tenha que estar em situação assimilável à do consumidor ou ainda subsumível ao conceito do art. 2º [do Código do Consumidor], pois tais ilações não decorrem lógica ou gramatical mente do texto legal expresso nem tampouco do sistema. Igualmente não se pode, no caso das relações bancárias, cogitar-se da finalidade da operação como requisito para aplicação da lei, pois no que respeita o art. 29 e a proteção contratual, o comando legal é claro e o que equipara empresas a consumidores é a presença inaceitável da abusividade nas diversas formas que podem revesti-la, seja a abusividade considerada objetivamente ou subjetivamente".

Cláudia Lima Marques[43] chega a sustentar que o art. 29 supera "os estritos limites da definição jurídica de consumidor para imprimir uma definição de política-legislativa! Parece-nos que, para harmonizar os interesses presentes no mercado de consumo, para reprimir eficazmente os abusos do poder econômico, para proteger os interesses econômicos dos consumidores-finais, o legislador concedeu um poderoso instrumento nas mãos daquelas pessoas (mesmos agentes econômicos) expostas às práticas abusivas. Estas, mesmo não sendo 'consumidores *stricto sensu*', poderão utilizar das normas especiais do CDC, de seus princípios, de sua ética de responsabilidade social no mercado, de sua nova ordem pública, para combater as práticas comerciais abusivas!".

Veja-se então que não podemos repudiar a aplicação do Código de Defesa do Consumidor sob a alegação simplista de que não há relação de consumo já que o serviço contratado com o banco (contrato de câmbio) não tem como objetivo prover necessidades finalísticas do contratante (p. ex., exportador ou importador), mas sim, apresenta-se como meio de implementação de sua atividade econômica.

Diante deste quadro, devemos concluir que o contrato de câmbio, especialmente por conta do que estabelece o art. 29

40. "Art. 29. Para os fins deste capítulo e do seguinte, equiparam-se a consumidores todas as pessoas determináveis ou não, expostas às práticas nele previstas."

41. Sobre a aplicabilidade do CDC aos contratos interempresariais James Marins sustenta com bastante propriedade que "sistema fundado em tais postulados e desideratos não permite a abusividade, contratual ou não, pública ou privada. Não aceita que a norma jurídica infraconstitucional contemple a lei-do-mais-forte. Nem mesmo por omissão. Presentes tais valores, não serve o nosso Estado de Direito para imprimir caráter dogmático a vetusta idéia romana do *pacta sunt servanda*. Não há pacto válido nutrido no seio da abusividade. Aonde a norma permite o abuso desaparece o Direito em sua dimensão mais elevada, cabendo ao Poder Judiciário sua restauração. Qualquer interpretação normativa, qualquer aplicação mecânica de regra jurídica que sustente a prevalência da abusividade, seja nos atos do poder público, seja no quadrante das relações privadas, como nas relações contratuais interempresariais, carrega consigo grave vício de origem: o desapego ao sistema com a injurídica inobservância dos postulados e desideratos constitucionais, supedaneados no arcabouço irremovível dos direitos fundamentais, cuja aplicabilidade é decorrente da imperatividade da prevalência do primado do Direito (supremacia da norma constitucional), garantida sua eficácia através do inafastável controle da constitucionalidade pelo Poder Judiciário (jurisdição constitucional). Razão não há, destarte, sob o prisma sistemático considerado a partir dos princípios constitucionais, para que se pretenda enevoar a aplicação do art. 29 do CDC que permite a expressa proteção aos contratos interempresariais no que diz respeito à eventual abusividade de suas cláusulas" ("Proteção contratual do CDC a contratos interempresariais, inclusive bancários", in *Revista Direito do Consumidor* 18/94 e ss.).

42. *Revista Direito do Consumidor* 18/100.

43. Cláudia Lima Marques, *Contratos no Código de Defesa do Consumidor*, 2ª ed., São Paulo, Ed. RT, 1996, pp. 110 e ss.

do CDC, deve ser considerado como típico contrato de adesão nos termos do art. 54 do CDC,[44] estando sujeito à incidência das disposições previstas nos capítulos V e VI do CDC,[45] especialmente com relação a proteção contratual nos termos estabelecidos pelo art. 51 daquele diploma legal, que tornam nulas de pleno direito as cláusulas contratuais consideradas abusivas.

No entanto, se por um lado defendemos a aplicabilidade do Código de Defesa do Consumidor ao contrato de câmbio, por outro não podemos deixar de assinalar que tal incidência deve respeitar as características particularíssimas deste tipo contratual, que, como vimos, sofre por parte da autoridade monetária severa fiscalização e regulamentação, já que o controle de entrada e saída de divisas e administração das reservas cambiais é de grande importância para a condução da política macroeconômica do país,[46] de interesse de toda a sociedade, indistintamente. Sendo assim, cabe ao intérprete verificar da possibilidade de aplicação das regras protetivas do consumidor (mesmo que por equiparação), o que deverá ocorrer desde que em harmonia com todo o arcabouço legal que regra o sistema cambial brasileiro.[47]

VI – O adiantamento sobre o contrato de câmbio e sua natureza jurídica

O adiantamento sobre contrato de câmbio (ACC) é definido como a antecipação parcial ou total, por parte do agente financeiro, ao exportador, por conta do preço em moeda nacional da moeda estrangeira comprada a prazo, ou seja, os bancos que operam com câmbio concedem aos exportadores adiantamentos por conta dos contratos de câmbio, com o objetivo de proporcionar recursos antecipados ao exportador, para que possa fazer face às diversas fases do processo de produção e comercialização da mercadoria a ser exportada, constituindo-se, assim, num importante incentivo à exportação

Muito já se discutiu a respeito da natureza jurídica do "ACC". Haroldo Malheiros Duclerc Verçosa[48] entende que o adiantamento guarda as características típicas de um contrato de mútuo, sendo que "o adiantamento funciona na prática como se fosse um 'desconto' do contrato de câmbio junto à instituição bancária com a qual foi celebrado, sendo pessoal a obrigação de devolvê-lo a este". Segundo este pensamento, existiriam dois contratos distintos, o primeiro que seria o contrato de câmbio propriamente dito, e outro cuja característica principal é o empréstimo de dinheiro

44. Dispõe o art. 54 do CDC: "Contrato de adesão é aquele cujas cláusulas tenham sido aprovadas pela autoridade competente ou estabelecidas unilateralmente pelo fornecedor de produtos ou serviços, sem que o consumidor possa discutir ou modificar substancialmente seu conteúdo".

45. Que tratam, dentre outros assuntos, sobre a oferta, publicidade, práticas abusivas, cobranças de dívidas, bancos de dados e cadastros de consumidores, proteção contratual do consumidor, cláusulas abusivas e contratos de adesão.

46. Devemos assinalar que a intervenção do Poder Público no disciplinamento do câmbio, conforme sustenta Arnoldo Wald, decorre "do seu interesse em garantir o equilíbrio do balanço de pagamento, a fim de manter o valor internacional da sua moeda, evitando inclusive os efeitos inflacionários. Assim, à medida que o Estado estabeleceu inicialmente o curso legal e depois o curso forçado da moeda e sua inconversibilidade em ouro, tornou-se necessário efetivar o controle das operações internacionais em moeda estrangeira" (*apud* "Pressupostos constitucionais das finanças públicas", Carlos Valder do Nascimento, *Cadernos de Direito Tributário e Finanças Públicas* 4/190).

47. Se por um lado ambas as normas (Código de Defesa do Consumidor e Leis que regem o sistema cambial) são tidas como de ordem pública, é de se ressaltar que a defesa do consumidor enquadra-se dentre aquelas normas de Direito Privado que trazem disposições de ordem pública, enquanto toda e qualquer norma referente ao sistema cambial brasileiro é típica norma que enquadra-se nos domínios do Direito Público, razão pela qual deve prevalecer em relação às demais (cf. Carlos Maximiliano, *Hermenêutica e Aplicação do Direito*, Forense, 1999, pp. 216-224).

48. "O contrato ...", *RDM* 42/34.

por parte da instituição financeira, que recebe o crédito do exportador como contraprestação.

Outra corrente, hoje amplamente aceita por nossos tribunais, entende que, na verdade, o adiantamento sobre o contrato de câmbio não se constitui numa outra relação jurídica entre exportador e instituição financeira, mas sim a continuidade do negócio jurídico desencadeado pelo contrato de câmbio, cuja entrega da coisa fica diferida no tempo, enquanto parcela do preço (adiantamento) é paga antecipadamente.[49]

Eduardo Salomão Neto[50] assevera que "o banco vendedor de câmbio pode adiantar ao exportador parte do preço a ser pago pela moeda estrangeira, antes do pagamento do valor da exportação pelo importador no exterior. Nesse caso, configura-se o adiantamento sobre contrato de câmbio, designado de 'ACC', na linguagem do mercado financeiro. O adiantamento sobre o contrato de câmbio deriva sua natureza do próprio contrato de câmbio. Assim, constitui pagamento antecipado do valor do bem móvel adquirido (a moeda estrangeira) e não operação autônoma de empréstimo. Para demonstrar isso, basta lembrar que o art. 218 do Código Comercial considera que o 'dinheiro adiantado da entrega da coisa vendida entende-se ter sido por conta do preço do principal', ou seja, trata-se de quitação antecipada da contraprestação em dinheiro, no todo ou em parte".

Este embate está longe de representar mera discussão acadêmica sem maior relevância prática. Se entendido o "ACC" como apenas um adiantamento do preço ou princípio de pagamento, em caso de falência ou concordata do devedor, o banco não necessita habilitar seu crédito, já que o § 3º do art. 75 da Lei 4.728/65 estabelece que em casos como tais, o credor poderá pedir a restituição das importâncias adiantadas.[51]

Vale ressaltar o entendimento já manifestado pelo STF, baseado em sua Súmula de 417, no sentido de que, por uma questão de interesse público,[52] a finalidade do § 3º do art. 75 da Lei 4.728, de 1965, foi facilitar o financiamento da exportação do País e, assim, armou os créditos oriundos desses contratos de câmbio de uma garantia maior do que os comuns, permitindo que, no caso de falência ou concordata o credor não tenha necessidade de habilitar-se, sendo-lhe lícito o pedido de restituição da importância. A lei, argumenta-se, criou na falência mais um caso de restituição de bens – o dinheiro adiantado em conseqüência do contrato de venda de câmbio.[53]

VII – O inadimplemento do contrato de câmbio de exportação

Firmado o contrato de câmbio de exportação,[54] gera ele a obrigação por parte

49. Cf. Fernando G. M. Cavalcanti, *Contrato ...*, cit., pp. 52 e ss.

50. "Operações ...", cit., p. 75.

51. Haroldo Malheiros Duclerc Verçosa, defende a inconstitucionalidade deste dispositivo legal por ferir o principio da isonomia e privilegiar um dos credores em detrimento dos demais, afirmando que "é nosso pensamento, *data maxima venia*, que a restituição aos bancos das importâncias adiantadas a clientes por força de contratos de câmbio constitui justamente um exemplo flagrante de desigualdade, pois, dos mutuantes do falido, somente aqueles receberão de volta as importâncias que lhe creditaram" ("O contrato ...", *RDM* 42/35).

52. Argumento este que, enfaticamente, Haroldo Malheiros Duclerc Verçosa rebate indagando: "Mas que interesse público é este, que leva a lei a criar condições de financiamento para os exportadores, mas favorece principalmente o financiador? Por que os outros credores do falido, que igualmente teriam contribuído para o sucesso da atividade deste na realização de uma exportação, deveriam não ter o mesmo tratamento que o banco? Aí está, pois, o motivo pelo qual entendemos a regra legal injusta e diretamente em desacordo com o princípio constitucional da isonomia".

53. Cf. *Boletim Adcoas* 62.823 e 74.691 e *RT* 381/158, 388/179, 395/207, 396/201, 410/182, 415/156 e 417/179.

54. Não trataremos do inadimplemento do contrato de câmbio de importação já que esta modalidade não oferece maiores dificuldades na medida em

da instituição financeira de pagar, no vencimento, o valor, em moeda nacional, da soma de moeda estrangeira comprada a prazo. Por outro lado está o vendedor das divisas obrigado, a seu turno, à entrega daquela moeda na data aprazada.

A atividade da instituição financeira autorizada a operar no mercado cambial é o de compra e venda de moeda estrangeira. O resultado dessas operações em determinado período reflete a posição de câmbio do estabelecimento bancário, sendo que a diferença entre o total de compras e o montante das vendas do dia, somada ou subtraída do saldo da posição comprada ou vendida no dia anterior dá o novo valor da posição de câmbio. A posição de câmbio é comprada quando o total das compras é maior do que o total das vendas; é vendida se o montante das vendas supera o total comprado e a posição está nivelada quando o total comprado é igual ao total vendido, levando-se em conta naturalmente o saldo do dia ou período anterior. Desta forma, se o exportador (vendedor das divisas) não entrega os documentos ou a moeda estrangeira, o banco fica com a posição de câmbio onerada, pois não terá a moeda estrangeira para entregar ao importador nacional a quem vendeu câmbio, ou seja, uma compra não estará cobrindo uma venda. Diante deste quadro, o banco precisará efetuar o cancelamento ou a baixa do contrato de câmbio e realizar uma compra no mercado, ou seja, com relação aos bancos "o inadimplemento de uma compra futura coloca-os na obrigatoriedade de desembolso daquilo que não receberam, gerando 'descobertos' no exterior, com evidente prejuízo".[55]

Diante do inadimplemento contratual, pode ocorrer duas situações diversas. Ou se tem o *cancelamento* do contrato de câmbio mediante o consenso de ambas as partes, ou a sua *baixa*. Com o cancelamento do contrato, normalmente o banco cobra do exportador a diferença entre a taxa de câmbio da data da contratação e a taxa do dia do efetivo cancelamento, já que, com a não entrega da moeda estrangeira por parte do exportador inadimplente o banco deverá buscar no mercado interno a quantia em moeda estrangeira não entregue, pagando o preço em moeda nacional com base na taxa da data em que estiver efetivamente comprando.[56]

Wagner Barreira[57] lembra que, por tratar-se o contrato de câmbio de um negócio jurídico de natureza consensual (o só consentimento expressado pelas partes o aperfeiçoa e completa), "o problema dos riscos da entrega da coisa vendida correm sempre por conta do vendedor. Em face disso, o exportador que o efetua sofrerá os prejuízos de seu ato se acaso girar contra o adquirente de sua mercadoria no exterior cambiais a serem daqui remetidas em cobrança bancária simples, e esta vier a ser frustrada".

Portanto, descumprido o contrato de câmbio, sem que exista a possibilidade de sua prorrogação, fica o exportador obrigado a restituir o valor do adiantamento feito (ACC), acrescido dos juros pactuados quando da concessão, denominado no mercado de *deságio*, além de arcar com a diferença da taxa cambial conforme acima dito.

que a mercadoria – moeda estrangeira – deverá ser entregue pela instituição financeira, que jamais tornar-se-á inadimplente em decorrência de todos os mecanismos de fiscalização e regulamentação desta atividade por parte do Estado.

55. Cf. Fernando G. M. Cavalcanti, *Comércio ...*, cit., p. 85.

56. Haroldo Malheiros Duclerc Verçosa assinala que "o cancelamento do contrato de câmbio é um distrato do acordo original, celebrado em instrumento próprio, no qual o Banco, não tendo recebido as divisas correspondentes, e considerando as obrigações anteriores assumidas para com terceiro referentemente à venda da mesma moeda não recebida de seu cliente, tem o direito de exigir deste uma indenização para poder cobrir as perdas por ele experimentadas, sendo isto feito à taxa do dia da resilição" ("O inadimplemento do contrato de câmbio de exportação", *RDM* 67/65).

57. "Contrato de câmbio na exportação", in *Revista do Curso de Direito* 23/86, Fortaleza.

No entanto, se não houver consenso quanto aos pagamentos acima referidos, será providenciada a baixa do contrato, ocasião em que a instituição financeira deverá providenciar o protesto do contrato, nos termos do art. 75 da Lei 4.728/65, para então manejar ação executiva contra o exportador, ocasião em que serão cobradas a diferença da taxa da data da celebração do contrato até a data de seu protesto, o deságio e demais cominações legais e contratuais. É importante lembrar que diante da incidência do Código de Defesa do Consumidor, toda e qualquer cominação contratual que venha a tornar excessivamente oneroso o contrato, especialmente tendo em vista o não cumprimento da obrigação de entrega das divisas, como é o caso da cobrança demasiada de bonificações, multas, comissões etc. deverá ser declarada nula de pleno direito, nos termos do art. 51, § 1º, III. Veja-se que todo e qualquer valor cobrado do exportador por conta do referido inadimplemento deve levar em conta a tão-somente necessária recomposição da situação econômica do contrato como se fosse cumprido integralmente, mas, o fato do inadimplemento não pode tornar-se um prêmio à instituição financeira, que, com a incidência de todas as multas, bonificações, comissões etc., acaba por auferir remuneração ainda maior que aquela a que teria direito se o contrato fosse adimplido.[58]

VIII – Assertivas de cunho conclusivo

1. No Brasil o mercado de câmbio não é livre, sendo que, desde janeiro de 1999 é o mercado interbancário que define livremente a taxa de câmbio, podendo o Banco Central intervir nos mercados, ocasionalmente e de forma limitada, com o objetivo de conter movimentos desordenados das taxas de câmbio.

2. O contrato de câmbio é típico contrato de compra e venda do tipo por adesão, solene, cumulativo, oneroso, bilateral e consensual, em que o preço é pago por meio da moeda nacional e a mercadoria é a moeda estrangeira.

3. Aos contratos de câmbio aplica-se o Código de Defesa do Consumidor, seja pela evidência da relação de consumo, nos termos dos arts. 2º e 3º daquele diploma legal, seja pela aplicação da extensão conceitual do seu art. 29.

4. O adiantamento sobre o contrato de câmbio trata-se de mera continuidade do negócio jurídico desencadeado pelo contrato, sendo que a entrega da coisa (moeda estrangeira) fica diferida no tempo, enquanto parcela do preço (adiantamento) é paga antecipadamente.

5. Com o inadimplemento do contrato de câmbio de exportação dá-se seu cancelamento ou baixa, ocasião em que a instituição financeira poderá pleitear o ressarcimento dos prejuízos causados, recompondo o equilíbrio financeiro do contrato como se não houvesse sua quebra.

IX – Bibliografia

ABRÃO, Nelson, *Direito Bancário*, 4ª ed., São Paulo, Ed. RT, 1998.

BARREIRA, Wagner, "Contrato de câmbio na exportação", *Revista do Curso de Direito* 23/83 a 89, Fortaleza.

CAVALCANTI, Fernando Geraldo Mendes, *Contrato de Câmbio de Exportação em Juízo*, Rio de Janeiro, Renovar, 1989.

________. *Comércio Exterior e Contrato de Câmbio de Exportação*, Rio de Janeiro, Freitas Bastos, 1981.

58. Haroldo Malheiros Duclerc Verçosa, fazendo uma análise pormenorizada dos possíveis prejuízos que pode sofrer a instituição financeira diante do inadimplemento do contrato de câmbio por parte do exportador, destaca que os prejuízos são de três ordens, a saber: "diferença da taxa de câmbio entre data do contrato com o cliente e efetivo pagamento por este no futuro; juros e despesa com prorrogações externas de contratos de câmbio e juros e despesas pagos na utilização de linhas de crédito no exterior" ("O inadimplemento ...", cit., *RDM* 67/69).

COMPARATO, Fábio Konder, "Contrato de câmbio", *RT* 575/54 a 62.

FORBES, Luiz F., "Mercados futuros: uma introdução", São Paulo, *BMF*, 1994.

GRAU, Eros Roberto, "Concordata: risco cambial e contrato de câmbio", *RDM* 63/29 a 39.

GUIMARÃES, Antônio Márcio da Cunha *et alii*, *Manual de Direito do Comércio Internacional*, São Paulo, Ed. RT, 1996.

LABATUT, Ênio Neves, *Política de Comércio Exterior*, São Paulo, Aduaneiras, 1994.

LEÃES, Luiz Gastão Paes de Barros, "Controle cambial e fluxo internacional da moeda nacional", *RDM* 83/11 a 17.

MARINS, James, "Proteção contratual do CDC a contratos interempresariais, inclusive bancários", *Revista de Direito do Consumidor* 18/94 a 104.

MARTINS, Ives Gandra da Silva, "A teoria da imprevisão é aplicável aos contratos de câmbio travado, pactuados durante os malsucedidos planos de estabilização da economia", *RTJE* 72/53 a 71.

MAXIMILIANO, Carlos, *Hermenêutica e Aplicação do Direito*, Rio de Janeiro, Revista Forense, 1999.

NASCIMENTO, Carlos Valder, "Pressupostos constitucionais das finanças públicas", *Cadernos de Direito Tributário e Finanças Públicas* 4/82 a 197.

OLIVEIRA, Fernando A. Albino de Oliveira, "Mais algumas notas sobre a intervenção do Estado no domínio econômico", *Cadernos de Direito Econômico e Empresarial* 45-46/223 a 225.

________. "Limites e modalidades da intervenção do Estado no domínio econômico", *RDP* 37-38/52 a 64.

________. *Contratos Futuros. Características Jurídicas. Regulação dos Mercados Futuros*, São Paulo, 1987, inédito.

PINTO, Jayme Bastian, "Alguns aspectos do controle de câmbio", *RDA* 150/227 a 245.

RATTI, Bruno, *Comércio Internacional e Câmbio*, São Paulo, Aduaneiras, 1994.

SAYAD, João e SILBER, Simão Davi, "Comércio internacional", in *Manual de Economia*, equipe de profs. da USP, São Paulo, Saraiva, 1998.

SALOMÃO NETO, Eduardo, "Operações cambiais e contrato de câmbio: natureza e regime jurídico", in *Aspectos Atuais do Direito do Mercado Financeiro e de Capitais*, coord. Roberto Quiroga, São Paulo, Dialética, 1999.

SOBREIRA, Diógenes Setti, "Uma abordagem aos aspectos jurídicos dos créditos originários de operações de adiantamento sobre contratos de câmbio, garantidos por títulos cambiais, em face da flutuação das taxas e de sucessivas prorrogações", *RDM* 51/45 a 50.

VERÇOSA, Haroldo Malheiros Duclerc, "O inadimplemento do contrato de câmbio de exportação", *RDM* 67/57 a 69.

________. "O contrato de câmbio", *RDM* 42/23 a 38.

WALD, Arnoldo, "Do regime legal das operações realizadas no mercado de câmbio", *RDM* 94/5 a 35.

QUESTÕES JURÍDICAS SOBRE A INADIMPLÊNCIA NO PAGAMENTO DO CHEQUE

CELSO BARBI FILHO

1. O cheque – Noção introdutória. 2. Disciplina, conceito e preceitos legais. 3. Utilização prática e inadimplência do cheque. 4. O cheque sem fundos. 5. A revogação e a "sustação" do cheque. 6. O cheque "pré-datado". 7. O cheque dado em garantia. 8. Conclusões.

1. O cheque – Noção introdutória

O exercício em escala da atividade mercantil, que se corporificou nas cidades medievais italianas, logo revelou uma necessidade imperiosa à prática comercial, qual seja, a aquisição imediata de bens para pagamento posterior.

Disponibilizar-se no presente um valor futuro, a fim de se adquirir determinado bem. É o que se chama crédito, palavra que vem do latim *creditu* e do italiano *credere*, ligada à idéia crença, confiança em que o pagamento prometido no presente será futuramente realizado.

Dar crédito a alguém é, em última análise, confiar nessa pessoa. E o comércio liga-se essencialmente ao crédito, pelo que nele desenvolveram-se os meios de documentar e assegurar esse crédito, fazendo-o também circular.

O principal desses meios foi a criação de documentos, notadamente papéis, que incorporassem o crédito, comprovando a promessa presente do pagamento futuro.

Daí surgiram os títulos de crédito.

Esses títulos possibilitaram não apenas a documentação do crédito, mas também a sua circulação. Com efeito, alguém que concede crédito a outrem, recebendo em troca um título que o incorpora, pode, com base no mesmo documento, obter novo crédito de terceiro, transferindo-lhe o referido título.

Os primeiros títulos de crédito foram a *letra de câmbio* e a *nota promissória*, desenvolvidos nas cidades italianas, durante a baixa Idade Média.

Partindo da letra de câmbio, os títulos de crédito evoluíram para assimilar os atributos fundamentais da cartularidade, que significa a incorporação do crédito ao documento; da literalidade, que se refere à limitação rigorosa do crédito ao valor escrito no título, sempre revestido de requisitos formais previstos em lei; e da autonomia, concernente à independência dos direitos e obrigações assumidos no documento.

E apareceram também outros títulos de crédito, como é o caso do cheque.

Podem ser até identificadas origens remotas do cheque, mas seu desenvolvimento efetivo foi na Inglaterra, a partir da Idade Média, com as chamadas *Ordens de Pagamento dos Reis contra o Tesouro*, posteriormente denominadas *bills of exchequer.* A raiz britânica do instituto evidencia-se por sua própria denominação, relacionada ao verbo inglês *to check*, que significa verificar, controlar.

O cheque possui gênese comum à letra de câmbio, na medida em que ambos encerram ordem de pagamento. Contudo, a ordem contida no cheque singularizou-se pelo fato de ser sempre destinada a um depositário dos recursos do sacador. Originariamente, era o Tesouro, que recebia as ordens de pagamento do Rei e, com o tempo, passaram a ser os bancos a acatarem as ordens de seus clientes depositantes.

Disso revela-se uma particularidade da natureza do cheque. O destinatário da ordem que ele encerra é o banco depositário, que não assume, nem pode assumir, qualquer obrigação cambial pelo pagamento dessa ordem perante o credor, mas apenas o ônus de cumpri-la, se existirem os fundos. Por isso, há quem diga não ser o cheque título de crédito próprio, vez que não contém verdadeira operação creditícia.

Efetivamente, o cheque não caracteriza título cambial, hipótese exclusiva da letra de câmbio e da nota promissória. Mas nem por isso deixa de ser título de crédito cambiariforme, pois possui os atributos básicos das cambiais, quais sejam, incorporação, literalidade e autonomia, utilizando-se de institutos comuns àquelas, como aval e endosso, embora não se lhes apliquem outros como aceite e vencimento.

Nessa linha, vale também destacar que, tal como a letra de câmbio, o cheque contém uma promessa indireta de pagamento do emitente, pois o descumprimento da ordem pelo banco, por falta de fundos ou crédito, obriga o sacador ao pagamento do título.

2. Disciplina, conceito e preceitos legais

No Brasil, após algumas normatizações esparsas no século XIX, o cheque veio a ser regulado pela Lei 2.591, de 1912, que vigorou até 1966, quando o Decreto 57.595/66 incorporou a Lei Uniforme de Genebra sobre Cheques, de 1931, cuja efetiva vigência entre nós só foi aceita após decisão do Supremo Tribunal Federal, de 1971.

Em 1985, foi promulgada a atual Lei do Cheque (n. 7.357), que substituiu a Lei Uniforme e passou a disciplinar o instituto no Brasil. Essa Lei, de 1985, "é na realidade uma consolidação dos princípios da Lei Uniforme sobre o cheque e das leis que anteriormente regularam este títulos, notadamente a Lei 2.591, de 1912".[1]

Na concepção da vigente lei, o cheque pode ser definido como uma "ordem de pagamento à vista, dada contra banco, com base em suficiente provisão de fundos, depositados pelo emitente ou provenientes de contrato de abertura de crédito".

Fiel aos princípios do instituto que regula, a Lei 7.357/85 exclui o banco das relações creditícias entre emitente e tomador do cheque. O banco está proibido de assumir obrigações cambiais no título, tais como aval, aceite, ou endosso, este salvo como quitação ou para transferir o título de uma agência a outra. As hipóteses do cheque administrativo ou do visado são diferentes, pois, na primeira, o cheque é do próprio banco e, na segunda, a instituição apenas confirma a existência dos fundos e reserva o respectivo valor durante o prazo de apresentação.

Por outro lado, o cheque só pode ser emitido contra banco, a teor do art. 3º, da Lei 7.357/85, que também lhe impõe a característica de título com modelo vinculado. Isso significa que, embora os requisitos formais do cheque estejam no art. 1º,

1. Fran Martins, *Títulos de Crédito*, v. II, 11ª ed., 3ª tir., Rio de Janeiro, Forense, 1999, p. 10.

da lei, ele só pode ser validamente criado por documento padronizado, na forma estabelecida pelo Conselho Monetário Nacional, conforme art. 69, da citada lei, e Resoluções do Banco Central do Brasil.

Nas relações de consumo, o cheque, quando administrativo ou visado pelo banco, é título de aceitação obrigatória pelos comerciantes, conforme art. 1º da Lei 8.002/90, do "Plano Collor". Pela mesma lei, o cheque comum tem de ser obrigatoriamente aceito quando dado no pedido da mercadoria que só será entregue após regular compensação.

E, como promessa indireta de pagamento, o cheque não se descarateriza pela falta de fundos, que não lhe retira a condição de título de crédito, cobrável contra o emitente, tendo em vista o art. 4º da Lei 7.358/85.

Os recentes planos econômicos governamentais alteraram alguns dos atributos de circulabilidade dos cheques, notadamente quanto às cláusulas ao portador e à ordem.

No que tange à primeira, o art. 69, da Lei 9.069/95, que regulamentou o "Plano Real", vedou, desde 1.7.94, a emissão, pagamento e compensação de cheques com valor superior a R$ 100,00 (cem Reais), sem identificação do beneficiário. Antes disso, o art. 2º, parágrafo único, da Lei 8.021/90, do "Plano Collor", já proibia a compensação de quaisquer cheques ao portador.

Em relação ao endosso inerente à cláusula à ordem, desde a Lei Complementar 77/93, que regulou Imposto sobre Movimentações Financeiras-IPMF (art. 19, I), o cheque passou a só poder ser endossado uma única vez e com identificação do endossatário.

Essa norma, reproduzida posteriormente nas sucessivas legislações da Contribuição Provisória sobre Movimentações Financeiras-CPMF, faz com que o segundo endosso tenha efeitos de cessão civil, não respondendo o endossante regressivamente pelo pagamento do título. E os bancos devem zelar pelo respeito à regra legal, só podendo pagar cheques transferidos mais de uma vez se a última transferência for por cessão civil.

3. *Utilização prática e inadimplência do cheque*

O cheque é, sem dúvida, o título de crédito mais utilizado na vida comercial brasileira.

Além de ser prático e simples para o emitente, oferece garantias adicionais ao vendedor, se comparado a outros títulos como a nota promissória e a duplicata.

Entre essas garantias, destaca-se primeiramente o limite de crédito ou a garantia de pagamento dados pelos bancos aos chamados cheques-especiais, assegurando sua liquidação até determinado valor.

Mas note-se que, no sistema legal do cheque, vigora o princípio cronológico dos saques. Isso significa que os fundos depositados pertencem ao correntista até a apresentação dos cheques emitidos ao banco, que são pagos na ordem cronológica dessa apresentação. O mesmo ocorre com a abertura de crédito: atingido o limite concedido, pela soma dos cheques sacados, ou do valor garantido a cada cheque, o banco não pagará os demais.

A única variação disso é para o cheque visado, no qual, por um visto ou outra declaração equivalente, o banco obriga-se a debitar na conta do emitente a quantia indicada no cheque e reservá-la em benefício do portador durante o prazo de apresentação, sem que fiquem exonerados o emitente, endossantes e demais coobrigados (art. 7º, § 1º, da LC).

Outra garantia do cheque que atrai os comerciantes nas vendas é a alternativa do cheque administrativo, emitido pelo próprio banco contra um de seus estabelecimentos (art. 9º, inc. III, da LC), de pagamento assegurado e aceitação legalmente obrigatória.

Elemento que também estimula os vendedores a preferirem os cheques a outros títulos de crédito são as sanções administrativas, policiais e judiciais, que a ausência de fundos pode ocasionar.

Com efeito, no plano administrativo, uma vez devolvido o cheque por falta de fundos, sua reapresentação, com nova devolução, obriga o banco a incluir o correntista no Cadastro de Emitentes de Cheques sem Fundos, conforme previsto no art. 10 da Resolução 1.682/90, do Banco Central do Brasil.

Além disso, essa segunda devolução acarreta o fechamento da conta corrente, por força do art. 4º, do Regulamento Anexo à Resolução 1.631/89, do BACEN.

Também na via administrativa, pode o portador promover o protesto cambial do cheque, embora isso não seja requisito para a execução do título contra o emitente, em nenhuma hipótese, exceto a de falência.

Sabe-se que o protesto não é exigível nem mesmo para a cobrança contra o endossante se houve apresentação ao banco dentro do prazo legal de 30 (trinta) ou 60 (sessenta) dias, conforme o local de emissão seja ou não o mesmo do pagamento.

A despeito disso, muitos comerciantes promovem o protesto de cheques não liquidados apenas para criar embaraços aos emitentes junto a órgãos cadastrais.

Na esfera penal, a emissão de cheque sem provisão de fundos constitui o crime tipificado de estelionato, previsto no art. 171, § 2º, inc. VI, do Código Penal, sendo comum que alguns comerciantes requeiram à autoridade policial a instauração de inquérito contra o emitente do cheque devolvido apenas para constrangê-lo.

Tomadas tais medidas, administrativas ou "policiais", contra o emitente, o credor do cheque pode ainda promover as ações judiciais atinentes aos títulos de crédito em geral, como sua execução singular, o pedido de falência do emitente, caso este seja comerciante, e a ação penal pelo estelionato comprovado.

Por todas essas razões, o cheque passou a ser o título preferido pelos vendedores no dia-a-dia do comércio, assumindo o papel significativo que tem hoje nas relações de consumo.

Da intensa utilização do cheque veio o inevitável problema da inadimplência, notadamente acentuada em tempos recessivos como os atuais, nos quais, curiosamente, o país parece estar sempre mergulhado.

Para se ter uma idéia, em todo o Brasil, no período de janeiro a junho de 1998, de um total de 1.382.057.449 cheques emitidos, 36.033.009, ou seja, uma média de 2,5%, foram devolvidos por falta de fundos.

Os dados de 1999 confirmam e até sinalizam um aumento desses índices de inadimplência.

Nesse contexto, os problemas jurídicos da inadimplência no pagamento de cheques concentram-se em quatro situações principais.

O cheque sem fundos, a revogação e a "sustação" de cheques, os chamados cheques "pré-datados" e os cheques dados em "garantia".

Objetiva-se aqui analisar, do ponto de vista jurídico, cada uma dessas situações em que a inadimplência mais ocorre, para se tentar chegar a algumas respostas sobre o problema.

4. O cheque sem fundos

Como antes visto, o cheque é uma ordem de pagamento à vista dada contra banco, que pressupõe depósito em conta corrente ou contrato de abertura de crédito.

Constatando o banco depositário que não existem fundos para cumprimento da ordem de pagamento que lhe é dada, deve devolver o cheque ao portador/apresentante com a declaração desse fato. Se dois ou mais cheques são apresentados simultaneamente, não havendo fundos suficientes para pagamento, o banco deve dar preferência ao de data de emissão mais antiga ou, na coincidência de datas, ao de menor valor (art. 40, da LC).

De acordo com o art. 4º, da Lei 7.358/85, a inexistência de fundos depositados ou de crédito aberto ao emitente não descaracteriza o documento como cheque, o qual, constituindo título de crédito e, portanto, título executivo, viabiliza sua cobrança judicial contra o emitente.

Assim sendo, de posse de um cheque devolvido por falta de fundos, pode o portador promover sua execução em juízo contra o emitente.

Para esse fim, não há nenhum requisito especial. O cheque não precisa ser protestado e, a rigor, nem mesmo apresentado ao banco.

O protesto cambial do cheque só é necessário para o portador exercer seu eventual direito de regresso contra endossante coobrigado. Mesmo assim, a providência será obrigatória apenas se o título não houver sido apresentado ao banco dentro do prazo legal, na forma do art. 47, inc. II, da Lei.

Já o protesto especial do cheque é requisito exclusivamente para o pedido de falência do emitente comerciante, sendo ainda assim dispensável se já houver protestos de outros títulos do mesmo devedor.

Por tais razões, evidencia-se, como já dito, que o protesto do cheque, regra geral, é utilizado pelos credores como meio de constrangimento e coação dos devedores.

No tocante à apresentação como requisito da exigibilidade do título em juízo, há quem entenda que, sendo o cheque uma ordem de pagamento à vista do banco, não tem executoriedade contra o emitente antes de ser apresentado e devolvido pela instituição financeira.

A meu ver, para a cobrança judicial do cheque contra o emitente e seus avalistas não se exige a prova de prévia apresentação ao banco.

O STF, pela Súmula de 600, consolidou o entendimento de que "cabe ação executiva contra o emitente e seus avalistas, ainda que não apresentado o cheque ao sacado no prazo legal, desde que não prescrita a ação cambiária".

Embora a Súmula cuide apenas da desnecessidade de apresentação dentro do prazo legal, a jurisprudência recente das Cortes estaduais tem dado entendimento mais amplo à questão, concluindo genericamente que "a falta de apresentação do cheque ao banco sacado não lhe retira a executoriedade".[2]

Para a execução do cheque sem fundos, portanto, é preciso apenas respeitar-se o lapso prescricional de 6 (seis) meses, contado do término do prazo de apresentação (art. 59, LC).

Aqui, cabe observar que, segundo vem entendendo a jurisprudência do Superior Tribunal de Justiça, se o cheque é apresentado no curso do prazo de apresentação, a prescrição não irá contar-se do término desse prazo, mas sim da data da apresentação.

Com efeito, o STJ decidiu mais de uma vez que "o termo inicial da prescrição, previsto no art. 59, da Lei 7.357/85, pressupõe que o cheque não haja sido apresentado no prazo legal. Caso contrário, a prescrição passa a correr da data da primeira apresentação".[3]

Prescrito o cheque, embora os Tribunais tenham vacilado a princípio sobre o tema, cabe a ação monitória, prevista no art. 1.102, do CPC.

2. TAMG, AC 247.027-5, rel. Juiz Francisco Bueno, *DJMG* 25.4.98.

3. STJ, REsp 47.149-MG, rel. Min. Cláudio Santos, *DJU* 26.9.94, p. 25.649, e REsp 44.512-MG, rel. Min. Costa Leite, *DJU* 9.5.94, p. 10.082 e *Revista do Superior Tribunal de Justiça* 59/414.

À par do debate sobre o cabimento da monitória, é certo que, após a prescrição do cheque, tem lugar a ação de locupletamento, fundada no título e de rito ordinário (art. 61), admissível tanto ao portador quanto ao endossatário, durante o prazo de 2 (dois) anos contados da data em que se consumar a prescrição da ação executiva.

Vale lembrar que essa ação visa a evitar enriquecimento indevido de quem se beneficiou com o não pagamento do cheque. Assim, só cabe contra emitente e endossante, não podendo ser dirigida aos avalistas.

Após isso, é possível apenas a ação fundada na relação causal entre as partes, em um prazo de até 20 (vinte) anos do negócio, para a qual só tem legitimidade quem realizou negócio com o emitente ou o endossante.

Outro aspecto relevante sobre o cheque sem fundos é o de que, conforme já pacificado nos Tribunais, em caso de conta conjunta, há uma "solidariedade passiva do banco mas não dos co-titulares de modo que, não havendo suficiente provisão de fundos, responde pelo não pagamento apenas aquele que subscreveu o cheque, sendo o correntista que não assinou parte ilegítima para figurar no pólo passivo da ação executiva".[4]

Esse entendimento, contudo, encontra variante quando o cheque já se encontra prescrito, havendo julgados admitindo ação monitória contra os dois correntistas. O Tribunal de Alçada de Minas Gerais, p. ex., decidiu que "não há nenhum óbice legal para que o cheque, emitido por um dos titulares da conta conjunta, cujo direito à cobrança pela via executiva esteja prescrito, enseje ação monitória contra ambos os coobrigados, pois o antigo título servirá apenas como documento escrito sem força executiva, pela liquidez e certeza da dívida que autorizam o pedido, visando a não permitir o enriquecimento indevido dos seus responsáveis solidários".[5]

Tal exegese não me parece a mais acertada, pois a ação monitória exige documento escrito emanado do devedor, o que não ocorre em relação ao correntista solidário que não emitiu o cheque. Mas o tema vem sendo tema de controvérsia, cabendo aguardar uma melhor consolidação da jurisprudência.

Na execução, o emitente do cheque sem fundos é devedor da importância do cheque, acrescida de juros desde a data da apresentação, correção monetária e despesas do credor, como as taxas bancárias, judiciárias e eventualmente de protesto, conforme art. 53, da LC.

Quando embargada ou contestada a cobrança judicial, é equívoco comum dos credores sustentarem que o cheque constitui título abstrato, cuja causa os devedores não podem discutir. Semelhante alegação pelo exeqüente/autor não está correta.

A abstração é atributo dos títulos de crédito que desvincula a cártula do negócio subjacente, após a circulação do título e apenas na relação cambiária das pessoas que não contrataram entre si, ou seja, emitente e endossatário. Mas, "se adstrita a execução às partes originariamente envolvidas no negócio jurídico subjacente, é [sempre] possível a discussão da *causa debendi*, competindo ao devedor comprovar o vício que possa macular o título, sem o que permanece este apto a embasar o procedimento executivo".[6]

A inoponibilidade de exceções pelo emitente ocorre somente quando o cheque circulou, colocando frente a frente na rela-

4. TAPR, AC 118.489-8, rel. Juiz Rogério Coelho, *DJPR* 22.5.98, *IOB* 2ª quinz. jul. 98, p. 286. E 1º TASP, AC 615.852-9, rel. Des. Juiz Barreto de Mora, *DJSP* 4.2.97, p. 74 e *IOB* 2ª quinz. set. 97, p. 357.

5. TAMG, AC 263.251-1, rel. Juiz Duarte de Paula, *DJMG* 25.3.99, p. 14.

6. TAMG, AC. 247.428-2, rel. Juiz Manuel Saramago, *DJMG* 6.6.98, p. 5.

ção cambiária endossatário de boa-fé e emitente que não contrataram entre si.[7]

Quanto às sanções administrativas para o cheque sem fundos, vale observar o que se faz em países desenvolvidos. Na Europa, p. ex., várias legislações impõem o pagamento de todo cheque até determinado valor, ainda que não tenha fundos. Prevalece a presunção de crédito irrevogável para os títulos até certo valor. Mas, realizado esse pagamento sem os fundos disponíveis, ou emitido cheque acima daquele limite, o banco deve requisitar ao cliente a devolução dos formulários ainda não utilizados e comunicar o fato às demais instituições financeiras, para que tomem a mesma medida.

No Brasil, inexistindo fundos ou abertura de crédito, o cheque é devolvido, qualquer que seja seu valor, havendo 3 (três) sanções administrativas para o emitente. As duas primeiras são a inscrição no Cadastro de Emitentes de Cheques sem Fundos e o encerramento da conta, após a segunda devolução. E a outra sanção decorre de que cada devolução do cheque implica a perda da gratuidade do serviço de compensação, cobrado do correntista para aquele cheque. Essa perda é vulgarmente conhecida como "multa" pela devolução do cheque sem fundos.

Por fim, vale lembrar, como já mencionado, que a emissão de cheque sem fundos é considerada crime, conforme prevê o art. 171, § 2º, inc. VI, do CP.

O crime, contudo, não se configura quando comprovado que inexistiu fraude, a teor da Súmula 246, do STF. São os casos, p. ex., da apresentação prematura dos cheques ditos "pré-datados", e das situações em que o pagamento não implicou prejuízo para o credor, como no pagamento de aluguel ou de uma duplicata com cheque sem fundos.[8]

7. TARGS, AC. 19.613.447-2, rel. Juiz Ari Darci Wachholz, *RJTARGS* 104/201.

8. TAPR, Acr 103.507-8, rel. Juiz Luiz Cezar de Oliveira, *DJPR* 8.8.97, *IOB* 2ª quinz. set. 97, p. 349.

Nessas situações, o credor permanece tendo, no caso do aluguel, um direito e, no do pagamento da duplicata, um título de crédito contra o devedor emitente.

Mas se a emissão foi fora desses casos, com intuito efetivo de fraude, o crime estará caracterizado, desde que o emitente não pague o cheque até antes de ser recebida a denúncia, na forma da Súmula 554 do STF.

5. A revogação e a "sustação" do cheque

Dentro do problema da inadimplência no pagamento do cheque, muito verificado atualmente nas relações de consumo, talvez um dos aspectos mais polêmicos seja o da revogação e o da chamada "sustação" de cheques.

Tanto é que esse assunto foi um dos principais objetos das deliberações do Conselho Monetário Nacional-CMN, na reunião realizada em agosto de 1998, na qual aquele órgão, valendo-se da prerrogativa que lhe confere o art. 69, da Lei de Cheques, baixou regras administrativas relativas à revogação e à "sustação" de cheques.

De início, é preciso bem compreender o conceito e a distinção legal entre o instituto da revogação e o da oposição ou "sustação" de cheques.

A revogação, ou contra-ordem, está prevista no art. 35, da Lei 7.357/85, segundo o qual "o emitente do cheque pagável no Brasil pode revogá-lo, mercê de contra-ordem dada por aviso epistolar, ou por via judicial ou extrajudicial, com as razões motivadoras do ato".

E o parágrafo único desse dispositivo acrescenta que "a revogação ou contra-ordem só produz efeito depois de expirado o prazo de apresentação e, não sendo promovida, pode o sacado pagar o cheque até que decorra o prazo de prescrição".

Como se infere do próprio vocábulo, a revogação é um cancelamento, junto ao banco depositário, da ordem de pagamento que lhe fora dada por meio do cheque.

A restrição de que a revogação só possa ser feita após expirado o prazo de apresentação, que é de 30 (trinta) ou 60 (sessenta) dias da data emissão, conforme o local desta seja ou não o mesmo do pagamento, é uma exigência que já constava da Lei Uniforme de Genebra sobre cheques, mas que foi objeto de reserva adotada pelo Brasil.

Sua inserção na vigente lei, modificando o sistema anterior, deu-se por uma preocupação de ordem prática dos bancos. Com efeito, caso a revogação sofra algum descaminho em sua tramitação burocrática dentro da instituição financeira, só chegando ao caixa depois de pago o cheque, o banco sempre pode alegar a ineficácia da contra-ordem porque ainda não expirado o prazo de apresentação.[9]

Deve-se ainda registrar que a revogação ou contra-ordem só cabe ao emitente do cheque, única pessoa que pode cancelar a ordem de pagamento por ela mesmo dada ao banco depositário.

O outro instituto é o da chamada oposição, vulgarmente conhecida como "sustação" do cheque. Mesmo durante o prazo de apresentação, o emitente ou o portador legitimado podem sustar o pagamento do cheque, manifestando por escrito ao banco oposição fundada em relevante razão de direito, na forma do art. 36, da Lei 7.357/85, razão esta cuja relevância não cabe ao banco julgar, a teor do § 1º, do mesmo dispositivo.

"Sustação" do cheque é termo impropriamente utilizado, pois o que se susta não é o cheque, mas seu pagamento. A oposição não invalida a ordem contida no cheque, apenas suspende seu cumprimento. Contudo, a expressão generalizou-se e, na prática, poucos hoje falam em oposição para se referir ao instituto do art. 36 da Lei, utilizando-se sempre o vocábulo "sustação".

O conceito de oposição no direito cambial acha-se tradicionalmente ligado aos casos de extravio do título, falência ou incapacidade do portador para recebê-lo.[10] Com efeito, o instituto já era previsto para a letra de câmbio no art. 23 do Decreto 2.044/08, cujo parágrafo único dispunha que "a oposição ao pagamento é somente admissível no caso de extravio da letra, de falência ou incapacidade do portador para recebê-lo".

Nesses casos, quem podia fazer a oposição era o portador legitimado, e não o emitente que, a rigor, nenhum interesse teria na sustação do pagamento.

Mas, para os cheques, a prática revelou uma realidade bem distinta quanto aos motivos da oposição ou "sustação", como se verá.

Tanto a revogação quanto a oposição ou "sustação" impedem que o banco cumpra a ordem de pagamento que lhe foi dada. Por isso, elas se excluem. Uma vez praticada uma, a outra é incabível, por inócua. Isto é, quem sustou o pagamento de um cheque não pode, nem necessita mais revogá-lo, e quem o revogou fica impedido e não precisa mais de sustar seu pagamento.

As diferenças entre a revogação e a "sustação" resumem-se, pois, a quem pode realizá-las, a forma de sua realização e o momento em que podem ser feitas.

A revogação é privativa do emitente, mediante contra-ordem formal, por via epistolar, judicial ou pelo cartório de títulos e documentos, com as razões motivadoras do ato, sempre após o prazo de apresentação do cheque.

Já a oposição ou "sustação" cabe tanto ao emitente quanto ao portador legitima-

9. Osmar Brina Corrêa Lima, "Cheque: revogação (contra-ordem) e oposição", Sindicato dos Bancos do Estado do Rio de Janeiro, *Caderno Especial* 584/9.

10. Osmar Brina Corrêa Lima, ob. cit., p. 5.

do, realizando-se por escrito, com indicação da relevante razão de direito que a justifica, podendo ser promovida a qualquer tempo.

A revogação cancela a ordem de pagamento dada e a oposição apenas susta o pagamento ordenado no cheque.

Na exposição de motivos da vigente Lei de Cheque, consta que "a revogação ou contra-ordem visa a desconstituir a ordem contida no cheque, razão pela qual só pode competir ao emitente; produz efeito definitivo e independe de especial justificação. A oposição a pagamento, como pela própria designação se infere, não se dirige à ordem mencionada no cheque, mas ao pagamento, que objetiva sustar, a fim de evitar que a ordem seja cumprida em favor de quem não seria legítimo beneficiário. Por isso, a oposição pode ser de iniciativa do emitente ou do portador legitimado do cheque e só se justifica quando fundada em ocorrência capaz de propiciar pagamento a pessoa sem legitimação, como se dá nas hipóteses de perda, extravio, furto, roubo e apropriação indébita".

Outro aspecto relevante sobre revogação e oposição é o de que ambas produzem o mesmo efeito prático, embora tenham requisitos de legitimação, forma e prazo distintos. Daí porque há quem sustente na doutrina, como o Prof. Osmar Brina Corrêa Lima, em artigo específico sobre o tema, que o banco deve acatar a revogação mesmo quando dada durante o prazo de apresentação, pois seu efeito é o mesmo da sustação.[11]

Demonstradas as principais diferenças e semelhanças entre os dois institutos, cabe analisar-se como eles têm influído negativamente na inadimplência dos cheques.

Os atos de revogação e oposição tornaram-se verdadeiro tormento para os comerciantes que recebem cheques em suas vendas, constituindo questão da maior relevância nas relações de consumo.

É a famosa devolução pela "alínea 21", do art. 6º, do Regulamento anexo à Resolução 1.631/89, do BACEN, segundo a qual "o cheque poderá ser devolvido por um dos motivos a seguir classificados: [...] 21. Contra-ordem (revogação) ou oposição (sustação) ao pagamento pelo emitente ou pelo portador".

Primeiramente, cumpre lembrar que a revogação e a oposição impedem apenas que se efetive a ordem de pagamento contida no cheque, não o descaracterizando como título de crédito, que pode ser normalmente cobrado em juízo, quando o emitente poderá discutir sua obrigação.

A tal propósito, o STJ orienta que "a seriedade da oposição (sustação do pagamento) está assegurada pela exigência da relevância jurídica da razão invocada pelo oponente, a qual, obviamente, não é deixada ao julgamento do banco sacado, mas ao do Juiz".[12]

Por isso, é preciso afastar-se o entendimento equivocado de que a revogação ou a oposição obstam os efeitos do cheque. A única coisa que esses atos impedem é o cumprimento da ordem de pagamento pelo banco, e não a promessa indireta assumida pelo emitente, constante do título de crédito em que se constitui o cheque, plenamente exigível em juízo contra seu sacador, a despeito de revogação ou oposição.

Note-se ainda que, se consideradas infundadas por decisão judicial, a revogação ou a oposição caracterizam crime de estelionato previsto no art. 172, § 2º, inc. VI, do CP.

O que justifica a oposição ao pagamento do cheque, além das clássicas hipóteses de extravio do título, falência ou incapacidade do portador para recebê-lo,[13]

11. Osmar Brina Corrêa Lima, ob. cit., p. 11.

12. STJ, REsp 101.096-RS, rel. Min. Waldemar Zveiter, *DJU* 25.2.98.

13. Osmar Brina Corrêa Lima, ob. cit., p. 5.

são o desapossamento indevido do talão de cheques ou do título já emitido. O Prof. Rubens Requião admite também o cancelamento do negócio que originou o cheque como causa justificada para a oposição.[14]

Contudo, a doutrina mais recente demonstra que, do ponto de vista jurídico, o descumprimento da obrigação pelo portador do cheque não autoriza sua revogação ou sustação se ele já circulou. Assim, p. ex., se o prestador de um serviço que recebeu e endossou o cheque não finaliza convenientemente a tarefa contratada, seu emitente não pode revogá-lo ou sustar o pagamento a pretexto de preservar seus direitos contratuais e forçar a conclusão dos serviços.[15]

Isso porque, como visto, o cheque é um título de crédito que, já tendo entrado em circulação e estando nas mãos de terceiro portador de boa-fé, vincula seu emitente pela declaração unilateral de vontade que emitiu. O que lhe cabe, nesse caso, são as ações cíveis contra o contratado inadimplente.

O problema da inadimplência por via da revogação ou da "sustação" de cheques é significativo. Do total de cheques devolvidos, cerca de 11% (onze) o são por causa da sustação do seu pagamento, muitas vezes ordenada maliciosamente pelo emitente para que não tenha seu nome incluído no Cadastro de Emitentes de Cheques sem Fundos do Banco Central do Brasil.

Os comerciantes, diante dessa realidade, fizeram várias propostas para a disciplina da revogação e da "sustação" de cheques. Pelo art. 35, da Lei de Cheque, sempre se exigiu documento escrito para a revogação ou contra-ordem. E, quanto à oposição ou sustação de pagamento, o art. 36 alude expressamente à necessidade de que a mesma se faça por escrito.

14. Rubens Requião, *Curso de Direito Comercial*, v. 2, 17ª ed., 1988, p. 425.

15. Fábio Ulhôa Coelho, *Curso de Direito Comercial*, 1ª ed., São Paulo, Saraiva, 1998, p. 438.

Contudo, a prática bancária havia relaxado a observância desses preceitos, admitindo alguns bancos "sustações" por telefone. A resposta do CMN e do BACEN a esse reclame foi a regra de que, realizada a oposição verbalmente, deve ser encaminhada a solicitação escrita da providência ao banco em até 48 (quarenta e oito) horas, sob pena de que o cheque seja pago.

Todavia, isso não resolve o problema do cheque sem fundos "sustado".

A melhor resposta vem da doutrina de Rubens Requião.[16] Demonstra ele que, na contra-ordem ou revogação, não se exige a existência de saldo disponível, posto que simplesmente revoga-se a ordem de pagamento. Já na oposição ou "sustação", como o que se faz não é revogar a ordem, mas apenas suspender o pagamento, é necessária a existência de fundos para seu acatamento, pois não se susta o que não pode ser feito – o pagamento – face à ausência de fundos.

Tal diferença apontada pelo mestre paranaense e a exigência que dela decorre são muito lógicas, vindo do conceito e da disciplina legal do instituto da oposição.

Os maus pagadores valem-se do expediente da oposição para sustar o pagamento de cheques sem fundos, a fim de impedir que seus nomes constem do Cadastro de Emitentes desses cheques.

Semelhante prática que tanto prejudica as relações de crédito poderia ser evitada com uma regulamentação simples, fiel ao conceito de oposição lembrado por Rubens Requião. Bastaria estabelecer-se administrativamente que só poderia ser sustado o pagamento de cheque com fundos disponíveis.

Essa norma justificar-se-ia porque, se a finalidade da oposição é impedir o pagamento do cheque a quem não seja portador legitimado, a própria inexistência de fun-

16. Rubens Requião, ob. cit., p. 425.

dos já inviabilizaria tal pagamento, descabendo, por inócua, a "sustação" do cheque.

A adoção dessa regra resolveria grande parte do problema da "sustação" indevida dos cheques. Porém, não tem sido lembrada nas normas regulamentares emanadas do Conselho Monetário e do Banco Central do Brasil sobre o tema.

Encontram-se na conduta dos bancos algumas exigências ilegais em matéria de revogação e oposição, como no caso do desapossamento injusto do título (furto ou roubo), previsto na alínea 28, da Resolução do BACEN. Com base nesse dispositivo, alguns bancos exigem, para revogação ou "sustação" do cheque pela alínea 28, o Boletim de Ocorrência Policial, previsto naquela Resolução e mencionado na Circular 2.655/96, para só assim se isentar o emitente da taxa de devolução.

A meu ver, tanto a falta, quanto o excesso de formalismo na revogação ou "sustação" são ilegais. Pela Lei, o banco deve exigir solicitação escrita da revogação ou da oposição, com indicação de motivo justificador do ato, que não cabe ao banco julgar.

Ademais, no que tange ao comerciante, se o cheque é furtado, entende a jurisprudência que o estabelecimento que o recebeu "assume os riscos [do não pagamento] se, por ocasião da venda, não procedeu com a devida cautela, exigindo identificação do portador do suposto título de crédito, sujeitando-se à anulação o cheque objeto de furto e falsificação devolvido por insuficiência de fundos pelo banco sacado, a quem compete verificar a assinatura aposta no documento".[17]

Por outro lado, a cautela exagerada dos bancos é desnecessária. Não podendo discutir a relevância da razão invocada pelo emitente, é certo e confirmado pelos tribunais que "não cabe execução do portador do cheque contra o banco-sacado em razão da sustação do pagamento por contra-ordem do emitente, alegando furto. A execução do cheque cabe apenas contra o emitente, os endossantes e os avalistas (...) Eventual responsabilidade do sacado por fato próprio, somente poderá ser alegada em ação própria".[18]

Do ponto de vista da inadimplência, é na oposição ou "sustação" que a maior parte dos problemas acontecem, posto que, diferentemente da revogação, que só pode ser realizada após expirado o prazo de apresentação, a sustação do pagamento pode se dar a qualquer tempo, como prevê o art. 36, da Lei de Cheque.

Por isso, em agosto de 1998, o CMN expediu uma série de normas administrativas a respeito. Além da citada exigência de que a oposição verbal ao pagamento seja confirmada por escrito em até 48 (quarenta e oito) horas, estabeleceu-se que os bancos mantenham e alimentem permanentemente um cadastro nacional de ocorrências relativas a cheque, ao qual o comércio poderá ter acesso. E constam desse cadastro não apenas os emitentes de cheques sem fundos, mas também as pessoas que costumam sustar o pagamento de cheques por qualquer motivo. A alimentação desse sistema cadastral pelos bancos é obrigatória.

Para complementar, desde janeiro de 1999, tem sido exigida a impressão do número da identidade do emitente e da data da abertura da conta nos talonários, como forma de maior controle por quem recebe o cheque e para a eventual localização de devedores em caso de execução judicial.

Não se lembrou, contudo, nessa nova regulamentação, da premissa básica e simples lembrada pelo Prof. Rubens Requião, de que a oposição ou "sustação" só é admissível se o cheque tiver fundos, posto ser inconcebível a sustação de algo, o pagamento, que não possa ser realizado diante

17. TAMG, AC. 225.426-4, rel. Juiz Eduardo Andrade, *DJMG* 3.4.97.

18. TARGS, AC. 196006118, rel. Juiz Moacir Leopoldo Haeser, *RJTARGS* 101/260.

da falta de fundos. Talvez essa medida resolveria boa parte dos problemas relacionados à "sustação" maliciosa de cheques.

Por fim, na defesa do emitente contra eventual protesto do cheque justificadamente revogado ou "sustado", só necessário, como sabido, para exercício do direito de regresso quando o título não foi apresentado ao banco, ou para se pedir a falência do emitente, vale noticiar uma norma da Corregedoria de Justiça do Estado de Minas Gerais.

De acordo com Resolução de agosto de 1997, o protesto de cheque revogado ou de pagamento sustado por motivo de roubo só pode ser lavrado após suscitada dúvida para o Juiz da Vara de Registros Públicos.

6. O cheque "pré-datado"

Como todos sabem, o cheque "pré-datado" é, na realidade, "pós-datado". Isso porque a antedata significa o oposto do que se quer indicar. Pré-datar é colocar data anterior à que o cheque foi emitido. Lançar data posterior à da verdadeira emissão é pós-datar.

Embora juridicamente o termo correto seja cheque "pós-datado", a prática consagrou a expressão "pré-datado", que reina absoluta entre nós, já tendo sido mencionada até em decisões judiciais.

O cheque pós-datado está longe de ser uma novidade ou uma invenção brasileira. Já no início do século, Carvalho de Mendonça noticiava a existência desses cheques na prática comercial norte-americana.[19]

E, de igual maneira, encontra-se referência ao instituto em outros países como México e Uruguai, segundo informa Theóphilo de Azeredo Santos.[20]

A Lei brasileira de Cheques, n. 2.591, de 1912, previa o cheque com "data falsa", em seu art. 6º, punindo o emitente com multa de 10% (dez por cento) sobre seu montante. A velha Lei do Selo penalizava não só o emitente do cheque com data falsa, mas também aquele que o acolhesse. Nesses dois diplomas, a finalidade da punição era fiscal, pois as emissões de cheques com datas falsas "constituíam quase sempre negócios simulados, para sonegar o imposto do selo".[21]

Na própria Conferência de Genebra sobre Cheques, de 1931, o tema foi muito debatido, mas, não se tendo chegado a acordo, a matéria foi objeto de reserva, inserida no Anexo II da Convenção, permitindo a cada Estado determinar o momento em que deve existir provisão para o cheque.

A vigente Lei brasileira (7.357/85) admite expressamente a existência do cheque "pré-datado" e, portanto, sua validade como título de crédito. Apenas considera ineficaz perante o banco sacado, a convenção da pós-data. Com efeito, em seu art. 32, parágrafo único, a lei estabelece que o cheque "apresentado para pagamento antes do dia indicado como data de emissão é pagável no dia da apresentação".

Na jurisprudência, entende-se, há muito, que o cheque "é título formal e não perde sua característica por ter sido pós-datado".[22]

Está pacificado que a pós-datação, mais conhecida por "pré-datação" do cheque, significa uma convenção entre emitente e tomador, pela qual este obriga-se a só apresentar o cheque na data estipulada, a despeito de, pela lei, poder fazê-lo a qualquer tempo.

Dita convenção, que alguns consideram como oral,[23] pode resultar até de pu-

19. J. X. Carvalho de Mendonça, *Tratado de Direito Comercial Brasileiro*, v. V, Rio de Janeiro, 1922, pp. 562-563.

20. Theóphilo de Azeredo Santos, "Os chamados cheques 'pós-datados' no Direito brasileiro", Associação Nacional de *Factoring*-ANFAC, 1993, pp. 16-17.

21. Theóphilo de Azeredo Santos, ob. cit., p. 8.

22. *RDM* 4/42.

23. Fábio Ulhôa Coelho, ob. cit., p. 437.

blicidade do comerciante (art. 30, do CDC), mas efetiva-se com a declaração escrita do emitente, lançando a data futura no cheque e o nome do tomador, sendo aceita por este. E se, por um lado, tal pacto não é oponível ao banco depositário, por outro é válido entre as partes.

Isso significa que, se o tomador apresentar o cheque antes da data ajustada, cabe indenização ao emitente pelo desrespeito à obrigação de não fazer, assumida e violada.

Se houver fundos na data da apresentação ou abertura de crédito em conta, a indenização será apenas material, correspondendo à perda monetária pela antecipação do saque, no valor das taxas de remuneração do capital resgatado ou dos juros cobrados pelo crédito utilizado.

Já se o cheque "pré-datado" for devolvido por insuficiência de fundos, a indenização poderá abranger duas parcelas: uma pelo dano material e outra pelo moral.

A do dano material corresponderá às perdas comprovadas pela devolução do cheque, como a multa cobrada, o eventual encerramento da conta, despesas financeiras ou o comprometimento de transações entabuladas.

E a indenização pelo dano moral decorrerá da repercussão e dos transtornos que a devolução do cheque causar, como a inscrição do nome do emitente no Cadastro de Emitente de Cheques sem Fundos, SERASA etc. A indenização deve ser agravada "se o credor protestar o cheque pós-datado apresentado precipitadamente e devolvido sem fundos".[24]

Os tribunais vêm reiteradamente julgando que a devolução de cheque "pré-datado" por sua apresentação antecipada enseja direito ao dano moral.[25]

24. Fábio Ulhôa Coelho, ob. cit., p. 436.

25. TJRJ, AC. 3.306/97, rel. Des. Luiz Carlos Guimarães, *DJRJ* 11.12.97, p. 207, *IOB* 1ª quinz. mar. 98, p. 93.

Vale registrar, por outro lado que, pela Súmula 246, do STF, não constitui crime a emissão de cheque "pré-datado" devolvido sem fundos em decorrência de sua apresentação prematura, descaracterizando-se a fraude, na medida em que o portador sabia que os fundos não existiam.

O próprio BACEN autorizou os bancos a descontarem os cheques "pré-datados", como qualquer outro título de crédito, recebendo-os por endosso para cobrança na data lançada, operação que também é realizada pelas empresas de *factoring*. Isso seria uma prática impossível com o cheque comum, que, conceitualmente, é ordem de pagamento à vista, mas, contudo, já se faz aceita pela convenção de pós-datação.

Nesses casos, o ato de descontar o cheque junto ao banco ou empresa de *factoring* por via de endosso não viola o pacto com o emitente, pois o cheque está sendo descontado como título "bancável", e só será liquidado na pós-data. Mas o banco ou *factoring* não podem apresentá-lo ou liquidá-lo para pagamento antes da data aprazada, sob pena de, na condição de endossatários aderentes ao pacto da pós-data, serem condenados a indenizar o emitente.

O uso dos cheques "pré-datados" veio a dar "mais segurança e velocidade às operações comerciais: o cliente não precisa aguardar a confecção de carnês, preenchimento de formulários, evita filas e se tem um meio mais seguro de cobrança. Instituiu-se a venda a crédito sem burocracia, com agilidade e maior tranqüilidade para o credor, pois o comprador não quer submeter-se à posição de ter seu cheque protestado por falta de pagamento, com todas as conseqüências negativas sobre sua ficha cadastral".[26]

Pelas sanções administrativas e penais que pode impor ao correntista inadimplente, sem perder o título de crédito represen-

26. Théophilo de Azeredo Santos, ob. cit., p. 9.

tado pelo cheque, o comerciante prefere fazer a venda a crédito por via dos "pré-datados", a receber outros títulos, como notas promissórias ou duplicatas.

Enquanto não chegar a data lançada como sendo de emissão, embora possa ser apresentado ao banco, o cheque não é exeqüível em juízo, pois a obrigação cambial padece sem dúvida de inexigibilidade. Todavia, como visto, as conseqüências materiais da apresentação precoce podem ser desastrosas para o emitente.

O que se conclui, seguindo o exemplo de países como o Uruguai, onde o cheque *de pago deferido* só é apresentável na data respectiva, é que o Código de Defesa do Consumidor deveria, conforme anota Fábio Ulhôa Coelho "disciplinar as relações entre o consumidor e o fornecedor marcadas pela adoção de cheques pós-datados, de modo a retirar a liquidez do título apresentado anteriormente à data que consta como de sua emissão. Desse modo, tutelar-se-ia o consumidor sem se comprometer a coerência interna da lei checária e os compromissos internacionais brasileiros".[27]

7. O cheque dado em garantia

Uma prática de certa forma desvirtuada que se expandiu nas relações de consumo foi a emissão de cheques "em garantia" de operações realizadas pelo próprio emitente.

A chamada caução de títulos de crédito ou penhor cedular é prevista nos arts. 789 a 795, do CC, e na própria Lei Uniforme de Genebra sobre Letra de Câmbio e Nota Promissória, quando cuida do endosso caução (art. 19).

Contudo, o que se disciplina naqueles diplomas é a possibilidade de se dar em garantia um título de crédito emitido por terceiro e não pela própria pessoa cuja obrigação se quer garantir.

Além disso, no caso do cheque, seu uso para caução seria conceitualmente inviável, na medida em que se trata de ordem de pagamento à vista, entre cujas datas de emissão e exigibilidade não medeia nenhum prazo no qual pudesse existir a garantia.

Não obstante, com a crescente utilização dos cheques pós-datados, institucionalizou-se a prática de sua emissão como "garantia" de operações realizadas pelo próprio emitente.

A finalidade é de que, no vencimento das obrigações assumidas pelo emitente, caso inadimplidas, o cheque dado em caução possa ser utilizado como meio de se exigi-las, inicialmente pela apresentação do título ao banco e, frustrando-se esta, pela execução judicial contra o sacador.

Semelhante prática vem sendo discutida em juízo, com resultados interessantes.

De início, conforme se pode ver em julgado do Primeiro Tribunal de Alçada Civil de São Paulo, concluiu-se que, "ainda que o cheque haja sido emitido em garantia de dívida, sem força de exação, não perde a sua condição de título de crédito, guarnecido de cambiariedade, perfeitamente exigível e exeqüível. Qualquer que haja sido a determinação da emissão, mesmo como garantia de negócios pendentes ou como promessa de pagamento futuro, o cheque, como título de crédito, constituirá sempre documento literal de dívida líquida e certa, que o emissor só poderá elidir não pela inexigibilidade formal, mas pela substancial, provando, cumpridamente, a ocorrência de fato extintivo, modificativo ou impeditivo da obrigação de solver".[28]

Nesse julgado evidencia-se a conclusão de que a simples emissão do cheque pós-datado em garantia de dívida não lhe retira a executividade formal. De fato, se assim não o fosse, de que serviria essa garantia?

27. Fábio Ulhôa Coelho, ob. cit., p. 436.

28. 1º TACivSP, Ap. 240.202, rel. Juiz Carlos Ortiz, *RT* 513/158 e *RDM* 31/111.

Apesar disso, pode o emitente provar em juízo fato que impeça a cobrança do portador, como, p. ex., o excesso da garantia em relação ao débito, descumprimento da obrigação do credor etc.

A tal propósito, o STJ decidiu que, embora "reconhecendo a divergência doutrinária e jurisprudencial, não é razoável juridicamente admitir-se o cheque como caução, como garantia e negar-se a relação entre a garantia e a sua causa. Essa posição permitiria toda sorte de abusos, ocasionando o enriquecimento sem causa, como no caso julgado, no qual se ofereceu em garantia um cheque de valor muito superior do que o efetivamente comprometido. Se a praxe no mercado aceita o cheque em garantia, vedar, em tese, a investigação da *causa debendi* propiciaria um desequilíbrio na relação jurídica entre as partes, uma das quais, em casos de extrema necessidade, ficaria a depender do arbítrio da outra. Se o cheque ganhou essa dimensão, fora do critério legal, que tanto não regulou, é imperativo extrair a conseqüência própria, específica. Por essa razão, é que deve ser admitida a investigação da *causa debendi*".[29]

Nessa decisão, observa-se que o STJ, embora admitindo a impropriedade técnica de se dar cheque em caução, aceita que tal prática instalou-se no país, exigindo que se dela se extraiam as conseqüências jurídicas, entre as quais está a possibilidade de se investigar a *causa debendi* do cheque dado em garantia, para se decotar da cobrança o eventual excesso quanto ao negócio originalmente entabulado.

Todavia, note-se que o erro do credor está em cobrar quantia maior do que a realmente devida, apoiado na circunstância de o cheque ser, eventualmente, de valor superior ao garantido. Nada impede que o credor do título de crédito cobre quantia inferior àquela constante do título, procedimento admitido pela jurisprudência como não descaracterizador da liquidez da cártula, amparado pelo prestígio à boa-fé do credor e pelo princípio de que quem pode mais pode menos.

Os tribunais têm repudiado, no entanto, a liquidez de cheques emitidos em garantia das internações hospitalares, considerando não só a eventual perturbação do estado emocional do emitente quando do saque da cártula, bem como a falta de anuência expressa do devedor quanto ao montante exato das despesas realizadas.

De outro lado, na esfera criminal a jurisprudência tem entendido que, comprovado "haverem sido emitidos cheques, pré-datados, como garantia de dívida, fica desvirtuada a função de ordem de pagamento à vista, com exclusão da fraude caracterizadora do delito".[30]

Em suma, o cheque, a despeito de constituir ordem de pagamento à vista, vem sendo admitido como título que pode ser dado em caução ou penhor cedular para garantia de dívidas do próprio emitente, ressalvando-se o direito deste discutir em juízo eventual excesso na cobrança. E, sendo essa cobrança de valor inferior ao do cheque, limitado à montante garantido, não resta comprometida a liquidez nem a executividade do título, que deve ser cobrado pelo valor exato do débito garantido, ainda que menor que o do cheque.

8. Conclusões

Como conclusão do aqui exposto, fica evidenciado que o problema da inadim-

29. STJ, REsp 111.154-DF, rel. Min. Carlos Alberto Menezes Direito, *DJU* 31.1.98.

30. STJ, RHC 7.620-RJ, rel. Min. Fernando Gonçalves, *DJU* 24.8.98. No mesmo sentido, decisão do TJRJ na linha de que "demonstrando os elementos do autos ter sido o cheque emitido não como ordem de pagamento à vista, mas como garantidor de dívida, descaracterizado está o estelionato imputado ao agente, eis que, em tal circunstância, a emissão do título não constitui infração penal" (ACr 98.050.02080, rel. Des. Moacyr Pessoa de Araújo, *DJRJ* 9.12.98, p. 87 e *Repertório IOB de Jurisprudência*, código 3/15191, 1ª quinz. fev. 99, p. 47).

plência no pagamento dos cheques decorre, primeiramente, de seu uso ter sido grandemente estimulado pelos próprios comerciantes.

E o interesse dos empresários em estimular esse uso não está apenas em facilitar o crédito e a realização das operações comerciais, mas também nas medidas administrativas, policiais e judiciais – cíveis e penais – que o porte do cheque lhes assegura contra o consumidor, medidas estas mais eficazes que aquelas acessíveis com outro título de crédito qualquer.

O cheque sem fundos, revogado, sustado, "pré-datado" ou dado em garantia não perde a sua característica de título de crédito exeqüível contra o emitente pelo valor real da dívida cobrada.

A despeito disso, os emitentes, muitas vezes imbuídos de má-fé, têm abusado de suas prerrogativas legais como emitentes de cheques, principalmente no que se refere ao instituto da oposição ou sustação.

O problema é que os comerciantes querem que, pelo fato de o cheque constituir uma ordem de pagamento ao banco, lhes seja assegurado direito absoluto de recebimento do valor junto àquela instituição, que é mera depositária do dinheiro. Daí os movimentos para se limitar as sustações e os cheques "pré-datados", todos voltados a uma tentativa de se assegurar o pagamento pelo banco, livrando o comerciante do ônus de perseguir em juízo, junto ao emitente do título de crédito, o pagamento da obrigação assumida.

As soluções do BACEN nem sempre são as mais acertadas tecnicamente. Não se lembrou até hoje, p. ex., que pelo conceito da própria lei, só se pode sustar o pagamento de cheque que tenha fundos, na medida em que não se suspende o que não é realizável, ou seja, o pagamento.

Por outro lado, a normatização do Código do Consumidor sobre a cobrança de dívidas é tímida. A seção relativa a esse tema contém um único artigo, o 42, para disciplinar um quadro tão complexo, como visto.

Vale destacar, ainda, que a solução do problema da inadimplência no pagamento de cheques caminha para a adoção crescente dos descontos automáticos em conta, via lançamentos eletrônicos de cartões magnéticos, já utilizados em vários estabelecimentos e que têm um custo operacional cerca de três vezes inferior ao do cheque, por cada lançamento feito.

Parece-me, enfim, que, na questão da inadimplência dos cheques, não há só "vilões", nem apenas "mocinhos", entre comerciantes/credores e consumidores/emitentes. Cada categoria milita com seus próprios interesses, direitos e obrigações dentro de um problema que, mais do que cambiário, é inerente às próprias relações de consumo.

Atualidades

CONTEMPORANEIDADE DO CÓDIGO COMERCIAL IMPERIAL

Breves considerações

LUIZ ANTONIO GUERRA DA SILVA

"Dom Pedro II, por graças de Deus e unânime aclamação dos povos, Imperador Constitucional e defensor perpétuo do Brasil: Fazemos saber a todos e nós queremos a Lei seguinte (...)".[1]

O Código Comercial brasileiro – Lei 556, de 25 de junho de 1850 – foi introduzido no ordenamento jurídico nacional ao tempo do Brasil Império, por Dom Pedro II, Imperador do Brasil, como se vê da introdução em referência.[2]

O Código Comercial brasileiro sofreu forte influência do Código Francês[3] e do Direito europeu em razão da pátria mãe – Portugal. A ideologia privatista, em particular a que orientou o Direito Mercantil, fora importada de Portugal, sob inspiração de França e Itália – responsáveis pela vanguarda dos institutos mercantis e cambiários, como ocorrera manifestamente no desenvolvimento da Teoria Geral dos Títulos de Crédito.

As primeiras orientações mercantis aportaram no território nacional via Ordenações do Reino[4] e vigoraram no Brasil Colônia desde a descoberta até a chegada de Dom João VI.

Em 1808, com a abertura dos portos às nações amigas, com o início do incremento do comércio marítimo e terrestre entre os povos, com a criação da Real Junta de Comércio, Agricultura, Fábricas e Navegação e a fundação do primeiro banco do Brasil (o Banco do Brasil), Dom João VI decidiu impulsionar os negócios e a economia interna e determinou a criação de diploma comercial próprio que regulasse as relações mercantis, de modo a viabilizar a abertura do processo de preparação à Independência do Brasil.

A premissa de que a independência de um povo se opera com a independência econômica já vigorava à época.

Assim é que em 1822, com a Independência do Brasil, a Corte buscou dotar o País de um diploma comercial genuíno, sem as amarras das Leis do Reino. Projeto de lei fora apresentado à Câmara, em 1834, sendo presidente da comissão o articulista José Clemente Pereira. O projeto foi aprovado no Senado em 1850 e sancionado pela Lei 556, de 25.6.1850.

1. Código Comercial brasileiro, Lei 556, de 25.6.1850.
2. Cf. nota 1, acima.
3. Código Comercial francês, de 1807.
4. Ordenações Afonsinas, de 1447; Manuelinas, de 1513; Filipinas, de 1603.

O imperador constitucional – Dom Pedro II, em 25 de junho de 1850, promulgou o atual Código Comercial – que em respeito à história do Brasil – podemos denominá-lo de Código Comercial Imperial.

Sem receio de errar, o Código Comercial brasileiro é o diploma mais antigo ainda em vigor no Brasil. Tem 149 anos de satisfatória vida. Contudo, tarefa difícil para nós, academicamente, na condição de operadores do Direito Comercial, é dizer ao alunado que o Código Comercial é imperial e curiosamente encontra-se em vigor, apesar de vivermos dias de fim de século, de tecnologia de ponta, de transferência de *know-how*, de informatização e globalização da economia.

Claro que o Código Comercial Imperial apresenta conteúdo distante da realidade econômica. A ideologia comercialista que inspirou o referido diploma muito evoluiu e os institutos aperfeiçoaram-se, forçando, inclusive, o surgimento de novas relações jurídicas mercantis.

As bases de criação dos novos contratos e institutos mercantis continuam sendo – até que entre em vigor o "Projeto das Obrigações" – as obrigações mercantis e civis[5] traçadas ainda ao tempo do Brasil Império e inseridas no Código Comercial. O diploma mercantil precedeu o Código Civil, de 1916, daí a justificativa da inserção das obrigações no estatuto comercial.

Não se pode negar a presteza e a contemporaneidade do Código Comercial Imperial, ainda que a dinâmica dos fatos e as novas relações mercantis sinalizem globalização da economia.

Nenhum outro diploma nacional sobreviveu tanto, sobrevive e sobreviverá – enquanto não chega o Código de Obrigações – como o Código Comercial Imperial. O estatuto mercantil – que ultrapassou o século XIX –, sobreviveu serenamente o século XX e aguarda a virada do milênio, embora com redação vetusta e ultrapassada (de pouca clareza para os dias atuais) continua a regular grande parte dos institutos mercantis.

Curioso é que desde 1850 o Código Comercial conviveu com formas e sistemas de governo, venceu as dificuldades econômicas de todas as épocas, sobreviveu as várias moedas e planos de estabilização e conseguiu acompanhar, de certo modo, as evoluções sociais e mercantis.

Com exceção do Título XV, do Capítulo II – que trata das "Companhias de Comércio ou Sociedades Anônimas (arts. 295 a 299 CCom)" – atualmente disciplinado pela Lei das Sociedades Anônimas,[6] alterada recentemente;[7] do Título XVI – que cuida "Das Letras, Notas Promissórias e Créditos Mercantis (arts. 354 a 427 CCom)" – regulados pela Lei Cambial Nacional[8] e pela Lei Uniforme de Genebra, com as ressalvas feitas pelo Brasil;[9] e da Parte Terceira – "Das Quebras (arts. 797 a 913 CCom)" – hoje regrada pela lei falimentar,[10] o Código Comercial continua em plena vigência.

O Código Comercial Imperial ainda regula os atos de comércio, os comerciantes, as obrigações mercantis, as sociedades comerciais (com exceção das regidas por leis esparsas), os contratos mercantis, as avarias, os atracamentos e os fretamentos de embarcações.

As críticas feitas ao Código Comercial são, na maioria, pertinentes e lastream-se especificamente na defasada redação imperial empregada no regramento dos institu-

5. Código Comercial brasileiro, art. 121: "As regras e disposições do Direito Civil para os contratos em geral são aplicáveis aos contratos comerciais, com as modificações e restrições estabelecidas neste Código".

6. Lei 6.404, de 15.12.76, regula as sociedades por ações.

7. Lei 9.457, de 5.5.97, alterou a Lei 6.404/76.

8. Decreto 2.044, de 31.12.1908 (chamada também de Lei Saraiva).

9. Decreto 57.663, de 24.1.66 (Lei Uniforme de Genebra – LUG).

10. Decreto-lei 7.661, de 21.6.45, regula o processo falimentar (falências e concordatas).

tos. Exemplo disso é o art. 219 – que cuida da conta de gêneros, no contrato de compra e venda mercantil.[11] A atualização da redação inspirou o título – duplicata mercantil.[12] Entretanto, a matéria de fundo disciplinadora dos institutos continua contemporânea, embora vivamos tempos de informatização e globalização.

Os ilustres comercialistas Hamel e Lagarde, quando do estudo do Direito Mercantil, afirmaram que o Direito Comercial é o "direito dos negócios" (*droit de affaires*).[13] Correta ou imprecisa a afirmativa, o que não cabe nestas breves considerações polemizar, o fato é que, em realidade, não se concretizam negócios, no mundo econômico, sem as fontes do Direito Comercial, em particular o Código Comercial Imperial (pelo menos enquanto não revogado) e/ou leis esparsas, o que demonstra, à evidência, a contemporaneidade do diploma em estudo.

As lições dos clássicos Carvalho de Mendonça, Waldemar Ferreira, Miranda Valverde, Eunápio Borges e outros continuam contemporâneas. Os princípios que norteiam as obrigações mercantis também continuam atuais. Prova disso são os contratos comerciais largamente utilizados no mercado, tais como: compra e venda, comissão, mandato, fiança, locação de coisa móvel, troca, mútuo, carta de crédito, penhor e seguro marítimo, ajustes típicos e regulados pelo Código Comercial de 1850.

Com o aperfeiçoamento do sistema financeiro outros institutos ganharam espaço no ordenamento jurídico, *v.g.*, as avenças bancárias nas variadas modalidades (abertura de conta corrente, concessão de crédito, conta garantida, financiamento pessoal, financiamento de bens duráveis, fiança bancária etc.), apresentando como fonte para os referidos ajustes – o Código Comercial.

O crescimento econômico exigiu novas formas de contratação, fazendo surgir outros institutos mercantis específicos, por exemplo: o sistema de alienação fiduciária em garantia,[14] o sistema de *leasing* (arrendamento mercantil),[15] o sistema de *franchising* (franquia mercantil)[16] e concessão e distribuição comercial[17] e o sistema de *factoring* (faturização ou fomento mercantil).[18]

A informática e o fomento mercantil alteraram a orientação da Teoria Geral dos Títulos de Crédito,[19] posto que se tornou possível realizar operações de descontos, no mercado de compra e venda de títulos, sem declaração cambial formal do saque de títulos, porquanto emite-se boleto de/para pagamento da soma cambial, mediante protesto de simples documento de cobrança bancária ou através do protesto por indicação. Tais operações tornaram-se comuns em razão do endosso-mandato e seus efeitos.

O mercado sinaliza cada vez mais para o saque do título somente quando necessária a cobrança judicial do crédito, o que vem exigindo dos comercialistas repensar os atributos e os princípios que informam a Teoria Geral dos Títulos de Crédito.

11. Art. 219 Ccom: "Nas vendas em grosso ou por atacado entre comerciantes, o vendedor é obrigado a apresentar ao comprador por duplicado, no ato da entrega das mercadorias, a fatura ou conta dos gêneros vendidos, as quais serão por ambos assinadas, uma para ficar na mão do vendedor e outra na do comprador. Não se declarando na fatura o prazo do pagamento, presume-se que a compra foi à vista (art. 137). As faturas sobreditas não sendo reclamadas pelo vendedor ou comprador, dentro de 10 (dez) dias subseqüentes à entrega e recebimento (art. 135), presumem-se contas líquidas".

12. Lei 5.474, de 18.7.68, regula as duplicatas mercantil e de prestação de serviços.

13. Hamel e Lagarde, *Traité de Droit Commercial*, Paris, Dalloz, v. 1, 1954, n. 6, citado por Fran Martins, in *Curso de Direito Comercial*, 22ª ed., Forense, 1996, p. 17.

14. Alienação Fiduciária em Garantia – Decreto-lei 911, de 1.10.69.

15. Lei 6.099/74 e Resolução BACEN 980/84.

16. Lei 8.955, de 15.12.94, cuida do sistema de franquia mercantil e requisitos da Circular de Oferta endereçada previamente ao candidato franqueado.

17. Lei 6.729, de 28.11.79.

18. Circular BACEN 1.359/88.

19. Cf. notas ns. 7 e 8 *supra*.

O Direito Comercial passa por momentos de grandes mutações e a cada dia aproxima-se dos princípios universais econômicos, significando dizer que o Direito Mercantil, em paralelo à ciência econômica, passa a assumir responsabilidade sobre os destinos das Nações, bastando verificar as novas relações jurídicas, das mais complexas, decorrentes:

• do avanço à proteção ao fundo de comércio a partir da nova lei das locações urbanas – que revogou o Decreto 24.150/34;[20]

• da limitação constitucional dos juros dentro de um contexto macroeconômico culturalmente inflacionário, onde as regras de mercado confundem-se com os princípios matemáticos;

• dos investimentos econômicos que surgiram e surgirão com o crescente sistema de *joint ventures* (parcerias entre empresas nacionais e multinacionais e/ou transnacionais na produção de bens e/ou exploração de serviços – fruto da globalização);

• da formação de consórcios de empresas, entes orgânicos e organizados, com especialização na produção de bens e/ou exploração de serviços – resultado da globalização;

• da formação dos blocos econômicos, sabido que o Brasil é mercado emergente para novos e futuros investimentos (cf. Mercosul, Alca e Nafta – este último, cooperação econômica entre Brasil e Canadá);

• do fomento às aplicações nas bolsas de valores (mercado de capitais), de mercadorias, de futuros, contratação a termo e sob risco e proteção aos investidores;[21]

• da proteção à propriedade industrial a partir da nova lei de patentes e dos novos endereços na rede mundial de comunicação – Internet;

• da inserção no ordenamento nacional de novos títulos negociáveis, como valor mobiliário, a exemplo do *commercial paper* – título de crédito (com natureza jurídica de promessa direta de pagamento (nota promissória) emitido por sociedades por ações e ofertados ao público), como ocorre nos EUA;[22]

• da reforma da Lei das S/A viabilizando novos investimentos, com proteção aos sócios minoritários;[23] e

• do incremento do Direito Econômico e Concorrencial sob a égide da Lei Antitruste – que transformou o Conselho Administrativo de Defesa Econômica-CADE em autarquia e reprime práticas de abuso do poder econômico, zelando pelos princípios constitucionais da livre iniciativa e livre concorrência e preservação da ordem econômica e financeira.[24]

Demonstradas, pois, a contemporaneidade do Código Comercial Imperial e as grandes transformações que ora ocorrem, e ainda estarão por surgir, o Brasil – 8ª economia mundial –, que disputa assento no Conselho Permanente da ONU e que procura inserir-se no processo de globalização, deverá manter-se atento às evoluções dos mercados interno e externo, aos investimentos de capitais estrangeiros e às novas relações jurídicas deles decorrentes, obrigando-se, destarte, a apresentar-se receptivo à criação de novos institutos mercantis e a atualizar a legislação comercial – base dos institutos – frente às exigências econômicas, sem, contudo, abandonar as raízes e a história do seu ordenamento jurídico, posto que "todo capital tem sua cultura".[25]

20. Lei 8.245/91, cuida das locações urbanas de imóveis residenciais e comerciais. A Lei 8.245/91 revogou o Decreto 24.150/34, que cuidava da locação comercial e proteção ao fundo de comércio, via ação renovatória.

21. Lei 4.728, de 14.6.65; Lei 6.385, de 7.12.76; Lei 6.616, de 16.12.78 e Lei 7.913, de 7.12.89, cuidam do mercado de valores mobiliários e apuração de responsabilidades.

22. Resolução 1.723, do CMN, de 27.6.90 e Instrução 134, da CVM, de 1.11.90.

23. Cf. notas 6 e 7 *supra*.

24. Lei 8.884, de 11.6.94 e Lei 9.021, de 30.8.95.

25. Akira Chinen, in *Commercial Paper*, "Novo título de valor mobiliário no processo de globalização da economia", Atlas, 1996.

Atualidades

A PROPÓSITO DA SECURITIZAÇÃO DE RECEBÍVEIS: CESSÃO DE CRÉDITO OU CESSÃO DO CONTRATO

Cassio M. C. Penteado Jr.

1. Trazida ao sistema jurídico positivo, mediante ato normativo do Banco Central (Resolução 2.493 de 7.5.98) a denominada securitização de recebíveis, provenientes de operações de empréstimo, de financiamento e de arrendamento mercantil, foi plasmada sob o signo (como natureza jurídica) do instituto da cessão de crédito, tal como explicitada no Código Civil.

2. Com efeito, em sua ementa a norma ancilar já deixa claro o escopo da regulamentação: "Estabelece condições para a cessão de créditos a sociedades anônimas de objeto exclusivo". Ademais, no art. 1º, a Resolução enfatiza a finalidade, então ementada, dispondo "autorizar a cessão de créditos (...)".

3. Mais adiante, contudo, no art. 2º, III, o ato regulamentar parece, à primeira vista, criar uma discrepância em relação ao seu objeto primevo, pois vai se referir à cessão de contratos, os quais formalizam os créditos de que se tratava. É o texto *verbis*: "Art. 2. A *cessão* referida no art. 1º: I – (*omissis*). II – (*omissis*). III – implica a *transferência* à cessionária, dos *contratos*, *títulos*, *instrumentos* e *garantias* necessárias a sua execução" (nossos grifos).

4. Da aparente guinada de rumo da Resolução 2.493, referindo-se, na passagem transcrita, à cessão de contratos, sob designação de transferência, de que se irá ocupar esta colaboração, pontua-se a seguinte questão basilar: ocorre na securitização de recebíveis financeiros, cessão de créditos ou cessão de contratos?

5. Na doutrina pátria, esclarecendo o sentido da cessão de crédito, o reconhecido Washington de Barros Monteiro anota que o crédito se constitui em uma entidade patrimonial suscetível de transferência (*Curso de Direito Civil*, *Direito das Obrigações*, v. 1/374).

6. Também, o não menos ilustre civilista, Caio Mário da Silva Pereira, enfrenta o tema e leciona que a cessão de crédito consiste no negócio jurídico em virtude do qual o credor *transfere* a outrem a sua qualidade creditória contra o devedor, recebendo o cessionário o direito respectivo, com todos os acessórios e todas as garantias (*Instituições de Direito Civil*, v. II/253, nossos grifos).

7. Bem se vê que, em princípio, na esteira do ensinamento de Caio Mário, antes reproduzido, poderia não se consubstanciar, *ex facto*, a acenada contradição nos termos da Resolução 2.493, vale dizer, entre cessão de crédito (como escopo declarado) e a disposição do art. 2º, III, fazendo menção à transferência ao cessionário do contrato, de seus títulos e de garantias: nesse sentido, a própria cessão, de *per si*, implicaria – como refere o jurista – na transmissão ao novo credor das garantias acessórias ao crédito.

8. Tanto por isso que a referência doutrinária (Caio Mário) é feita à transferência da denominada qualidade creditória ao cessionário, em recebendo apenas o crédito em cessão, que passa, então, a revesti-lo diante do devedor, o que importa – sem ser necessária a própria cessão do contrato – em outorgar ao novo titular do haver aquilo que ornava o crédito na sua origem.

9. Contudo, para verificar se a contradição, surpreendida na Resolução 2.493, é meramente aparente ou se o Banco Central pretendeu, com efeito, tratar de cessão de contratos e não de pura cessão de crédito, importaria distinguir um e outro instituto jurídico.

10. Leciona, nesse sentido, Antônio da Silva Cabral (*Cessão de Contratos*, pp. 1.157-1.158) que as diferenças entre cessão de crédito e cessão de contrato devem ser reconhecidas em dois tópicos fundamentais:

"(*a*) naquela (cessão de crédito) a *relação contratual básica permanece sempre entre os contratantes primitivos*, embora um ou mais créditos sejam cedidos para terceiros, e

"(*b*) a *cessão de crédito*, embora transfira ao *cessionário* os *elementos ativos* constantes do contrato e relativos ao cedente, em sua posição diante do cedido, *não cria novas obrigações* para o cessionário em relação ao cedido, e nem chega a *alterar as obrigações* por este assumidas (nossos grifos).

11. Em conclusão, sumaria o autor citado que, na *cessão de créditos*, uma parte só é *substituída* por outra no tocante aos créditos transferidos, mas *continua parte no contrato primitivo* enquanto na *cessão de contratos* ao contrário, o *cedente se retira* deste ocupando o seu lugar um terceiro. (ng)

12. Na jurisprudência, o entendimento pretoriano não destoa dessa assertiva, conferindo-se ementa de v. acórdão do E. Tribunal de Justiça de São Paulo (ap. civ. 1.039-4): "*Contrato – Cessão de crédito – Diferenciação de cessão de contrato – Rescisão contratual – Legitimidade do cedente para propô-la*. Na cessão de créditos uma parte só é substituída por outra no tocante aos créditos transferidos, mas continua parte no contrato primitivo" (grifos do original).

13. Nessa inteligência, denota-se que a menção isolada, constante do inc. III do art. 2º da Resolução 2.493, a nosso ver, não logra infirmar o escopo do normativo, voltado – como se frisou – à cessão de créditos, tendo a referência anotada, a serventia de afiançar a transmissão ao cessionário dos contratos, títulos, instrumentos e garantias necessários a sua execução.

14. Na senda da doutrina e da jurisprudência, essa transferência é, digamos, ínsita à chamada qualidade creditória que passa a exornar o novo titular do crédito (o cessionário) transmitida que é, na cessão, pelo credor primitivo.

15. Uma pergunta complementar surge como derivada da questão principal em foco: conceituada a securitização de recebíveis, em termos jurídicos, como simples cessão de crédito, não se dando, portanto, a transferência de contrato, como noção de vínculo obrigacional à securitizadora diante do devedor, pode-se indagar, adicionalmente: quais os efeitos desses conceitos para a operação de securitização, como descrita na Resolução 2.493?

16. Os efeitos são, a nosso ver, positivos e negativos a um só tempo. Positivos, em relação à posição do cessionário, não sendo instituição financeira, perante o devedor, à exata medida em que, se temos apenas uma cessão de crédito, não há que se questionar os eventuais privilégios que competiam ao credor original da obrigação, vale dizer, exigência de encargos além dos estipulados na conhecida Lei de Usura; aplicabilidade da chamada comissão de permanência; imposição de cláusula penal moratória e outros, pois – inexistindo cessão de contrato – a relação jurídica primeva conserva-se entre a instituição financeira (cedente) e o devedor.

17. O efeito negativo, que se pode trazer à colação, nasce, ao nosso sentir, da separação patrimonial exigida pelo procedimento de securitização, isto é, distinguindo perfeitamente o crédito cedido de seu originador, de tal sorte que o cedente de qualquer forma não possa contaminar o crédito, seja mercê de atos contemporâneos à cessão, seja por atos futuros.

18. Nesse prisma, quando o E. Tribunal de Justiça, no v. acórdão referido, menciona a legitimidade do cedente para propor a rescisão de ajuste contratual, em face de ter ocorrido tão-somente a cessão do crédito, esbarra-se com um óbice ao efeito de separação patrimonial, antes aludido, como marca distintiva da securitização.

19. Sem embargo dessa legitimação, tirada a partir do v. decisório, é de ver-se que a manutenção teórica (em termos de posição jurídica, dir-se-ia) do credor original em face do Contrato Financeiro, *latu sensu*, do qual tenha decorrido cessão de crédito, pois inexistirá – como visto – a figura da cessão do contrato, não parece implicar circunstância agravante à securitização, mormente porque não militam razões ponderáveis, nessa espécie de ajuste, para que o cedente venha a resili-lo em qualquer circunstância.

20. Ora, e já se disse alhures, os contratos no âmbito do sistema financeiro, quase sempre na modalidade por adesão, constituem-se em pactos *sui generis*, no sentido de que a única obrigação da parte credora (aqui, o originador do crédito) é perfazer a entrega dos recursos monetários à outra parte, financiado ou devedor, obrigação essa que é cumprida incontinenti; assim, nessa medida, os casos possíveis de resilição se estreitam, podendo-se dizer até inexistentes, desde que não se sujeitam ao arrependimento das partes contratantes e – particularmente diante da cessão – o eventual inadimplemento do devedor, como possível causa rescisória, não afeta o credor original (cedente) o qual não responderá perante o cessionário, em termos de coobrigação.

21. Aliás, a própria Resolução 2.394, em tratando da securitização de recebíveis, oriundos do mercado financeiro, veda a oferta de garantia de coobrigação do cedente, em face dos créditos cedidos, o que, de certo modo, elimina a única possibilidade de rescisão do ajuste (ou a mais relevante) por iniciativa própria do cedente.

22. Em conclusão, não nos parece que, situando-se o procedimento de securitização – como pensamos ter demonstrado – na categoria dos atos de cessão de crédito e não de cessão de contratos, ainda assim, não se cria, *ex facto*, qualquer restrição ou ônus mais importante nas relações cedente e cessionário.

Janeiro de 1999

DO ACESSO AOS LIVROS SOCIETÁRIOS

Notas para uma interpretação sistemática e teleológica do § 1º do art. 100 da Lei de S/A

NELSON CÂNDIDO MOTTA

1. Até a expedição da Lei 9.457/97, que alterou dispositivos da Lei de Sociedades Anônimas, o § 1º do art. 100 desse diploma legal vigorava com a redação seguinte: "A qualquer pessoa serão dadas certidões dos assentamentos constantes dos livros mencionados nos ns. I a IV, e por eles a companhia poderá cobrar o custo do serviço".

2. Visando definir e orientar a interpretação desse dispositivo a Comissão de Valores Mobiliários editou, em setembro de 1996, o Parecer de Orientação CVM 30/96, sustentando que a lei distinguiria, dentre os denominados "Livros Societários", aqueles que teriam "caráter de registro público" (os Livros de Registro e o de Transferência de Ações, os de Registro e o de Transferência de Partes Beneficiárias, além do Livro de Atas das Assembléias-Gerais). E baseava esse entendimento no enunciado do parágrafo único do art. 103, segundo o qual as dúvidas suscitadas a respeito dos assentamentos constantes de tais livros "serão dirimidas pelo juiz competente para solucionar as dúvidas levantadas pelos oficiais dos registros públicos, excetuadas as questões atinentes à substância do direito".

3. A partir de tais premissas a CVM estabeleceu, nesse "Parecer de Orientação":

a) que a lei não impunha nenhum condicionamento à obtenção, por qualquer pessoa, acionistas ou terceiros, de certidões dos assentamentos constantes dos livros sociais indicados nos incs. de I a IV do art. 100; e,

b) que, entretanto, a companhia não estaria obrigada a fornecer a qualquer interessado o endereço dos acionistas, ou quaisquer outros dados cadastrais porventura constantes dos seus livros.

4. Temos para nós que, a despeito dessa prudente ressalva, a CVM se ateve à literalidade do texto para admitir uma interpretação por demais extensiva e abrangente da faculdade de qualquer interessado, acionista ou não acionista, independentemente de motivação legítima, econômica ou moral, ter acesso amplo e irrestrito – para usar ou talvez abusar – à totalidade das informações constantes dos referidos livros.

5. Caso houvesse optado por uma interpretação sistemática e teleológica do texto legal, e levasse em conta, notadamente, as pré-condições estabelecidas pelo art. 105 da Lei de S/A, certamente a CVM não iria admitir – como de fato já admitiu – que, por via oblíqua, pudesse ser obtida, por qualquer pessoa, medida equivalente à exibição, por inteiro, de determinados livros das companhias, para cuja obtenção, por via direta, e mediante ordem judicial, a lei exige que *os próprios acionistas*, representando no mínimo 5% do capital social, aleguem motivação relevante, apontando "atos violadores da lei ou do estatuto, ou haja fundada suspeita de graves irregularidades praticadas por qualquer dos órgãos da companhia".

6. A Lei 9.457/97, ao reformular o § 1º do art. 100 da Lei 6.404/76, por isso mesmo, há de ser entendida, especificamente quanto a esse dispositivo, como provisão de caráter interpretativo, ao estabelecer que "a qualquer pessoa, desde que se destinem à defesa de direitos e esclarecimento de situações de interesse pessoal ou dos acionistas ou do mercado de valores mobiliários, serão dadas certidões dos assentamentos constantes dos livros mencionados nos incs. de I a III, e por elas a companhia poderá cobrar o custo dos serviços, cabendo do indeferimento do pedido, recurso à Comissão de Valores Mobiliários".

7. A partir desse novo enunciado da regra legal, o pedido de certidões, feito por qualquer pessoa, acionista ou não, há de ser motivado e, obviamente, não poderá consistir numa invasão ilimitada e irrestrita dos livros sociais, mas apenas no acesso a informações pertinentes e necessárias para os fins e efeitos alegados pelos interessados, incumbindo à CVM velar pela correta e razoável aplicação dessa disposição legal. Atendidas as condições explicitadas nesse texto, e conciliada a sua interpretação com os limites fixados no art. 105, não mais serão admissíveis pleitos abusivos, como aqueles – anteriormente acolhidos pela CVM – de deferir-se a obtenção imotivada, por qualquer interessado, não acionista, de certidões de *todos os assentamentos constantes de alguns dos referidos livros societários* de um grupo de sociedades.

8. Sustentamos, ademais, que o § 1º do art. 100 da Lei de S/A, com a redação que lhe foi dada pela Lei 9.457/97, tem eficácia imediata, com base nas considerações abaixo desdobradas.

9. Conforme ensina com clareza e autoridade o insigne jurista Francisco Campos: "A Constituição não determina, com efeito, que a lei não deva ser retroativa. O que ela prescreve é que a lei não poderá retroagir em prejuízo do direito adquirido, do ato jurídico perfeito ou da coisa julgada" (cf. *Direito Administrativo*, v. II, p. 12).

10. A garantia inscrita no inc. XXXVI do art. 5º da Constituição Federal – a partir desse entendimento – estaria reiterando o princípio inscrito no art. 6º do Código Civil: "A lei em vigor terá efeito imediato e geral, respeitados o ato jurídico perfeito, o direito adquirido e a coisa julgada".

11. Portanto, quando a lei nova não fere nem prejudica direitos, respeita e não ofende o ato jurídico perfeito ou a coisa julgada, o seu efeito será imediato e geral. Dependendo, pois, da qualificação que se deva atribuir a determinada situação jurídica, a lei nova terá ou não aplicação imediata e geral.

12. À toda evidência a norma constante do § 1º do art. 100 se inclui entre aquelas disposições da Lei de S/A que têm natureza institucional ou estatutária, porque regem situações e procedimentos de caráter genérico e impessoal, sem qualquer efeito sobre as relações de índole contratual, que porventura hajam sido constituídas e convencionadas entre os sócios, e das quais resultam direitos e obrigações de efeitos patrimoniais. Conforme já de início demonstrado, os assentamentos constantes dos livros societários, indicados nos incs. de I a III do art. 100, têm a natureza de registro público, e portanto as leis que disponham sobre essa matéria têm, necessariamente, efeito imediato e geral.

13. Juristas eminentes, como Eizirik, Barros Leães, Wald, Carvalhosa e outros, têm sustentado que, mesmo no caso das modificações introduzidas no regime patrimonial das ações preferenciais (art. 17) a lei nova tem vigência imediata. A própria CVM, através de manifestações SEP, já se pronunciou no mesmo sentido.

14. Ainda que divergindo da latitude desse entendimento em relação aos chamados direitos patrimoniais – que a nosso ver não poderiam ser alcançados pela nova sistemática do art. 17 (que afeta e atinge direitos adquiridos de natureza patrimonial dos titulares de ações ordinárias e de ações preferenciais com direito a dividendos mínimos) –, temos para nós, como certo e indubitável, que a nova redação do § 1º do art. 100, porque trata de matéria de caráter funcional e estatutário (por oposição à matéria de caráter contratual) tem vigência imediata.

15. A doutrina de fato distingue, no âmbito das sociedades anônimas, os direitos de índole contratual, que são direitos individuais, de conotação patrimonial, dos chamados direitos estatutários, que têm natureza institucional. Classificam-se entre os primeiros, isto é, entre os direitos de índole contratual, aqueles que podem ser livremente convencionados entre os sócios, tais como o de participar, nas proporções ajustadas, do lucros bem como do acervo líquido no caso de liquidação da companhia. Entre os segundos, ou seja, entre os direitos de natureza estatutária (ou funcional, ou institucional) se classificam aqueles direitos atribuídos aos sócios ou a terceiros, que independem de convenção entre eles, tais como os de participar das assembléias gerais, de exercer a preferência legal ou de ter acesso, nas condições previstas na lei, aos assentamentos constantes dos livros sociais etc. já que os direitos ditos de natureza funcional são aqueles estabelecidos pela lei, de modo uniforme e imperativo para as companhias em geral.

16. Enquanto os direitos ditos contratuais, porque têm natureza patrimonial, geram "direitos adquiridos" e geralmente configuram "atos jurídicos perfeitos", os outros, os direitos qualificados como estatutários ou funcionais, têm a sua efetividade e eficácia subordinadas à vigência imediata e geral da lei nova que sobre eles disponha.

17. Dessa substancial diferença entre direitos contratuais de natureza patrimonial e direitos estatutários de natureza institucional resulta que, em relação aos primeiros, a lei nova cede diante do direito adquirido e do ato jurídico perfeitos, enquanto em relação aos segundos a lei nova, que disponha sobre procedimentos ou matérias de interesse geral, tem aplicação imediata.

Concluindo:

o § 1º do art. 100 da Lei de Sociedades Anônimas, com o enunciado que lhe foi dado pela Lei 9.457/97 tem vigência imediata e geral, a partir de 6 de junho de 1997.

APLICAÇÃO EXTRATERRITORIAL DA LEI ANTITRUSTE

Lior Pinsky

1. Introdução. 2. Território e soberania. 3. Leis extraterritoriais em geral. 4. Direito antitruste extraterritorial: 4.1 Estados Unidos; 4.2 Comunidade Européia; 4.3 Brasil. 5. Tratados internacionais. 6. Conclusões. Bibliografia.

1. Introdução

A aplicação extraterritorial de leis nacionais a fatos ocorridos em países estrangeiros já não é nenhuma novidade, ocorrendo com razoável freqüência, principalmente no campo do direito concorrencial (ou direito antitruste).[1] É assunto extremamente complexo e que vem suscitando apaixonadas discussões, entre os que a defendem e os que a condenam.

Como será visto, existe no direito positivo brasileiro um dispositivo que permite a aplicação extraterritorial de nossa lei antitruste. Entretanto, muito pouco já se discutiu a respeito. O presente trabalho pretende, respeitadas as suas limitações, ajudar a suprir tal lacuna. Aqui tentaremos apresentar a possibilidade e os limites da aplicação extraterritorial, pelo Brasil, de sua lei antitruste.

Para tanto, serão primeiramente analisados os conceitos de soberania e território. Após, averiguaremos as hipóteses em que o direito internacional admite a aplicação extraterritorial de leis. Então, passaremos à análise do direito extraterritorial antitruste – justificativa, evolução histórica e situação atual (inclusive no Brasil). Em seguida, abordaremos a utilização de tratados internacionais para "substituir" a aplicação extraterritorial. Finalmente, apresentaremos nossas conclusões.

2. Território e soberania

Para a compreensão do assunto objeto deste trabalho, fazem-se necessárias algumas linhas sobre dois conceitos político-jurídicos importantes, intimamente ligados, que são território e soberania. Vamos a eles.

A aplicação extraterritorial de leis pressupõe que leis nacionais sejam aplicadas fora de seus limites territoriais. A noção de território não é una. Paul Reuter[2] defende a teoria do território-competência: "Le territoire est un espace limité dans lequel l'État exerce des compétences, en principle

1. Um e outro termo serão usados, indistintamente, neste trabalho, e devem ser considerados sinônimos.

2. *Droit International Public*, p. 101.

générales et exclusives". Celso D. de A. Mello[3] define território como o local "onde o Estado exerce sua soberania". É a teoria da soberania territorial, mais recente que a anterior.

E o que é soberania? Os Estados independentes (inclusive o Brasil) possuem uma qualidade peculiar, reconhecida pelos demais Estados, que é serem Estados soberanos. Nesse sentido o art. 1º, I, da nossa Constituição Federal. Soberania é a racionalização jurídica do poder político. Este conceito experimentou uma evolução significativa ao longo da história das idéias. Seu significado, que já foi o de monopólio de determinados poderes pelo soberano,[4] hoje em dia se encontra esvaziado, principalmente pela colaboração internacional e pela criação de órgãos supranacionais.[5] Alguns autores a qualificam de "conceito meramente formal".[6]

Mesmo assim, a soberania ainda compreende o direito à igualdade jurídica, o direito à integridade territorial, o direito à liberdade, o direito à independência política, e o direito que cada nação soberana possui de escolher e desenvolver livremente seu sistema político, social, econômico, cultural e de determinar suas leis e regulamentos.[7]

3. *Curso de Direito Internacional Público*, pp. 791-794.

4. Como o de decidir acerca da guerra e da paz, de nomear chefes militares e magistrados, emitir moeda, suspender impostos, conceder indultos e anistias e julgar em última instância. Ver a esse respeito a clássica obra de Jean Bodin, *Les Six Livres de la République*, *apud* Nicola Matteucci, verbete "Soberania" em Bobbio, Matteucci e Pasquino, *Dicionário de Política*.

5. Esse enfraquecimento da soberania não é novidade – as constituições democráticas já haviam "enfraquecido" a significação da soberania, por instituir direitos invioláveis ou fundamentais dos cidadãos. Sobre a evolução do conceito e seu significado, v. Nicola Matteucci, ob. e loc. cits.

6. Celso D. de A. Mello, *Direito ...*, p. 121.

7. Cf. ata final da *Conferência Sobre a Segurança e a Cooperação da Europa* (Helsinki, 1975), *apud* Celso D. de A. Mello, ob. e loc. cits.

3. Leis extraterritoriais em geral

Definidos os conceitos de território e soberania, passemos agora à análise das leis com aplicação extraterritorial.

Em princípio, a lei de um país é aplicável somente dentro de seu território. Isto ocorre porque todos os Estados são iguais e nenhum pode impor qualquer coisa a outro. Ou seja, pois respeita-se, ainda, a soberania externa dos Estados.

Nem sempre é assim. Em determinadas situações, o direito internacional admite que a lei de um país se aplique a fatos ocorridos em outro, *independentemente de qualquer condição subjetiva do agente* a quem a lei se dirige.

O mais óbvio dos exemplos está no direito penal. Embora a regra geral seja a aplicação do princípio da competência territorial (o delito deve ser punido no território do Estado em que foi praticado), existe também o princípio da competência real, ou da defesa, aplicado em casos especiais. Por este princípio, o que determina a aplicação da lei penal é a nacionalidade do bem atingido pela ação delituosa, não importando onde ela seja praticada nem a nacionalidade do agente. Assim, "procura-se suprir lacunas (...) na tutela de bens ou interesses de especial relevância para o Estado".[8]

O art. 7º do Código Penal brasileiro determina a aplicação da nossa lei penal a certos fatos praticados no estrangeiro. Crimes contra a vida ou a liberdade do Presidente da República, e crimes contra o patrimônio ou a fé pública da União, que são considerados pelo nosso direito positivo como de especial relevância, são regidos pela lei brasileira. Pouco importa a nacionalidade do agente, o local da prática do ato e outras circunstâncias.

Não nos parece que a aplicação extraterritorial de determinadas leis extrema-

8. Heleno Cláudio Fragoso, *Lições de Direito Penal*.

mente importantes fira o conteúdo da soberania. Pelo contrário, só a fortalece. E não nos parece razoável que qualquer nação se oponha a esta aplicação extraterritorial. O problema surge quando se pretende aplicar, extraterritorialmente, leis com interesses prevalentemente econômicos, como as leis antitruste. Sobre isso falaremos nos tópicos seguintes.

4. Direito antitruste extraterritorial

No início, as legislações antitruste em geral só consideravam ilícitos antitruste os atos ocorridos dentro do seu país.[9] Com o tempo, ficou claro que uma ação ou omissão de um cidadão de um país poderia ter efeitos fora deste local. Isso se agrava pelo fato de que as legislações antitruste nacionais têm natureza protecionista ou *egoísta* – só se preocupam realmente com os mercados nacionais (ou com exportadores nacionais).[10-11]

Assim, de nada adiantaria regular internamente os mercados, se alguém neles pudesse influir externamente, e impunemente.

A aplicação extraterritorial da lei antitruste (ou algo que tenha o resultado pretendido por tal aplicação) é indispensável, por pelo menos três motivos:[12]

(*a*) uma doutrina que a negasse poderia acarretar na criação de *paraísos anticoncorrenciais* – países com legislação antitruste inexistente ou amena, de onde poderiam ser efetuadas práticas destruidoras da concorrência, visando outras nações;

(*b*) mesmo que todos os países tivessem leis antitruste, as decisões de um país tendem a ser menos rigorosas quando o impacto é sentido total ou predominantemente no exterior; e

9. Ver caso *American Banana* abaixo.

10. Não poderia ser diferente. A aplicação efetiva do direito antitruste promove a distribuição de riquezas com o objetivo de se aumentar a igualdade em uma nação (Lester C. Thurow, *The Future* ..., p. 245). Ou seja, a ausência de comportamentos e estruturas proibidos ou controlados por leis antitruste acarreta uma má distribuição de recursos. Em uma situação de monopólio, p. ex., ocorre com freqüência transferência indevida de recursos dos consumidores para o monopolista já que, pela teoria econômica, o preço maximizador de lucros (*profit maximizing price*) monopolista é maior do que em um mercado competitivo. O egoísmo da lei antitruste fica claro quando a riqueza nacional é transferida para outro país. Nenhum homem público (sério) pode admitir tal transferência, a não ser em situações onde isto seja estritamente necessário. Assim, a política antitruste de um país tende a ser protecionista, ou seja, visa a proteger os interesses do próprio país, às vezes contrários aos interesses de outro. V., tb., nota 43, abaixo.

11. Os exemplos são inúmeros. Os Estados Unidos têm entendido que a sua lei antitruste não se aplica a atos praticados em seu território que visem apenas outros países. A *Webb-Pomerene Act* isenta das práticas e punições previstas no *Sherman Act* as companhias formadas com o objetivo de praticarem apenas o comércio exterior, obedecidas as seguintes condições: "the export association's not being in restraint of trade within the United States, not restraining the export trade of any of its domestic competitors, and not acting so as to artificially or intentionally affect prices within the United States or substantially lessen competition therein". Na UE, o art. 85 do Tratado de Roma adota apenas a teoria dos efeitos, ou seja, atos combatidos pela legislação antitruste, praticados dentro de um país da comunidade econômica mas que produza efeitos exclusivamente fora dela, não serão punidos pelas leis da UE. O direito concorrencial francês, igualmente, "ne s'applique pas en principle à des accords destinés à l'étranger, (...) alors même que les parties à l'accord sont domiciliées en France" (Marie Malaurie-Vignal, *Droit Interne* ..., p. 23).

12. Há também os que defendem a aplicação extraterritorial da lei antitruste para evitar que práticas feitas de acordo com a chamada *intra-enterprise conspiracy doctrine* sejam poupadas de controle antitruste. Tal doutrina, cujo *leading case* nos Estados Unidos foi *United States v. General Motors Corp.* (121 F.2d 376, 7th Cir. 1941), pretende que atos anticoncorrenciais praticados entre controladora e controlada e entre duas controladas de uma mesma controladora sejam caracterizados como ilícitos antitruste nos termos da Seção 1 do *Sherman Act* (que proíbe, entre outras coisas, *conspiracies in restraint of trade*). A orientação da Corte Suprema daquele país foi modificada com o caso *Copperweld Corp. v. Independence Tube Corp.* (467 US 752, 1984), que fixou que companhias e suas subsidiárias integrais são incapazes de conspirar nos termos proibidos pela Seção 1 do *Sherman Act*. Sobre o assunto, ver artigo de Bernard Kishoiyan, "The intra-enterprise ...".

(*c*) os países têm visões diferentes da forma de aplicação da legislação antitruste.[13]

Como veremos, deverá ocorrer a aplicação extraterritorial sempre que os efeitos de um ato proibido ou controlado pela legislação antitruste de um país sejam *sentidos* naquele país. Assim, deverá ser aplicada tanto em face de *condutas* ilícitas (p. ex., divisão de mercados) como de *estruturas* indesejadas (como a decorrente da fusão de duas competidoras, resultando num quase monopólio).

A aplicação extraterritorial do direito antitruste vem experimentando importantes evoluções, em um curto espaço de tempo. Vejamos:

4.1 Estados Unidos

Os Estados Unidos da América são o país com o mais farto material sobre o objeto deste estudo. O caso precursor nessa matéria, *American Banana Co. v. United Fruit Co.*,[14] julgado pela Corte Suprema norte-americana, negou a jurisdição extraterritorial pretendida. O Juiz Holmes, em famoso voto, afirmou que "a regra geral, quase universal, é de que o julgamento de um ato como legal ou ilegal deve ser determinado totalmente pela lei do país onde tal ato foi praticado". Como os atos do réu não eram ilegais face à lei do Panamá ou da Costa Rica, não eram ilegais.

Tal opinião da *Supreme Court* norte-americana permaneceu inconteste até 1945. É desse ano o *leading case* favorável à aplicação extraterritorial da legislação antitruste: *United States v. Aluminum Co. of America* (*Alcoa*).[15]

Em *Alcoa*, algumas fabricantes de alumínio foram acusadas de dividir o mercado mundial de matérias-primas e alumínio pronto. A opinião do Juiz Learned Hand, radicalmente contrária à decisão em *American Banana*, foi de que "it is settled law that any state may impose liabilities, even upon persons not within its allegiance, for conduct outside its borders that has *consequences* within its borders which the state reprehends; and these liabilities other states will ordinarily recognize" (grifamos). Evidentemente, as demais nações não concordaram com o magistrado e protestaram contra essa amplíssima orientação que, não obstante, foi seguida em decisões posteriores de cortes norte-americanas.

A jurisdição praticamente irrestrita prevista em *Alcoa* continuou sendo usada por um razoável período de tempo, com maior ou menor intensidade.[16] Em 1965, com a edição do *Restatement (Second) of the Foreign Relations Law of the United States*, determinou-se que os efeitos nos EUA deveriam ser substanciais e o resultado direto e previsível da conduta praticada fora do território. A doutrina exposta neste *Restatement* deu margem à criação da doutrina do *interest balancing*, que será analisada abaixo. Ainda assim, muitos países e seus tribunais não consideravam as decisões americanas justificadas. Causava especial revolta o fato de que condutas legítimas em determinados países soberanos eram proibidas pela legislação dos Estados Unidos. Contribuía para aumentar a indignação (*a*) o fato de que, nos Estados Unidos, são devidas a título de sucumbência em ações antitruste privadas perdas e da-

13. No Japão, p. ex., a existência do poder econômico é mais tolerada. Estima-se que seis grupos econômicos controlem 60% da economia japonesa. Para a doutrina, "o sucesso econômico das empresas japonesas é imputável e imputado em grande parte à visão menos ortodoxa de direito concorrencial ali vigente" (Calixto Salomão Filho, *Direito Concorrencial* ..., p. 36).

14. 213 US 347, 1909.

15. 148 F.2d 416 (2nd Circ. 1945).

16. Na década de 50, o Departamento de Justiça dos EUA começou a promover uma série de ações antitruste de âmbito extraterritorial. Os demais países não aceitaram esta ampla jurisdição mundial que os americanos acreditavam ter, e usaram de várias táticas para exprimir sua insatisfação, como ameaça de recorrer à Corte de Justiça Internacional e decisões judiciais proibindo a parte de cumprir com as ordens das cortes norte-americanas.

nos triplicadas (*treble damages*); e (*b*) a amplitude de documentos requerida, o tempo e os gastos incorridos pelos que se encontravam na posição de réus em ações antitruste nos Estados Unidos.

A orientação de *Alcoa* só saiu definitivamente de cena com o desenvolvimento das *comity considerations*,[17] doutrina esta que teve clara e pioneira exposição em *Timberlane Lumber Co. v. Bank of America National Trust & Savings Association (Timberlane)*.[18] Neste caso, a Corte do Nono Circuito critica a teoria dos efeitos definida em *Alcoa* pois "it fails to consider other nations' interests and fails to take into account the relationship between the actors involved and the United States".

A doutrina dos *comity considerations* lista três exigências para que haja a aplicação extraterritorial: (i) o ato deve ter produzido (ou ter tentado produzir) efeitos no comércio exterior dos EUA; (ii) o ato deve ser de espécie e magnitude para ser caracterizado como uma violação ao *Sherman Act*; e (iii) a jurisdição extraterritorial dos Estados Unidos deve ser considerada como suficiente para incluir tal violação.[19]

A decisão de *Timberlane* também firmou a doutrina do balanço de interesses (*interest balancing*), nos seguintes termos "at some point the interests of the United States are too weak and the foreign harmony incentive for restraint too strong to justify an extraterritorial assertion of jurisdiction".

Essa orientação, embora já bastante mais amena que a anterior, não está a salvo de críticas. A decisão de aplicar ou não leis nacionais extraterritorialmente não deve ser uma tarefa do poder judiciário (os juízes não têm sido suficientemente objetivos em suas análises, tendendo a dar maior peso aos interesses domésticos que aos demais interesses). Ainda, a imposição de critérios subjetivos para a determinação da aplicação extraterritorial provoca muita incerteza.[20]

Insatisfeitos com as decisões norte-americanas (consideradas um abuso de jurisdição), os demais países (especialmente os da Europa ocidental) elaboraram reações, de duas espécies. De um lado, os tribunais locais se recusavam a dar assistência às cortes norte-americanas, ou se recusavam a executar as decisões dessas cortes em ações antitruste. De outro, os respectivos legislativos editavam leis contra essas decisões, tanto do tipo *clawback* (que permitiam a réus condenados por *troble damages* recuperar tais valores em seus países, executando para tanto bens do autor da ação), quanto do tipo *bloching* (que dificultavam ou tornavam ilegal ser testemunha, obter documentos ou executar julgamentos por *treble damages* de outros países). Assim, p. ex., o Reino Unido promulgou em 1980 o *Protection of Trading Interests Act*, determinando, entre outras medi-

17. *Comity* (deferência, favor, cortesia) tem sido definido como "o reconhecimento que uma nação dá aos atos do executivo, do legislativo ou do judiciário de outra nação, em seu território, com respeito às obrigações e conveniências internacionais, e aos direitos de seus próprios cidadãos ou de outras pessoas que estão sob a proteção de suas leis" (v. *Hilton v. Guyot*, 159 US 113, 163-64, 1895).

18. 549 F.2d 597 (9th Circuit 1976). Sustentou-se perante o tribunal que o Bank of America, através de diversas manobras de empresas a ele ligadas, prejudicara a obtenção, em Honduras, de madeira para exportação, para o que haviam contribuído, entre outros, atos das autoridades panamenhas como o confisco de madeira.

19. Os fatores a serem pesados para definir esta terceira exigência seriam (i) o grau de conflito com a lei ou política antitruste estrangeira; (ii) a nacionalidade e jurisdição das partes e a localização das empresas; (iii) a probabilidade da punição de cada país envolvido ser efetivamente cumprida; (iv) o significado relativo dos efeitos nos EUA em comparação com os efeitos em outros lugares; (v) a existência ou não de propósitos explícitos de prejudicar ou afetar o comércio dos EUA; (vi) a previsibilidade (*foreseability*) desses efeitos; e (vii) a importância relativa das violações nos EUA comparadas com as condutas fora do país.

20. V. Robertson e Demetriou, "The extraterritorial ...", *International and Comparative Law Quarterly* 43/417.

das, que "decisões prolatadas no estrangeiro que prevejam perdas e danos múltiplos não são executáveis no Reino Unido". A França foi além, promulgando uma lei que considera ilícito penal a entrega de documentos relativos a assuntos comerciais ou técnicos para uso em julgamentos no estrangeiro, exceto aqueles julgamentos autorizados por tratados internacionais.[21]

Mesmo assim, o *Restatement (Third) of the Foreign Relations Law of the United States*, de 1987, tomou um rumo diferente, mais duro que o anterior, dizendo que "a State is said to have jurisdiction to prescribe law with respect to conduct outside its territory that has or is intended to have substantial effect within its territory". A competência jurisdicional, no entanto, fica proibida se não for razoável.[22]

Dentre as decisões mais recentes, uma das mais importantes é o caso *Hartford Fire Ins. Co. v. California*[23-24] (conhecido por *Insurance Antitrust Case*). A decisão da Suprema Corte americana foi bastante controvertida (cinco votos contra quatro). Para Herbert Hovenkamp, "o único objetivo do encontro dos réus foi o de regular a cobertura dos seguros para os Estados Unidos. Se houvesse algum efeito desse encontro, ele seria sentido apenas nos EUA".[25]

Os réus reconheceram que sua conduta tinha efeitos nos EUA, e não negaram que tais efeitos eram diretos e substanciais. No entanto, argumentaram eles que tal conduta era permitida no seu país de origem, tendo eles agido em conformidade com um regime de regulação e auto-regulação apoiado pelo governo inglês.

O voto vencedor seguiu a argumentação do Juiz Stouter: "não há conflito quando uma pessoa sujeita a leis de dois países possa cumprir com as leis de ambos".[26-27] Os vencidos, dentre os quais o Juiz Scalia entendem que as leis devem normalmente ser aplicadas apenas na jurisdição territorial dos Estados Unidos, exceto quando transparecerem o contrário. Scalia criticou a conclusão de seus colegas, nos seguintes termos: "that breathtakingly broad proposition (...) will bring the Sherman Act and other laws into sharp and unnecessary conflict with the legimitate interests of (...) our closest trading partners".

A reação que se seguiu foi intensa. Muito se criticou a decisão. Sensíveis às

21. Lei 80.538, de 16.7.80.

22. Retirado de P. M. Roth (*Reasonable ...*, cit., p. 257).

23. S. Ct. 2.891, 1993.

24. Os réus, todos do ramo de seguros, estabelecidos em Londres, foram acusados de agir concertadamente, concordando em limitar a cobertura de vários *pollution damage claims* e, portanto, prejudicando indivíduos nos Estados Unidos. Os réus violaram a legislação antitruste norte-americana recusando, na Inglaterra, a oferecer resseguro a companhias americanas exceto naqueles termos que eles tinham conjuntamente acertado, prejudicando assim clientes americanos.

25. *Federal Antitrust ...*, p. 701.

26. Esta decisão é incompatível com orientação adotada pelos tribunais norte-americanos quando existe conflito entre a legislação antitruste federal e as leis e política de um Estado norte-americano (a chamada *State Action Doctrine*). Será conferida imunidade antitruste federal se atendidos dois critérios, fixados no caso *California Retail Liquor Dealers Association v. Midcal Aluminum Inc.(Midcal)* (447 US 97, 1980). O primeiro critério é o de que a decisão ou regulamentação estadual deve ser feita em conseqüência de uma política *expressa* e *definida* de substituição da competição pela regulamentação. É necessário ainda que seja atendido um segundo critério, qual seja de que haja supervisão, *ativa* e *constante*, do cumprimento de obrigações derivadas da regulamentação. Para uma exposição da *State Action Doctrine* em português, v. Calixto Salomão Filho, ob. cit., pp. 201-203.

27. Para Robertson e Demetriou (ob. e loc. cits.), o governo da Inglaterra estaria cumprindo as duas exigências da *State Action Doctrine* (ver nota acima). Concluem, então, que "US courts are prepared to grant immunity from Sherman Act proceedings under the State action immunity doctrine even in cases where it is perfectly possible to comply both with the Sherman Act and with the relevant State laws. That is to say, the Supreme Court has adopted a more generous definition of what constitutes a 'conflict' when faced with inconsistencies between federal and State law and policy than it has when faced with inconsistencies between US and foreign law and policy".

repercussões negativas, foi editado, em 1995, pelo Departamento de Justiça dos Estados Unidos e pela *Federal Trade Comission* (FTC)[28] um novo *Antitrust International Guidelines*, com orientação mais diplomática.

Segundo os *International Guidelines* de 1995, para saber se possui competência para investigar ou acionar, a agência deverá levar em conta se *interesses significativos* de qualquer país estão sendo afetados. Para determinar isto, todos os chamados fatores relevantes serão considerados, inclusive: (i) comparação da importância relativa das alegadas violações nos EUA e no estrangeiro; (ii) a nacionalidade e jurisdição das partes e a localização das empresas; (iii) a existência ou não de propósitos explícitos de prejudicar ou afetar o comércio dos EUA; (iv) comparação do significado relativo e da previsibilidade dos efeitos nos EUA e no estrangeiro; (v) a existência de expectativas razoáveis que seriam aumentadas ou diminuídas com a ação; (vi) o grau de conflito com a lei ou política econômica estrangeira; (vii) o efeito da ação nos EUA na repressão da conduta no exterior; e (viii) a efetividade da repressão no país estrangeiro.

A jurisprudência também vem avançando nessa matéria, com a recente conclusão de que como as condutas ocorridas no exterior devem ter seu impacto nos Estados Unidos avaliado para determinar se há competência sobre tal conduta, uma análise *per se* do ato não é apropriada.[29]

4.2 Comunidade Européia

Também na Comunidade Européia encontramos interessante material sobre a aplicação extraterritorial de leis antitruste, embora certamente em menor quantidade do que nos Estados Unidos. O Tratado de Roma (art. 85, § 1º) prevê a extraterritorialidade da lei de defesa da concorrência da União Européia.[30] A doutrina concorda, a princípio, com a aplicação extraterritorial.[31]

O caso *Wood-Pulp* (1988) foi o pioneiro nesta matéria na Europa. Vários produtores de celulose estabelecidos fora da Comunidade foram condenados pela Comissão pela utilização de práticas concertadas para fixar preços. A Comissão, para justificar sua competência, usou da teoria dos efeitos. Os produtores de celulose apelaram, sustentando não estarem sujeitos ao alcance territorial do art. 85 e que a teoria dos efeitos não era reconhecida nem pela lei da Comunidade nem pelo direito internacional. A Corte de Justiça da CEE condenou os réus, decidindo: "an infringment of article 85 consists of conduct made up by two elements, the formation of the agreement, decision or concerted practices and the *implementation* thereof. (...) The decisive factor is therefore the place where it [the agreement, decision or concerted practice] is *implemented*" (grifamos).

A "implementação" ocorre quando um fornecedor não pertencente à CEE vende diretamente a compradores da CEE, ou age concertadamente com respeito a preços na CEE e vende por tais preços. Esse critério da implementação não é livre de críticas. Até que ponto podemos considerar uma atitude omissiva como uma implementação?[32] Um acordo para não vender

28. Que são as agências federais responsáveis pela política antitruste nos Estados Unidos (no Brasil temos o CADE, a Secretaria de Direito Econômico-SDE e a Secretaria de Acompanhamento Econômico-SEAE).

29. Decisão da 9th Circuit US Court of Appeals em *Metro Industries, Inc. v. Sammi Corporation* 94-56180, 9th Circuit, US Court of Appeals (1996).

30. "1. The following shall be prohibited as incompatible with the common market: all agreements between undertakings, decision by associations of undertakings and concerted practices *which may affect trade between Member States* and which have as their object or effect the prevention, restriction or distortion of competition within the common market (...)".

31. Smit e Herzog, *The Law* ..., pp. 3-190.

32. O Dicionário Aurélio define *implementar* como "1. Dar execução a um plano, programa ou projeto; 2. Levar à pratica por meio de providências con-

dentro de um determinado território está sendo implementado nesse território? Será que a palavra "implementação" deve possuir o mesmo significado de "efeitos", palavra esta que a Corte de Justiça claramente evitou?

Para F. A. Mann, "os autores do Tratado [de Roma] conheciam a opinião dos europeus sobre os assim considerados 'excessos' norte-americanos. Não se pode dizer que eles quiseram se utilizar de uma prática por eles condenada".[33]

4.3 Brasil

A Lei 8.884, de 11.6.94, prevê a sua aplicação extraterritorial, abraçando a chamada teoria dos efeitos. Caso os efeitos do ato abusivo possam ser sentidos no Brasil,[34] a lei brasileira se aplica: "Art. 2º. Aplica-se esta Lei, sem prejuízo dos tratados e convenções de que seja signatário o Brasil, às práticas cometidas no todo ou em parte no Território Nacional ou que nele produzam ou possam produzir efeitos. Parágrafo único. Reputa-se situada no Território Nacional a empresa estrangeira que opere ou tenha no Brasil filial, agência, sucursal, escritório, estabelecimento, agente ou representante".

Nem sempre foi assim. As leis de defesa da concorrência anteriores (em especial a Lei 4.137/62), revogadas em 1994, não continham qualquer dispositivo expresso sobre a extraterritorialidade.

As pioneiras decisões do Conselho Administrativo de Defesa Econômica-CADE negavam a extraterritorialidade da lei antitruste brasileira.[35] Portanto, caso fosse praticado no exterior ato abusivo, entendia-se ser aplicável a lei estrangeira, pelo princípio da *lex loci delicti comissi*. Entretanto, o voto vencido desta mesma decisão já previa uma necessidade de aplicação mais abrangente da lei: "a companhia estrangeira, pelo fato de não possuir sede no Brasil, não pode deixar de responder, no foro federal, pelos atos jurídicos aqui praticados".

Em outra decisão administrativa o CADE entendeu que a Lei Antitruste se aplicava a pessoas jurídicas sediadas no exterior.[36] No entanto, não há decisões condenando empresas estrangeiras por práticas com efeitos no país. Isto, é óbvio, não ocorre em virtude da ausência de tais práticas. Como diz J. A. Estrella Faria,[37] "não se tem notícia de denúncias de práticas restritivas de empresas estrangeiras afetando o mercado nacional. É pouco crível que o Brasil tivesse sido graciosamente poupado delas".

A doutrina reconhece a extraterritorialidade. J. Gonzaga Franceschini[38] afirma que " [se] qualquer parcela da atividade do acusado ou qualquer efeito integrante do resultado da infração tenha se verificado no país, (...) pune-se aqui o delito todo". Segundo tal autor, a Lei 8.884/94 adotou a teoria da ubiqüidade. Já Fábio Ulhôa Coelho[39] afirma que o critério de incidência da legislação antitruste é o da territorialidade objetiva.

cretas". Parece-nos, assim, que a implementação requer a utilização de práticas comissivas.

33. "The public ...", *International and Comparative Law Quarterly* 38.

34. Aliás, os mais descuidados poderiam dizer, após uma interpretação literal do art. 2º, *caput*, que mesmo os atos praticados no Brasil e que não produzam efeitos aqui estão sujeitos à Lei 8.884/94. Ora, a adoção da teoria dos efeitos impede isto. Em primeiro lugar, por ter natureza protecionista e egoísta, não cabe à lei antitruste de uma nação defender os interesses de outras nações. Em segundo, porque poder-se-ia ter um conflito de competências (ou seja, o mesmo ato poderia estar sujeito à jurisdição e à legislação de dois ou mais países; nesse caso, qual legislação e qual jurisdição seria a aplicável?).

35. Processo de Averiguações Preliminares 55, de 29.10.75 (ementa 8, Franceschini e Franceschini, *Poder* ..., p. 23).

36. Processo de Averiguações Preliminares 80, de 4 .8.78, *Poder* ..., cit., ementa 45, p. 54.

37. "Aplicação ...", *Revista de Informação Legislativa* 105/46.

38. *Introdução* ..., p. 35.

39. *Direito* ..., pp. 7-8.

A aplicação extraterritorial de leis antitruste brasileiras a atos que ocorram no exterior, com efeitos no Brasil devem seguir alguns limites e princípios. Em primeiro lugar, os efeitos, sentidos no Brasil, decorrentes de atos praticados no exterior, devem ser ao menos relevantes. Se forem ínfimos, não serão punidos. Tal é a conclusão face ao princípio da insignificância do direito penal.[40] Se forem relevantes ou substanciais, aí sim haverá a punição.

Ainda, não devem ser aplicadas as penalidades previstas na lei brasileira caso os efeitos no Brasil, decorrentes do ato, eram *totalmente imprevisíveis*. Aqui também nos apoiamos em instituto de direito penal – não há o ilícito penal sem previsibilidade de seus efeitos.[41] Essa *exceção de imprevisibilidade* deve ser concedida com muita cautela, principalmente se levarmos em conta o tamanho e a força econômica das empresas normalmente envolvidas neste tipo de ilícito. Em outras palavras, deve-se levar em conta a presunção de que tais empresas foram devidamente assessoradas por profissionais competentes – por este motivo falamos em imprevisibilidade *absoluta*.

Além disso, por respeito ao direito que cada nação soberana possui de escolher e desenvolver livremente seu sistema econômico (como visto acima), a aplicação extraterritorial deve também levar em conta os interesses das outras nações, desde que isto não traga prejuízos significativos ao país. Tal avaliação deve ser a mais objetiva possível, preferencialmente de acordo com linhas mestras predefinidas, não só pelos que aplicam as nossas leis antitruste como também pelos responsáveis por nossas relações com as demais nações.

5. *Tratados internacionais*

O descontentamento de diversos países com relação à política estrangeira dos Estados Unidos, somado à promulgação de leis por parte destes países que eficientemente bloquearam a aplicação extraterritorial das leis antitruste americanas, incentivaram a negociação de acordos bilaterais. Tais acordos são de duas espécies: entre soberanos e entre agências, e tem como objeto, todos, regular a *cooperação* para a execução da legislação antitruste, no âmbito internacional.

Como exemplo dos acordos da primeira espécie citamos os acordos bilaterais para a execução de decisões em matéria antitruste firmados pelos Estados Unidos com países como a Alemanha, Austrália e Canadá. Além deles, há o acordo bilateral firmado em 1991 entre os EUA e a Comissão da CEE, que é dos mais abrangentes e que prevê, entre outras coisas, que uma parte deve notificar a outra quando suas agências de defesa da concorrência notarem que suas atividades possam afetar interesses significativos da outra parte. Além disso, se uma parte acreditar que atos anticompetitivos feitos no território de outra parte possam estar afetando seus interesses, poderá requerer que as agências de defesa da concorrência da parte usem de sua autoridade para reprimir o ato. O acordo prevê também a cooperação técnica entre as partes e a confidencialidade das informações submetidas à outra parte.

A FTC está autorizada, pelo *International Antitrust Enforcement Assistance*

40. O princípio da insignificância ou da bagatela (*geringfühskeits Prinzip*) dispõe que o direito penal não deve ocupar-se de bagatelas. A não repercussão do efeito na realidade objetiva desinteressa ao mundo jurídico, por ausência de prejuízo para o espaço relacional. Embora não esteja positivado "é fato da realidade, que se mensura pela lei natural".

Atos que tenham diminuta conseqüência "fazem presumir o desinteresse do Estado em mobilizar toda a sua complexa máquina judiciária (...) que levaria a um resultado desprezível do ponto de vista da repressão penal" (RHC 3.557-9, rel. Min. José Dantas, STJ, *RT* 705/381).

41. Conforme lição de Fragoso (ob. cit., p. 230), "para estabelecer a antijuridicidade é necessária a *previsibilidade objetiva* do resultado, ou seja, a possibilidade de previsão para uma pessoa razoável e prudente (*homo medius*)".

Act of 1994, a assinar acordos de cooperação antitruste mútua da segunda espécie, com governos ou órgãos governamentais estrangeiros. Tal lei prevê, entre outras coisas, que a FTC poderá conduzir uma investigação antitruste mesmo que a conduta investigada não viole as leis antitruste norte-americanas. Para a assinatura de um acordo nesses termos, é necessário que as autoridades do outro país assegurem que informações fornecidas pelos EUA serão mantidas em sigilo.

As virtudes destes acordos são indiscutíveis, mas nenhum de seus dispositivos impede que os países ou agências de defesa da concorrência da parte afetada usem de sua jurisdição extraterritorial para reprimir o ato. Portanto, é mais uma manifestação de boa-vontade do que a efetiva solução deste problema, já que nenhum país (e em especial os Estados Unidos) parece disposto a abrir mão de sua competência.

6. Conclusões

Embora seja pacífica, como vimos, a aplicação extraterritorial de determinadas leis consideradas extremamente importantes, não o é a aplicação extraterritorial de leis de defesa da concorrência. Não que tal ramo do direito não seja extremamente importante,[42] mas é onde interesses econômicos (muitas vezes conflitantes) estão envolvidos.[43]

O problema, assim como muitíssimos outros no direito internacional, está longe de uma solução. A pior delas é a aplicação irrestrita da extraterritorialidade para proteger interesses nacionais em detrimento da soberania dos demais países. A restrição na aplicação extraterritorial de leis é um caminho que deve ser seguido, como primeiro passo. A assinatura de acordos de cooperação é solução mais "diplomática" e tecnicamente mais interessante,[44] mas não resolve definitivamente o problema, já que o acordo de cooperação não exclui a competência extraterritorial.

A criação de tratados vinculantes (excluindo a competência extraterritorial) pode ser a solução definitiva, embora distante nas idéias políticas e diplomáticas em geral. Igualmente para a criação de uma corte internacional. As dúvidas ainda são muitas. Quem deve julgar? Representantes dos países envolvidos ou membros fixos de uma corte?

No Brasil, o que poderia (e deveria) ser feito é (*a*) o estabelecimento de *linhas mestras* para aplicação de nossa jurisdição extraterritorial, levando em conta os interesses dos outros países, e que autorizariam a aplicação apenas caso os efeitos no Brasil sejam relevantes ou substanciais e caso não fossem absolutamente imprevisíveis; e (*b*) a assinatura de tratados de cooperação (*executive agreements*) entre o CADE e

42. Entre nós, a defesa da concorrência mereceu inclusive menção na CF (art. 173, § 4º),e a livre concorrência é considerada, pela mesma Carta, como um dos princípios gerais da atividade econômica.

43. Como afirmou Lord Wilberforce na decisão do caso *Westinghouse Electric Corp.* ([1978] 1 Aller 448), "it is axiomatic that in antitrust matters the policy of one State may be to defend what is the policy of another State to attack". Como ex., citamos a fusão entre as companhias norte-americanas Boeing e McDonnell Douglas, anunciada no início de 1997. Tal operação, que concentrou a indústria de fabricantes de aviões civis, foi rapidamente aprovada pela FTC norte-americana, mas só foi aprovada pela Comissão Européia de Concorrência após a Boeing ter feito diversas concessões, dentre as quais não assinar contratos de fornecimento exclusivo com companhias aéreas e não aplicar cláusulas de exclusividade que tinha em contratos com algumas companhias americanas. Durante os quase 5 meses de controvérsia, o Comissário Europeu da Concorrência foi acusado, pelos norte-americanos, de estar defendendo interesses comerciais europeus (a principal concorrente da Boeing era a Airbus Industrie, um consórcio formado por companhias européias). O caso foi fartamente divulgado nos jornais à época de sua ocorrência (v., p. ex., matéria no jornal *O Estado de S. Paulo*, de 23.7.97).

44. A coleta de informações, inquirição de testemunhas e outras providências na instrução de um "processo antitruste" são mais simples, rápidas e menos onerosas se feitas por órgãos ou tribunais geograficamente mais próximos do suposto infrator.

agências de defesa da concorrência de outras nações,[45] visando mais bem delinear o problema do conflito de competências, nos termos dos firmados por agências congêneres.

Tais acordos teriam uma outra função, no atual momento ainda mais importante que a anterior. Poderiam, efetivamente, possibilitar aos órgãos de defesa da concorrência do Brasil processarem empresas estrangeiras por condutas feitas no estrangeiro e que afetaram o comércio nacional. Embora legalmente possível desde 1994, não se tem notícia de tal tipo de ação, certamente não por falta de atos ilícitos.

Cada vez mais empresas brasileiras são compradas por empresas estrangeiras. Cada vez mais o poder de decisão se desloca (normalmente, em direção ao norte). Cada vez mais estamos sujeitos a atos abusivos ou danosos à concorrência praticados no exterior. É oportuno que o Brasil se coloque em sintonia com os demais países na defesa de seus interesses, mediante a aplicação da nossa lei antitruste a quaisquer atos que possam afetar nossos mercados ou consumidores, mesmo que tais atos se realizem no exterior.

Bibliografia

COELHO, Fábio Ulhôa, *Direito Antitruste Brasileiro*, São Paulo, Saraiva, 1995.

ESTRELLA FARIA, J. Ângelo, "Aplicação extraterritorial do Direito da Concorrência", *Revista de Informação Legislativa* 105, 1990.

FRAGOSO, Heleno Cláudio, *Lições de Direito Penal*, Parte Geral, 10ª ed., Rio de Janeiro, Forense, 1986.

FRANCESCHINI, J. Inácio Gonzaga, *Introdução ao Direito da Concorrência*, São Paulo, Malheiros Editores, 1996.

_______ e FRANCESCHINI, J. L. Vicente de Azevedo, *Poder Econômico – Exercício e Abuso*, São Paulo, Ed. RT, 1985.

HOVENKAMP, Herbert, *Federal Antitrust Policy: the Law of Competition and its Practice*, St. Paul West, 1994.

KISHOIYAN, Bernard, "The intra-enterprise conspiracy doctrine in international business: a case for the extraterritorial application of antitrust law", in *Touro International Law Review* 6, 1995.

LOWENFELD, Andreas F., "Conflict, balancing of interests and the exercise of jurisdiction to prescribe. Reflections on the insurance antitrust case", in *American Journal of International Law* 89, n. 1, Lancaster, Lancaster Press, 1995.

MALAURIE-VIGNAL, Marie, *Droit Interne de la Concurrence*, Paris, Masson & Armand Colin Editéurs, 1996.

MANN, F. A., "The extremism of american extraterritorial jurisdiction", in *International and Comparative Law Quarterly* 39, part. 2, Glasgow, Bell and Bain Ltd., 1990.

_______. "The public international law of restrictive practices in the european court of justice", in *International and Comparative Law Quarterly* 38, part. 2, Glasgow, Bell and Bain Ltd., 1989.

MATTEUCCI, Nicola, verbete "Soberania", em Bobbio, Matteucci e Pasquino, *Dicionário de Política*, 5ª ed., Brasília, Ed. UnB.

MELLO, Celso D. de Albuquerque, *Curso de Direito Internacional Público*, 9ª ed., Rio de Janeiro, Renovar, 1992.

_______. *Direito Constitucional Internacional – Uma Introdução*, Rio de Janeiro, Renovar, 1994.

MUNDIYA, Tariq, "Extraterritorial injunctions against sovereign litigants in US Courts: the need for a *per se* rule", in *International and Comparative Law Quarterly* 44, part. 4, Glasgow, Bell and Bain Ltd., 1995.

REUTER, Paul, *Droit International Public*, Paris, Presses Universitaires de France, 1958.

ROBERTSON, Aidan e DEMETRIOU, Marie, "'But that was in another country ...': The extraterritorial application of US antitrust laws in the US Supreme Court", in *International and Comparative Law Quarterly* 43, part. 2, Glasgow, Bell and Bain Ltd., 1994.

45. Tais acordos prescindiriam da ratificação do Congresso. A Constituição Federal (arts. 84, VIII e 49, I, respectivamente) prevê que "compete privativamente ao Presidente da República celebrar tratados, convenções e atos internacionais, sujeitos a referendo do Congresso", e "é da competência exclusiva do Congresso Nacional resolver definitivamente sobre tratados, acordos ou atos internacionais que acarretem encargos ou compromissos gravosos ao patrimônio nacional", mas a doutrina pátria (Levi Carneiro Accioly e Celso D. de A. Mello, entre outros) afirma que podem ser celebrados os chamados "tratados executivos", com dispensa da aprovação do legislativo em alguns casos como os assuntos de competência exclusiva do poder executivo.

ROTH, P. M., "Reasonable extraterritoriality: correcting the balance of interests", in *International and Comparative Law Quarterly* 41, part. 2, Glasgow, Bell and Bain Ltd., 1992.

SALOMÃO FILHO, Calixto, *Direito Concorrencial – As Estruturas*, São Paulo, Malheiros Editores, 1998.

SMIT, Hans e HERZOG, Peter E., *The Law of the European Economic Community – A Comentary on the EEC Treaty*, New York, Matthew Bender & Co., 1991.

THUROW, Lester C., *The Future of Capitalism – How Today's Economic Forces Shape Tomorrow's World*, Penguin Books, 1997.

TRIMBLE, Phillip R., "The Supreme Court and International Law: the demise of restatement Section 403", in *American Journal of International Law* 89, n. 1, Lancaster, Lancaster Press, 1995.

São Paulo, maio de 1999

Jurisprudência Comentada

O SIGNIFICADO DA EXPRESSÃO "OPERAR INSTITUIÇÃO FINANCEIRA" CONSTANTE DO ART. 16 DA LEI "DOS CRIMES DO COLARINHO BRANCO" (LEI 7.492/86)

Comentários de
HAROLDO MALHEIROS DUCLERC VERÇOSA
ao acórdão do *habeas corpus* 96.03.046651-4-SP – TRF 3ª Região

***Rel.:** o Exmo. Sr. Juiz Aricê Amaral*

***Imptes.:** Arnaldo Malheiros Filho e Flávia Rahal*

***Pactes.:** Jorge Paulo Lemann, Cláudio Luiz da Silva Haddad, Gilberto Romanato, Luis Alberto Mendes Rodrigues e Fernando Antonio Botelho Prado*

***Advs.:** Drs. Arnaldo Malheiros Filho e outro*

***Impdo.:** Juízo Federal 3ª Vara Criminal de São Paulo-SP*

RELATÓRIO

O Exmo. Sr. Juiz Aricê Amaral: Os advogados Arnaldo Malheiros Filho e Flávia Rahal impetram ordem de *habeas corpus* em favor de Jorge Paulo Lemann, Cláudio Luiz da Silva Haddad, Gilberto Romanato, Luis Alberto Mendes Rodrigues e Fernando Antonio Botelho Prado, objetivando o trancamento da ação penal que os pacientes respondem perante o Juízo Federal da 3ª Vara Criminal de São Paulo-SP, sob a alegação de falta de justa causa.

Segundo a impetração, os pacientes, na condição de diretores da empresa Gartra Comércio Exterior S/A estão sendo processados como incursos nas penas do art. 16, da Lei 7.492/86, em decorrência de mútuo de ações e de cessões de créditos que teriam sido realizados pela Gartra.

Argumenta a impetração que a denúncia foi oferecida com base em poucas peças de informação, remetidas pelo Banco Central à Procuradoria da República, nas quais se afirma, em tese, a ocorrência de crime.

Face a ausência de procedimento administrativo e de inquérito policial, sustentam a falta de justa causa para a ação penal.

Argúem, em seguida, a nulidade do despacho que recebeu a denúncia, por falta de fundamentação, e, assim, em ofensa ao disposto no art. 93, IX, da CF/88.

Argumentam, ainda, que a denúncia é inepta porquanto não descreveu, de forma individualizada, a participação delitiva dos pacientes, nem o fato antijurídico com as circunstâncias necessárias e exigidas.

Acrescentam, ademais, ser inadmissível, em matéria penal, a responsabilidade objetiva, bem como aduzem que não restou comprovado o dolo, nem a habitualidade necessária à tipificação do delito que lhes foi imputado na denúncia.

Demais disso, alegam que as operações realizadas pela empresa se revestem de legalidade e não configuram ilícito penal.

Por derradeiro entende a impetração, que falta justa causa para a ação penal, em virtude da atipicidade da conduta praticada pelos pacientes.

Com esteio no expendido, pedem os impetrantes seja a ordem concedida.

A inicial veio instruída com os documentos de fls. 34/65.

A liminar pleiteada, que objetivava a não realização do interrogatório dos pacientes, foi indeferida (fls. 66/66v.).

Requisitadas as informações, prestou-as o magistrado impetrado, dizendo, em resumo, que inexiste nulidade a justificar o trancamento da ação penal.

Elucidativamente, afirmou:

> O recebimento da denúncia, no presente caso, se deu pelo fato de a mesma ter preenchido todos os requisitos do art. 41, do CPP.
>
> Cumpre salientar que, em se tratando de crime societário, a responsabilidade penal é, em princípio, dos administradores e diretores da empresa, definindo-se a participação de cada um no curso da ação.

De arremate asseverou que havendo indícios de autoria e materialidade do delito e, não havendo qualquer nulidade na peça acusatória nem no despacho que a recebeu, impõe-se o prosseguimento da ação penal (fls. 74/77).

O douto Procurador Regional da República, Dr. Ricardo Nahat, em seu parecer de fls. 98/112, opinou pela denegação da ordem.

É o relatório.

VOTO

O Exmo. Sr. Juiz Aricê Amaral: Os impetrantes pedem a concessão da ordem de *habeas corpus*, objetivando o trancamento da ação penal, ao argumento de que não existe justa causa para a persecução penal.

Insta, de imediato, dizer que a denúncia não é inepta, eis que foi ofertada em observância aos requisitos do art. 41, do CPP. Ademais, descreve com clareza o fato imputado aos pacientes bem como suas participações, como se colhe da peça acusatória, posta nos termos seguintes (fls. 99/103):

> I – Os denunciados são diretores administradores, os três primeiros eleitos em 30.4.93 (doc. fls. 110/114) e os dois últimos em 1.7.93 (doc. fls. 115/117), todos com mandato até agosto/1995, da empresa Gartra Comércio Exterior S/A, com sede e foro nesta cidade de São Paulo, empresa esta, subsidiária integral do Banco de Investimentos Garantia S/A (estatuto de fls. 101/109, arts. 6º e 9º).
>
> II – Agindo nesta qualidade, os denunciados realizaram através da citada empresa Gartra as operações financeiras a seguir descritas:
>
> a) No período compreendido entre 31.8.94 a 13.10.94 foram firmados diversos *"Instrumentos Particulares de Mútuo de Ações"* tendo, de um lado, a Gartra como mutuária, conforme constante às fls. 3 e 18/43;
>
> Por força de tais contratos a Gartra recebeu ações, livres e desembaraçadas de quaisquer ônus, que foram negociadas à vista, no mercado acionário, no pregão de 17.10.94 tendo ditas operações sido liquidadas em 19.10.94 (fls. 47).
>
> O produto de venda da parte de tais ações foi direcionado para empréstimo ao Banco de Investimento Garantia S/A (fls. 51) sendo, após, aplicado em CDBs emitidos por aquele mesmo Banco em 2.1.95.
>
> Nos vencimentos dos contratos de mútuo mencionados, a Gartra estava obrigada a devolver aos mutuantes as ações da mesma espécie, qualidade e quantidade, e, para tanto, visando proteger-se das oscilações de mercado, firmou a *Holding* do grupo Garantia, a Figar S/A, operações de *hedge*,

comprando a termo, a totalidade das ações da Brahma ON e PN (alguns dos papéis objeto dos mútuos), pelo preço das ações na data da assinatura do *"Contrato de Compra e Venda a Termo das Ações"*, constante às fls. 51/56, acrescido de uma taxa de juros prefixada.

Com tais operações, a Gartra, fugindo claramente das atividades inerentes ao seu objeto social previsto no art. 2º do Estatuto constante, por cópia, às fls. 101/109, gerou recursos, obtidos com a venda das ações, que foram posteriormente aplicados em seu nome, tudo conforme os demonstrativos contábeis de fls. 44/50.

b) Em 20.10.94 através de Instrumento de Cessão de Créditos (fls. 61/62) a empresa Comercial Quintella Com. e Exp. Ltda. cedeu à Gartra direito de crédito oriundo de contrato de compra e venda de exportação de 442.478 (quatrocentos e quarenta e dois mil, quatrocentos e setenta e oito) toneladas de soja brasileira, firmado com a Soya Traders Ltd. sobre o montante equivalente a US$ 100.000.000,00 (cem milhões de dólares), recebendo, a título de pagamento pelo referido contrato apenas uma primeira parcela, no valor de R$ 153.966,50 (cento e cinqüenta e três mil, novecentos e sessenta e seis reais e cinqüenta centavos) sendo que a segunda e última parcela equivalente aos citados US$ 100.000.000,00 (cem milhões de dólares) seria paga em 16.10.95.

Em 31.1.95 através de outro instrumento de Contrato de Cessão de Créditos (fls. 63) a Gartra cedeu e transferiu à Figar S/A 50% dos referidos direitos de crédito.

Ambas as operações foram contabilizadas conforme demonstrativos de fls. 65/70, gerando para a Gartra recursos na ordem de R$ 35.261.033,50 (trinta e cinco milhões, duzentos e sessenta e hum mil, trinta e três reais e cinqüenta centavos) correspondente à diferença entre o valor recebido à vista pela cessão à Figar no montante de R$ 35.415.000,00 (trinta e cinco milhões, quatrocentos e quinze mil reais) e o valor efetivamente pago à Comercial Quintella no montante de R$ 153.966,50 (cento e cinqüenta e três mil, novecentos e sessenta e seis reais e cinqüenta centavos).

Da mesma forma que na primeira operação descrita, no item *a*, *supra*, a Gartra captou recursos financeiros de terceiros que, inicialmente mantidos no Banco de Investimentos Garantia S/A foram por ela aplicados em outras aplicações financeiras estranhas ao seu objetivo social.

c) Em 2.1.95 a Gartra, na qualidade de cedente, firmou *"Instrumentos Particulares de Contratos de Cessão de Crédito"* com empresas exportadoras, cessionárias de créditos relativos a *export notes*, a exemplo do contrato constante por cópia às fls. 83, firmado com a empresa Comercial Quintella Com. e Exp. Ltda.

Por força de tais contratos as cessionárias pagaram à Gartra valores que totalizaram o montante de R$ 211.446.000,00 (duzentos e onze milhões, quatrocentos e quarenta e seis mil reais).

Ocorre que referido montante correspondeu exatamente ao montante que o Banco de Investimentos Garantia S/A e o Banco Garantia S/A haviam pago àquelas mesmas empresas exportadoras a título de liquidação antecipada, em 2.1.95, de alguns contratos de cessão de direitos de crédito antes firmados entre elas e os bancos.

Dessa forma, a referida importância, devidamente contabilizada em 31.12.94, conforme demonstrativo de fls. 71/79, que se consubstanciava em um lastro sujeito a depósito compulsório por parte daqueles Bancos, nos termos da Circular 2.511 de 2.12.94, passou a integrar as contas da Gartra (fls. 84) justamente na data em que aquele depósito compulsório se tornaria exigível, ou seja, 2.1.95, sendo tais recursos por ela utilizados em aplicações financeiras junto ao Banco de Investimento Garantia S/A, e posteriormente na liquidação de contratos (fls. 86).

d) Também na data de 2.1.95 a Gartra, na qualidade de cedente, firmou diversos *"Instrumentos Particulares de Contratos de Cessão de Créditos Relativos a Mercadorias"* com as empresas importadoras relacionadas às fls. 93/94, cessionárias, a exemplo do contrato constante às fls. 95 firmado com a empresa *"Indústrias J. B. Duarte S/A"*.

Por força de tais contratos as empresas cessionárias pagaram à Gartra valores que totalizaram o montante de R$ 172.245.000,00 (cento e setenta e dois milhões, duzentos e quarenta e cinco mil reais).

Ocorre que referido montante correspondeu, da mesma forma que nas operações descritas no item *c*, *supra*, exatamente ao montante que o Banco de Investimento Garantia S/A havia pago àquelas mesmas empresas importadoras a título de liquidação antecipada, também em 2.1.95, de contratos de cessão de créditos relativos a mercadorias antes firmados entre as mesmas partes.

Dessa forma, a referida importância, devidamente contabilizada em 31.12.94, conforme demonstrativos de fls. 87, 92, 96 e 97, que se consubstanciava em um lastro sujeito a depósito compulsório por parte daquele Banco, nos termos da Circular 2.511, de 2.12.94, passou a integrar as contas da Gartra, justamente na data em que aquele depósito compulsório se tornaria exigível, ou seja, 2.1.95.

Os recursos, assim aferidos pela Gartra, foram por ela utilizados em diversas aplicações financeiras junto ao Banco de Investimento Garantia S/A, e posteriormente na liquidação de contratos, conforme demonstrativos de fls. 98/100.

Vê-se, pois, que a denúncia descreveu de forma minuciosa os fatos, apontou as circunstâncias necessárias à configuração do delito tipificado no art. 16, da Lei 7.492/86, delineando a conduta penalmente típica dos pacientes.

Sublinhado que a peça acusatória foi oferecida em observância aos requisitos do art. 41 do CPP, repilo a argüição de inépcia da denúncia.

De conseguinte, configurado, em tese, o crime capitulado na denúncia e havendo indícios de autoria, é de se reconhecer que a peça acusatória foi recebida corretamente pelo magistrado impetrado.

Demais disso, como corolário do expendido, exsurge à evidência que a conduta dos pacientes se subsume ao tipo previsto no art. 16 da Lei 7.452/86, eis que a empresa Gartra, por meio de seus administradores, ao captar e aplicar recursos de terceiros, atuou, sem a necessária autorização do Banco Central, como instituição financeira, o que configura, em tese, o crime previsto no art. 16, da Lei 7.492/86 que dispõe:

Art. 16. Fazer operar, sem a devida autorização, ou com autorização obtida mediante declaração (vetado) falsa, instituição financeira, inclusive de distribuição de valores mobiliários ou de câmbio.

Logo, não há se falar em atipicidade da conduta dos pacientes, como pretende a impetração.

Relativamente à argumentação de que a ausência de procedimento administrativo é de molde a descaracterizar a conduta dos pacientes como ilícito penal, tenho que razão não assiste à impetração.

Com efeito, é pacífico o entendimento de que as instâncias administrativa e penal são independentes.

Por oportuno, transcrevo julgado do Colendo STF, assim ementado:

Penal e Processo Penal – Recurso ordinário em "habeas" – Crime contra a ordem tributária – Justa causa – Ocorrência – Cancelamento do ato fiscal na via administrativa – Irrelevância.

I – As sanções penais e administrativas são autônomas em face do que, salvo se a lei deferentemente dispusesse, não é possível pretender-se que a aplicação de uma satisfaça a outra (STF, *RT* 611/237).

Doutra parte, o inquérito policial não é *conditio sine qua non* para a instauração da ação penal, desde que presentes elementos suficientes para se deflagrar a *persecutio criminis*.

Nesse sentido, o art. 129, da CF/88, dispõe:

Art. 129. São funções institucionais do Ministério Público: I – promover, privativamente, a ação penal, na forma da lei; (...)

À sua vez, o art. 12, do CPP, assevera:

Art. 12. O inquérito policial acompanhará a denúncia ou queixa sempre que servir de base a uma ou outra.

Da normação legal retroaludida haure-se que é dispensável o inquérito policial quando o Órgão Ministerial, *dominus litis*, estiver convencido da existência do crime e da presença de indícios suficientes de autoria, com base nos elementos constantes no procedimento administrativo.

Quanto à alegação de que o despacho que recebeu a denúncia é nulo, por falta de fundamentação, melhor sorte não merece a presente impetração.

Com efeito, o Colendo STF vem decidindo de forma iterativa no sentido de que o despacho que recebe a denúncia não é ato decisório mas, sim, decisão interlocutória simples. Daí que desnecessária a sua fundamentação.

A propósito, vem a talho Julgado colacionado pelo *Parquet*, da lavra do eminente Min. Celso de Mello, que transcrevo (fls. 108/109):

> O ato judicial que formaliza o recebimento da denúncia oferecida pelo Ministério Público não se qualifica e nem se equipara, para os fins a que se refere o art. 93, IX, da CF/88, a ato de caráter decisório. O juízo positivo de admissibilidade da acusação penal não reclama, em conseqüência, qualquer fundamentação. Precedentes (...) (STF, HC 70.763-7-DF, rel. Min. Celso Mello, *DJU* de 23.9.94, p. 25.328).

No que se refere à alegação de que a denúncia padece de vício, por encampar o princípio da responsabilidade objetiva, o que é vedado em matéria penal, sem razão a impetração.

Com efeito, nos crimes contra o Sistema Financeiro Nacional, não se pode exigir que a denúncia descreva de forma pormenorizada a conduta de cada diretor da sociedade, pois o exame há de ser feito quando da prolação da sentença, após a necessária dilação probatória, no curso da instrução criminal.

Nesse sentido, aliás, são os seguintes julgados:

Pretendido trancamento de ação penal – Crime contra o Sistema Financeiro Nacional – Autoria coletiva.

A sumária via do *habeas corpus* não se presta para trancamento de ação penal, quando a denúncia narra, com todos os elementos indispensáveis, a existência de crime em tese.

A individualização das condutas nos crimes de autoria coletiva, só é admissível quando a natureza dos fatos denunciados permite a descrição pormenorizada de cada agente.

Recurso improvido (STJ, RHC 3.278-2-RO, rel. Min. Flaquer Scartezzini, *DJU* de 21.3.94, p. 5.494).

"Habeas corpus" – Crime societário.

O que caracteriza o crime societário é o fato do ilícito resultar da vontade que a cada um dos mandatários ou responsáveis da pessoa jurídica cabia manifestar.

Só a instrução poderá definir quem participou ou quem ficou alheio a ação ilícita ou ao resultado com ela obtido.

A denúncia, abrangendo todos os diretores da pessoa jurídica, não importa em opção pela responsabilidade penal objetiva, pois tem o conteúdo de uma proposta da qual resultará individualizada a responsabilidade pelo delito.

Precedentes do STF.

Recurso de *habeas corpus* improvido (STF, HC 65.491-6, rel. Min. Carlos Madeira, *DJU* de 20.11.87).

Penal – Processual – Sonegação fiscal – Auditoria coletiva – Denúncia – Individualização da conduta – Inépcia – "Habeas corpus" – Recurso.

1. Nos crimes societários ou de autoria coletiva não é imprescindível que a denúncia descreva a participação individual de cada acusado.

2. Descrevendo a denúncia crime em tese, havendo, portanto, materialidade e autoria, não se fala em inépcia para trancar ação penal por falta de justa causa.

3. Recurso conhecido mas improvido (STJ, RHC 4.117-0-SP, rel. Min. Edson Vidigal, *DJU* de 6.2.95, p. 1.361).

À sua vez, na direção do entendimento jurisprudencial trazido à estampa, alinha-se a melhor doutrina sobre o tema enfocado.

A propósito, Manoel Pedro Pimentel, in *Crimes Contra o Sistema Financeiro Nacional*, Ed. RT, ed. 1987, p. 136, em comento sobre o assunto, assevera:

> Sujeito ativo do crime em questão será o mandatário da instituição financeira que tenha poderes para conceder empréstimos ou fazer adiantamentos, podendo ser um só, ou diversos, caso mais de um deles participarem da deliberação que autorize a operação vedada, atendendo-se sempre ao princípio da responsabilidade subjetiva. E, como se trata de crime de mera conduta, a co-participação direta se transforma em autoria própria, pois todos os que concorreram diretamente para a prática da infração responderão pelo crime de mão própria, como autores e não como co-autores.

Afigura-se-me, pois, inquestionável que a denúncia não padece de eiva eis que, tratando-se de crime societário em face de sua natureza coletiva, seria inviável uma descrição mais pormenorizada da atuação de cada um dos pacientes.

Quanto à alegação de que os pacientes não agiram com dolo e nem com habitualidade, acode considerar que a matéria invocada exige exame aprofundado e valorativo das provas dos autos o que é incabível em sede de *habeas corpus*, conforme ressoa de iterativo entendimento jurisprudencial.

Nesse sentido é o julgado proferido pelo eminente Min. Assis Toledo, que ora transcrevo:

> *Processual Penal – Falta de justa causa – "Habeas corpus".*
>
> A justa causa para a ação penal, quando dependente do deslinde aprofundado de prova, é matéria insuscetível de exame na via sumaríssima do *habeas corpus* a que se nega provimento (STJ, *DJU* de 4.10.93, p. 20.561).

Ainda sobre a questão ora posta em desate, Damásio Evangelista de Jesus, in *Código de Processo Penal Anotado*, 3ª ed., Saraiva, p. 402, traz à estampa Julgado do Egrégio Tribunal de Alçada Criminal de São Paulo, cujo tópico final é do teor seguinte:

> Em face da natureza do *habeas corpus* não é possível em seu âmbito o confronto e a valoração de provas (TACrimSP, *RT* 527/355).

Destarte, também nesse ponto, nada existe a impedir que a ação penal tenha regular processamento.

Acrescente-se, ademais, que é através do procedimento penal, que comporta ampla dilação probatória, que poderão os pacientes comprovar a alegada ausência de dolo.

É de se concluir, assim, que não existe justa causa a dar azo ao trancamento da ação penal.

Ante o exposto, denego a ordem.

É o voto.

Aricê Amaral, Juiz Relator.

VOTO-VISTA

Solicitei vista dos presentes autos por uma razão que se revelava, a um só tempo, simples e intrigante. A simplicidade decorria do natural cuidado que deve ter o magistrado quando lida com o mais precioso de todos os bens inerentes ao ser humano, qual seja, o do pleno uso e gozo de sua liberdade individual. "Sou tão aferrado à liberdade" – haveria de dizer o sábio Montaigne – "que se me proibissem o acesso a qualquer recanto da Índia já isso bastaria para que eu vivesse, até certo ponto, descontente" (*Essais*, liv. III, cap. 12). Já o caráter intrigante do processo despontava do fato de, em matéria de tanta relevância como a presente, haver as mais abalizadas análises imbricado em soluções exatamente opostas.

A originalidade epistemológica da ciência jurídica – para usar uma feliz expressão do ilustre Prof. Fábio Konder Comparato – está a nos demonstrar a todo instante essa verdade elementar que passa a muitos inteiramente despercebida: a de que o Direito, em sua extrema complexidade, não se reduz, efetivamente, aos cânones do cientificismo próprio das chamadas ciências exatas.

Em síntese evidentemente grosseira, os pacientes Jorge Paulo Lemann, Cláudio Luiz da Silva Haddad, Gilberto Romanato, Luis Alberto Mendes Rodrigues e Fernando Antonio Botelho Prado foram acusados, na qualidade de administradores da empresa Gartra Comércio Exterior S/A, de realizar operações financeiras, invadindo o âmbito privativo de atuação das instituições financeiras e violando, em conseqüência, a disposição constante do art. 16 da Lei 7.492, de 16.6.86.

Tal dispositivo legal considera crime contra o Sistema Financeiro Nacional "fazer operar, sem a devida autorização, ou com autorização obtida mediante declaração falsa, instituição financeira, inclusive de distribuição de valores mobiliários ou de câmbio", estabelecendo pena de reclusão de um a quatro anos e multa para essa conduta delitiva.

O MM. Juiz Federal da 3ª Vara Criminal da Seção Judiciária de São Paulo acolheu a denúncia ofertada pelo Ministério Público Federal e instaurou a ação penal contra os retrorreferidos pacientes.

O presente *habeas corpus* foi impetrado pelos ilustres advogados Arnaldo Malheiros Filho e Flávia Rahal, com fundamento no preceito constitucional constante do inc. LXVIII, do art. 5º c/c art. 648, inc. I, do CPP, com a finalidade de ser trancado o processo penal em curso.

Juntamente com o memorial, foi anexado o ilustrado parecer do Prof. Ary Oswaldo de Mattos Filho, Docente de Direito do Mercado de Capitais, da Fundação Getúlio Vargas, ex-Presidente da Comissão de Valores Mobiliários e renomado especialista em matéria de Direito Bancário e do mercado de capitais.

A acusação repousa, fundamentalmente, em duas modalidades de operações que foram praticadas algumas vezes, entre 31.8.94 e 31.1.95.

A primeira modalidade pode ser assimilada a um *mútuo de ações*. A Gartra Comércio Exterior tomou ações por empréstimo, alienando-as, em seguida, mediante operações realizadas nos pregões da Bolsa de Valores. O produto dessa alienação – ou parte dele – foi depositado no Banco Garantia S/A, que vem a ser o único acionista da Gartra, pois se trata, no caso, da figura da subsidiária integral, prevista no art. 251 da Lei 6.404, de 15.12.76. Para o *Parquet* Federal, a empresa estaria "fugindo claramente das atividades inerentes ao seu objeto social previsto no art. 2º do Estatuto" regente de sua atividade.

A segunda modalidade de operação – que consistia em realizar transações comerciais pelas quais a Gartra adquiria ou transferia a exportadores, créditos representados por *export notes*, de uso correntio entre as *trading companies* – poderia ser conceituada, em princípio, como uma cessão ordinária de créditos.

Paralelamente a essas duas modalidades, a Gartra também celebrou um contrato de *hedge* com outra empresa do mesmo grupo econômico, vindo a recomprar as ações objeto do contrato de mútuo por valor inferior ao resultado da aplicação bancária. Sobre tal operação, porém – que, ao ver deste Magistrado, não terá ficado de todo esclarecida – silenciou inteiramente a denúncia do Ministério Público Federal.

As alegações da impetração foram assim resumidas, de conformidade com o Memorial apresentado:

1ª) os pacientes foram denunciados por inaceitável responsabilidade objetiva;

2ª) a decisão penal foi instaurada por decisão não fundamentada;

3ª) todos realizamos com freqüência "operações financeiras", o que não se confunde com "fazer operar instituição financeira";

4ª) uma empresa é instituição financeira quando tem essa atividade fim, principal ou acessória; a atividade fim se caracteriza por habitualidade e infra-estrutura;

5ª) as operações imputadas (mútuo de ações e cessão de crédito) não são típicas de bancos.

Passo, agora, a pronunciar-me sobre elas. Antes de fazê-lo, porém, estimo necessárias algumas considerações preambulares – ainda que grosseiramente sintetizadas – acerca das origens e do desenvolvimento de nosso Sistema Bancário, assim como da legislação que acompanhou a sua evolução.

Um livro de Kock assinalava, por volta de 1940, que apenas três Países de importância não possuíam, à época, um Banco Central: Venezuela, Irlanda do Norte e Brasil. Até a década de sessenta aqueles dois outros Países vieram a criar o seu Banco dos Bancos, sendo que o Brasil só viria a fazê-lo em 1964, com a Lei 4.595, de 31.12.64, a chamada Lei da Reforma Bancária.

Antes do advento dessa lei, o País possuía, apenas, um embrião de Banco Central, representado pela extinta Superintendência da Moeda e do Crédito-SUMOC, que funcionava junto ao Banco do Brasil.

Era absolutamente transparente a insuficiência desse órgão, quer para controlar o fluxo de moeda escritural (que se multiplicava indiscriminadamente pelo País sem que houvesse mecanismos adequados de depósito compulsório e de redesconto), quer para disciplinar o crédito em todas as suas formas. Urgia, pois, a necessidade de um Banco Central.

Paralelamente ao *sistema* oficialmente instituído, existia um mercado desordenado de juros, representado principalmente pela negociação de títulos cambiariformes – duplicatas mercantis – que eram descontadas pelos *agiotas*, tornando-se imperiosa e urgente a reforma preconizada.

No afã de pôr cobro a esse mercado paralelo, o legislador de 1964 dilatou o conceito de *instituição financeira*, ministrando uma definição, no art. 17 dessa Lei 4.595, que se caracterizou por uma evidente impropriedade jurídica. Como disse um de seus comentadores, até os garagistas de automóvel, pela amplitude desse art. 17, haveriam de ser considerados como instituições financeiras.

Em trabalho apresentado à Segunda Reunião das Bolsas e Mercados de Valores da América, asseverava Nelson Cândido Motta que:

> na história da institucionalização da política da moeda e do crédito e do mercado de capitais em nosso País as Leis 4.595 e 4.728 marcam a hora e a vez dos economistas. A Revolução de 31 de março abriu-lhes as portas do poder, e eles, comandados pelo Sr. Roberto Campos, invadiram e ocuparam – com a sua pressa e sua pressão – as oficinas de elaboração legislativa. Essa escalada dos economistas às fontes do Direito escrito, do ponto de vista técnico-jurídico, foi como uma incursão de macacos em casa de louças. As regras e os rigores que presidiam a elaboração dos textos legislativos foram substituídos pela improvisação e pela afoiteza com que os economistas puseram-se a legislar. Para tentar implantar uma nova ordem nas relações econômicas, os economistas não vacilaram em abalar e comprometer algumas vezes os alicerces da lógica jurídica (*Revista de Informação Legislativa*, jul.-set. 70, p. 174).

Também Heleno Fragoso fazia severas restrições ao caudal legislativo editado sem a necessária cooperação dos juristas, afirmando:

> A precaríssima legislação penal dos últimos tempos proporciona, igualmente, material para análise crítica em outros setores, notadamente, em relação ao Direito Penal Tributário e Econômico. Verifica-se que

o governo vem lançando mão da ameaça penal indistintamente, num conjunto de leis altamente defeituosas, que levam os juristas à perplexidade. Tem-se a impressão de que as leis no Brasil são hoje feitas clandestinamente, e, no que tange ao Direito Penal, que são feitas por leigos ("O novo Direito Penal Tributário e Econômico", *Revista Brasileira de Criminologia e Direito Penal* 12/63-64, jan.-mar. 66).

Numerosas foram as críticas feitas pelos juristas da época sobre os defeitos de concepção, tanto do diploma legal de 1964, como da Lei 4.728, de 14.7.65, alcunhada de Lei do Mercado de Capitais, que veio complementar aquele texto legal, podendo as citações sobre a atecnia legislativa de tais diplomas ser multiplicadas *ad infinitum*.

Em matéria de intervenção e liquidação extrajudicial das instituições financeiras, assim como no que diz respeito à responsabilidade civil de seus administradores – para citar mais um exemplo dos percalços de nossa legislação bancária – são de todos conhecidas as lacunas e as impropriedades da Lei 6.024, de 13.3.74, bastando lembrar que esse texto se revelava extremamente draconiano, de um lado, com os administradores das instituições financeiras, enquanto nada dispunha, de outro, sobre o acionista controlador, na maioria das vezes o grande responsável pelos desmandos de natureza administrativa cometidos pela instituição.

Como se sabe, só aos 25.2.87, com a edição do Decreto-lei 2.321, veio a responsabilidade do acionista controlador da instituição financeira a ser estabelecida no art. 15 daquele diploma, subsistindo até hoje, porém, numerosos pontos críticos de toda essa legislação que a doutrina mais autorizada já cuidou de sublinhar. A esse propósito, permito-me fazer referência ao acurado estudo do Prof. Dr. Paulo Fernando Campos Salles de Toledo, publicado na *RDM* 60/24–38, onde esse ilustre Prof. da Faculdade de Direito da USP, então Procurador de Justiça do Estado de São Paulo – e hoje eminente magistrado do Tribunal de Alçada Civil – tratou de resenhar as diferentes posições doutrinárias existentes sobre o sentido e o alcance do art. 40 da Lei 6.024.

O ilustre Prof. Manoel Pedro Pimentel, em sua conhecida obra, *Crimes contra o Sistema Financeiro Nacional* (Ed. RT, pp. 13 a 24), assinala toda a tortuosa trajetória da legislação penal sobre a matéria dos crimes contra a ordem econômica, financeira e tributária explicando o destino dos diferentes projetos que foram elaborados a respeito e historiando, afinal, a forma com que o anteprojeto iria se converter na atual Lei 7.492, de 16.6.86, relativamente aos crimes contra o Sistema Financeiro Nacional.

Contribuições valiosas se perderam, infelizmente, no insondável de nossas gavetas públicas, enquanto vicejavam, às vezes, verdadeiras teratologias jurídicas em matéria penal, como nos dá conta aquele professor no seguinte trecho em que comentava um dos anteprojetos sobre a matéria:

> no Capítulo III, que tratava *Das Disposições Gerais*, acumularam-se alguns disparates, como aquele que, no art. 20, estabelecia o critério da *responsabilidade objetiva*, de há muito banido do Direito Penal, e o que foi estampado no art. 23, obrigando o juiz a decretar a prisão preventiva do acusado no ato do recebimento da denúncia. Já o art. 24, fazendo tábula rasa de todas as conquistas penológicas modernas, obrigava o condenado a cumprir a pena que viesse a ser imposta, em regime fechado.

Tenho, portanto, que a matéria dos crimes contra o Sistema Financeiro Nacional, pela especial importância de que se reveste e pelo imprescindível exame de todo o contexto histórico em que ela foi editada, não apenas está a exigir maiores aprofundamentos doutrinários por parte dos doutos, como está a exigir, por parte da jurisprudência, redobrada cautela com a interpretação e a aplicação dos dispositivos legais.

Assim, com tais considerações de caráter meramente introdutório, feitas com o exclusivo propósito de situar o julgador num determinado *continuum* histórico, do qual não pode, efetivamente, se subtrair, passo a analisar as principais teses levantadas pela impetração.

Quanto à responsabilidade dita objetiva dos pacientes, em primeiro lugar, pelo simples fato de serem administradores, parecem-me necessários alguns esclarecimentos preliminares.

Tal tipo de responsabilidade – que prescinde da investigação sobre a existência de dolo ou de culpa por parte do agente – vem sendo progressivamente acolhido em todas as legislações do mundo, começando no início do século com a responsabilidade objetiva do transportador aéreo, passando pela responsabilidade objetiva do Estado e, nos dias de hoje, até mesmo do fabricante pelo fato do produto ou do serviço.

No que se refere à responsabilidade civil dos administradores de instituições financeiras sabe-se que o art. 40 da Lei 6.024, de 13.3.74, teria estabelecido, segundo a interpretação de alguns autores, a responsabilidade objetiva daqueles pelos prejuízos causados durante a sua gestão. Trata-se, porém, de questão altamente controvertida, pois o art. 39 da referida lei, diferentemente do art. 40, prevê apenas a responsabilidade subjetiva, residindo toda a dificuldade na circunstância de que o art. 39 veio copiado de um texto (Decreto-lei 48), enquanto o art. 40 nada mais é do que a reprodução de uma outra lei (Lei 1.808), como já tive a ocasião de sustentar em "A responsabilidade civil dos administradores de instituições financeiras", in *RDM* 67/32 e ss., artigo no qual pude alinhavar o pensamento de grandes juristas nacionais e alienígenas que puseram em destaque os exageros e as limitações de tal tipo de responsabilidade.

Conquanto sedutor tal debate, não me parece que o mesmo se constitua em adminículo para o desfecho da presente análise. Importa investigar, isto sim, se o princípio da responsabilidade objetiva terá sido acolhido na órbita penal, pois de Direito Penal é que se cuida no presente processo. Além do ensinamento retromencionado, de autoria do Prof. Manoel Pedro Pimentel, para quem, como se viu, o critério da responsabilidade objetiva teria sido banido, de há muito, do Direito Penal, quadra transcrever as seguintes palavras do Eminente Min. Vicente Cernicchiaro:

> O Direito Penal brasileiro, por imposição constitucional, repousa na responsabilidade subjetiva. Estão banidas todas as lembranças da responsabilidade objetiva, do *versari in re illicita*.
>
> De outro lado, ainda comando da Constituição da República, impera soberano o princípio da personalidade. Ninguém responde, criminalmente, pela conduta de outrem. Exemplos, outrora tão freqüentes, felizmente, restam à história.
>
> A denúncia individualiza a conduta, a fim de ser responsabilizado o agente do comportamento. Importante: ele e só ele.
>
> Urge, pois, pouco importa a espécie de infração penal, narrar a conduta delituosa, ainda que se trate de crime de pluralidade subjetiva.
>
> Indispensável, portanto, descrever para cada partícipe, os elementos essenciais do delito, embora algumas circunstâncias sejam mencionadas genericamente. Assim, entenda-se a jurisprudência do Supremo Tribunal Federal. Caso contrário, desprezar-se-ia o contraditório" (REsp 11.722-0, in *RSTJ* 39/461, cf. esp. p. 468).

Embora não se trate, no caso, de aplicação do art. 17 e sim do art. 16 da Lei 7.492/86, pela extrema similitude entre ambos, vale a pena trazer à colação, mais uma vez, a seguinte passagem do ilustre e saudoso Prof. Manoel Pedro Pimentel, ao comentar o art. 17 da Lei 7.492/86 (*apud* ob. cit., p. 136):

a esse propósito, comentando o art. 34 da Lei 4.595/64, tivemos a oportunidade de escrever o seguinte: "Sujeito ativo do crime em questão será o mandatário da instituição que tenha poderes para conceder empréstimos ou fazer adiantamentos, podendo ser um só, ou diversos, caso mais de um deles participarem da deliberação que autorize a operação vedada, *atendendo-se sempre ao princípio da responsabilidade subjetiva*" (grifos meus).

Prossegue, ainda, o mesmo professor:

e, como se trata de crime de mera conduta, a co-participação direta se transforma em autoria própria, pois *todos* os que concorrerem diretamente para a prática da infração responderão pelo crime de *mão própria*, como autores e não como co-autores.

As lições retrotranscritas servem para demonstrar que o caráter objetivo ou subjetivo da responsabilidade não interfere na classificação de ser o crime de mera conduta ou não.

Estou pessoalmente convencido de que o tipo penal em questão encerra, efetivamente, o que se designa por crime de mera conduta, mas não é esse, a meu ver, o nó górdio da presente questão.

Já votei, em matéria análoga (*habeas corpus* 96.03.036318-9), no sentido de que:

A singela circunstância de nela não ter havido a individualização das condutas não é de molde a inviabilizá-la. Se o Inquérito Policial não fornece elementos para a narração individualizada das condutas – o que ocorre no presente caso – não fica impedido o oferecimento da denúncia, consoante ensinamento de Damásio E. de Jesus (*Código de Processo Penal Anotado*, SP, Saraiva, 1995, p. 42), *verbis*:

A co-autoria ou participação exige liame subjetivo (acordo de vontades, que não é imprescindível, ou induzimento, instigação ou auxílio). Esse elemento subjetivo, que se manifesta na adesão de uma vontade a outra, faz parte do tipo penal. Em conseqüência, é necessário que o Promotor de Justiça, na denúncia, descreva o fato constitutivo desse elemento subjetivo do tipo, sob pena de narrar um fato atípico sob a ótica do concurso de pessoas: a ausência da narração da conduta que configura a co-autoria leva a crer tratar-se de autoria colateral, em que o sujeito desconhece o comportamento de outro. O STF já decidiu dessa forma, cuidando de furto praticado mediante concurso de pessoas, exigindo a narração da conduta configuradora do elemento subjetivo entre os participantes (RECrim 80.159, *DJU* 9.10.76, p. 8.742, *RTJ* 80/822 e 66/292). *Se, entretanto, o inquérito policial não fornece elementos para a narração individualizada das condutas, não fica impedido o oferecimento da denúncia* (STF, *RTJ* 100/116 e 101/563).

Seja-me permitido, em sede jurisprudencial, transcrever os seguintes julgados:

Crime societário. Não é sempre que o Ministério Público dispõe, no limiar da ação penal, de elementos probatórios que lhe permitam discriminar a participação que cada sócio teve no delito societário. Nem por isso estará impedido de oferecer denúncia contra todos os responsáveis pela firma. Constitui condição impossível de ser exigida o pleno conhecimento das deliberações tomadas na privacidade dos órgãos de administração. *Habeas corpus* indeferido. Recurso desprovido (RHC 58.544–SP, STF, 1ª T., rel. Min. Soares Muñoz, v.u., j. 16.12.80, *RTJ* 101/563).

Não há dúvida de que a denúncia deve conter a exposição do fato criminoso com todas as suas circunstâncias (art. 41 do CPP) e que, em se tratando de autoria coletiva, é indispensável que a peça inicial da ação penal descreva, ainda que resumidamente, a conduta delituosa de cada um dos participantes (RE 75.401-SP, rel. Min. Bilac Pinto).

Todavia, o cumprimento dessas exigências formais pressupõe que as indagações policiais forneçam ao órgão do Ministério Público as mencionadas circunstâncias e particularidades. Omisso ou falho que seja o inquérito a respeito das circunstâncias do fato criminoso ou da participação individual dos seus co-autores, nem por isso o órgão do Ministério Público estará impedido de oferecer denúncia, visto que, para a instauração da ação penal, basta a prova da existência do crime e indícios de autoria. Recurso de *habeas corpus* desprovido (RHC 58.423–GO, STF, 1ª T., rel. Min. Soares Muñoz, v.u., j. 18.11.80, *RTJ* 100/116).

Com efeito, exigir da denúncia que pormenorize a concorrência de cada agente em delito revestido de tais contornos será, na prática, instituir a impunidade sistemática dos co-autores. Somente seriam passíveis de repressão tais delitos, quando unitária fosse a autoria dos mesmos.

Com tais argumentos, julgo estar antecipadamente analisada a segunda alegação da impetração, posto não passar a mesma de mero corolário da primeira.

Agiu corretamente o juízo impetrado ao exarar o despacho liminar positivo. Além do mais, as omissões da peça acusatória poderão ser supridas a qualquer momento, antes da sentença final, de acordo com o art. 569 do CPP:

> as omissões da denúncia ou da queixa, da representação, ou, nos processos das contravenções penais, da portaria ou do auto de prisão em flagrante, poderão ser supridas a todo o tempo, antes da sentença final.

Em sede de *habeas corpus*, o fundamento de falta de justa causa somente é acolhível para trancamento da ação penal quando for impossível reconhecer de imediato a ausência da tipicidade penal do fato descrito na denúncia ou quando a inocência do acusado parecer inequívoca, a ponto de se dispensar uma análise valorativa de prova. *In casu*, não transparece evidente a inocência do réu.

Nesse sentido, vejam-se os seguintes precedentes jurisprudenciais:

> *Processo crime – Denúncia – Inépcia – Inexistência – Fatos descritos que, em tese, configuram o delito capitulado – Justa causa, pois, para a ação penal – Recurso de "habeas corpus" não provido – Inteligência dos arts. 41 e 648, I, do CPP.*
>
> Existindo descrição, em tese, de fato criminoso, não há falar em ausência de justa causa para ação penal, nem em inépcia da denúncia (RHC 57.202-2–SC, 2ª T., rel. Min. Leitão de Abreu, v.u., j. 31.8.79, *RT* 538/463).
>
> *Justa causa – Inexistência pretendida para ação penal – Circunstância, entretanto, não perceptível à primeira vista – "Habeas corpus" denegado – Inteligência do art. 648, I, do CPP.*
>
> O *habeas corpus* não é meio idôneo para o exame da alegada falta de justa causa se esta não aflora nos autos e não é reconhecida à primeira vista" (TJMT, HC 446/79, Cuiabá, rel. Des. Milton Figueiredo Ferreira Mendes, v.u., j. 12.9.79, *RT* 439/366).
>
> *Ação penal – Pretendida inexistência de justa causa – Propositura contra advogado pelo delito do art. 343 do CP – Exame e valoração de provas colhidas no inquérito – Inadmissibilidade – "Habeas corpus" denegado.*
>
> O *habeas corpus* não serve como meio para exame e valoração das provas, salvo em casos especialíssimos, quando a situação se apresentar nítida, não ensejando uma análise profunda (HC 139.285, Sessão das Câmaras Conjuntas, TJSP, v.u., *RT* 539/264).
>
> *"Habeas corpus" – Falta de justa causa – Exame de provas – Admissibilidade "em casos especialíssimos".*
>
> O exame de provas, em determinados e especialíssimos casos, é admissível no âmbito do *habeas corpus*, principalmente quando destinado a apurar a existência de justa causa para a submissão de alguém à instância penal. (HC 21364, Mococa, 4ª C. TACrim, *RT* 416/240).
>
> *Justa causa – Inexistência para a ação final – Denúncias sem esteio nas provas do inquérito – Possibilidade de seu exame perfunctório no âmbito do "habeas corpus" – Concessão deste, para trancamento de ação penal.*
>
> Para exercitar seu controle de viabilidade da ação penal, o Judiciário pode e deve examinar a prova em que se sustente uma denúncia, para o reconhecimento da fumaça do bom direito, o mínimo demonstrador daquelas circunstâncias (existência do crime e da autoria). E isso é possível no âmbito do *habeas corpus*, quando se evidenciar uma situação que *dispense aprofundado exame de provas* (TJSP, HC 121.586, Guarujá, Sessão das Câmaras Conjuntas Criminais, v.u., *RT* 459/322).

Sucede, entretanto, que o problema dos presentes autos não é o de saber se o crime previsto no art. 16 da Lei 7.492 é ou não de mera conduta ou se depende ou não da averiguação da existência de dolo ou culpa para a sua configuração.

Não vislumbro, portanto, por essa tese da impetração, elementos para que se determinasse o trancamento da ação penal.

Passo, então, ao segundo ponto levantado pelos impetrantes, qual seja, o de que a *decisão penal* foi instaurada por *decisão não fundamentada*, violando-se, em conseqüência, o inc. IX, do art. 93, de nossa CF.

O MM. Juiz *a quo*, ao receber a denúncia, limitou-se à frase "recebo a denúncia de fls. 2/8". Embora entenda, pessoalmente, que muito haveria a ser acrescentado acerca do sentido, alcance e extensão de tal preceito constitucional, curvo-me ao entendimento de nossa mais Alta Corte de Justiça, conforme se verifica pelo aresto trazido à colação pelo *Parquet* Federal, de que foi relator o Eminente Min. Celso de Mello, ora transcrito:

> O ato judicial que formaliza o recebimento da denúncia oferecida pelo Ministério Público não se qualifica e nem se equipara, para os fins a que se refere o art. 93, IX, da Constituição de 1988, a ato de caráter decisório. O juízo positivo de admissibilidade da acusação penal não reclama, em conseqüência, qualquer fundamentação. Precedentes (...)" (STF, HC 70.763-7-DF, *DJU* de 23.9.94, p. 25.328).

Passo, portanto, ao exame da terceira tese da impetração. Junto com ela analisarei, também, a quarta e a última sustentações dos impetrantes, posto que existe, entre todas elas, evidente interpenetração ontológica.

E, nesse passo, ouso divergir do ilustrado Parecer do *Parquet* Federal e do douto voto do Eminente Juiz Relator, ambos no sentido de que a ordem deveria ser denegada por considerarem improsperáveis esses argumentos da impetração.

Alega esta última que:

> 3ª) todos realizamos com freqüência "operações financeiras", o que não se confunde com "fazer operar instituição financeira";
>
> 4ª) uma empresa é instituição financeira quando tem essa atividade fim, principal ou acessória; a atividade fim se caracteriza por habitualidade e infra-estrutura;
>
> 5ª) as operações imputadas (mútuo de ações e cessão de crédito) não são típicas de bancos.

Estou pessoalmente convencido de que o Banco Central, de um lado, e o Ministério Público, de outro – não obstante o seu louvável e incansável esforço para coibir as mazelas que atingem o nosso Sistema Financeiro Nacional – ter-se-ão equivocado na capitulação que fizeram da conduta dos pacientes na qualidade de administradores da empresa Gartra Comércio Exterior S/A, que vem a ser uma subsidiária integral do Banco de Investimentos Garantia S/A, do qual ditos pacientes são também administradores.

Com efeito, a prática de uma ou de várias *operações financeiras* não se coloca no mesmo plano de *fazer operar instituição financeira*.

Todos nós praticamos operações financeiras sem que sejamos, por isso – e principalmente para efeitos penais – equiparados a instituições financeiras. O esclarecimento é deveras rudimentar, mas tornou-se necessário em virtude de a denúncia não explicitar em que se teria baseado para, ao identificar a realização de algumas operações financeiras por parte da empresa administrada pelos pacientes, daí concluir que teriam violado o art. 16 da Lei 7.492, fazendo "*operar uma instituição financeira*".

Tem-se a impressão de que a ilustre representante do Ministério Público Federal, Dra. Maria Helena C. N. de Paula, terá formado a sua convicção a partir de um critério estritamente formal, vale dizer, se houve a prática de *operações financeiras* e se estas são privativas das instituições financeiras, a conduta dos pacientes eqüivaleria a *"fazer operar instituição financeira"*.

Trata-se, entretanto, de fenômenos distintos. Ninguém se forma jurista para, depois de tanto esforço, fazer uma interpretação meramente burocrática da lei. Há que se entender, a toda evidência, que o *fazer operar instituição financeira* não significa simplesmente realizar, episodicamente, uma ou mesmo algumas operações financeiras.

Razão assiste ao Eminente Prof. Ary Oswaldo Mattos Filho ao asseverar que:

> De maneira esquemática pode ser dito que, no âmbito da Lei 7.492/88, instituição financeira, para o que nos interessa no presente caso, é a pessoa jurídica que tenha como finalidade principal ou acessória a captação, intermediação ou aplicação de *recursos financeiros de terceiros*. Mas a pergunta que se coloca é se qualquer captação ou qualquer aplicação de recursos financeiros de terceiros torna automaticamente em instituição financeira uma pessoa jurídica prestadora de serviços, comercial ou industrial. Assim, toda a discussão judicial e doutrinária que se produziu no País, estabelecendo os limites da definição de instituição financeira, no âmbito da Lei 4.595/64, principalmente no que diz respeito aos arts. 17 e 18, foi no sentido de tornar possível a sua aplicação nas situações em que verdadeiramente se caracterizava a atividade peculiar de instituição financeira. Caso contrário seria impossível a aplicabilidade da norma, já que o seu comando levaria ao paroxismo social.

Com efeito, se se entendesse que a coleta ou a aplicação de recursos financeiros, por si sós, fossem suficientes para caracterizar a ilegalidade da conduta e para engendrar a aplicação da norma penal, chegaríamos à inexata conclusão de que milhares de pessoas, físicas e jurídicas, deveriam ser punidas por esta última.

Como já salientei em decisão proferida no *habeas corpus* 96.03.0777-9, ganha especial relevo, nessa questão, a distinção doutrinária entre "ato" e "atividade". O ato, como sabemos, consiste numa ação isolada praticada por alguém. Trata-se de algo episódico ou ocasional. Na atividade, ao contrário, há uma sucessão repetida de atos, praticados de maneira organizada, de molde a caracterizar-se numa constante oferta de bens ou de serviços à coletividade. Fácil perceber, portanto, que no primeiro caso, não há falar-se em atividade empresarial – posto que o ato isolado não é praticado de forma organizada e sistemática – enquanto, no segundo, a atividade econômica organizada para a produção ou circulação de bens e de serviços é, por excelência, o traço característico do empresário.

Forçosa a recordação, a propósito, do seguinte trecho do saudoso Prof. Sylvio Marcondes (Exposição de Motivos do antigo Anteprojeto de Código de Obrigações, na parte relativa a sociedades e exercício "Da atividade mercantil", mais tarde reproduzida em "Da atividade negocial: empresários e sociedades", in *Problemas de Direito Mercantil*, Max Limonad, cap. V, pp. 129 e ss.):

> Ora, não obstante serem os atos negociais facultados a todas as pessoas e, por essa razão, cabíveis num direito objetivo comum, é certo que a sua prática, quando continuadamente reiterada, de modo organizado e estável, por um mesmo sujeito, que busca uma finalidade unitária e permanente, cria, em torno desta, uma série de relações interdependentes que, conjugando o *exercício* coordenado *dos atos*, o transubstancia *em atividade*" (grifos do autor).

No Direito Comercial moderno, já não se fala mais em atos isolados do comércio. O que caracteriza a atividade mercantil contemporânea é, essencialmente, a empresa, isto é, a atividade econômica organizada para a produção ou circulação de bens ou de serviços.

No âmbito do Direito do Consumidor, igualmente, não será considerado fornecedor aquele que fornece isoladamente um produto ou um serviço no mercado. A sua caracterização depende, como decorre da própria definição de fornecedor estampada no art. 3º do Código de Defesa do Consumidor (Lei 8.078, de 11.9.90), do desenvolvimento de atividades de produção, montagem, criação, construção, transformação, importação, exportação, distribuição ou comercialização de produtos ou prestação de serviços.

A atividade financeira pressupõe, fundamentalmente, a prática reiterada de atos de intermediação. A habitualidade da profissão já constava da definição de banqueiro no Código Comercial de 1850. São considerados banqueiros – diz-nos o art. 119 daquele vetusto diploma – os comerciantes que têm por *profissão habitual* as operações chamadas de Banco.

Outro elemento intrínseco da atividade financeira é que ela não capta recursos de terceiros para si e sim para repassá-los a todos os seus clientes que desejam ou necessitam de crédito.

Tomar recursos de terceiros, todavia, embora seja *próprio* da atividade financeira, não é *privativo* dela. Quando o empresário necessita de recursos de médio e longo prazos, dificilmente ele os obtém junto às instituições financeiras. Os Bancos captam recursos de curto prazo e, por isso mesmo, trabalham essencialmente com empréstimos de curto prazo. Seja por essa circunstância, seja porque o crédito bancário disponível é sempre insuficiente para a demanda de crédito, seja, ainda, pelo quase sempre elevado custo do dinheiro junto ao Sistema Bancário, o empresário se vê compelido, muito amiúde, a procurar recursos de terceiros, quer com a abertura do capital da empresa, quer com a emissão de debêntures ou de *commercial papers*.

Constituiria um equívoco verdadeiramente palmar, supor que o simples fato de coletar recursos de terceiros pudesse transformar a empresa – deles beneficiária – em instituição financeira. Da mesma forma, é igualmente inequívoco que a simples circunstância de os empresários aplicarem no mercado financeiro ou no mercado de capitais as disponibilidades de seu caixa, não só constitui, em princípio, um ato de boa gestão, como não terá o condão de enquadrá-los na condição de instituições financeiras.

O Eminente Prof. Ary Oswaldo Mattos Filho, no Parecer já citado – peça integrante do Memorial, conforme pedido expresso na douta impetração – assinalou com acuidade:

> Pela interpretação estrita da literalidade da norma o ato praticado poderia ser inquinado de intermediação de recursos financeiros já que os mesmos foram captados junto ao público e investidos junto ao mercado tomador. Para assim não ser tipificada, não deveria coletar e, em o fazendo, não deveria depositar tais recursos no banco, já que, pela definição estreita estaria a companhia intermediando dinheiro. Adotar esse entendimento cego significaria condenar as companhias a perdas de investimento, bem como retirar do mercado bancário o seu oxigênio, qual seja a captação bancária de recursos financeiros disponíveis. O bom senso, entretanto, não sanciona nem inquina de ilegais essas operações, por não terem elas, de fato, o condão de transformar a sociedade em instituição financeira, realizando, assim, uma interpretação verdadeiramente de conteúdo da norma legal.

Acresce assinalar, *ex abundantia*, que a eventual prática de atos não previstos no objeto social – e não *objetivo* social como constou, estranhamente, na denúncia – tem como conseqüência, conforme o caso, a aplicação das regras relativas ao exercício abusivo do poder (*abus de pouvoir*) ou de desvio de poder ou finalidade (*détournement de pouvoir*), dizendo respeito à reparação aos minoritários pelos eventuais prejuízos causados. Escusava mesmo dizer que a matéria não diz respeito ao Poder Público; ela é típica de Direito Privado e um problema a ser resolvido *interna corporis*. O Direito Penal não incide sobre uma questão que é, em tudo e por tudo, exclusivamente de Direito Comercial, mais especificamente, de Direito Societário.

Supondo, porém, que atos praticados pelo administrador de uma sociedade anônima com eventual abuso de poder ou com desvio de finalidade, por não se enquadrarem explicitamente no artigo estatutário definidor do objeto social da companhia, pudessem adentrar na órbita penal, seria imprescindível analisar-se se eles não estariam implicitamente contemplados na subsidiariedade própria de toda a atividade empresarial.

Ninguém desconhece, evidentemente, que a Lei 6.404/76, ao estabelecer no § 2º de seu art. 2º, a necessidade de que o estatuto da companhia defina *de modo preciso e completo* o objeto social, quis possibilitar a caracterização das modalidades de abuso de poder e de desvio de atividade, conforme consta, aliás, da Exposição de Motivos do Projeto.

Tal preocupação – digna de encômios, aliás, sob todos os aspectos – teve como propósito proteger tanto os acionistas minoritários da companhia quanto os credores de boa-fé e, em certo sentido, até mesmo toda a coletividade. A definição precisa e completa do objeto social, nessa ordem de idéias, representa os limites da área de discricionariedade dos administradores e dos acionistas controladores da sociedade. Também não haverá de ser questionado o caráter restritivo dessa definição estatutária do objeto social. Claro está que ela deve ser entendida como exaustiva e não meramente enunciativa ou exemplificativa, exatamente para que se possa definir os contornos da responsabilidade dos administradores pelo abuso de poder e pelo desvio de finalidade.

Não se há de entender, porém, que todo e qualquer ato não previsto expressamente no objeto social deva ser tido, necessariamente, como infringente da norma definidora do objeto social. Gianluga La Villa deu importante contribuição para o estudo da matéria distinguindo o objeto social, em seu sentido formal, do objeto social, em seu sentido material. Em sua percuciente análise ("La nozione di oggetto sociale nel suo sviluppo storico", in *Rivista della Società*, 1972, fascículo 5, set./out., pp. 1.026 e ss.), cuidou esse autor de mostrar, de acordo com uma das tendências mais importantes do Direito contemporâneo, os aspectos estruturais e os aspectos funcionais dessa questão.

Assim, uma atividade empresarial determinada pode não estar especificamente prevista no estatuto social da companhia e nem por isso haverá de ser considerada, necessariamente, como violadora dessa norma estatutária. É o caso, p. ex., de quem subloca o uso de seus computadores, ou aluga as horas ociosas de suas aeronaves a terceiros interessados, ou aplica as disponibilidades momentâneas de caixa no mercado financeiro ou de capitais.

Colho, pela pertinência própria para os casos práticos da vida que parece possuir todo o jurisdocente, o exemplo fornecido pelo Prof. Ary Oswaldo Mattos Filho:

> Assim, quando o Banco do Brasil ou a Cia. Vale do Rio Doce lançam ações para se capitalizar, muito embora seja um uma instituição financeira e a outra uma mineradora, estão elas captando recursos junto ao público, mantendo as suas respectivas características como banco e indústria de mineração. O que releva é que ambas praticaram o mesmo ato, qual seja captaram recursos junto ao público.
>
> Quando o mesmo Banco do Brasil e a mesma Cia. Vale do Rio Doce vão à Bolsa de Mercadorias & Futuros para se proteger, o primeiro contra variação futura de preço de ativos agrícolas e a segunda da mudança da taxa de juros, lá não estão, ambas sociedades, como instituição financeira. Elas estão lá captando ou aplicando recursos, mas tal ato não tem o condão de descaracterizar o Banco do Brasil de ser uma instituição

financeira, muito menos transforma a Cia. Vale do Rio Doce em instituição financeira; muito embora ambas captaram ou aplicaram recursos financeiros. A atividade financeira é o crédito agrícola que o Banco do Brasil concede em grande volume a seus clientes e não captação ou aplicação no mercado futuro.

Nem há que se falar que o Banco do Brasil ou a Cia. Vale do Rio Doce estão realizando operações não constante de seu objeto social e, portanto, não só proibidas mas puníveis pelo Poder Público. Muito menos que pela reincidência das operações, não seriam elas caracterizáveis como atividade principal ou acessória de ambas empresas. Não é porque inexista explicitado no objeto social das companhias o ato de aplicar ou investir constantemente sobras de caixa ou operar o quanto for necessário nos mercados para proteger os seus contratos, que a prática continuada do ato torna-se ilegítima. Ao contrário, objeto social é a prática principal da atividade empresarial. A proteção do patrimônio é da essência de qualquer atividade empresarial; é ínsita à vida da sociedade, não sendo necessária, usual ou proibitiva o seu exercício se não elencado no estatuto social da empresa.

E conclui o ilustre professor:

> faz parte do dever de diligência do administrador da sociedade a prática constante de investir os recursos disponíveis junto aos mercados, buscando a maior rentabilidade possível, sendo ele responsabilizável por má gestão ou gestão temerária se não investir os recursos da companhia de disponibilidade temporária. E onde serão aplicados os recursos eventualmente existentes, se não *investidos eventualmente* ou *constantemente* nos mercados financeiros e de capitais?" (grifos do autor).

Pelas considerações supra aduzidas torna-se inafastável a conclusão de que estamos diante de um caso de atipicidade penal. A prática de um ato eventualmente estranho ao objeto social da companhia não guarda correlação ontológica com o conteúdo lógico do art. 16 da Lei 7.492/86.

Tampouco a realização de algumas operações isoladas, sem a característica de habitualidade – ainda que pudessem ser, ocasionalmente, qualificadas como *operações financeiras* ou *operações de natureza financeira* – podem ser tidas, para os efeitos penais, como equivalentes a *"fazer operar uma instituição financeira"*.

Independentemente de a questão penal resolver-se por tais circunstâncias, robusteceu-se a convicção deste magistrado no sentido da concessão da ordem pela indispensável análise tanto *estrutural* como *funcional* das operações então realizadas pela Gartra Comércio Exterior S/A, a saber, um mútuo de ações e uma cessão de crédito.

Essa consideração biangular dos institutos jurídicos – possível, principalmente após as preciosas contribuições de Tullio Ascarelli e Norberto Bobbio – hoje pacificamente aceita como método científico indispensável à investigação jurídica, deve ser vista e interpretada não como antinomia e sim com a noção de complementaridade, conforme posto em relevo agudamente pelo Prof. Fábio Konder Comparato.

Passo, pois, a analisar cada uma de tais operações, começando pelo mútuo de ações, operação pela qual a Gartra Comércio Exterior, na qualidade de mutuária, recebeu um bloco de ações, para aliená-lo em seguida, em pregões da Bolsa de Valores, depositando o valor assim apurado no Banco de Investimentos Garantia S/A, do qual vem a ser subsidiária integral.

Consta ainda, que, para precaver-se das eventuais oscilações de valor das ações, veio a firmar um contrato de *hedge* com outra empresa do mesmo grupo econômico. Quando ficou vencido o contrato de mútuo celebrado, veio a adquirir as ações por preço inferior ao rendimento do depósito bancário efetuado, contabilizando lucro com a operação.

Percebe-se, por tal descrição, que a operação realizada não seria *uma operação financeira*, entendida esta última expressão, no caso, como *operação privativa de instituição financeira*. O mútuo é instituto secular que, segundo a dicção do art. 247 do Código Comercial,

> é empréstimo mercantil, quando a coisa emprestada pode ser considerada gênero comercial, ou destinada a uso comercial, e pelo menos o mutuário é comerciante.

Embora pudesse parecer despiciendo, em princípio, no contexto das presentes considerações, trazer à colação a disposição do art. 1.256 do Código Civil pátrio, dado o caráter induvidosamente mercantil do mútuo realizado pela Gartra Comércio Exterior S/A, conforme será demonstrado em seguida, é conveniente recordar o preceito de nosso diploma legal civil a fim de que fique estreme de dúvidas o caráter de sua evidente fungibilidade.

> Mútuo é o empréstimo de coisa fungível. O mutuário é obrigado a restituir ao mutuante o que dele recebeu em coisa do mesmo gênero, qualidade e quantidade.

Teixeira de Freitas, provavelmente o mais abalizado comentador de nosso Código Comercial de 1850, ao analisar essa disposição do art. 247 asseverava (*Aditamentos ao Código de Comércio*, p. 611):

> O mútuo (Consolidação das Leis Civis, not. 1 ao art. 477) pode ser direto ou ocasional, e com esta distinção aplica-se o art. 247 do Código do Comércio – quando a coisa emprestada pode ser considerada gênero comercial. Como poderia ser entendido esse artigo se ele compreendesse na generalidade das palavras transcritas todas as coisas móveis, pois que todas podem ser consideradas gêneros comerciais e destinadas a uso comercial?

Nosso grande Carvalho de Mendonça – espécie de papa dos comercialistas pátrios – conceituava-o como

> o contrato mediante o qual uma das partes entrega a outra coisas fungíveis, principalmente uma soma de dinheiro, tendo por escopo o empréstimo, com a obrigação desta última restituir-lhe outro tanto do mesmo gênero, qualidade e quantidade (*Tratado de Direito Comercial Brasileiro*, v. VI, 2ª parte, pp. 315-316).

Bento de Faria, por seu turno, considerava que

> segundo o nosso *Direito*, parece que o mútuo deve ser considerado mercantil, quando feito a comerciante e para fim comercial.

Pontes de Miranda, em seu monumental *Tratado de Direito Privado*, assim pontificou a respeito do mútuo (t. XLII, pp. 48-49, § 4.592, "objeto do mútuo"):

> *Fungibilidade*. Dá-se em mútuo o que pode ser restituído com o mesmo bem ou com outro do mesmo gênero, qualidade e quantidade. No art. 50 do CC está a definição, que corresponde ao termo criado depois do Direito romano, que desconheceu a expressão *res fungibiles*. Diz o art. 50: "São fungíveis os móveis que podem, e não fungíveis os que não podem substituir-se por outros da mesma espécie, qualidade e quantidade". "Espécie" está, aí, por "gênero". Certo, o art. 1.256, onde se emprega a palavra "gênero".
>
> O CC, no art. 1.256, alude à "quantidade". Não se exige, com isso, que haja pluralidade. O bem fungível, que se dá em mútuo, pode ser um só. O que não se pode mutuar é o *individuum*. O bem fungível, que se entrega sozinho, também é quantidade.

E, finalmente, para não alongar ainda mais o presente voto-vista, que já se faz demasiadamente extenso, o saudoso Prof. Fran Martins assim resume a posição da doutrina brasileira, no tocante à caracterização do mútuo mercantil:

> O art. 247 do Código Comercial diz que será mercantil o mútuo quando *pelo menos o mutuário é comerciante*. Não significa o dispositivo, porém, que *só será mercantil* o mútuo em que o mutuário for

comerciante. Segundo esclarece Carvalho de Mendonça, como o ato de comércio é íntegro, o mútuo é mercantil, desde que *uma das partes* seja comerciante. Muitas vezes, o mutuante é um banco fazendo dos empréstimos suas atividades normais. Os empréstimos realizados pelo banco serão, desse modo, sempre comerciais, ainda mesmo que o mutuário não seja comerciante, pois conceder empréstimos constitui atividade habitual dos bancos" (*Contratos e Obrigações Comerciais*, p. 377).

De tudo quanto se expôs até o momento acerca do mútuo, torna-se indubitável a conclusão de que esse contrato pode ser feito com bem fungível de qualquer natureza, com valor economicamente apreciável. As ações das sociedades anônimas são, por definição expressa do art. 2º da Lei 6.385, de 7.12.76, *valores mobiliários* (cf. inc. I, do referido artigo), podendo ser consideradas como bem fungível, quando custodiadas em instituição financeira autorizada pela nossa Comissão de Valores Mobiliários para a prestação do serviço de custódia de ações fungíveis.

Diz o art. 41 de nossa Lei 6.404, de 15.12.76, que disciplinou a sociedade por ações no Direito brasileiro:

> A instituição financeira autorizada pela Comissão de Valores Mobiliários a prestar serviços de custódia de ações fungíveis pode contratar custódia em que as ações de cada espécie, classe e companhia sejam recebidas em depósito como valores fungíveis.
>
> Parágrafo único. A instituição não pode dispor das ações e fica obrigada a devolver ao depositante a quantidade de ações recebidas, com as modificações resultantes de alterações no capital social ou no número de ações da companhia emissora, independentemente do número de ordem das ações ou dos certificados recebidos em depósito.

Há necessidade pela lei, portanto, de que a prestação de serviços de custódia de ações seja feita por instituição financeira e, além disso, que essa mesma instituição financeira esteja autorizada pela Comissão de Valores Mobiliários para a prática de tal serviço.

Não há dispositivo legal, no entanto – e nem qualquer construção de caráter doutrinário ou jurisprudencial – que considere esse *serviço* como uma *operação financeira*. Sabe-se que existem algumas normas no Manual de Normas e Instruções do Banco Central-MNI, disciplinando *serviços* bancários e que existem outras, no mesmo MNI, regulando as *operações* bancárias, divididas estas últimas em *ativas* e *passivas*.

Não haveria de ser necessária a invocação de normas regulamentares, porém, para provar a existência dessa conhecida distinção. Como já destaquei em oportunidade anterior, a própria Lei 4.595, de 31.12.64, ao cuidar do sigilo bancário, em seu art. 38, já deixara clara essa dicotomia entre serviços bancários, de um lado, e operações ativas e passivas, de outro.

De sorte que, na custódia de ações fungíveis, embora exista a intervenção obrigatória de uma instituição financeira autorizada pela CVM a realizar o serviço, não se transforma a outra parte em instituição financeira por celebrar com esta última um mútuo de ações.

A celebração paralela, por parte da Gartra, de um contrato de *hedge* com o fito de proteger-se das oscilações inerentes aos mercados de bolsa ou de balcão – embora estranha para esse julgador pelo fato de ter sido praticada com empresa do mesmo grupo econômico – não altera substancialmente a natureza do contrato. Não se transforma, por essa circunstância, numa operação privativa de instituição financeira.

Ainda quanto à regularidade das contratações de mútuo com ações, é de recordar-se a edição da Resolução 2.268/96, do Conselho Monetário Nacional e da Instrução 249/96, da Comissão de Valores Mobiliários. Exatamente pela circunstância de que essas operações adquiriram grande volume e cifras expressivas, sentiram, o órgão de cúpula do Sistema Financeiro Nacional, de um lado, e o órgão máximo do Mercado de Valores Mobiliários de outro, a necessidade de normas sobre o mútuo praticado em grandes escalas, passando a existir, em nosso mercado, tanto o mútuo privado, celebrado entre particulares, como o mútuo praticado pelas instituições depositárias das ações, mediante a intervenção das sociedades corretoras de valores. Mas não há falar-se, em ambos os casos, em operações típicas de instituições financeiras.

Como se tudo ainda não bastasse, cabe lembrar que a interpretação literal de um texto de lei é um dos métodos mais fracos em matéria de Hermenêutica Jurídica. E foi exatamente a propósito desse conceito elástico do art. 17 da Lei n. 4.595/64, que o Parecer do Prof. Ary Oswaldo Mattos Filho (cf. itens ns. 1.21 e 1.22) trouxe à estampa aresto do extinto Tribunal Federal de Recursos:

> admitir-se esse entendimento (o da interpretação literal) seria aceitar que o legislador estabelecera o absurdo de considerar crime a celebração de qualquer contrato de mútuo sem que uma das partes seja instituição financeira e, como não se pode admitir que a lei contenha norma absurda, há de ser afastada.

Passo a analisar, por fim, a outra operação de que se cuida no presente *habeas corpus*, qual seja, a cessão de crédito realizada pela Gartra.

Compulsando-se os autos e refletindo sobre essa segunda modalidade de operação – que, em última análise, consistia em realizar transações comerciais pelas quais a Gartra adquiria ou transferia a exportadores, créditos representados por *export notes*, de uso correntio entre as *trading companies* – chega-se à conclusão de que ela só poderia ser conceituada como sendo uma cessão ordinária de créditos.

A cessão de crédito é instituto previsto no art. 1.065 de nosso Código Civil, *in verbis*: "O credor pode ceder seu crédito, se a isso não se opuser a natureza da obrigação, a lei ou a convenção com o devedor".

Desnecessário assinalar, por certo, a importância da cessão do crédito na formação da economia moderna. Trata-se, na verdade, de instituto relativamente novo, posto que desconhecido do Direito romano – fundamento de nossa cultura jurídica, no dizer expressivo de Ascarelli.

Dele disse Pontes de Miranda:

> A cessão de crédito é negócio jurídico bilateral de transmissão de crédito entre o credor e outrem. À base dele pode haver negócio jurídico, porém a cessão de crédito independe dele, ou da sua existência. A manifestação de vontade é elemento de acordo de transmissão da propriedade imobiliária ou mobiliária, opera a transmissão sem precisar de qualquer outro elemento (*e.g.* na transferência da propriedade imobiliária, o registro; na transferência da propriedade mobiliária, a tradição ou outro ato, inclusive registro (*Tratado de Direito Privado*, v. XXIII, § 2.822, pp. 267-268).

Nos dias atuais, a cessão de crédito passou a ser objeto de negociação em massa, sendo praticada pelos mais diversos setores da sociedade, envolvendo pessoas físicas e jurídicas e em cujo mercado são negociados os mais diferentes tipos de valores mobiliários (ações, debêntures, bônus de subscrição etc.) e títulos de renda fixa, com fiscalização do Banco Central do Brasil.

Não se vislumbra – nem mesmo remotamente – de que maneira uma cessão de crédito da Gartra, realizada com exportadores brasileiros, poderia outorgar à operação assim realizada as características próprias de uma operação privativa de instituições financeiras, de molde a ensejar, por extensão, a aplicação da figura penal prevista no art. 16 da Lei 7.492/86.

A emissão de *export notes* é corriqueira entre as *trading companies* e não consta que esse tipo de operação tenha, por si só, feito com que as nossas Autoridades Monetárias – Conselho Monetário Nacional e Banco Central do Brasil – tentassem equiparar as companhias comerciais exportadoras às instituições financeiras. Mesmo algumas operações típicas do âmbito próprio das instituições financeiras, se praticadas isoladamente e sem o critério da habitualidade por uma *trading company*, não iriam transformá-la, mesmo que apenas para efeitos penais, numa instituição financeira.

Até onde me foi possível investigar – com as dramáticas e inumeráveis limitações a que se acha sujeito um magistrado federal de nossa República, obrigado que está a dividir o seu escasso tempo em milhares de processos que tragicamente se acumulam – a *export note* foi objeto da Circular 1.846, do Banco Central do Brasil, e foi convencionada pelo mercado com o propósito de identificar as operações de compra e venda de direitos de crédito em moeda estrangeira. Tais negociações propiciam aos exportadores o financiamento de seus contratos comerciais de exportação mediante o instrumento da cessão de crédito feita aos bancos. Com isso, permite-se aos importadores e investidores a formação de um lastro em moeda estrangeira contra os riscos da variação cambial.

É de assinalar-se que além dos importadores, qualquer pessoa física ou jurídica poderá desempenhar o papel de investidor. Já o tomador dos recursos somente poderá ser o exportador que celebre contrato comercial de exportação e que tenha teto de câmbio com margem operacional e desempenho cambial compatível com a assistência financeira a ser prestada por seu banco. Não vislumbro, portanto, por esse ângulo de análise, uma clara identificação entre a comercialização de *export notes* e atividade financeira de molde a ensejar a aplicação da lei penal, não obstante a existência de normas regulamentares do Bacen sobre a matéria.

Desde 1832, quando teria sido constituída por comerciantes ingleses, a primeira *trading company* do mundo, a *Jardine Matheson & Co. Ltd.*, com sede em Huan-Hou, as atividades por ela desenvolvidas na área do Pacífico asiático compreendiam negócios de engenharia e construção, *marketing* e distribuição, recursos naturais, hotéis, propriedades, transportes e, igualmente, alguns serviços financeiros.

Com sede atual em Hong-Kong, consta que essa primeira *trading company* da história ampliou os seus negócios para os Estados Unidos, Oriente Médio e África do Sul, contando com 39.000 acionistas no seu grupo e empregando cerca de 43.000 pessoas distribuídas em 20 Países (sobre o assunto, cf. Romero Ullman, *Estructuras Empresariais para el Comercio Internacional*, pp. 192-193). Nem por isso é conhecida com uma instituição financeira e sim como sempre foi, isto é, uma *trading company*.

Não obstante tais observações, tento analisar, ainda – e por derradeiro – se a circunstância de a cessão de crédito da Gartra ter sido realizada com a utilização de *export notes* teria o eventual condão de assemelhar-se, por exemplo, a uma operação de desconto, invadindo o âmbito privativo das instituições financeiras.

A *export note*, como se sabe, assemelha-se em tudo e por tudo a um verdadeiro título de crédito, tomada a expressão em seu sentido *vivantiano* clássico, isto é, no sentido de ser um documento necessário para o exercício do direito literal e autônomo nele mencionado.

Trata-se de um título de crédito emitido por *trading companies* – vale dizer, empresas comerciais exportadoras – não se confundindo, portanto, quer com Certificados de Depósito Bancário ou com Recibos de Depósito Bancário, de emissão exclusiva de estabelecimentos bancários, quer com letras de câmbio de investimento, emitidas pelas sociedades de crédito, financiamento e investimento.

Pelo que sei, o valor da *export note* vem expresso normalmente em reais, tendo como indexador a variação cambial, seja para o doador/investidor, seja para o tomador/exportador, prevendo-se a aplicação de juros em ambas as pontas. O diferencial – correspondente ao chamado *spread* – constituirá a receita do banco interveniente. A *export note* corresponderá à negociação de nota promissória em moeda estrangeira com um banco do exterior.

No comércio internacional, o mecanismo da operação consiste, resumidamente, no seguinte: uma empresa brasileira negocia a exportação de bens a um importador situado em outro País. Tal exportação será feita em vários embarques durante alguns meses especificados contratualmente entre o exportador e o importador, com prazo máximo de seis meses.

Com o objetivo de ter maior segurança, o importador estrangeiro exige a solidificação da negociação mediante um contrato de fornecimento de bens, por vários embarques sucessivos, e com valor adredemente ajustado entre as partes.

Munida de tal instrumento, a empresa brasileira exportadora, com o fito de obter ao menos uma parcela do valor já negociado, recorre a um banco, no País, assinando o instrumento particular de cessão de direitos creditórios a esse banco. Lastreado nessa assinatura de cessão de direitos, o banco emite uma nota promissória que será negociada no exterior para o levantamento de dólares.

A *export note*, no caso, parece ter sido emitida diretamente em moeda estrangeira e não em reais. Tal circunstância, porém, não parece interferir na natureza do título e muito menos na qualificação jurídica do tipo de empresa que o negocia.

As cessões de créditos representadas por esses títulos poderão ser feitas por instituições financeiras ou não, vale dizer, também poderão ser realizadas por importadores.

Diante de tais análises – que terão sido, talvez, excessivamente singelas e ligeiras diante da gravidade do que se discute nos presentes autos – concluo pela atipicidade penal da conduta dos pacientes na qualidade de administradores da empresa Gartra Comércio Exterior S/A.

E, se inexiste justa causa para a ação penal, nunca será demais relembrar a inolvidável lição de Pontes de Miranda, constante do prefácio da 7ª ed. de seu *História e Prática do "Habeas Corpus"*: "O *habeas corpus* foi um dos passos mais seguros e uma das ramas mais eficientes para a salvação da civilização ocidental. É o *não*, que a Justiça diz, em mandamento, à violência e à ilegalidade; e o *sim* a quem confia nos textos constitucionais e nas leis" (grifos do autor).

Assim, diante de todo o exposto e convencido de que não está a incidir na atuação dos pacientes a imprescindível tipificação penal, sou pela *concessão* da ordem.

É o meu voto.

Newton De Lucca

VOTO – VISTA

Os advogados Arnaldo Malheiros Filho e Flávia Rahal impetraram ordem de *habeas corpus* em favor de Jorge Paulo Lemann, Cláudio Luiz da Silva Haddad, Gilberto Romanato, Luis Alberto Mendes Rodrigues e Fernando Antonio Botelho Prado.

Alega-se na impetração que os pacientes estariam submetidos a constrangimento ilegal por parte do I. Juiz Federal da 3ª Vara Criminal da Seção Judiciária de São Paulo "que contra eles instaurou ação penal carente de justa causa (proc. 95.0103641-3), ao receber denúncia que os dá como incursos nas penas do art. 16 da Lei 7.492/86 (...)" (fls. 02).

A conduta descrita no referido art. 16 da Lei 7.492/86 consiste em

> Fazer operar, sem a devida autorização, ou com autorização obtida mediante

declaração falsa, instituição financeira, inclusive de distribuição de valores mobiliários ou de câmbio.

Sustenta-se na impetração que

1) Os pacientes foram denunciados por inaceitável responsabilidade objetiva;

2) A ação penal foi instaurada por decisão não fundamentada;

3) Todos realizamos com freqüência "operações financeiras" o que não se confunde com "fazer operar instituição financeira";

4) Uma empresa é instituição financeira quando tem essa atividade fim, principal ou acessória; a atividade fim se caracteriza por habitualidade e infra-estrutura;

5) As operações imputadas (mútuos de ações e cessão de crédito) não são típicas de bancos (fls. 03).

Aduzem ainda os impetrantes que

Os cinco pacientes são Diretores da empresa Gartra Comércio Exterior S/A, uma subsidiária do Banco de Investimentos Garantia S/A, voltada, segundo seus estatutos, à exportação de produtos brasileiros.

Como vai acontecer com qualquer pessoa física ou jurídica que busque proteger e valorizar seu patrimônio, a Gartra se empenha em aplicar da melhor forma possível seus recursos. Faz isso dentro do que lhe parece mais compatível com a sua condição de empresa comercial e de acordo com as possibilidades de oscilações em seu mercado. Para tanto, assim como qualquer outro, realiza com freqüência operações financeiras, com o desiderato apontado.

Pois bem. A denúncia imputa indiscriminadamente aos cinco pacientes dois tipos de operações financeiras – mútuo de ações e cessões de créditos – que teriam sido realizadas pela Gartra, por quatro vezes, durante cinco meses, no período compreendido entre 31.8.94 e 31.1.95. Essas operações podem ser assim resumidas:

Mútuo de ações: operação pela qual a Gartra Comércio Exterior, tomou ações por empréstimo, alienando-as a seguir, em operações realizadas nos pregões da Bolsa de Valores, depositando o produto de parte da alienação junto ao Banco Garantia S/A, único acionista da mutuária. Através de um contrato de *hedge* com outra empresa do grupo acabou recomprando essas ações no vencimento do mútuo por valor inferior ao resultado da aplicação bancária.

Cessões de crédito: transações comerciais pelas quais a Gartra, adquiriu ou transferiu a exportadores créditos de exportação.

Segundo o Ministério Público, a Gartra, através dessas operações, fugiu "claramente às atividades inerentes ao seu objeto social" fato que foi pretexto para afirmar-se que os pacientes "fizeram a empresa Gartra Comércio Exterior S/A operar, sem a devida autorização do Banco Central, como se instituição financeira fosse, captando, intermediando e aplicando recursos financeiros de terceiros", denunciando-se por suposta infração ao art. 16 da Lei 7.492/86.

Para a Acusação a realização de operações financeiras, por si só, é suficiente para caracterizar a operação de uma instituição financeira clandestina. Tanto que a denúncia vislumbra crime na realização de operações sem as características próprias dos negócios bancários e sem cogitar de habitualidade (fls. 05).

Posta a questão nesses termos, em apertada síntese, pleiteiam os impetrantes o trancamento da ação penal por falta de justa causa.

O I. Juiz Relator, em seu abalizado voto, denegou a ordem, ao fundamento de que

a denúncia descreveu de forma minuciosa os fatos, apontou as circunstâncias necessárias à configuração do delito tipificado no art. 16, da Lei 7.492/86, delineando a conduta penalmente típica dos pacientes. Sublinhado que a peça acusatória foi oferecida em observância aos requisitos do art. 41 do CPP, repilo a argüição de inépcia da denúncia. De conseguinte, configurado, em tese, o crime capitulado na denúncia e havendo indícios de autoria, é de se reconhecer que a peça acusatória foi recebida corretamente pelo magistrado impetrado (fls. 127).

Entretanto o I. Juiz Newton De Lucca concedeu a ordem asseverando estar "convencido de que não está a incidir na atuação dos pacientes a imprescindível tipificação penal (...)" (fls. 164).

Na esteira do alentado voto de S. Excia. penso também que a ordem é de ser concedida.

> Estou pessoalmente convencido – diz o I. Juiz Newton De Lucca – de que o Banco Central, de um lado, e o Ministério Público, de outro – não obstante o seu louvável e incansável esforço para coibir as mazelas que atingem o nosso Sistema Financeiro Nacional – ter-se-ão equivocado na capitulação que fizeram da conduta dos pacientes na qualidade de administradores da empresa Gartra Comércio Exterior S/A que vem a ser uma subsidiária integral do Banco de Investimentos Garantia S/A, do qual ditos pacientes são também administradores. Com efeito, a prática de uma ou de várias operações financeiras não se coloca no mesmo plano de fazer operar instituição financeira. Todos nós praticamos operações financeiras sem que sejamos, por isso – e principalmente para efeitos penais – equiparados a instituições financeiras. O esclarecimento é deveras rudimentar, mas tornou-se necessário em virtude de a denúncia não explicitar em que se teria baseado para, ao identificar algumas operações financeiras por parte da empresa administrada pelos pacientes, daí concluir que teriam violado o art. 16 da Lei 7.492, fazendo "operar uma instituição financeira" (fls. 149).

Instituição financeira como se sabe, e o conceito decorre da lei, é a pessoa jurídica que tem como finalidade principal ou acessória a captação, intermediação ou aplicação de recursos financeiros de terceiros.

> Pela interpretação estrita da literalidade da norma – diz o Prof. Ary Oswaldo de Mattos Filho, em parecer acostado aos autos – o ato praticado poderia ser inquinado de intermediação de recursos financeiros já que os mesmos foram captados junto ao público e investido junto ao mercado tomador. Para assim não ser tipificada, não deveria coletar e, em o fazendo, não deveria depositar tais recursos no banco, já que pela definição estreita estaria a companhia intermediando dinheiro.
>
> Adotar esse entendimento cego significaria condenar as companhias a perdas de investimento, bem como retirar do mercado bancário o seu oxigênio, qual seja a captação bancária de recursos financeiros disponíveis. O bom senso, entretanto, não sanciona nem inquina de ilegais essas operações, por não terem elas, de fato, o condão de transformar a sociedade em instituição financeira, realizando, assim, uma interpretação verdadeiramente de conteúdo da norma legal (fls. 152).

Além disso, como bem observado pelo I. Juiz Newton De Lucca, é preciso considerar a distinção doutrinária entre ato e atividade.

> Com efeito, se se entendesse que a coleta ou a aplicação de recursos financeiros, por si sós, fossem suficientes para caracterizar a ilegalidade da conduta e para engendrar a aplicação da norma penal, chegaríamos a inexata conclusão de que milhares de pessoas, físicas e jurídicas, deveriam ser punidas por esta última. Como já salientei em decisão proferida no *habeas corpus* 96.03.0777-9, ganha especial relevo, nessa questão, a distinção doutrinária entre "ato" e "atividade". O ato, como sabemos, consiste numa ação isolada praticada por alguém. Trata-se de algo episódico ou ocasional. Na atividade, ao contrário, há uma sucessão repetida de atos, praticados de maneira organizada, de molde a caracterizar-se numa constante oferta de bens ou de serviços à coletividade (fls. 150).

Parece evidente assim que os atos imputados na denúncia a "Gartra Comércio Exterior S/A" não têm relevância penal.

Em decorrência, atípicas as condutas, inexiste justa causa para a ação penal contra os pacientes.

Concedo a ordem, acompanhando o voto do I. Juiz Newton De Lucca.

É o voto.

Juiz Célio Benevides.

CERTIDÃO

Certifico que a Egrégia 2ª Turma, ao apreciar o processo em epígrafe, em sessão realizada nesta data, proferiu a seguinte decisão:

Prosseguindo no julgamento do feito, a 2ª Turma, por maioria, concedeu a ordem nos termos do voto do Sr. Juiz Newton De Lucca, que lavrará o acórdão, no que foi acompanhado pelo Sr. Juiz Célio Benevides. Vencido o voto do Sr. Juiz Relator Aricê Amaral o qual denegava a ordem. Impedida a Sra. Juíza Sylvia Steiner.

Marta Fernandes Marinho Curia, Secretário(a).

Comentários de

Haroldo Malheiros Duclerc Verçosa

Cuida-se de acórdão proferido, por maioria, pelos Juízes da 2ª Turma do TRF da 3ª Região onde se discutiu, entre outros assuntos não abordados neste comentário, o problema do significado da expressão *operar instituição financeira*, encontrável no art. 16 da Lei dos *Crimes do Colarinho Branco* (Lei 7.492/86).

Na parte que nos interessa, os diretores da Gartra Comércio Exterior S/A foram denunciados pela realização de algumas operações, as quais teriam infringido o dispositivo penal acima indicado. Em resumo, foram os seguintes os fatos de que se trata, seguindo-se na descrição basicamente o texto da denúncia, reportada no voto do Juiz Aricê Amaral:

"a) Assinatura, no período de 31.8.94 a 13.10.94 de diversos *Instrumentos Particulares de Mútuo de Ações*, apresentando-se a Gartra como mutuária, por força dos quais esta recebeu ações livres e desembaraçadas de quaisquer ônus, as quais vieram a ser negociadas à vista no pregão da Bolsa de Valores. O produto da venda de tais ações foi direcionado para empréstimo ao Banco de Investimento Garantia S/A, sendo, após, aplicado em CDBs emitidos por este mesmo banco. Nos vencimentos dos contratos de mútuo caucionados, a Gartra obrigava-se a devolver aos mutuantes as ações da mesma espécie, qualidade e quantidade, tendo, com a finalidade de proteger-se das eventuais oscilações do mercado, realizado operações de *hedge* com a Figar S/A, empresa holding do Grupo Garantia. Nos termos do referido *hedge*, a Gartra comprou ações da Brahma a termo.

"b) Por meio de Instrumento de Cessão de Créditos de 20.10.94, a Comercial Quintella Com. e Exp. Ltda. cedeu à Gartra direito de crédito oriundo de contrato de compra e venda de exportação de 442.478 toneladas de soja brasileira, firmado com a Soya Traders Ltd. sobre o montante equivalente a US$ 100.000.000,00, tendo recebido, a título de pagamento pelo referido contrato apenas uma primeira parcela do valor de R$ 153.966,50, sendo que a segunda e última parcela equivalente aos citados US$ 100.000.000,00 seria paga em 16.10.95. Em 31.05.95, por meio de outro Instrumento de Contrato de Cessão de Créditos, a Gartra cedeu e transferiu à Figar S/A 50% dos referidos direitos de crédito.

"Ambas as operações foram contabilizadas, tendo gerado para a Gartra recursos da ordem de R$ 32.261.033,50, correspondentes à diferença entre o valor recebido à vista pela cessão à Figar no montante de R$ 35.415.000,00 e o valor efetivamente pago à Comercial Quintella, no montante de R$ 153.966,50.

"Segundo mencionado no acórdão, da mesma forma que na operação descrita no item *a*, acima, a Gartra teria captado recursos financeiros de terceiros que, inicialmente mantidos no Banco de Investimentos Garantia S/A, teriam sido por ela aplicados em operações financeiras.

"c) Em 2.1.95 a Gartra, na qualidade de cedente, firmou *Instrumentos Particulares de Contratos de Cessão de Crédito* com empresas exportadoras, cessionárias de créditos relativos a *export notes*, a exemplo do contrato assinado com a Comercial Quintella. Por força de tais contratos, as cessionárias pagaram à Gartra valores que totalizaram R$ 211.446.000,00.

"Destaca o texto sob exame que o referido montante correspondeu exatamente à importância que o Banco de Investimentos Garantia S/A e o Banco Garantia S/A haviam pago àquelas empresas exportadoras a título de liquidação antecipada de alguns contratos de cessão de direitos crédito anteriormente firmado entre elas e os bancos.

"Dessa forma, no entendimento do voto do Juiz Aricê Amaral, a referida importância, devidamente contabilizada, consubstanciava-se em um lastro sujeito a depósito compulsório por parte daqueles bancos, nos termos de normativo do Banco Central do Brasil, tendo passado a integrar as contas da Gartra justamente na data em que o compulsório tornar-se-ia exigível, sendo tais recursos por ela utilizados em aplicações financeiras junto ao Banco de Investimento Garantia S/A e, posteriormente, na liquidação de contratos.

"d) Também na data de 2.1.95 a Gartra, na qualidade de cedente, firmou diversos *Instrumentos Particulares de Cessão de Créditos Relativos a Mercadorias* com empresas importadoras, a exemplo do contrato assinado com a empresa *Indústrias J. B. Duarte S/A*.

"Por força de tais contratos, as empresas cessionárias pagaram à Gartra valores que totalizaram R$ 172.245.000,00. Referida importância, no entanto, da mesma forma que as operações descritas no item *c*, *supra*, correspondia exatamente ao valor que o Banco de Investimento Garantia S/A havia pago àquelas mesmas empresas importadoras, a título de liquidação antecipada de contratos de cessão de créditos relativos a mercadorias, antes firmados entre as mesmas partes.

"O valor em causa, devidamente contabilizado, consubstanciaria um lastro sujeito a depósito compulsório por parte daquele banco, nos termos de normativo do Banco Central do Brasil, tendo integrado as contas da Gartra justamente na data em que o compulsório tornar-se-ia exigível.

"Igualmente, os recursos assim auferidos pela Gartra foram utilizados em diversas aplicações financeiras junto ao Banco de Investimento Garantia e posteriormente utilizados na liquidação de contratos."

Prendendo-nos ao tema enfocado neste comentário, como seja, a *operação não autorizada de instituição financeira*, verifica-se que, no seu voto, o eminente Juiz Aricê Amaral, sem maiores discussões sobre o tema, assim se manifestou: "(...) exsurge à evidência que a conduta dos pacientes se subsume ao tipo previsto no art. 16 da Lei 7.452/86 (*sic*), eis que a empresa Gartra, por meio de seus administradores, ao captar e aplicar recursos de terceiros, atuou, sem a necessária autorização do Banco Central, como instituição financeira, o que configura, em tese, o crime previsto no art. 16 da Lei 7.492/86 (...)".

Em longo e profundo voto-vista, o douto Juiz Newton De Lucca discordou da posição do relator, havendo entendido que não se configurara a conduta típica penal dos pacientes. Para esse efeito apoiou-se, resumidamente, nos seguintes argumentos:

(i) A primeira modalidade de operações praticadas pela Gartra estaria assimilada a um mútuo de ações (alínea *a*, *supra*). Por meio dela, a sociedade acima tomou ações por empréstimo, alienando-as em seguida. O produto dessa alienação – ou parte dele – veio a ser depositado no Banco Garantia S/A, único acionista daquela sociedade, da qual era sua subsidiária integral.

(ii) O segundo tipo de operação (alínea *b*) corresponderia a uma cessão ordinária de créditos, pois consistiu na realização de transações comerciais pelas quais a Gartra adquiriu ou transferiu a exportadores, créditos representados por *export notes*, de uso corrente entre *trading companies*.

(iii) Paralelamente aos negócios acima, a Gartra celebrou contrato de *hedge* com outra empresa do mesmo grupo econômico, vindo a recomprar ações objeto do contrato de mútuo por valor inferior ao resultado da aplicação bancária. Embora a esse respeito, segundo o Juiz Newton De Lucca, a operação não tivesse ficado de todo esclarecida, sobre ela havia silenciado inteiramente a denúncia.

(iv) Nas razões do *habeas corpus* impetrado pelos pacientes, estes teriam alegado que havia uma diferença entre a generalizada realização, por todas as pessoas, de *operações financeiras* e o ato de *operar instituição financeira*; que uma empresa é instituição financeira quando tem essa atividade fim principal ou acessória; a atividade fim se caracterizaria por habitualidade e infra-estrutura; e que as operações imputadas (mútuo de ações e cessão de crédito não eram típicas de bancos.

(v) Não se poderia entender que a coleta ou aplicação de recursos financeiros, por si sós, fossem suficientes para caracterizar a ilegalidade da conduta e para engendrar a aplicação da norma penal, pois, assim, chegar-se-ia à inexata conclusão de que milhares de pessoas, físicas e jurídicas, deveriam ser punidas.

(vi) A atividade financeira pressuporia, fundamentalmente, a prática reiterada de atos de intermediação, reconhecendo-se que a habitualidade da profissão já constava da definição de banqueiro do Código Comercial de 1850, tidos como tais os comerciantes que, *por profissão habitual*, realizavam as operações chamadas de Banco.

(vii) Tomar recursos de terceiros, embora seja *próprio* da atividade financeira, não é *privativo* dela. Além dos bancos, os empresários levantam recursos para suas atividades em outras fontes, abrindo o capital da empresa, emitindo debêntures ou utilizando-se de *commercial papers*. Seria grande equívoco supor que o simples fato de coletar recursos de terceiros pudesse transformar a empresa deles beneficiária em instituição financeira.

(viii) Mesmo considerando-se ter sido praticado contrato de mútuo pela empresa, ele não caracterizaria uma *operação financeira*, no caso entendida como privativa de instituição financeira, pois trata-se de instituto secular, já previsto no art. 247 do Código Comercial de 1850.

(ix) O contrato de mútuo pode ter por objeto qualquer bem fungível, inclusive ações de sociedades anônimas, conceituadas como valores mobiliários, não pode ser caracterizado como operação financeira.

(x) Os contratos de *hedge*, as cessões de crédito e as operações com *export notes* estão presentes de forma generalizada na atividade mercantil e não caracterizam-se como *operações financeiras*.

Por todos esses argumentos acima resumidos, o Juiz Newton De Lucca entendeu, corretamente, segundo nosso entendimento, não ter incidido na atuação dos pacientes a tipificação penal, tendo concedido a ordem, no que foi secundado pelo Juiz Célio Benevides.

Poder-se-ia recorrer ao vulgo para dizer que *o uso do cachimbo faz a boca torta*. Isto é dito como forma de crítica de algumas posições extremadas do Banco Central do Brasil e do Ministério Público, que vêem fantasmas onde eles não existem. Qualquer conduta considerada atípica, principalmente quando contraria ou não está diretamente escorada no estatuto ou contrato social de sociedades sob fiscalização, toma as vestes de ilícito e, o que é pior, muitas vezes de ilícito penal.

Felizmente, como bem colocou o Juiz Newton De Lucca, deve-se considerar a diferença entre a atividade-meio e a atividade-fim da empresa. Além disso, foi igualmente observado de forma perfeitamente correta que as instituições financeiras não detêm a exclusividade da realização de operações financeiras. Que, efetivamente, há uma diferença entre *realizar operações financeiras* e *operar instituição financeira*, este último caso fundado na profissão habitual.

Sem reparos, portanto, quanto à decisão final esposada pelo acórdão em tela, por maioria de votos.

No entanto, deve-se ressaltar haver a discussão deixado de lado a análise do conceito de instituição financeira, como ponto de abordagem lógica inicial necessária.

Como se sabe, o art. 16 da Lei 7.492/86 não dá o conceito de instituição financeira e nem lhe competiria fazê-lo, pois trata-se de matéria fora do campo do Direito Penal, pertencente ao Direito Comercial, indubitavelmente. O dispositivo acima simplesmente *aplica* a definição de instituição financeira, está agasalhada diretamente pelo conhecido art. 17 da Lei 4.595/64.

Ora, o deslinde da questão passaria pela verificação dos elementos caracterizadores de uma instituição financeira e verificação de sua ocorrência no caso concreto, para que se pudesse reconhecer presente a conduta típica do tipo penal em causa. Essa tarefa foi realizada de forma indireta e, conseqüentemente incompleta pelo acórdão, embora a decisão tenha chegado ao adequado termo.

De acordo com o art. 17 da Lei 4.595/64, considera-se instituição financeira a empresa que exerça, como *atividade principal ou acessória*:

a) a coleta de recursos financeiros de terceiros;

b) a intermediação de recursos de terceiros;

c) a aplicação de recursos financeiros próprios ou de terceiros; e

d) a custódia de valor de propriedade de terceiros.

Ao utilizar-se da expressão *principal ou acessória*, a lei está fazendo referência, evidentemente, a uma atividade que corresponde ao *objeto social.* Este pode ter um foco principal e outro, que a ele efetivamente pertence, de caráter acessório, no sentido de complementar. Trata-se, portanto, como bem lembrado no acórdão, da *profissão habitual*, presente no Código Comercial Brasileiro desde 1850.

Portanto, arrebanhar profissionalmente no mercado recursos de terceiros, intermediar a sua aplicação ou aplicá-los diretamente no mercado e, além disso, efetuar a sua guarda com fins de administração (custódia), caracteriza uma empresa como instituição financeira.

Entende-se que qualquer das atividades acima, mesmo realizada isoladamente, mas de forma profissional, leva ao reconhecimento da presença de uma instituição financeira. Não se trata de relação cumulativa, mas alternativa. Este último é um tema que já foi objeto de controvérsias, conforme alguns trabalhos anteriormente publicados nesta mesma *RDM*, mas já superado segundo a ótica da melhor doutrina e da jurisprudência predominante.

Ora, uma empresa comercial, industrial ou de serviços, freqüentemente estará realizando operações como as descritas na denúncia, na qualidade de atividade-meio, *com a finalidade de realizar o seu objeto social*, sem que isso corresponda, como é evidente, a negócios privativos de instituições financeiras.

Das quatro hipóteses acima indicadas, a custódia profissional de valores de propriedade de terceiros é, por sua própria natureza e em decorrência de expressa previsão legal, uma atividade própria e exclusiva de instituição financeira, para cujo exercício é sempre necessária a autorização governamental. Neste caso, seu exercício jamais poderia corresponder a uma atividade-meio e, em sua presença, estar-se-ia inafastavelmente na presença de uma instituição financeira. Mas essa hipótese não esteve presente na atuação da Gartra.

Prender-se a uma visão estreita da lei levará, invariavelmente, a uma completa distorção dos seus objetivos. Certamente que inspetores do Banco Central ou membros do Ministério Público mais de uma vez adiantaram, a pedido, recursos a suas empregadas domésticas, antecipando-os com relação à data de pagamento dos seus salários, o que é uma modalidade de mútuo financeiro. Ora, dentro da visão presente na denúncia, emprestaram recursos a terceiros mais de uma vez e, portanto, poderiam ser considerados instituição financeira, inclusive para os fins do art. 16 da Lei 7.492/86. Caberia, então, denunciá-los?

Como se verifica, este acórdão ajuda a preencher uma sensível lacuna na jurisprudência respeitante ao tema do conceito de instituição financeira e sua posição lúcida e clara vai colaborar com toda a certeza para a sedimentação do bom direito, tendo sido originada da pena de um dos melhores comercialistas brasileiros.

Jurisprudência Comentada

EXECUÇÃO JUDICIAL DE DUPLICATAS SEM OS ORIGINAIS DOS TÍTULOS

Comentários de
CELSO BARBI FILHO
ao recurso especial 40.078 (93/0029857-7)-RS

REsp 40.078 (93/0029857-7)-RS
Rel.: Min. Sálvio de Figueiredo Teixeira
Recte.: Transportes Cavalhada Ltda.
Recdo.: Usimix Serviços de Concretagem Ltda.
j. 10.12.97
DJU 2.3.98

Ementa: Direitos Comercial e Processual Civil – Execução – Duplicata de prestação de serviços – Exceção de pré-executividade – Descabimento na espécie – Recurso desacolhido.

I – O sistema processual que rege a execução por quantia certa, salvo exceções, exige a segurança do juízo como pressuposto para o oferecimento dos embargos do devedor.

II – Somente em casos excepcionais, sobre os quais a doutrina e a jurisprudência vêm se debruçando, se admite a dispensa desse pressuposto, pena de subversão do sistema que disciplina os embargos do devedor e a própria execução.

III – Em tese, a falta dos originais das duplicatas nos autos da execução não constitui vício passível de impugnação em exceção de pré-executividade, tendo em vista que os mesmos podem ser dispensados na hipótese de retenção dos títulos, atendidos os demais requisitos previstos em lei.

ACORDÃO

Vistos, relatados e discutidos estes autos, acordam os Ministros da 4ª Turma do Superior Tribunal de Justiça, na conformidade dos votos e das notas taquigráficas a seguir, por unanimidade, não conhecer do recurso. Votaram com o Relator os Ministros Barros Monteiro, Cesar Asfor Rocha e Ruy Rosado de Aguiar. Ausente, justificadamente, o Ministro Bueno de Souza.

Brasília, 10 de dezembro de 1997 (data do julgamento).

EXPOSIÇÃO

O Sr. Min. Sálvio de Figueiredo Teixeira: A recorrente agravou de decisão monocrática que determinou o desentranhamento de petição dos autos da execução proposta pela recorrida, por entender o magistrado que as questões ali deduzidas, a título de exceção de pré-executividade, eram típicas de embargos de devedor, cuja admissão requer a segurança do juízo.

O Tribunal de Alçada do Rio Grande do Sul negou provimento ao recurso, em decisão assim ementada:

> *Agravo de instrumento. Exceção de pré-executoriedade. Inocorrência "in casu".* A duplicata pode ser juntada por cópia re-

prográfica sendo indispensável apenas a fatura; a assinatura do emitente é dispensável, só sendo necessária quando objetiva responsabilizá-lo junto a terceiros e, a praça do pagamento, quando não indicada no título, é aquela designada ao lado do nome do sacado e como tal seu domicílio (art. 25 da Lei das Duplicatas, art. 20 da LUG, anexo I).

Irresignada, interpôs a executada recurso especial alegando, além de dissídio, violação dos seguintes dispositivos:

a) arts. 2º, § 1º, IX, da Lei 5.474/68, por não constar dos títulos a assinatura do emitente;

b) arts. 566, I, 583, 585, I e 614, I, CPC, por faltarem os originais dos títulos objeto da execução, juntados por cópias reprográficas.

Contra-arrazoado, foi o recurso inadmitido na origem, ensejando agravo que provi para melhor exame.

É o relatório

VOTO

O Sr. Min. Sálvio de Figueiredo Teixeira (Relator): Conforme já tive oportunidade de anotar, o sistema processual que rege a execução por quantia certa, salvo as exceções legais, exige a segurança do juízo como pressuposto para o oferecimento dos embargos do devedor. Somente em casos excepcionais, sobre os quais a doutrina e a jurisprudência vêm se debruçando, se admite a dispensa desse pressuposto, pena de subversão do sistema que disciplina os embargos do devedor e a própria execução.

A respeito do tema, Araken de Assis preleciona (*Manual do Processo de Execução*, 2ª ed., Ed. RT, n. 167, pp. 425 e 427): "Embora não haja previsão legal explícita, tolerando o órgão judiciário, por lapso, a falta de algum pressuposto, é possível o executado requerer seu exame, quiçá promovendo a extinção da demanda executiva, a partir do lapso de 24 h. assinado pelo art. 652. Tal provocação de matéria passível de conhecimento de ofício pelo juiz independe de penhora, e, *a fortiori*, do oferecimento de embargos (art. 737, I)".

E acrescenta: "Esta modalidade excepcional de oposição do executado controvertendo pressupostos do processo e da pretensão se designa de exceção de pré-executividade. O elemento comum é a iniciativa de conhecimento da matéria, que toca ao juiz, originalmente, cabendo ao devedor suprir sua ocasional inércia (...)".

Nesse sentido, o REsp 13.960-SP (*DJ* 3.2.92), da relatoria do Sr. Ministro Waldemar Zveiter, com a seguinte ementa:

> Não se revestindo o título de liquidez, certeza e exigibilidade, condições basilares exigidas no processo de execução, constitui-se em nulidade, como vício fundamental; podendo a parte argüí-la, independentemente, de embargos do devedor, assim como, pode e cumpre ao juiz declarar, de ofício, a inexistência desses pressupostos formais contemplados na lei processual civil.

No caso em tela, o recorrente apresentou petição nos próprios autos do processo executivo, alegando, em síntese, que os títulos sob os quais se fundou a execução – duplicatas de prestação de serviços –, além de terem sido juntados por cópia, não continham a assinatura do emitente.

Cabe aqui indagar se tais questões descaracterizariam os títulos levados a execução, retirando-lhes a exigibilidade e tornando, assim, possível a sua apreciação fora da sede dos embargos de devedor.

Do voto condutor do acórdão recorrido, extrai-se o seguinte trecho, em que foram enumerados os pontos objeto de impugnação (fl. 37-38):

> 1) As duplicatas foram juntadas por cópia reprográfica.
>
> Nada impede que a duplicata conste por cópia reprográfica como é referido. A duplicata é retirada sobre a fatura, esta sim

indispensável. Tanto é que, se houver extravio, admite-se extração de triplicata. E, caso de retenção pelo devedor quando levada aceite, é válido, até, o documento (*slip* bancário), que serviu para o protesto.

2) Não há assinatura do emitente.

O requisito tem único objetivo de responsabilizar o emitente perante terceiros. Quando o título não circulou, como é o caso dos autos, torna-se ele dispensável. Neste sentido decisão do eminente Des. Osvaldo Stefanello, na ap. cível 188.022.891, publicada na revista *JTA* 37/349.

Quanto ao primeiro ponto, sem razão o recorrente. A Lei 5.474/68 (Lei das Duplicatas), com a redação da Lei 6.458/77, admite expressamente a execução de duplicata ou triplicata não aceita e não devolvida, contanto que: a) haja sido protestada; b) esteja acompanhada de documento hábil comprobatório da entrega e recebimento da mercadoria; e c) o sacado não tenha, comprovadamente, recusado o aceite, no prazo, nas condições e pelos motivos previstos nos arts. 7º e 8º do mesmo diploma legal.

A propósito, vale transcrever a lição de João Eunápio Borges, ao comentar a Lei 5.474/68 (*Títulos de Crédito*, 3ª ed., Forense, 1971, n. 241, p. 229): "A única novidade da lei é, pois, em relação à ação contra o comprador que, havendo recebido a mercadoria, recusou-se no entanto a aceitar a duplicata, ou deixou de devolvê-la. O § 13 do art. 15, embora supérfluo, estendeu expressamente à duplicata não devolvida a mesma prerrogativa da duplicata não aceita: pode ser cobrada por ação executiva, uma vez que o protesto tirado mediante indicações do apresentante do título seja 'acompanhado de qualquer documento comprobatório da remessa ou da entrega da mercadoria'. Assim, tanto no seu *caput*, como no seu § 13, o art. 15 exige como complemento do protesto de duplicata não aceita ou não devolvida, a simples prova da remessa ou da entrega da mercadoria".

Por outro lado, a referida lei exige a extração de triplicata somente em casos de perda ou extravio (art. 23), não obstante venha a jurisprudência reconhecendo como faculdade do sacador a adoção dessa medida também em caso de retenção do título enviado para aceite, de modo a viabilizar-lhe a circulação.

Nesses termos, seria de admitir-se, em tese, a execução de duplicata de prestação de serviços, ainda que juntada por cópia, orientação essa aplicável à espécie dos autos, uma vez que a presença dos demais requisitos ensejadores da ação executiva não foi objeto de discussão no tribunal de origem, impossibilitando a análise em sede especial.

No que concerne a inexistência da assinatura do emitente das duplicatas, também desmerece prosperar o apelo. Dispensando-se, em casos tais, a apresentação dos próprios títulos, em exceção ao princípio da cartularidade, não é de se exigir, outrossim, que conste de cópias dos referidos documentos a assinatura do emitente, principalmente porque os mesmos não chegaram sequer a circular, conforme salientou o acórdão recorrido.

De outra parte, não restou configurada a divergência jurisprudencial, em face da dessemelhança fática existente entre os acórdãos paradigmas e recorrido.

Em face do exposto, não conheço do recurso.

Comentários de

Celso Barbi Filho

1. A controvérsia julgada

O presente acórdão da 4ª Turma do STJ versa sobre duas questões que têm despertado alguma polêmica em doutrina e jurisprudência.

A primeira delas, de índole eminentemente processual, refere-se à chamada exceção de pré-executividade, que se constitui em uma modalidade excepcional de defesa aviada no processo de execução, sem previsão na lei, que vem sendo admitida independentemente de garantia do juízo, quando for manifesta a ausência de algum pressuposto da execução.

Já a segunda questão, mais ligada ao direito comercial, diz respeito à possibilidade de se promover a execução de duplicatas mercantis ou de prestação de serviços sem os originais dos títulos, que, no caso, foram apresentados em cópias, sem assinatura do emitente.

Em suma, o que se discute no julgado é a admissibilidade de uma exceção de pré-executividade, oposta pela Recorrente nos autos da ação de execução que lhe foi movida pelo Recorrido, alegando a ausência dos originais das duplicatas a instruírem o pleito executivo.

Entendendo a Recorrente que os títulos originais das duplicatas de prestação de serviços contra ela emitidas seriam documentos essenciais a instruir execução que lhe foi movida, interpôs exceção de pré-executividade nos mesmos autos do processo de execução, sem garantia do juízo ou apresentação de embargos em autos apartados, sustentando a falta de pressuposto da ação execução, consistente nos próprios títulos executivos.

O Juiz monocrático ordenou o desentranhamento dessa petição da Recorrente, por entender que a questão suscitada seria típica de embargos do devedor, cuja admissão dependeria da segurança do juízo.

Manejado o competente agravo de instrumento contra essa decisão, o Tribunal de Alçada do Rio Grande do Sul negou-lhe provimento, julgando inexistir a falta de pressuposto da execução suscitada pela Recorrente. Isso porque, no entender da Corte gaúcha, "a duplicata pode ser juntada por cópia reprográfica, sendo indispensável apenas a fatura", asseverando ainda que a própria "assinatura do emitente é dispensável, só sendo necessária quando objetiva responsabilizá-lo junto a terceiros e, a praça de pagamento, quando não indicada no título, é aquela designada ao lado do nome do sacado e como tal considerado seu domicílio (art. 25, da Lei das Duplicatas combinado com o art. 2º, da LUG)".

Interposto recurso especial contra tal decisão, o STJ dele não conheceu, por considerar inocorrente a violação ao art. 2º, § 1º, IX, da Lei de Duplicatas, argüida pela falta de assinatura da emitente nos títulos, concluindo também não se evidenciar ofensa aos arts. 566, I, 583, 585, I e 614, I, do CPC, alegada diante da ausência dos títulos originais das duplicatas instruindo a execução. Além disso, julgou o STJ não configurada a divergência jurisprudencial sustentada no recurso, face à dessemelhança fática entre os acórdãos paradigma e o recorrido.

O tribunal concluiu que a chamada exceção de pré-executividade só cabe em hipóteses excepcionais, quando manifesta a falta de pressuposto processual para a execução manejada.

E, nessa linha, a situação configurada no recurso julgado distanciou-se de caracterizar falta de pressuposto processual para a execução, porquanto a própria Lei de Duplicatas admite a execução de duplicata não aceita e não devolvida, contanto que haja sido protestada, exista documento comprobatório da entrega da mercadoria e o sacado não tenha comprovadamente recusado o aceite no prazo, nas condições e pelos motivos previstos nos seus arts. 7º e 8º.

Por isso, entendeu o STJ ser perfeitamente admissível instruir-se a execução com cópias das duplicatas, nas quais era desnecessária a assinatura do emitente, posto que, se dispensáveis são os próprios títulos originais, com mais razão o é sua assinatura pelo sacador, mormente se não chegaram a circular.

E, quanto à emissão de triplicatas, só seria exigível nos casos de perda e extravio dos títulos (art. 23, da Lei 5.474/68), constituindo mera faculdade do emitente nas hipóteses de retenção da duplicata pelo sacado.

Vista, pois, essa síntese da questão julgada, cumpre abordar mais detidamente as duas questões de direito decididas.

2. A exceção de pré-executividade

É sabido que, na sistemática processual brasileira, a distinção entre o processo de conhecimento e o de execução está fundamentalmente da providência jurisdicional perseguida. Enquanto no pleito cognitivo o que se postula é uma atividade investigatória do juiz, que vai pesquisar os fatos para a eles aplicar a lei, criando a chamada *norma jurídica concreta*, no processo de execução o que se reclama ao órgão jurisdicional é tão-somente a prática de *atos materiais destinados à realização de um direito* já concretizado em documento denominado *título executivo.*

Nessa ordem de idéias, a ação de execução não comporta contestação do réu, posto que ali descabe ao juiz realizar qualquer atividade de conhecimento, mas apenas efetivar, com atos materiais, o direito líquido e certo previamente concretizado no título executivo.

Daí porque a defesa do executado se dá por via de outra ação conexa, denominada *embargos*, com natureza e rito cognitivos, na qual o devedor é o autor e busca uma sentença que desconstitua o título justificador da execução que lhe é movida.

Essa ação de embargos só é admissível quando haja uma garantia de que os atos materiais de efetivação do direito incorporado no título, postulados na execução, possuam um substrato para sua realização, ou seja, tenham sobre o que se concretizar. Por isso existe a penhora, constrição judicial operada na execução, afetando um bem do devedor, a fim de torná-lo vinculado à satisfação do direito do credor, garantindo a atuação do juízo na prática dos atos expropriatórios reclamados, caso os embargos sejam rejeitados.

Assim, nos termos do art. 737, do CPC, os embargos do devedor só são admissíveis depois de seguro o juízo pela penhora, na execução por quantia certa, ou pelo depósito, na execução para entrega de coisa.

Ocorre que, de acordo com a própria lei processual, existem requisitos ou pressupostos inafastáveis para a instauração válida do processo executivo. E o principal deles é a existência de um título executivo (art. 614, I, CPC), cujas espécies, judicial e extrajudicial, encontram-se capituladas nos arts. 584 e 585, do *Codex* processual.

Atentas a tal exigência e à realidade prática, doutrina e jurisprudência verificaram que, quando ajuizada uma ação de execução sem esse pressuposto fundamental, consistente na instrução da inicial com o próprio título executivo, seria injustificável exigir-se do devedor a garantia do juízo para subseqüente interposição de seus embargos. Inexistiria, nesse caso, sequer finalidade para os embargos, porquanto não haveria título executivo a ser desconstituído.

Dessa forma, poderia o juiz acatar uma simples manifestação do devedor, nos próprios autos da execução, denunciando a inexistência do título, para que se extinguisse, de plano, o processo executivo. Essa manifestação sumária do executado no processo de execução, excepcionalmente aceitável quando inexistente pressuposto essencial à validade do feito, passou a ser denominada "exceção de pré-executividade".

Alguns julgados principiaram a acatá-la, quando o vício processual a inquinar a execução fosse de tal ordem que poderia ser conhecido até de ofício pelo juiz. Nesse sentido, veja-se, p. ex., decisão do TRF da 4ª Região, na qual se concluiu que "a chamada exceção de pré-executividade do título consiste na faculdade atribuída ao executado, de submeter ao conhecimento do juiz da execução, independentemente de penhora ou de embargos, determinadas matérias próprias da ação de embargos do devedor. Admite-se tal exceção, limitada, porém sua abrangência temática, que somente poderá dizer respeito a matéria suscetível de conhecimento de ofício ou à nulidade do título, que seja evidente e flagrante, isto é, nulidade do título cujo reconhecimento independa de contraditório ou dilação probatória".[1]

Todavia, a própria jurisprudência procurou destacar a excepcionalidade do remédio, afastando sua aplicação toda vez que não se configurasse hipótese realmente justificável. A tal propósito, o TJSP julgou descabida a exceção de pré-executividade em "matéria relativa a exame da legitimidade da parte e da executividade. Hipótese em que se vislumbra imprescindível o oferecimento dos embargos do devedor, pela complexidade das questões suscitadas, merecedoras de amplo conhecimento".[2]

O fato é que, como bem decidiu o STJ no acórdão ora comentado, a exceção de pré-executividade, por suas singularidade e excepcionalidade, jamais caberia em um caso como o presente, no qual a execução foi aparelhada sem os originais das duplicatas, procedimento perfeitamente admissível em lei, como se passa a demonstrar.

3. *Inexistência dos originais das duplicatas – Instruindo a ação de execução*

A princípio, tal como julgado pelo STJ, não se cogita do cabimento de exceção de pré-executividade pela ausência dos originais de duplicatas não aceitas instruindo a ação para sua execução.

Isso porque, dentro do sistema da vigente Lei de Duplicatas, de n. 5.474/68, há um mecanismo que permite o ajuizamento da execução, ou mesmo do pedido de falência, sem os originais das duplicatas mercantis ou de prestação de serviços a instruir o pleito.

Em tal hipótese, não haverá título de crédito fundamentando a petição inicial, mas existirá título executivo, perfeitamente válido, a teor do art. 585, inc. VII, do CPC, que assim considera todos os documentos a que a lei atribuir força executiva. E a Lei de Duplicatas, em seus arts. 6º, 13, § 1º, 14, 15, inc. II e § 2º, prevê a possibilidade de que uma duplicata, remetida ao sacado para aceite e não devolvida, seja suprida, na ação de execução, por documento comprobatório da entrega da mercadoria, acompanhado da certidão de protesto do título, lavrado mediante indicações do portador.

Com efeito, de acordo com o art. 6º, da referida lei, a duplicata deve ser remetida ao comprador para aceite e pagamento no prazo de 30 (trinta) dias de sua emissão, sendo que dita remessa pode se dar por intermédio de instituição financeira. E, como se sabe, a grande massa das duplicatas sacadas são entregues à cobrança bancária, ou ali descontadas por via de endosso traslatício.

Pelo art. 13 e seu § 1º, da Lei 5.474/68, a duplicata é protestável por falta de aceite, devolução e pagamento. O protesto deverá ser tirado mediante a apresentação da duplicata. Mas, se essa for retida pelo devedor quando a ele enviada para aceite ou pagamento, o protesto pode ser tirado mediante indicações do requerente sobre os elementos da duplicata, a identidade e o endereço do sacado.

Já o art. 14, da citada lei, determina que o instrumento de protesto conterá os requisitos do art. 29 do Decreto 2.044/08, hoje previstos pelo art. 22, da Lei 9.492/97. Esses requisitos são, entre outros, a data e número de protocolização; o nome do apresentante e seu endereço; e a repro-

1. TRF 4ª R., 2ª T., AgRg no Ag 96.04.47992-0-RS, rel. Juiz Teori Albino Zavascki, *DJU* 27.11.96, p. 91.446. No mesmo sentido, há vários julgados, inclusive do STJ, v. ex., REsp 13.960-SP, *RSTJ* 4/229.

2. TJSP, 2ª CCiv., Ag 222.939-1/8, rel. Des. Francisco de Assis Vasconcellos Pereira da Silva, *Repertório IOB de Jurisprudência* 13/94, 1ª quinz. jul. 94.

dução ou transcrição do documento ou das indicações feitas pelo apresentante e as declarações nele inseridas.

Assim, no caso do protesto tirado por indicações do apresentante, a transcrição da duplicata pode ser substituída pelas informações que aquele fornecer ao cartório sobre o título e o sacado que o reteve. O art. 8º, parágrafo único, da Lei 9.492/97, chega a estabelecer que poderão ser recepcionadas pelo Tabelião as indicações para protestos de duplicatas apresentadas até em meio magnético ou de gravação eletrônica de dados, por cuja veracidade, é obvio, responde o apresentante. Sobre esse dispositivo da lei, Carlos Henrique Abrão anota que "a teoria da incorporação e materialização dos documentos vai perdendo seu espaço e gradual importância, diante da cibernética e dos arroubos da informatização". Contudo, adverte mais adiante o magistrado paulista que "todo aquele que fornecer informação não correspondente à realidade, no só intuito de borrar a imagem do devedor e prejudicá-lo, ficará sujeito à reparação integral das perdas e danos, sem por óbice às conseqüências nas esferas administrativas e penais".[3]

Cumpre ressaltar que a norma do art. 8º, da Lei 9.492/97, é aplicável apenas aos protestos realizados por indicações do portador, não se conflitando com a do art. 9º, da mesma lei, que impõe ao Tabelião o exame dos caracteres formais e eventuais vícios dos títulos que sejam documentalmente apresentados para protesto.

Com isso, verifica-se ser dispensável a necessidade da duplicata em si para solicitação de seu protesto. Basta que se possa indicar o valor do título, o número da nota fiscal fatura (que identificará a duplicata), as datas de sua emissão e vencimento, e o sacado a quem o título teria sido remetido e não aceito nem devolvido, com o respectivo endereço.

3. Carlos Henrique Abrão, *Do Protesto*, São Paulo, Leud, 1999, pp. 32-33.

Já o art. 15, inc. II, da Lei de Duplicatas, por sua vez, permite a execução da duplicata não aceita desde que haja simultaneamente sido protestada, esteja acompanhada do comprovante de entrega da mercadoria e o sacado não tenha, comprovadamente, recusado o aceite na forma dos arts. 7º e 8º da referida lei.

E, por fim, o § 2º, desse art. 15, admite que se processe da mesma forma a execução da duplicata não aceita e não devolvida, protestada mediante indicações do apresentante do título.

Pela conjugação desses dispositivos legais, conclui-se que o documento original da duplicata pode, juridicamente, estar ausente da execução ou do pedido de falência. Emitida a nota fiscal fatura e não pago o débito no vencimento aprazado, o credor, ou o banco encarregado da cobrança, comparece ao cartório de protestos – ou mesmo envia simples comunicação eletrônica como permite a nova Lei de Protestos – fornecendo os dados da nota fiscal fatura e do comprador, alegando que o título foi remetido para aceite ou pagamento, não tendo sido aceito, pago nem devolvido. E, assim, requer-se o protesto da duplicata, por indicações do portador, como permite o citado § 1º do art. 13, da Lei 5.474/68.

Protestada a duplicata supostamente remetida ao sacado – mas em verdade inexistente –, mediante indicações do apresentante, tem-se por suprida sua ausência, ficando o título executivo constituído pela certidão de protesto junto ao comprovante de entrega da mercadoria ou da prestação do serviço, comumente o canhoto da nota fiscal fatura. E, assim sendo, torna-se possível o ajuizamento de execução judicial (art. 15, II e § 2º da Lei 5.474/68) ou mesmo pedido de falência (art. 1º, § 3º do Decreto-lei 7.661/45), sem a presença do título de crédito, mas com um título executivo constituído na forma da Lei.

Verifica-se, pois, que a própria Lei 5.474/68 permite o suprimento da duplicata pela certidão de protesto acompanhada do comprovante de entrega da mercadoria ou da prestação do serviço. Rubens Requião esclareceu bem o mecanismo legal, mostrando que "venceu na vigente Lei 5.474/68, de 18.7.68, alterada pelo Decreto-lei 436, de 27.1.69, o princípio do suprimento do aceite nas duplicatas, ocorrente em três hipóteses:(...) c) quando a duplicata ou triplicata não aceita e não devolvida, desde que o protesto tenha sido tirado mediante indicações do credor ou do apresentante do título. O instrumento do protesto, nesse caso, será acompanhado de qualquer documento comprobatório da remessa ou da entrega da mercadoria (art. 15, II, *b*) e conterá os requisitos enumerados no art. 29 do Decreto de 1908, exceto a transcrição literal da duplicata que será substituída pela reprodução das indicações feitas pelo credor ou apresentante. Como se vê, nessa hipótese, o protesto supre não só o aceite como a própria duplicata retida pelo devedor".[4]

4. *Prática empresarial de não emissão das duplicatas*

Diante da abertura dada pela lei, evidenciou-se na rotina das empresas uma constatação, desvirtuada, de que a emissão da duplicata propriamente dita poderia constituir desperdício de tempo e papel, na medida em que o título original poderia ser suprido de forma simples e amparada na lei.

Com isso, os empresários passaram a não emitir as duplicatas, encaminhando borderôs aos bancos, com os números dos supostos títulos, correspondentes aos das respectivas notas fiscais fatura, seus valores e vencimentos, juntamente com a identificação dos sacados. Os bancos, por sua vez, emitem boletos de cobrança com os dados recebidos dos sacadores, encaminhando-as pelo correio aos sacados para pagamento na rede bancária. Se determinado do boleto não é pago, os bancos utilizam sua primeira via como instrumento que contém as informações necessárias para se requerer o protesto por indicações do portador (art. 13, § 1º, Lei de Duplicatas). Tirado o protesto, a certidão deste juntamente com o comprovante de entrega da mercadoria ou da prestação do serviço prestase adequadamente à execução ou ao pedido de falência na forma do art. 15, inc. II e § 2º da Lei 5.474/68.

Tal procedimento tornou-se corrente no comércio e, em vista dele, cheguei a publicar um trabalho descrevendo sua ocorrência prática.[5] Dito ensaio não foi bem aceito por alguns doutrinadores, que julgaram naquelas linhas uma defesa da prática de não se emitirem as duplicatas. Na verdade, o que pretendi no referido estudo foi apenas constatar e demonstrar o fenômeno, apontando sua origem. E essa origem decorre de duas omissões.

A primeira dos cartórios de protestos, que não exigem dos apresentantes dos títulos a comprovação da remessa e entrega da duplicata ao sacado para realizarem o protesto por indicações.

E a segunda é dos próprios sacados que, quando intimados do protesto por indicações ou mesmo citados da execução judicial, não argúem a falta de emissão, remessa e recebimento da duplicata original.

A doutrina, ao comentar o noticiado procedimento dos empresários sacadores, critica e destaca sua ilegalidade, pois inexistiu a duplicata supostamente remetida ao sacado e protestada por falta de devolução, aceite e/ou pagamento.

O Prof. Wille Duarte Costa adverte que "o protesto por simples indicação só poderá ocorrer havendo comprovada retenção da duplicata que foi enviada ao comprador para aceite e não ocorreu a devolu-

4. Rubens Requião, *Curso de Direito Comercial*, 17ª ed., São Paulo, Saraiva, 1988, p. 447.

5. Celso Filho Barbi, "A supressão documental da duplicata", *Revista Literária de Direito* 19/11, set./out. 97.

ção. Por isso, o remetente tem de possuir o comprovante de entrega da duplicata, sem o que não há como falar em retenção. Se esta prova (da remessa) não ocorrer, o protesto é irregular, não podendo produzir os efeitos pretendidos, podendo o tabelião responder por perdas e danos".[6]

O magistrado gaúcho Pedro Luiz Pozza anota que "a grande maioria dos bancos e a maioria das empresas – especialmente as de grande e médio porte –, ao realizarem uma compra e venda mercantil ou prestação de serviços, não mais emitem a respectiva duplicata. Limitam-se, via recursos de informática, a dar instruções ao determinado banco para que emita o chamado bloqueto de cobrança bancária, remetendo-o ao comprador da mercadoria, para que pague quantia determinada em data fixada. (...) Com isso, nem o banco fica com a duplicata em seu poder, muito menos remete-a para o sacado, seja para aceite ou pagamento (...) Apesar disso, não havendo pagamento na data aprazada, o banco, na condição de mandatário da empresa credora, encaminha ao cartório ordem de protesto, obviamente que por indicação, eis que ele nunca esteve na posse da cártula, ou, se a recebeu, já a devolveu ao credor. Nada mais ilegal, uma vez que, como já referi, o protesto por indicação só pode ser feito quando, tendo sido remetido ao sacado, para aceite ou pagamento, ele não o devolveu. Ou seja, é imprescindível que o sacado tenha recebido o título, para que ele possa ser substituído pelas indicações do portador ou seu mandatário".[7]

O Juiz catarinense Ermínio Amarildo Darold, que dedicou uma obra monográfica ao tema, conclui que "a lei somente autoriza o protesto por indicação de duplicata quando remetida ao sacado para aceite e este não a devolve. Logo, para que possa o requerente do ato moratório valer-se da hipótese excepcionalíssima do protesto por indicação, tem de demonstrar que existe uma duplicata da qual é portador e que ela não se encontra sobre sua posse porque, remetida ao sacado para aceite, não obteve a devolução. Sem a prova de tais requisitos impossível o protesto por indicação (...) razão pela qual os famigerados boletos bancários, que prosseguem sem qualquer *status* de título de crédito ou de documento representativo de dívida, não podem, de forma alguma, serem admitidos a protesto".[8]

Não se tira a razão dos citados mestres. Contudo, poucas são as Corregedorias de Justiça estaduais que impõem aos cartórios de protestos a exigência obrigatória do comprovante de remessa da duplicata para se tirar o protesto por indicações. E mais raros ainda são os sacados que, quando intimados do protesto a ser lavrado por indicações do portador, reclamam e fazem constar da certidão respectiva, como é seu direito pelo art. 22, inc. IV, da Lei 9.492/97, que não receberam ou retiveram nenhuma duplicata. E ainda, poucos são os devedores que argúem o não recebimento e a não retenção da duplicata quando judicialmente executados.

Fossem tais procedimentos tomados pelos cartórios de protesto e pelos sacados, impedido estaria o manejo de execução judicial ou pedido de falência sem os originais das duplicatas não emitidas. Mas, como não fazem isto, presume-se que houve a remessa e retenção dos originais do títulos, que, portanto, ficam dispensados de instruírem a ação judicial com base nos já citados arts. 585, inc. VII, do CPC, e 6º, 13, § 1º, 14, 15, inc. II e § 2º da Lei de Duplicatas.

5. A posição da jurisprudência

Diante de uma realidade prática de inércia dos devedores frente ao procedi-

6. Wille Duarte Costa, *Títulos de Crédito*, no prelo, Belo Horizonte, 1999, p. 193.

7. Pedro Luiz Pozza, "Considerações sobre o protesto por indicação", *AJURIS-Revista da Associação de Juízes do Rio Grande do Sul* 69/404, 1997.

8. Ermínio Amarildo Darold, *Protesto Cambial – Duplicatas x Boletos*, Curitiba, Juruá, 1998, pp. 54-55.

mento irregular de cobrança bancária sem emissão de duplicatas, os tribunais tenderam a presumir a veracidade das alegações dos credores. Colhe-se de aresto do Tribunal de Alçada do Paraná decisão no sentido de que "o art. 13, § 1º, da Lei 5.474, permite que o protesto da duplicata por falta de aceite e de devolução seja feito apenas por indicação do portador, dispensando-o da produção de qualquer outra prova e firmando a sua responsabilidade pela inexatidão das declarações que forem feitas".[9]

E nesse contexto, em que a prova de remessa do original da duplicata não tem sido questionada pelos sacados, a jurisprudência passou a julgar casos como o do acórdão do STJ ora comentado, em que o sacado não argüiu, seja no protesto, seja depois na execução, a falta de remessa dos originais das duplicatas. Daí porque, tal como no julgado sob análise, e em diversos outros, tem-se admitido a ausência dos originais das duplicatas instruindo a execução, procedimento previsto pela lei quando o título foi presumivelmente retido pelo devedor, que nada disse sobre a ausência de prova da sua remessa.

Assim, p. ex., o 1º Tribunal de Alçada Civil de São Paulo proferiu julgado com a seguinte ementa: "Duplicata – Protesto por indicação – Desnecessidade da juntada do título original – Execução fundada no próprio instrumento de protesto – Duplicata – Prova da efetiva prestação de serviços e do vínculo contratual – Impossibilidade de apresentação do título por ter o mesmo ficado retido com o executado – Desnecessidade de extração de triplicata – Regularidade formal do título – Possibilidade de execução – Recurso não provido".[10]

O Tribunal de Alçada do Paraná reconheceu, na falta de devolução da duplicata, o caráter de título executivo ao conjunto de documentos que permanecem com o credor, decidindo que "constitui título certo e líquido o borderô de duplicata, não devolvida pelo devedor, que contenha as parcelas do valor total da dívida e dia do vencimento, em correspondência com os valores apontados no negócio jurídico de desconto e crédito na conta corrente do devedor".[11]

Em outro processo, envolvendo as mesmas partes, aquela Corte decidiu que: "se a duplicata é encaminhada para aceite e não é devolvida pelo devedor, sendo protestada e comprovada a operação de desconto através de borderô, não há que se falar em iliquidez".[12]

Ainda nas publicações do Tribunal de Alçada do Paraná, encontra-se referência a julgado da 1ª Câmara Cível, relatado pelo Juiz Jorge Massad, na apelação cível 55.181-5, onde decidiu-se que "não pode o devedor reter a duplicata, quando apresentada para o aceite, e depois alegar nulidade da execução pela ausência da cambial, pois era seu dever devolvê-la com as razões do seu procedimento. O devedor não pode ser beneficiado em razão de sua própria torpeza. Em casos tais, vale a apresentação do borderô bancário".

Embora identifiquem a mecânica de suprimento da duplicata não devolvida, prevista na Lei 5.474/68, essas decisões do Tribunal paranaense padecem de pequena

9. TAPR, AC 69.065-5, *DJPR* 23.9.94, p. 80 e *Repertório IOB de Jurisprudência*, 1ª quinz. fev. 95, código 3/10515, p. 44.

10. 1º TACivSP, Ag 740.306-3, rel. Juiz Roberto Bedaqui, *DJSP* 3.9.97, p. 81 e *Repertório IOB de Jurisprudência*, 2ª quinz. fev. 98, código 3/14082, p. 79. Na mesma linha, há antigos precedentes naquele Tribunal, como o AI 201.336, rel. Juiz Martiniano de Azevedo, onde concluiu-se que "se o comprador deixa de devolver a duplicata e de fazer qualquer declaração prevista no art. 7º da Lei 5.474/68, sujeita-se à ação executiva, desde que o credor possua documento relativo à entrega da mercadoria", *RT* 467/138, e *Revista de Julgados do TAC/SP* 30/266.

11. TAPR, AC 67.649-3, *DJPR* 21.10.94, p. 73 e *Repertório IOB de Jurisprudência*, 1ª quinz. dez. 94, código 3/10338, p. 450.

12. TAPR, AC 67.678-4, *DJPR* 16.9.94, p. 115, e *Repertório IOB de Jurisprudência*, 2ª quinz. out. 94, código 3/10178, p. 388.

imprecisão técnica, quando reconhecem caráter executivo ao borderô bancário. Na realidade, de acordo com o art. 15, inc. II, daquela lei, o que constitui título executivo é o conjunto formado pela certidão de protesto e pelo comprovante de entrega da mercadoria ou da prestação do serviço. O borderô do banco é apenas o documento utilizado, na cobrança bancária, para se obterem os dados do título e do sacado, necessários à realização do protesto por indicações do portador, previsto no art. 13, § 1º, da Lei de Duplicatas. Se a cobrança da duplicata não tivesse sido feita por instituição financeira, inexistiria borderô e haveria título executivo da mesma forma, com a certidão de protesto e o comprovante de entrega da mercadoria ou da prestação do serviço.

De outro lado, existem também entendimentos em sentido contrário, exigindo-se a presença da duplicata não aceita a despeito do que dispõe a Lei. O Tribunal de Justiça do Estado de Minas Gerais, p. ex., já julgou que, "por não possuírem força executiva, não podem os instrumentos de protesto realizado por indicação instruir pedido de falência".[13]

No Tribunal de Justiça do Mato Grosso do Sul, decidiu-se na linha de que, "para viabilizar o processo de execução, as duplicatas não aceitas devem instruir a petição inicial, acompanhadas do instrumento de protesto e da prova de entrega das mercadorias, pois são documentos indispensáveis à propositura da ação".[14]

A exigência desses julgados chama a atenção para um aspecto interessante. Em tese, as tais duplicatas supostamente remetidas para o devedor que não as aceitou, pagou ou devolveu, sendo por isso protestadas, poderiam, a qualquer tempo, ser emitidas pelo credor para instruir a ação de execução ou o pedido de falência. Mas, e se o devedor negar o envio dos títulos, provando que recebeu apenas uma boleta bancária, como, aliás, seria seu correto procedimento? Nesse caso, a emissão de novas duplicatas pelo sacador significaria a confissão da irregularidade de seu procedimento, inviabilizando o pleito executivo ou falimentar, por falta de emissão dos títulos no momento em que deveriam ter sido de fato criados.

Ao mesmo tempo, há um corolário lógico que impede a emissão tardia do título. Com efeito, se a duplicata foi remetida ao devedor e protestada por falta de devolução, não pode instruir a petição inicial da execução ou da falência, na medida em que, presumivelmente, o título encontra-se com o devedor. Se a duplicata não aceita surge então instruindo a inicial ou é emitida no curso do processo, evidenciar-se-á que o portador fez declaração falsa quando encaminhou o título para protesto por falta de devolução.

6. O procedimento correto

Cumpre assinalar, por outro lado, que, se o sacador efetivamente emitiu e enviou o título ao devedor para aceite e posterior pagamento, não tendo este realmente o devolvido, a inexistência documental da duplicata em juízo legitima-se por completo. Nessa hipótese, protestada a duplicata por falta de devolução, se o credor puder comprovar a entrega do título, fica-lhe ainda aberta a possibilidade de pedir a apreensão do mesmo e até a prisão civil do sacado que se recusa a fazê-lo, a fim de constrangê-lo à prática do ato. O art. 885, do CPC, prevê que o juiz poderá ordenar a apreensão do título enviado para aceite ou pagamento e não restituído, decretando a prisão de quem o recebeu se o remetente provar a entrega e a recusa de devolução. Para evitar sua prisão, cabe ao devedor devolver o título ou depositar a soma cambial e as des-

13. TJMG, AC 30.221-6, rel. Des. José Loyola, *Jurisprudência Mineira* 131/293, 1995.

14. TJMS, AC classe "b" XVII 39.362-0, *DJMS* 7.4.95, p. 4, e *Repertório IOB de Jurisprudência*, 1ª quinz. jun. 95, código 3/10898, p. 174.

pesas, na forma do art. 886 do mesmo Código, como já era inclusive previsto no art. 31, parágrafo único, do Decreto 2.044/08.

No que tange à motivação do protesto nesse caso, a doutrina especializada registrava que, havendo retenção indevida da duplicata pelo sacado, seu protesto deveria ser pelos três motivos: aceite, devolução e pagamento. Antônio Carlos Costa e Silva observava que, "se não houve a devolução, nem o aceite, como comprovar a falta de pagamento, se não ficar evidenciado, através do protesto, que a duplicata está retida pelo sacado, contra a vontade do apresentante? Não é o instrumento do protesto que indica a retenção indevida? E, nesse caso, não é ele extraído pelas indicações do credor ou do apresentante do título? Acodenos, pois, que somente se legitima, ativamente, para a execução da duplicata não aceita, não devolvida e não paga, quem extrair protesto pelas três faltas do sacado. Caso contrário, não resta correspondido o requisito substancial sob apreciação".[15]

Ocorre que, com o advento da Lei 9.492/97, tornou-se expresso, pelo seu art. 21, § 1º, que "o protesto por falta de aceite e devolução somente poderá ser efetuado antes do vencimento da obrigação e após o decurso do prazo legal para o aceite ou a devolução". Com isso, a duplicata não devolvida só poderá ser protestada pelos três motivos, aceite, devolução e pagamento, antes do vencimento. Se já vencido o título, como ocorre na maioria dos casos, o protesto só poderá se dar por falta de devolução e pagamento.

7. Impropriedade de emissão da triplicata

O acórdão do STJ sob análise destaca ainda que a retenção da duplicata enviada ao devedor não ensejaria, necessariamente, a emissão de triplicata para instruir a execução, porquanto, de acordo com o art. 23 da Lei 5.474/68, a extração da triplicata somente cabe em casos de perda e extravio. Mas admite o relator, Min. Sálvio de Figueiredo Teixeira, que a jurisprudência vem "reconhecendo como faculdade do sacador, a adoção dessa medida também em caso de retenção do título enviado para aceite, de modo a viabilizar-lhe a circulação".

Por vezes ocorre que gerentes de empresas, advogados e até juízes, diante da constatação da inexistência documental da duplicata, determinam que se expeça uma triplicata para substituí-la no protesto ou na cobrança judicial do débito. Em julgado do Tribunal de Justiça de Minas Gerais, há pouco citado, que rejeitou pedido de falência instruído com as certidões de protesto por falta de devolução da duplicata, o relator, Des. José Loyola, asseverou que "na falta da duplicata, seja por perda ou extravio, o vendedor está obrigado a emitir uma triplicata, contendo os mesmos requisitos daquela. A triplicata, ainda que não aceita, representa título líquido e certo, desde que acompanhada de documento comprobatório do recebimento da mercadoria".[16]

Esse procedimento parece-me tecnicamente impróprio.

A triplicata, prevista no art. 23 da Lei 5.474/68, é título emitido para substituir a duplicata que foi perdida ou extraviada. Não é o caso quando a duplicata é, ainda que supostamente, retida pelo sacado. Aqui, a duplicata não se encontra extraviada, mais foi remetida ao devedor para aceite ou pagamento, tendo sido por ele retida. Diante disso, seu protesto pelas indicações do portador supriu a existência do título, descabendo, por inócua e desnecessária, a emissão de triplicata.[17]

A tal respeito, vale referência à observação de Fábio Ulhôa Coelho no sentido

15. Antônio Carlos Costa e Silva, *A Cobrança da Duplicata Adaptada ao CPC*, 1ª ed., Rio de Janeiro, Forense, 1978, p. 99.

16. TJMG, AC 30.221-6, rel. Des. José Loyola, *Jurisprudência Mineira* 131/294, 1995.

17. Nesse sentido, TJDF, AC 39.550, *DJDF* 5.11.96, p. 19.921.

de que "a retenção da duplicata pelo sacado (que, por evidente, não é hipótese de perda ou extravio do título) não poderia, em princípio, servir de causa à extração de triplicata. Diante da retenção, caberia ao vendedor proceder ao protesto por indicações, conforme o previsto pelo art. 13, § 1º, *in fine*. Contudo, em larga prática, o comércio tem preferido emitir a triplicata a valer-se do protesto por indicações, conduta essa que tem sido aceita pelos Tribunais como regular (*JSTJ* 26/76; *RT* 677/232, 662/187, 616/97)".[18]

Mencione-se, ainda, no que tange à cobrança judicial do título, que o § 2º, do art. 15, da Lei 5.474/68, dispõe que a execução da duplicata não aceita e não devolvida, protestada mediante indicações do apresentante, processa-se da mesma forma que a execução da duplicata devolvida, não cogitando a lei da emissão de triplicata nessa hipótese.

Não obstante, como observado no acórdão do STJ aqui estudado, a jurisprudência vem admitindo a emissão de triplicata para instruir a execução ou o pedido de falência, quando a duplicata foi remetida e retida pelo sacado, sendo protestada por indicações do portador. Mas tal procedimento é descabido na sistemática da Lei 5.474/68, conforme bem destacado pelo Min. Sálvio de Figueiredo Teixeira.

8. Instrução do processo com cópias dos títulos

Por fim, admitiu o acórdão, como simples corolário do até aqui exposto, que a execução fosse instruída com cópias das duplicatas, às quais faltava ainda a assinatura do sacador/emitente.

Essa conclusão é de todo acertada pois, se a própria lei admite que as duplicatas supostamente retidas pelo sacado sejam supridas por sua certidão de protesto tirado com indicações do portador, acompanhada do comprovante de entrega das mercadorias ou da prestação do serviço, a presença ou não de suas cópias instruindo a petição inicial é de todo indiferente à regularidade do pleito judicial executivo, porquanto o próprio título já está suprido.

Na mesma linha, é irrelevante se tais cópias contêm ou não assinatura do emitente, tendo em vista que as próprias cártulas originais são tidas por dispensadas. E vale destacar que, no caso presente, os títulos não circularam de modo a exigir a assinatura do sacador para obrigar-lhe perante terceiros. Lembre-se que o que se estava executando não era título de crédito *stricto sensu* (art. 585, I, CPC), mas sim título executivo *lato sensu* (art. 585, VII, CPC c/c art. 15, II, § 2º, Lei 5.474/68).

Espera-se, pelo exposto, que o acórdão do STJ aqui comentado ajude a dirimir controvérsias, muitas vezes estéreis, que se instalam nos processos de execução e falência, relativamente à exigência pelos juízes dos originais de duplicatas instruindo as petições iniciais daqueles feitos, quando a falta de sua emissão não foi questionada pelos sacados.

18. Fábio Ulhôa Coelho, *Código Complementar Anotado e Legislação Complementar em Vigor*, 1ª ed., São Paulo, Saraiva, 1995, p. 488. Há acórdão do TJSP que demonstra essa tolerância dos tribunais quanto à emissão da triplicata, justificando que "a falta de devolução do título entregue para aceite não obriga ao protesto por falta de devolução ou aceite, podendo promover o credor o protesto por falta de pagamento – Lei de Duplicatas, art. 13, §§ 1º e 2º – ou reclamar a apreensão do título – Código de Processo Civil, art. 885. Mas nada impede que, abrindo mão de tais medidas, venha o vendedor a extrair triplicata, a qual protestada e acompanhada dos documentos hábeis comprobatórios da entrega e recebimento da mercadoria, possa servir para cobrança executiva ou pedido de falência" (AC 031.365.4/1-00, rel. Des. Ernani de Paiva, *Boletim COAD ADV* 40/635, 1997).

Jurisprudência Comentada

LIQUIDAÇÃO EXTRAJUDICIAL DE COMPANHIA SEGURADORA. DIREITO DO ACIONISTA RECORRER AO PODER JUDICIÁRIO PARA DEFESA DE SEUS DIREITOS*

Comentários de
FREDERICO SIMIONATO
ao acórdão do STF em recurso em mandado de segurança 21.960-DF

Recurso em mandado de segurança 21.960-DF (2ª Turma)

Rel. p/o acórdão: o Sr. Ministro Maurício Corrêa

Recte.: Raul de Souza Silveira

Recda.: União Federal

Recurso ordinário em mandado de segurança – Portaria 529/92 do Ministro da Fazenda: liquidação extrajudicial de companhia de seguros (Decreto-lei 73/66) e indisponibilidade dos bens do diretor presidente (art. 2º da Lei 5.627/70). Ato que atinge interesses da companhia e do acionista: legitimidade ativa do acionista para impetrar segurança (art. 109 da Lei das Sociedades Anônimas – Lei 6.404/76 – e art. 5º, XXXV da Constituição).

1. O acionista que se opõe à ordem de liquidação extrajudicial de sociedade seguradora em defesa de seus interesses pessoais não pleiteia em nome próprio direito alheio mas direito próprio não ocorrendo a hipótese de substituição processual não prevista em lei. Inaplicabilidade do art. 69 do CPC.

2. No caso o impetrante-recorrente não postula direitos na condição de acionista como previsto no art. 109 da Lei das Sociedades Anônimas mas direitos patrimoniais próprios, o que lhe confere manifesta legitimidade ativa para a causa. Se existisse norma que vedasse seu acesso ao Judiciário seria de indiscutível inconstitucionalidade.

3. Recurso conhecido e provido para, afastada a ilegitimidade "ad causam" do recorrente, determinar que o Tribunal "a quo" prossiga no julgamento do mandado de segurança como entender de direito.

ACÓRDÃO

Vistos, relatados e discutidos estes autos, acordam os Ministros componentes da 2ª Turma do STF, na conformidade da ata do julgamento e das notas taquigráficas, por maioria de votos, dar provimento ao recurso para, afastada a ilegitimidade ativa *ad causam* do impetrante e recorrente, de-

* Trabalho apresentado ao Curso de Pós-Graduação da FADUSP, 2º semestre de 1998, na disciplina Interesses Públicos e Privados na Extinção das Sociedades Mercantis em Direito Comparado II, ministrada pelo Prof. Mauro Rodrigues Penteado.

terminar prossiga o Tribunal *a quo* no julgamento do mandado de segurança como entender de direito.

Brasília, 12 de setembro de 1995.

Néri da Silveira, Presidente. Maurício Corrêa, Relator p/ o acórdão.

O Sr. Min. Francisco Rezek: O ora recorrente impetrou, na qualidade de acionista minoritário da Nova York Companhia de Seguros, mandado de segurança no Superior Tribunal de Justiça (STJ) contra ato do Ministro de Estado da Economia, Fazenda e Planejamento: a Portaria 529/92, de 14.7.92, que decretou a liquidação extrajudicial daquela sociedade seguradora, além da Resolução 014/92 do Conselho Nacional de Seguros Privados (CNSP), que cassou a autorização a ela concedida para operar em seguros privados.

O STJ, em julgamento da 1ª Seção, não conheceu do *writ* por estimar que faltava ao impetrante legitimidade ativa *ad causam*. O acórdão foi assim resumido pelo Relator , Ministro José de Jesus Filho:

> Liquidação extrajudicial – Sociedade de seguro – Ilegitimidade ativa *ad causam* de acionista nos termos do art. 109 da Lei 6.404/76 para suspender os efeitos da Portaria do Ministro da Fazenda que decretou a liquidação extrajudicial de Sociedade de Seguro. Mandado de segurança não conhecido (fl. 331).

A tal decisão foi oposto o presente recurso ordinário.

Diz o recorrente que "a cassação da carta-patente e a determinação da liquidação provocam, ao mesmo tempo, a extinção da sociedade e a extinção dos direitos dos acionistas como tais. Dessa forma, ao pleitear contra ato causador de tais efeitos, com a finalidade de cassá-lo, não estará o sócio postulando, senão reflexamente, *direito da sociedade*: estará, isso sim, invocando seu próprio direito, de continuar sócio de uma sociedade, erradamente atingida em sua sobrevivência, eis que não divisa, no ato coator, fundamento jurídico plausível para dar termo à *affectio societatis*" (fl. 337).

Argumenta que não está a pleitear, em nome próprio, direito alheio, tal como consignou a decisão recorrida. Sob sua ótica, o § 2º do art. 1º da Lei 1.533/51 c/c art. 6º *in fine* do Código de Processo o titulariam a postular em juízo.

Pondera, ainda, que o acórdão recorrido, ao mencionar o art. 109 da Lei das S/A para afastar eventual direito do acionista à presente ação judicial, abstraiu o fato de que o rol de direitos daquela norma não é limitativo.

Destaca, por fim, que o primeiro direito reconhecido aos acionistas é o de participar dos lucros sociais (art. 109, I) e que, para tanto, todos os meios, processos ou ações são admitidos à vista do que dispõe o § 2º do art. 109.

O Ministério Público Federal opina pelo não provimento do recurso.

É o relatório.

VOTO

O Sr. Min. Francisco Rezek (Relator): Leio, em síntese, o que diz a Subprocuradora-Geral Anadyr de Mendonça Rodrigues, em nome do *Parquet* Federal:

> O art. 109 da Lei 6.404, de 15.12.76, garante aos acionistas – *enquanto existente a sociedade*, obviamente – o exercício dos direitos de:
>
> 8.1 "I – *participar dos lucros* sociais:
>
> 8.2 "II – *participar do acervo* da companhia, *em caso de liquidação*;
>
> 8.3 "III – *fiscalizar*, na forma prevista nesta Lei, a *gestão dos negócios sociais*;
>
> 8.4 "IV – *preferência para subscrição de ações partes beneficiárias* conversíveis em ações, *debêntures* conversíveis em ações e bônus de subscrição, observado o disposto nos arts. 171 e 172;
>
> 8.5 "V – *retirar-se da sociedade* nos casos previstos nesta Lei".

Veja-se que nenhum dos direitos assim assegurados aos acionistas poderá ser exercitado, se *inexistir a sociedade* porquanto, então, não haverá:

9.1 *Lucros sociais* a ratear;

9.2 *Companhia*, a liquidar;

9.3 *Negócios*, cuja gestão possa ser fiscalizada;

9.4 *Ações, partes beneficiárias* ou *debêntures* para cuja *subscrição* possa haver *preferência*;

9.5 *Sociedade* da qual se possa *retirar* o acionista.

Note-se, sob outro ângulo, que sequer quando cogitou da liquidação da sociedade – procedimento gerador de sua *extinção* –, cuidou a Lei 6.404, de 1976, de outorgar legitimidade ao *acionista para se lhe opor, pois, em tal caso, só lhe assegurou* participar "do acervo da companhia".

É o quanto basta, quer parecer, para ficar evidenciado que a Lei 6.404, de 1976, não atribuiu ao acionista o *direito de continuar sócio*, especialmente se o exercício desse direito pressupõe a faculdade de *impedir* seja a sociedade liquidada, pelos meios legais.

Ora, é desse *"direito de continuar sócio"* – que *não* lhe assiste – que o recorrente, como acionista, extrai o *interesse de agir*, para se legitimar à impetração do mandado de segurança.

Como o *"direito de continuar sócio"* não se encontra entre aqueles outorgados ao acionista, pela Lei 6.404, de 1976, faltou, mesmo, ao recorrente, *legitimidade para impetrar o mandado de segurança* e, pois, estava dotado de razão o v. acórdão recorrido (fls. 364/366).

Entendo, com o Ministério Público Federal, que não há, no rol dos direitos conferidos ao acionista, em decorrência de sua condição de sócio – ou qualidade de acionista, como diz a Lei das S/A (art. 126) – o "direito de continuar sócio". Parece-me, assim, correta a decisão do STJ. Colho do voto do Relator , Ministro José de Jesus Filho, o seguinte:

É princípio corrente de direito que os sócios ou acionistas não se confundem com a sociedade de que fazem parte. Sendo assim o direito conferido ao acionista pela diploma legal invocado é para proteger aqueles direitos nominados no art. 109. Pela leitura atenta das alentadas razões da petição exordial, bem assim do não menos alentado memorial, não encontrei qualquer lesão concreta ao patrimônio do autor a justificar o cabimento do remédio heróico. Ademais não demonstrou ele qual o prejuízo que lhe advinha do ato atacado, juntando inclusive prova documental. Diante dessas considerações do direito postulado resulta claro o que dispõe o digesto processual.

"Para propor ou contestar ação é necessário ter interesse e legitimidade."

A par disso complementa o art. 6º: "Ninguém poderá pleitear em nome próprio, direito alheio, salvo quando autorizado por lei".

Por conseguinte, o que se verifica em todo o petitório é que o impetrante pleiteia em nome próprio direito alheio pois, não demonstrou de forma inequívoca o seu interesse no caso, o que resulta em manifesta ilegitimidade ativa *ad causam* (fl. 311).

Tais as circunstâncias, resta-me seguir o alvitre do Ministério Público Federal e negar provimento ao recurso.

É como voto.

VOTO
(ADITAMENTO AO VOTO)

O Sr. Min. Francisco Rezek (Relator): Quero ponderar que a referência expressa a uma falta de legítimo interesse pareceu-me menos feliz do que a restante linha de argumentação do acórdão recorrido. Uma da inúmeras manifestações do denodo e do talento com que a defesa do impetrante se houve, neste caso, foi a tese, agora de novo suscitada da tribuna, de que esse interesse no destino da sociedade é patente. O prejuízo que para o acionista pode resultar de um fenômeno como o que os autos espelham é também algo irrecusável. A questão, todavia, é outra. E quero, neste ponto, valorizar o núcleo do acórdão recorrido: a tese de que aqueles direitos concedidos pela lei ao acionista individualmente considerado – ao acionista minoritário, sobretudo – são direitos exercitáveis contra a sociedade. É aquilo em nome de quê ele tem ação contra a sociedade se por ela, de algum modo, em virtude de uma decisão majoritária qualquer, se sente lesado.

O que se pretende aqui é exercer contra o governo, contra a autoridade pública e seu ato de intervenção, essa ação em nome de um direito não da sociedade, mas do acionista minoritário, daquele que detém ações da companhia cuja liquidação extrajudicial foi decretada.

O que pensa a companhia, não se sabe. Qual a reação coletiva, não se sabe. Qual a reação majoritária, não se tem como avaliar. Não estão excluídas do horizonte do possível, em situações assim, aquelas hipóteses em que, por algum singular motivo, a companhia posta em liquidação judicial não estima que deva reagir contra a decisão governamental. Pergunto-me, nesse caso, como se poderia justificar para o sócio minoritário a prerrogativa do protesto em juízo, com mandado de segurança, contra aquilo a que a própria sociedade liquidanda não alvitrou reação.

Penso, de outro lado, que alguns elementos da teoria geral do direito nos impõem essa distinção que o acórdão recorrido patrocinou, entre a pessoa jurídica de direito privado, a sociedade por ações, e a pessoa de cada um dos seus acionistas. Temos até no contencioso internacional exemplos conhecidos de ênfase sobre essa distinção. No romper da década de 70 a Corte Internacional de Justiça julgou o caso da *Barcelona Traction Light and Power* e entendeu que, sendo a companhia constituída no Canadá, e tendo, enquanto pessoa jurídica de direito privado, a regência do direito canadense, não havia legitimidade postulatória em seus acionistas belgas (embora fossem eles, todos, capitalistas belgas).

VOTO (VISTA)

O Sr. Min. Maurício Corrêa: Sr. Presidente, a mim me parece estranho que um sócio minoritário não tenha legitimidade para postular em juízo, ainda mais quando se sabe que esse acionista já ocupara o cargo de direção da empresa e em decorrência teve seus bens bloqueados. Só por isso parece-me abrir-se espaço para o reconhecimento dessa legitimidade.

Contudo, vou preferir pedir vista para um exame mais apurado.

Extrato da ata

RMS 21.960–DF, Rel. Min. Francisco Rezek, Recte. Raul de Souza Silveira (Advs. Sérgio Ferraz e outros), Recda. União Federal (Adv. Advogado-Geral da União).

Decisão: Após o voto do Sr. Min. Rel. negando provimento ao recurso em mandado de segurança, o julgamento foi adiado em virtude do pedido de vista formulado pelo Min. Maurício Corrêa. Falou pela recorrente o Dr. Sérgio Ferraz. Impedido o Sr. Min. Carlos Velloso.

Presidência do Sr. Min. Néri da Silveira. Presentes à Sessão os Srs. Mins. Carlos Velloso, Marco Aurélio, Francisco Rezek e Maurício Corrêa. Subprocurador-Geral da República, o Dr. Mardem Costa Pinto.

Brasília, 4 de abril de 1995.

Wagner Amorim Madoz, Secretário.

VOTO (VISTA)

O Sr. Min. Maurício Corrêa: Sr. Presidente, trago o meu voto, a propósito do pedido de vista que então formulara, após a leitura do relatório e do voto do Em. Ministro Francisco Rezek, em assentada passada em que os autos estiveram em mesa.

Creio se imponha seja feita ligeira memória dos fatos, para uma melhor compreensão de sua extensão. Por portaria assinada pelo então Ministro de Estado da Economia, Fazenda e Planejamento, Dr. Marcílio Marques Moreira (fl. 289), datada de 14.7.92, fora decretada a Liquidação Extrajudicial de Nova York Companhia de Seguros, com fundamento no art. 90, alíneas *a* e *b*, do art. 96, do Decreto-lei 73/66.

Inconformado com o ato, Raul de Sousa Silveira, acionista da companhia, que então exercera, cumulativamente, os cargos de seu Diretor Presidente e Presidente do Conselho de Administração, respectivamente, ajuizou mandado de segurança, que por tratar de autoridade ministerial, foi aforado perante o Eg. STJ, ali sendo distribuído ao em. Min. José de Jesus Filho, integrante da 1ª Seção Judiciária daquela Alta Corte de Justiça.

Por maioria de votos, a Col. 1ª Seção não conheceu do *writ* estando assim reduzido o acórdão:

> Liquidação extrajudicial – Sociedade de seguro – Ilegitimidade ativa *ad causam* de acionista nos termos do art. 109 da Lei 6.404/76 para suspender os efeitos da Portaria do Ministro da Fazenda que decretou a liquidação extrajudicial de Sociedade de Seguro. Mandado de Segurança não conhecido.

As razões do voto condutor e as daqueles que o acompanharam sustentam-se na ilegitimidade *ad causam* para a postulação, porque segundo a regra processual civil do art. 3º, "para propor e contestar ação é necessário ter interesse e legitimidade" e como se cuida de sociedade em processo de liquidação, sendo o liquidante o seu único representante legal, seria, igualmente, de se aplicar, no caso ao impetrante, a norma do art. 6º, daquele mesmo diploma processual, pois "ninguém poderá pleitear, em nome próprio direito alheio salvo quando autorizado por lei". Impende desse resultado concluir estar agindo o impetrante para pleitear direito da sociedade e não especificamente dele, ou de outrem, jamais próprio.

Inconformado o recorrente manifesta sua irresignação, enfatizando que em nenhum momento ingressou em juízo para defender direitos que não fossem os seus, pessoais, intrinsecamente subjetivos, face à sua condição de sócio minoritário, que quer defender a sobrevivência da sociedade, porque afinal, sendo acionista, tem inequívoco interesse nos resultados do negócio da empresa de que é acionista, e principalmente pela circunstância de haver sido o seu principal gestor, quando da declaração que dissolveu a seguradora.

Arrematando que o acórdão recorrido laborou em equívoco, sintetiza e peça recursal, *verbis*:

> I – *a uma* o ato coator, determinante que é da cessação do funcionamento da sociedade seguradora, *ataca de morte o direito do impetrante participar dos resultados da empresa* (Lei 6.404/76, art. 109, 1);
>
> II – *a duas*, Diretor Presidente que era o impetrante, da sociedade liquidada (o que é incontroverso nos autos), tem *ex vi* do art. 2º, da Lei 5.627, de 1.12.70, *todos os seus bens colocados sob regime de absoluta indisponibilidade*.
>
> Que prejuízo patrimonial pode ser maior do que este?

Neste Tribunal, o ilustre Min. Francisco Rezek, com base nos fundamentos do parecer da Subprocuradoria-Geral da República, Dra. Anadyr de Mendonça Rodrigues, de fls. 357/366, e em sintonia com o conteúdo do voto do Relator, conclui: "penso que o desfecho dado ao processo com a precipitação do fim à conta da ilegitimidade ativa do acionista impetrante foi um desfecho correto e meu voto como disse é pelo desprovimento do recurso ordinário".

Prossigo eu. Atento ao mandamento constitucional que assegura a todos o direito de ver eventual lesão a direito individual apreciado pelo Poder Judiciário, pareceu-me que, verificando questionar-se nos autos direito do acionista e principal gestor da empresa liquidada, e bastantemente por isso, se a teor do ato administrativo que põe em indisponibilidade bens de um certo acionista, à luz da garantia fundamental inscrita no inc. XXXV, do art. 5º, da Lei Maior, segundo a qual "a lei não excluirá da apreciação do Poder Judiciário lesão ou ameaça a direito", se não se estaria cometendo violação de magna grandeza constitucional indissociável do atributo da cidadania?!

Eis a questão que me fez ponderar e refletir sobre o acórdão que não *conheceu do pedido mandamental, partindo do preceito infirmatório da legitimatio ad causam.*

Para uma melhor compreensão do tema, permito-me ler o inteiro teor do voto condutor, assim posto:

> O impetrante, com a liquidação extrajudicial decretada pelo Ministro de Estado, da Economia, Fazenda e Planejamento, invocando a sua condição de acionista pretende a suspensão dos efeitos da portaria ministerial por ter sido o ato praticado, segundo ele, sem o devido processo legal. Dispõe o art. 109 da Lei 6.404/76, sobre os direitos essenciais do acionista determinando que nem o estatuto social nem a assembléia-geral poderão privar o acionista dos direitos de:
>
> I – participar dos lucros sociais;
>
> II – participar do acordo da Companhia em caso de liquidação;
>
> III – fiscalizar, na forma prevista nesta Lei, a gestão dos negócios sociais;
>
> IV – preferência para subscrição de ações, partes beneficiárias e bônus de subscrição, observado o disposto nos arts. 171 e 172;
>
> V – retirar-se da sociedade nos casos previstos em lei;
>
> § 1º. As ações de cada classe conferirão iguais direitos aos seus titulares;
>
> § 2º. Os meios, processos ou ações que a lei confere ao acionista para assegurar os seus direitos não podem ser elididos pelo estatuto ou pela assembléia-geral .
>
> Esses direitos chamados essenciais são conferidos a qualquer acionista e são interrogáveis segundo doutrinadores. Valendo-se do uso do instrumental do processo judicial, valho-me da expressão empregada no memorial que me chegou às mãos, utilizou o impetrante o *mandamus* para suspender os efeitos do ato de liquidação da Seguradora. O direito de natureza instrumental ora exercido pelo acionista impetrante, no magistério do Juiz Federal Hugo de Brito Machado tem por fim assegurar a efetividade dos direitos patrimoniais. Há de ser exercido na forma prevista em lei, isto é, o acionista não pode a pretexto de exercer o seu direito de fiscalizar a questão dos negócios sociais, agir individual e diretamente, examinando livros e documentos da sociedade (*Revista da Faculdade de Direito*, Fortaleza, 24(2) p. 39). É princípio corrente de direito que os sócios ou acionistas não se confundem com a sociedade de que fazem parte. Sendo assim o direito conferido ao acionista pelo diploma legal invocado é para proteger aqueles direitos nominados no art. 109. Pela leitura atenta das alentadas razões da petição exordial, bem assim do não menos alentado memorial, não encontrei qualquer lesão concreta ao patrimônio do autor a justificar o cabimento do remédio heróico. Ademais não demonstrou ele qual o prejuízo que se advinha do ato atacado, juntando inclusive prova documental. Diante dessas considerações do direito postulado resulta claro o que dispõe o digesto processual.
>
> "Para propor ou contestar ação é necessário ter interesse e legitimidade". A par disso complementa o art. 6º, "Ninguém poderá pleitear em nome próprio, direito alheio, salvo quando autorizado por lei".
>
> Por conseguinte, o que se verifica em todo o petitório é que o impetrante pleiteia em nome próprio direito alheio pois, não demonstrou de forma inequívoca o seu interesse no caso, o que resulta em manifesta ilegitimidade ativa *ad causam*.
>
> Pelo exposto, preliminarmente, não conheço da impetração.
>
> É o meu voto (fls. 310/311).

Como se extrai do acórdão recorrido. que exterioriza o pensamento da maioria, pelo voto do Relator , falta ao impetrante legitimidade *ad causam* para a postulação, em resumo, porque não se qualifica o autor como acionista da sociedade em processo de liquidação, por força da decisão governamental. Partindo-se dessa assertiva, e apenas para argumentar, poderia admitir-se como indubitável a procedência da argumentação, pois sociedade dissolvida, ainda que seja por ato do príncipe, é sociedade em liquidação, que deixa de possuir a capacidade de sua autogestão, deslocando tais faculdades ao agente estatal que passa a administrar o acervo, do ativo e passivo, para a composição final, no universo das relações da empresa liquidanda.

Mas este não é o cerne da questão, pois que a pretensão não se ajusta na tipicidade das expressões do citado art. 109, do Decreto-lei 73/76, para ajustar-se a outra ordem de argumentação. O direito do recorrente não tem a sua gênese na discussão temática a envolver os direitos do acionista, *sit et in quantum* ou seja, quando viva a sociedade, mas precipuamente na atipicidade de sua prerrogativa para discutir, e de sua subjetividade para postular o seu direito, que se subtrai da condição de *acionista ou de presumível credor da massa*, partindo-se da lógica do acórdão recorrido, de não reconhecer ao recorrente, no elenco das prerrogativas dos acionistas ali elencados, se ele pode ou não ter negada a jurisdição para o feito, ora em grau de recurso.

Entendido o raciocínio posto no acórdão, resultaria a aplicação da regra processual de que "para propor ou contestar ação é necessário ter interesse e legitimidade". Ora, não existindo mais a sociedade, decorrente daquele princípio que a instituiu da *affectio societatis*, é como, neste sentido, já se lhe tivesse certificado o óbito. E nesse caso até o *de cujus* também tem direitos, sobre as relações de direito com terceiros em face do espólio a ser administrado.

O recorrente seria carecedor da ação por faltar-lhe condição processual de postulação, tanto mais que, devendo estar em juízo, quem deveria fazê-lo seria o representante legal da entidade governamental encarregada da política dos seguros, e não um sócio, que tendo perdido esta condição por não mais existir a sociedade, de que era acionista.

Repito, mas esta não é a questão que ressume do pleito do recorrente. Sua presença nos autos não tem o condão de pleitear nada, absolutamente nada, a respeito dos seus direitos *enquanto acionista* mas sim na condição de ex-acionista, de uma seguradora da qual era o principal responsável, e que teve cessado o seu funcionamento. Resultando, em conseqüência, a ilegitimidade para a ação, a prevalecer o entendimento esposado no voto condutor.

Mesmo dissolvida a seguradora, mantém ela a sua personalidade jurídica, quer se trate de extinção voluntária ou compulsória como é a dos autos (art. 207, da Lei 6.404/76). Terminada a liquidação, havendo ativo remanescente para ser rateado entre os acionistas, também não seria esta uma das modalidades de seu direito de agir pelo interesse até mesmo na própria liquidação? Creio que sim.

Acrescente-se a este óbice um seguinte, quanto ao recorrente, a vedar-lhe o acesso à prestação jurisdicional reclamada, por incidir na hipótese, a outra norma adjetiva, contida no art. 69, da Lei Processual Civil, que interceptaria a pretensão, pois "ninguém poderá pleitear em nome próprio direito alheio salvo quando autorizado por lei".

E a dedução que se depreende da conclusão a que alvitrou a decisão recorrida, outra seguramente não poderá ser a de estar a impetração em busca de direito de outrem, e não a de seu próprio, ou seja, direito subjetivo do recorrente.

Também não é esta, concludente e definitivamente, a causa de pedir, que é explícita e clara na exordial. Está expressa às pp. 21/22:

> *Do pedido de liminar*. Excelentíssimo Sr. Dr. Ministro Presidente: considerando

que ficou demonstrado, robustamente, infringência aberta aos incs. XIV, XIX, XXI, XXII, LIV e LV, do art. 5º da CF, bem assim aos arts. 31 e 32, inc. IX, 33, seus incs. e § 1º e art. 90, todos do Decreto-lei 73/66; considerando, ao lado de tudo isso, que o processo de cassação da autorização e subseqüente liquidação da sociedade seguradora lesam *efetiva e irreversivelmente* os direitos patrimoniais do impetrante, porque se encontra em curso o procedimento de realização do ativo da Seguradora, com venda imediata e irreversível de seus direitos (docs. ns. 15 e 16), requer a Vossa Excelência, etc. (...)

Inequívoca é a fundamentação do pedido. O que se postula aqui, não é direito de outrem, senão do próprio recorrente, que tem manifesto interesse de agir, e se faz referência à sociedade é que dela não se pode desligar, no instante em que, na narração dos fatos para a fundamentação de seus direitos, haveria, forçosamente, por írrito se ao contrário não se lhe reconhecesse a exposição pormenorizada dos fatos, de abordar as relações entre o acionista, ou do próprio Presidente, e o acervo da massa em liquidação, que intenta desfazer com o ajuizamento da segurança. Nada mais do que isto.

Mesmo como acionista na dicção do acórdão, não se asseguraria ao recorrente a via judicial, na medida em que o art. 109, da Lei das Sociedades Anônimas, especifica claramente os direitos dos acionistas, já referidos anteriormente na transcrição do voto do em. Min. José de Jesus Filho, e que em nenhuma parte desse elenco, e em nenhum outro lugar, sinaliza a obstaculização de o acionista, não detentor de poder de administração – somente o liquidante o pode fazer –, de pleitear em juízo. Com este enfoque não conheceu o Tribunal o remédio heróico, evidentemente sem adentrar o mérito.

Reconheça-se, desde já, haver-se lavrado equívoco quanto à conclusão a que se destinou o mencionado acórdão. Em nenhum momento, quer na petição inicial, quer nas outras intervenções do recorrente, em momento algum, deixou ele de afirmar a natureza concreta da *res deducta*, ou seja, de que se valia do Judiciário para questionar a inconstitucionalidade e ilegalidade da portaria ministerial para ensejar o restabelecimento da patente da seguradora, pois se inquinado de vício ou erro o edito governamental, como sustenta, reativada a sociedade, e em condições de pleno funcionamento, restar-lhe-ia a participação em seus dividendos, que é o que estimula organizarem-se as pessoas entre si, para que em se agrupando de modo associativo em um mesmo negócio, e cujo objetivo subjacente é o lucro, se espera advenha do capital empregado.

Da leitura atenta que fiz, quer da Lei 6.404, de 15.12.76 – que dispõe sobre as sociedades por ações –, quer do Decreto-lei 73/76 – que trata da política de seguros –, nada encontrei, absolutamente nada encontrei, inclusive em suas modificações, algo que dissesse que o acionista minoritário não possa recorrer à justiça, fora dos limites de seu art. 109 (Lei 6.404/76) e de sua exegese que nele se define, na defesa dos direitos do acionista, segundo os quais, nessas hipóteses, pode ele se valer legitimamente da prestação jurisdicional a que tem direito.

E se norma, nesse sentido, existisse, estaria contaminada com o vício da inconstitucionalidade.

A interpretação, a meu ver, desse enunciado de classificação dos direitos do acionista, impõe-se ao evidente resultado de que o recorrente não reúne os pressupostos processuais para o ajuizamento de sua irresignação, cuja premissa não é correta, como exsurge daquela mencionada norma.

A pergunta lógica que daí se obtém é a de que o ato – que indiscutivelmente é traumático e excepcional, da dissolução de uma sociedade como a que integra o recorrente –, jamais poderá ser discutido em juízo, prevalecendo o certo ou errado da potestatividade da decisão ministerial.

Sim, pois hoje, quem tem legitimidade processual para questionar o ato, será exatamente o emissário do Ministro de Estado, que acumulando a qualificação de Ministro, também preside o Conselho Nacional de Seguros Privados-CNSP, que indicara, para gerenciar a liquidação, pessoa de sua estreita confiança, aliás funcionário aposentado da SUSEP! Jamais vai desobedecer a ordem de quem o nomeou, sob pena de perder o bom salário que recebe dos cofres da empresa, como liquidante oficial, e que se constata dos autos.

Com todas as vênias que me merece a decisão atacada, parece-me falsa a premissa concludente em que se ateve. A questão de fundo, básica, nodal, não é a de saber se o recorrente é detentor ou não dos pressupostos para o processo, com supedâneo na ausência de norma positiva das leis que regulam a matéria, para legitimar o pleito do recorrente. A meu ver, segundo a sistemática de nosso ordenamento constitucional, nada impede, senão encoraja quem, em situação como a que retrata os autos, veja-se impedido de pleitear a reparação de um ato, que ele, somente ele o acionista, tem condições de exercitar.

E mais do que isto, sendo o Presidente da Diretoria e Presidente do Conselho de Administração, por ocasião da intervenção, não é admissível que, com tudo isso, este acionista, na plenitude de seus direitos de cidadania, depare-se com a negativa de prestação jurisdicional a que tem direito?

Com os seus bens postos em indisponibilidade, por decisão administrativa, será que, mesmo assim, não pode provar seu direito, sua inocência, ou pelo menos, a ter uma decisão ainda que seja contrária ao que pede?

Não registram os autos que haja inquérito policial ou ação penal contra o recorrente, apesar de o tempo decorrido entre a data da portaria de cessação das atividades da seguradora até o presente momento, apesar de já terem-se vencidos alguns anos. O direito de recorrer ao judiciário não impede o autor do mais grave dos crimes hediondos de vir ao STF, p. ex., em *habeas corpus*, para dizer que está sofrendo constrangimento.

Ao recorrente não foi possível, até este instante, que sequer seja-lhe reconhecido o direito a esta prerrogativa constitucional, de ver a sua qualificação de acionista minoritário, sujeito, pelo menos, ao direito à jurisdição, que como se viu, foi-lhe negada face a alegada inexistência da *legitimatio ad causam*.

Césare Vivante, em sua clássica obra *Instituições de Direito Comercial*, a respeito das dissoluções e liquidações, já mencionava, muitos anos atrás que, “a função dos administradores, que exerciam ativamente o comércio, é substituída, como vimos relativamente à sociedade em nome coletivo, pela dos liquidatários, que não podem empreender novas operações, mas devem esforçar-se solicitamente em cobrar os créditos, a fim de pagar os débitos à medida que se vão vencendo, a converter em dinheiro o patrimônio social” (ob. cit., trad. J. Alves de Sá, Lisboa, Editora A. M. Teixeira, p. 108).

Clássico no Direito Comercial, Vivante exerceu profunda influência na montagem de nossas instituições de Direito Comercial, em homenagem freqüente que lhe prestam Waldemar Ferreira, Miranda Valverde, Cunha Peixoto, João Eunápio Borges e tantos outros tratadistas versados em Direito Comercial, em suas obras, sobre o que dele herdamos neste campo do Direito.

Observe-se, p. ex., dois vetustos arestos, que já, àquela época, definiam os encargos do liquidante: “O liquidante de uma sociedade anônima pode acionar conjuntamente vários acionistas para obrigá-los a integralizar as ações que subscreveram” (ac. do TJSP, na ap. 12.816, Rel. Des. Soriano de Souza, *RT* 52/400, São Paulo,

1924) (in Cunha Peixoto, *Sociedade por Ações*, Saraiva, 4º v., pp. 314/315).

"A sociedade anônima tem ação executiva contra os acionistas, para compeli-los a integralizarem as ações que hajam subscrito, salvo disposição estatutária em contrário, que prevalece" (ac. do STF 15.161, Rel. Min. Aníbal Freire, *Revista Forense* 128/404, Rio de Janeiro, 1950) (ob. cit., 2º v., pp. 387/388).

A vigente lei de sociedades anônimas, modernizada apenas com a entronização de novos institutos que surgiram com a evolução do mundo econômico, ainda, na essência, é a repetição do velho projeto de Miranda Valverde, particularmente quando dela tratou o Decreto-lei 2.627, de 26.9.40, com as alterações da Lei 4.728, de 14.7.65 – a chamada Lei do Mercado de Capitais. Em todas elas repetindo-se na verdade, quanto aos deveres e obrigações do liquidante, o que preceitua o velho Código Comercial em seu art. 345 – impondo, ao liquidante, as responsabilidades do administrador – isto tanto na liquidação judicial como na extrajudicial ou na voluntária proposta pela Assembléia de Acionistas ou quanto à originária de ato oficial – dentre elas a de ajuizar ações executivas para o cumprimento de obrigação de subscrições de ações. Obrigação, inclusive, como antes salientei, decorrente também do Decreto-lei 73/76, que o liquidante promoverá contra o recorrente, caso não tenha integralizado as suas ações.

Este diploma, que autoriza a liquidação e de que se valeu o Ministro de Estado para o seu ato, curiosamente é o mesmo que determina ao liquidante que cobre do acionista que não integralizou as suas ações, que o faça. Confira-se:

> Art. 99. Além dos poderes gerais de administração, a SUSEP ficará investida de poderes especiais para representar a Sociedade Seguradora liquidanda, ativa e passivamente, em juízo ou fora dele, podendo:
>
> a) propor e contestar ações, inclusive para integralização de capital pelos acionistas (...).

Observe-se que brutal paradoxo. A lei exige que o liquidante execute o acionista que não integralizou o seu capital em ações, mas ao contrário, o acionista não tem direito a nada, nem mesmo sequer a perguntar aos Juízes se a cassação do funcionamento da sociedade de que faça parte, se tem ele ou não direito a questioná-la, porque senão ele, ninguém o faria!

Que se dirá do enunciado de Ulpiano, "se quid universitati debetur, singulis non debetur nec quod debet universitatis, singuli debent" (in *Digesto*, 3, 4, 7, § 1º), ou seja, se alguma coisa é devida à liquidação, não o é aos acionistas, e o que a sociedade deve, não é devido pelos acionistas.

O recorrente não pode ter as portas do Judiciário fechadas. Na petição arrolam várias inconstitucionalidades que teriam ocorrido em virtude da portaria ministerial. Não sei se procede ou não procede o mérito. Cuido-me apenas da preliminar de conhecimento. E o faço seguro de que, se lei houvesse que impedisse o requerente de buscar a reparação de um direito perante o Poder Judiciário, no mínimo esta lei seria inconstitucional. A CF, que a despeito de seus defeitos, mereceu do mundo civilizado os maiores elogios na parte relativa aos direitos e garantias individuais, inexoravelmente, em seu inc. XXXV, do art. 5º, não marginaliza o recorrente ao sagrado direito de ver a sua pretensão examinada.

As duas primeiras Constituições republicanas não explicitaram as garantias individuais, o que teria levado Rui Barbosa a extrair, da teoria da separação dos Poderes, a afirmação de que "na ordem jurídica de nossos tempos não se há mister de para cada hipótese, encontrarmos especificamente consagrada a faculdade legal de manter o direito mediante ações judiciárias adequadas. A toda violação de um direito responde sempre uma ação correlativa, independentemente de lei especial que a outorgue" (in *O Direito do Amazonas*, v. 1, p. 377, citado por Alcino Pinto Falcão em *Comentários à Constituição*, 1º v., Freitas Bastos, p. 253).

Somente a partir da Constituição de 1946, foi insculpida a regra do art. 141. § 4º, assecuratória de que a lei não poderá excluir qualquer lesão de direito individual, como prerrogativa do Judiciário. Enunciado novo no nosso ordenamento constitucional, uma vez que a Constituição de 1937, evidentemente, ao tema nada se referiu e parcimoniosamente, por incrível que pareça, somente a do Império o fez, estabelecendo o seu art. 179, n. XII, que "será mantida a independência do Poder Judicial. Nenhuma autoridade poderá avocar as causas pendentes, sustá-las ou fazer reviver os processos findos".

Comentando o art. 141, § 4º, da Constituição de 1946, o Min. Temístocles Cavalcante, na sua *Constituição Federal Comentada*, v. III, José Konfino Ed., p. 76, adverte: "Mas essa intervenção judicial, na proteção dos direitos e garantias individuais não exclui o juiz da obrigação de considerar também as razões e os motivos dos atos, reconhecendo, assim, implicitamente a necessidade do uso do poder discricionário, por motivo de interesse público.

"É que também o exercício desse poder se verifica ou se legitima em benefício da proteção dos direitos, a fim de manter-se o seu justo equilíbrio.

"Não há, portanto, muitas vezes, violação ao direito pelo fato do uso do poder discricionário porque o seu exercício legítimo e adequado se concilia, perfeitamente, com a proteção daqueles direitos.

"A questão apresenta mais complexa, quando o ato é aqueles que se avizinham das questões políticas, isto é, das questões atribuídas especificamente a qualquer dos poderes. É assim que, mesmo os atos políticos em sua natureza, podem ser corrigidos pelo Poder Judiciário, naquilo que possa atingir, em seus efeitos, direitos individuais; será menos o ato, em si, que os efeitos atingidos pelo exame judicial. E o Poder Judiciário não deve temer em assegurar essa proteção, sob pena de renunciar à sua função específica."

Sampaio Dória, também em seu livro *Direito Constitucional* (3ª ed., 1º t., Cia. Editora Nacional, p. 109), não é menos contundente: "O mesmo, na sociedade de capitais. Acionista nenhum pode ter o direito exclusivo, só porque tal se presuma, de impor sua vontade aos co-associados. Os lucros da empresa, ou a falência social interessam o patrimônio de todos os acionistas: ou vão eles embolsar dividendos, ou perder as ações. Uma ou outra conseqüência, à parte a sorte, ou o azar, dependerá dos diretores que a sociedade tiver. Logo, a todos os acionistas há de caber a organização, direção e administração da empresa, através, embora, dos representantes que elejam. Impor um deles sua vontade onipotente aos outros seria contra as leis naturais da associação, e, pois, ato ilegítimo. Seria receber uns as conseqüências dos que outros tenham feito, e, pois, violação à lei necessária da responsabilidade".

Dissertando sobre o inc. XXXV, do art. 5º, da atual Constituição, salienta Alcino Pinto Falcão, "de minha parte, sustento que o inciso em comentário não apenas veda a exclusão da apreciação da lesão de direito pelo Poder Judiciário, mas também lei que implique numa procrastinação arbitrária da apreciação; uma ou outra serão inconstitucionais. Em princípio não há diferença entre *justitia denegata vel protracta*, raciocínio que mais se reforça se se atentar em que basta, pelo inciso a ameaça ao direito (postulação preventiva, pois, que ficará empachada, se toleradas dilações ao recurso via judiciária)" (ob. cit., p. 255).

Aduz, ainda o comentarista, salientando que "o texto atual tem uma redação digna de encômios e corrigiu uma indevida restrição (protelatória), que injunção autoritária fizera inserir no § 4º, do art. 153 da

Constituição em vigor durante o regime castrense, exigindo que fossem previamente exauridas as vias administrativas. Pelo atual inciso, essa corrupção do princípio do livre acesso ao Poder Judiciário não mais subsiste e trouxe novidade: basta a plausibilidade da ameaça ao direito, não mais se exigindo a ocorrência da lesão consumada. E proteção não só para o indivíduo, pessoa física, como para a pessoa jurídica, de que faça parte, como parece evidente, já que os direitos subjetivos tanto podem ter como titular aquele ou esta, não havendo motivo honesto e sério para dar o recurso a um e negar o outro" (ob. cit., pp. 255/256).

José Afonso da Silva, no seu consagrado *Curso de Direito Constitucional Positivo*, 10ª ed., Malheiros Editores, 1994, p. 213, esclarece: "A concepção de que o princípio da igualdade perante a lei se dirige primariamente ao legislador avulta a importância da igualdade jurisdicional. Pois, se o princípio se dirigisse apenas ao aplicador da lei, bastaria a este repetir o princípio da legalidade; o da igualdade estaria também salvo. No sentido da concepção exposta, que é a correta e pacificamente aceita, o princípio da igualdade consubstancia uma limitação ao legislador, que, sendo violada, importa na inconstitucionalidade da lei, em termos que especifica mais adiante. Constitui, por outro lado, uma regra de interpretação para o juiz, que deverá sempre dar à lei o entendimento que não crie condições. A igualdade perante o juiz decorre, pois, da igualdade perante a lei, como garantia constitucional indissoluvelmente ligada à democracia. O princípio da igualdade jurisdicional ou perante o juiz apresenta-se, portanto, sob dois prismas: (1) como interdição ao juiz de fazer distinção entre situações iguais, ao aplicar a lei; (2) como interdição ao legislador de editar leis que possibilitem tratamento desigual a situações iguais ou tratamento igual a situações desiguais por parte da justiça".

E mais adiante, à p. 223, agrega: "A outra forma de inconstitucionalidade revela-se em se impor obrigação, dever, ônus, sanção ou qualquer sacrifício a pessoas ou grupos de pessoas, discriminando-se em face de outros na mesma situação que, assim, permaneceram em condições mais favoráveis. O ato é inconstitucional por fazer discriminação não autorizada entre pessoas em situação de igualdade. Mas aqui, ao contrário, a solução da desigualdade de tratamento não está em estender a situação jurídica detrimentosa a todos, pois não é constitucionalmente admissível impor constrangimentos por essa via. Aqui a solução está na declaração de inconstitucionalidade do ato discriminatório em relação a quantos solicitarem ao Poder Judiciário, cabendo também a ação direta de inconstitucionalidade por qualquer das pessoas indicadas no art. 103".

Em magnífica monografia sob o título "O Direito Constitucional à Jurisdição", publicada em *As Garantias do Cidadão na Justiça*, Saraiva 1993, pp. 31/51, Cármen Lúcia Antunes Rocha, desenvolve admirável avaliação sobre o tema, que transcrevo, da p. 33, o seguinte trecho: "Sem o controle jurisdicional, todos os agravos às liberdades permanecem no limbo político e jurídico das impunidades. Todas as manifestações da liberdade, todas as formas de seu exercício asseguradas de nada valem sem o respectivo controle jurisdicional. A liberdade sem a garantia do pleno exercício do direito à jurisdição é falaciosa, não beneficia o indivíduo, pois não passa de ilusão do direito, o que sempre gera o acomodamento estéril e à desesperança na resistência justa e necessária. Não é por acaso que os regimes políticos antidemocráticos iniciam as suas artes e manhas políticas pela subtração ou pelo tolhimento do direito à jurisdição. É que sem este direito plenamente assegurado e exercitável o espaço para as estripulias dos ditadores é mais vasto e o descontrole de seus comportamentos confere-lhes a segurança de que eles se vêem necessariamente de continuar no poder. O direito à jurisdição, ao garantir todos os direitos, especialmente aqueles considerados fundamentais, conforme a segurança jurídica mais eficaz ao indivíduo e ao cidadão, gerando, paralelamente preocupação dos eventuais titulares de cargos públicos com a sociedade e com os limites legais a que se encontram sujeitos".

E à p. 47, acrescenta: "Este direito constitucional à jurisdição assegura todos os direitos reconhecidos, declarados, constituídos e garantidos no sistema jurídico e configura, paralelamente, dever inarredável do Estado. Cuida-se de direito fundamental ativo, que impulsiona a entidade estatal a prestá-lo, ou seja, a fazer, a agir, rápida e eficazmente, tão logo para a sua prestação seja provocado pela sociedade, individualmente ou por meio de coletividades, nos termos das normas vigentes sobre a matéria. Não há democracia possível, nos dias atuais, sem a plena e eficiente garantia do direito à jurisdição. É esse o direito que assegura a eficácia plena dos direitos constitucionais fundamentais nos momentos de conflito à sua aplicação e realização".

Não concebo entender, segundo o ordenamento constitucional vigente, que um acionista de poucas ações não possa pleitear seus direitos perante o Poder Judiciário. O contrário seria um absurdo inominável. O recorrente na exordial invoca vários dispositivos constitucionais que assegurariam o seu direito, tais como os incs. XVI, XIX, XXI, LIV e LV do art. 5º da CF.

Para mim, nenhuma violação é mais grave do que a que nega o cumprimento do preceito do inc. XXXV da Lei Maior, assecuratória da apreciação da lesão de direito poder ser examinada pelo Poder Judiciário.

Se norma existisse que vedasse esse acesso, claro que seria de indiscutível inconstitucionalidade. E porque o acórdão recorrido, na verdade, negou foi essa prerrogativa do recorrente, ao dizer que o sócio menor não tem legitimidade para estar em juízo, peço vênia ao em. Min. Francisco Rezek, de quem sempre busco lições, para, desta feita, dele divergir, conhecendo do recurso e lhe dando provimento para o fim de determinar a remessa dos autos à instância *a quo*, para que prossiga no julgamento da impetração, como entender de direito.

Extrato da ata

RMS 21.960–DF, Rel. Min. Francisco Rezek, Recte. Raul de Souza Silveira (Advs. Sérgio Ferraz e outros), Recda. União Federal (Adv. Advogado-Geral da União).

Decisão: Após o voto do Sr. Min. Rel. negando provimento ao recurso e do Sr. Min. Maurício Corrêa conhecendo do recurso e lhe dando provimento para que o Tribunal *a quo* prossiga no julgamento como entender de direito, o julgamento foi adiado em virtude do pedido de vista formulado pelo Sr. Min. Marco Aurélio.

Presidência do Sr. Min. Néri da Silveira. Presentes à Sessão os Srs. Mins. Marco Aurélio, Francisco Rezek e Maurício Corrêa. Ausente, justificadamente, o Sr. Min. Carlos Velloso. Subprocurador-Geral da República, o Dr. Cláudio Lemos Fonteles.

Brasília, 22 de agosto de 1995.

Wagner Amorim Madoz, Secretário.

VOTO (VISTA)

O Sr. Min. Marco Aurélio: Senhor Presidente, a ementa do acórdão impugnado, mediante o recurso ordinário ora em exame, da lavra do Min. José de Jesus Filho, é suficientemente clara:

> Liquidação extrajudicial – Sociedade de seguro – Ilegitimidade ativa *ad causam* de acionista nos termos do art. 109 da Lei 6.404/76 para suspender os efeitos da Portaria do Ministro da Fazenda que decretou a liquidação extrajudicial de Sociedade de Seguro. Mandado de segurança não conhecido.

No caso, concluiu-se ser o impetrante carecedor da ação mandamental.

O impetrante, acionista, era Diretor-Presidente e Presidente do Conselho de Administração da empresa liquidanda, e articulou, na inicial, a transgressão do devido processo, no que decretada essa liquidação sem o atendimento de certas formalidades. Aludiu à qualidade de acionista e fez ver que, na espécie, teve alcançado o próprio patrimônio.

Assiste ao impetrante o direito líquido e certo de pedir essa segurança, de requerer a concessão de medida liminar contra os atos praticados, até porque o processo de liquidação resulta na realização do ativo, dos bens da Seguradora, e no pagamento dos credores, tudo sob a direção da Superintendência de Seguros Privados, sem interferência dos acionistas, fatos capazes de alcançar irreversivelmente o patrimônio destes. A seguir, no fecho do mandado de segurança, salientou-se, mais uma vez, que, no caso, tinha-se como atingido o próprio patrimônio.

Senhor Presidente, a matéria atinente ao sistema nacional de seguros privados faz-se disciplinada via decreto-lei – Decreto-lei 73, de 21.11.66. Tal Diploma, na parte concernente à liquidação, é suficientemente claro quanto às conseqüências da liquidação. Dispõe que, uma vez procedida a liquidação, ocorre, como é natural, o afastamento daqueles que dirigem a empresa, cuja representação em juízo passa a estar a cargo da SUSEP–Superintendência de Seguros. Isso está no art. 99: "Além dos poderes gerais de administração, a SUSEP ficará investida de poderes especiais para representar a Sociedade Seguradora liquidanda, ativa e passivamente".

A sociedade, portanto, perde a possibilidade de gerir negócios e de credenciar advogado para defendê-la em juízo.

Dá-se uma representação legal que dispensa, portanto, o instrumento de mandato que é a procuração. Mais adiante cogita-se da compensação de crédito pelo Instituto de Resseguros do Brasil, com o valor das ações efetivamente realizadas pela sociedade seguradora liquidanda, chegando-se ao envolvimento do patrimônio do acionista.

Mais adiante, há preceito prevendo que a SUSEP terá direito à comissão de 5% sobre o ativo apurado nos trabalhos de liquidação. E aqui cuida–se dos bens da sociedade, em relação aos quais há de se reconhecer, por parte dos acionistas, um interesse quanto à intangibilidade. Não pára aí o Diploma, Sr. Presidente. O art. 109 versa sobre a responsabilidade de diretores, administradores, gerentes e fiscais das sociedades seguradoras, revelando o preceito que eles responderão solidariamente – e, portanto, relativamente à dívida única, sendo responsáveis pela totalidade – é isso que significa a solidariedade – pelos prejuízos causados a terceiros, inclusive aos seus acionistas, em conseqüência do descumprimento de leis, normas e instruções referentes às operações de seguro, co-seguro, resseguro ou retrocessão, e em especial, pela falta de constituição das reservas obrigatórias.

Indago: diante desse contexto normativo, como afastar, como fez a Corte de origem, o interesse jurídico do impetrante-administrador, já que poderá ter os bens alcançados para satisfação de possíveis credores e também acionistas? Não vejo como, Senhor Presidente, caminhar-se nesse sentido. Para mim, com a devida vênia do Ministro-Relator que nega provimento ao ordinário, é olvidar o devido processo legal. É deixar a parte que, em tese, está prejudicada – não estou analisando o tema de fundo – sem o acesso ao Judiciário. É colocar em plano secundário as garantias constitucionais os incs. XXXV e LV do art. 52 da Carta de 1988.

Não trouxe voto escrito, porque a parte doutrinária foi muito bem explorada pelo Ministro Maurício Corrêa, no tocante à tese que também sustento, como também foi muito bem explorada pelo Min. Francisco Rezek, ao referendar, ao endossar a decisão do STJ que resultou na declaração da carência da ação mandamental. Apenas procurei realçar, para uma reflexão, o teor do Decreto-lei que rege o assunto, no que revela, claramente, a responsabilidade dos diretores, administradores e gerentes. E o impetrante era Presidente da Seguradora e também do Conselho de Administração.

Voto, com a vênia do Min. Francisco Rezek, no sentido do pronunciamento do Min. Maurício Corrêa, ou seja, assentando a legitimidade *ad causam* do impetrante Raul de Souza Silveira e, com isso, reformando o acórdão proferido pelo STJ, para que, retomando os autos, prossiga na apreciação do mandado de segurança, afastado o óbice indicado.

VOTO

O Sr. Min. Néri da Silveira (Presidente): Dúvida efetivamente poderia subsistir, quanto à legitimidade de outro qualquer acionista, que não detivesse na empresa submetida à liquidação a posição de comando mantida pelo impetrante, na oportunidade, presidente da Seguradora e também de seu Conselho de Administração. Com o decreto de liquidação da entidade, sua administração passou a fazer-se pela SUSEP, nos termos do art. 99 do Decreto-lei 7.366, vale dizer, afastados foram os administradores da empresa. A impugnação a esse ato de intervenção do Estado na entidade, e, ainda, ao decreto de sua liquidação, somente poderia ser efetivamente realizada por quem vinha representando os interesses da empresa atingida pelo ato do Estado; do contrário, o ato de liquidação ficaria, em linha de princípio, insusceptível de ser trazido ao controle judicial. Dir-se-á que a administração era ruinosa e por isso a liquidação se fez necessária. Mas precisamente isso é que os administradores, não conformes com o ato oficial, querem ver discutido em Juízo.

Compreendo, assim, que o mandado de segurança, impetrado contra o ato de liquidação, pelo então presidente da empresa e de seu Conselho de Administração, foi requerido por quem estava para tanto legitimado. Em primeiro lugar, porque afastado da gestão da empresa; em segundo lugar, porque o decreto de liquidação o atinge, bem como a todos os administradores, de uma forma direta, no que concerne, inclusive, a seus bens, que ficam indisponíveis durante a gestão relativa à liquidação da empresa e podem, até, ser comprometidos por eventual co-responsabilidade, com todas as conseqüências passivas reveladas pela liquidação.

Penso, nessa linha de visualização da súplica, que, ao presidente de entidade submetida a liquidação, há de ser reconhecida legitimação ativa, a fim de defender os atos por ele praticados e a entidade presidida, quando se atacar o ato de intervenção. Se no mérito procede, ou não, é exatamente o que cabe ser decidido.

Último a votar, com essas brevíssimas considerações e reconhecendo a legitimidade ativa do impetrante à ação de segurança, dou provimento ao recurso para, cassado o acórdão recorrido, prossiga a Corte *a quo* no exame do presente mandado de segurança.

Acompanho, destarte, os votos dos eminentes Mins. Maurício Corrêa e Marco Aurélio, com a vênia do eminente Ministro Relator.

Extrato da ata

RMS 21.960–DF, Rel. Min. Francisco Rezek, Recte. Raul de Souza Silveira (Advs. Sérgio Ferraz e outros), Recda. União Federal (Adv. Advogado-Geral da União).

Decisão: Por maioria, a Turma, deu provimento ao recurso para, afastada a ilegitimidade ativa *ad causam* do impetrante a recorrente, determinar prossiga o Tribunal *a quo* no julgamento do mandado de segurança como entender de direito, vencido o Sr. Min. Francisco Rezek (Relator) que negava provimento ao recurso. Relator para o acórdão o Sr. Min. Maurício Corrêa.

Presidência do Sr. Min. Néri da Silveira. Presentes à Sessão os Srs. Mins. Carlos Velloso, Marco Aurélio, Francisco Rezek e Maurício Corrêa. Subprocurador-Geral da República, o Dr. Mardem Costa Pinto.

Brasília, 12 de setembro de 1995.

Wagner Amorim Madoz, Secretário (*RTJ-STF*, v. 158, p. 107).

Comentários de

Frederico Simionato

O acórdão compreende uma questão societária das mais complexas, envolvendo também aspectos constitucionais e processuais.

Em razão da decretação da liquidação extrajudicial da Nova York Companhia de Seguros, por ato do Ministro da Economia, um dos seus acionistas impetrou mandado de segurança pretendendo a suspensão da referida medida administrativa, restaurando-se a anterior situação jurídica.

Frise-se que, apesar do impetrante do remédio heróico ser acionista minoritário, ele havia exercido o cargo de Presidente do Conselho de Administração e de Diretor Presidente. Portanto, ele deveria ter o pleno conhecimento da situação financeira da companhia; ademais quanto aos efeitos que a liquidação provocou sobre o seu patrimônio pessoal, com toda a força da indisponibilidade.

Todavia, o STJ, onde foi impetrado o mandado de segurança, entendeu que faltava legitimidade ativa ao impetrante, julgando que "Ilegitimidade ativa *ad causam* de acionista nos termos do *art. 109 da Lei 6.404/76* para suspender os efeitos da Portaria do Ministro da Fazenda que decretou a liquidação extrajudicial da Sociedade de Seguro. Mandado de segurança não conhecido" (grifo nosso).

Foi interposto recurso ordinário, que subiu ao STF, tendo como Relator o Min. Francisco Rezek, que em seu voto manteve o esdrúxulo posicionamento do STJ.

O Min. Francisco Rezek, para fundamentar sua opinião, socorreu-se do art. 109 da Lei das Sociedades por Ações. Este artigo estabelece que nem o estatuto social nem a assembléia-geral poderão privar o acionista dos direitos de: a) participar dos lucros sociais; b) participar do acervo da companhia, em caso de liquidação; c) fiscalizar a gestão dos negócios sociais; d) preferência para subscrever ações, partes beneficiárias conversíveis em ações, debêntures e bônus de subscrição; d) retirar-se da sociedade nos casos determinados pela Lei.

A conclusão do E. Min. Francisco Rezek, acredite-se, foi que não está elencado neste mesmo art. 109 o direito de continuar sócio da sociedade. Assim, o renomado internacionalista em seu voto transcreve a manifestação do Ministério Público federal, que afirmara: "Note-se, sob outro ângulo, que sequer quando cogitou da *liquidação* da sociedade – procedimento gerador de sua extinção –, cuidou a Lei 6.404, de 1976, de outorgar legitimidade ao acionista para se lhe opor, pois, em tal caso, só lhe assegurou *participar* do acervo da companhia. É o quanto basta, quer parecer, para ficar evidenciado que a Lei 6.404, de 1976, não atribuiu *ao acionista o direito de continuar sócio*, especialmente se o exercício desse direito pressupõe a faculdade de impedir seja a sociedade liquidada, pelos meios legais".

Por isso entendera que o acionista pleiteava direito próprio em nome alheio, vedado pela lei. De todo estremado este posicionamento, que discrepa da melhor doutrina.

Poder-se-ia, com toda razão, interpretar *a contrario senso* o inc. V do art. 109 da Lei 6.404/76, o qual consagra o direito de retirada do acionista, considerando que se o acionista da sociedade pode dela se retirar, ele também terá o direito de lá permanecer, utilizando para isto todos os meios jurídicos para efetivar e manter sua participação na companhia. O mandado de segurança seria este meio.

O que se dessume da questão é a noção de personalidade jurídica. Porém, no caso de liquidação ela não impede que acionista minoritário que exercera a presidência da companhia, tome as medidas judiciais para a defesa da sociedade. Isto ocorre, nas companhias de seguros, por força do art. 93, *d*, do Decreto-lei 73/66, ao determinar que o ato de cassação produz imediatamente o cancelamento dos poderes do todos os órgãos da administração da companhia liquidanda, e da sistematização da Lei 6.024/74.

Diante desta situação, o Min. Maurício Corrêa pediu vista, e em voto erudito sustentou outra direção para o julgamento do caso, dando guarida ao melhor direito, tanto que foi seguido pelos Mins. Marco Aurélio e Néri da Silveira.

A questão da ilegitimidade ativa foi descartada quando o Min. Maurício Corrêa votou afirmando que "inconformado o recorrente manifesta sua irresignação, enfatizando que em nenhum momento ingressou em juízo para defender direitos que não fossem os seus, pessoais, intrinsecamente subjetivos, face à sua condição de sócio minoritário, que quer defender a sobrevivência da sociedade, porque afinal, sendo acionista, tem inequívoco interesse nos resultados do negócio da empresa de que é acionista, e principalmente pela circunstância de haver sido o seu principal gestor, quando da declaração que dissolveu a seguradora". Continua o mencionado Ministro "inequívoca é a fundamentação do pedido. O que se postula aqui, não é direito de outrem, senão do próprio recorrente, que tem manifesto interesse de agir, e se faz referência à sociedade é que dela não se pode desligar, no instante em que, na narração dos fatos para a fundamentação de seus direitos, haveria, forçosamente, por írrito se ao contrário não se lhe reconhecesse a exposição pormenorizada dos fatos, de abordar as relações entre o acionista, ou do próprio Presidente, e o acervo da massa em liquidação, que intenta desfazer com o ajuizamento da segurança".

Aspecto fundamental que reflete este caso é não somente a questão da legitimação ativa mas, principalmente, sobre a possibilidade da revisão judicial dos atos administrativos, em especial aqui na liquidação extrajudicial.

Ato dos mais drásticos e traumáticos para a vida das sociedades, a liquidação compulsória das companhias de seguros põem fim imediatamente à atividade realizada, com a indisponibilidade do patrimônio dos acionistas e dos administradores.

A companhia Nova York foi dissolvida com fundamento no art. 96, alíneas *a* e *b* do Decreto-lei 73/66. Com efeito, este texto legislativo determina que ocorrerá a cessação compulsória das operações da Sociedade Seguradora que: a) praticar atos nocivos à política de seguros determinada pelo Conselho Nacional de Seguros; b) não formar as reservas, fundos e provisões a que esteja obrigada ou deixar de aplicá-las. Estes formam os motivos que, segundo a administração pública, serviram para justificar a decretação da liquidação. Ao lado destas hipóteses, a liquidação também poderá ser decretada quando a companhia de seguros acumular obrigações vultosas devidas ao Instituto de Resseguros do Brasil, ou configurar a sua insolvência econômica e financeira (art. 96, *c* e *d*).

Pode-se notar que as hipóteses ensejadoras da dissolução no caso em análise são de natureza técnica, que devem ser comprovadas efetivamente, não havendo espaço para a vontade discricionária do Executivo.[1]

1. "Dissolve-se a companhia, também, nos termos do art. 206 e seu inc. II, por decisão da autoridade administrativa competente, no caso e na forma

O ato de cassação compulsória das operações da companhia de seguros provoca os seguintes efeitos: a) suspensão das ações e execuções judiciais, excetuadas as que tiveram início anteriormente, quando intentadas por credores com privilégio sobre determinados bens; b) vencimento de todas as obrigações civis e comerciais da companhia, incluídas as cláusulas penais dos contratos; c) suspensão da incidência de juros, ainda que estipulados, se a massa não suportar o pagamento do principal; d) cancelamento dos poderes de todos os órgãos de administração da sociedade em liquidação (art. 97 do Decreto-lei 73/66).[2]

O Decreto 60.459 de 1967 regulamentou o Decreto-lei 73/66, inclusive com as modificações introduzidas pelos Decretos-lei 168/67 e 296/67. O Decreto 60.459/97 aumentou as hipóteses ensejadoras da liquidação compulsória, mantendo as do art. 96.

Portanto, também justificam a liquidação os seguintes casos: a) colocar seguro e resseguro no estrangeiro, sem autorização do IRB; b) aceitar resseguro nas modalidades em que o IRB opere, sem prévia e expressa autorização do referido órgão; c) reincidir na alienação de bens ou onerá-los, em desacordo com as disposições legais e regulamentares; d) reincidir na divulgação de prospectos, na publicação de anúncios, na expedição de circulares ou em outras publicações ou informações contrárias à lei, regulamento, estatuto e seus planos, ou que possam induzir em erro sobre a verdadeira importância das operações, bem como sobre o alcance da fiscalização a que estão obrigadas (art. 72).

Seria absurda a situação de impedir a defesa dos envolvidos em processos de liquidação, apenas por se tratar de ato do príncipe.

A CF/88, desprezada pelo atual governo e por seus antecessores, determina com toda ênfase que a lei não excluirá da apreciação do Poder Judiciário lesão ou ameaça a direito (art. 5º, XXXV).

Todo aquele que acredita estar sofrendo uma medida arbitrária, deve acionar os mecanismos jurisdicionais para a sua defesa.[3]

Ter-se-ia o reinado do arbítrio se a administração pública pudesse determinar a liquidação de uma companhia, e o Poder Judiciário se restringisse a homologar este ato, sem a análise do mérito, que em muitos casos tem lugar.

No Brasil a política econômica fica ao sabor das pressões políticas dos conglomerados financeiros, que impõem as diretrizes

previstos em lei especial (...) a aludida decisão administrativa não acarreta *ipso facto*, a dissolução e a extinção da sociedade, pois será seguida de um procedimento no curso do qual a companhia poderá retomar as suas atividades normais, desde que afastadas as dificuldades que levaram àquela determinação" (Mauro Rodrigues Penteado, *Dissolução e Liquidação de Sociedades*, Brasília, 1995, p. 195).

2. "La dissolution de la société entraîne as liquidation. Celle-ci consiste à payer les créanciers sociaux, faire reprendre aux associés leurs apports ou leur rembourser le montant de ceux-ci, puis enfin partager le boni de liquidation. Ces opérations sont effectuées par un liquidateur, qui est désormais le représentant legal de la société" (Yves Guyon, *Droit des Affaires*, t. I, Paris, Economica, p. 206. Também, Georges Ripert e René Roblot, *Traité de Droit Commercial*, t. I, Paris, LGDJ, 1989, e Francesco Galgano, *Diritto Commerciale Le Società*, Bologna, Zanichelli, 1986).

3. Comentando liquidação extrajudicial de instituição financeira, afirmou o Prof. Waldirio Bulgarelli, que "a questão que sobressai com maior vigor, com verdadeiro impacto sobre todas as demais aqui levantadas, é sem dúvida a da conduta a ser observada pelos agentes do poder público no exercício das atribuições conferidas pela lei, no plano da intervenção do Estado na iniciativa privada. É inconcusso a respeito de que, por maiores que sejam os poderes atribuídos à administração pública, e por isso mesmo, num regime de Estado de Direito, não se escusa da observância dos ditames legais e dos princípios éticos da ação do Estado que deve ter como final o interesse público. O princípio da legalidade preside, pois, a atividade da administração pública" (*Problemas de Direito Empresarial Moderno*, São Paulo, Ed. RT, 1989, pp. 85-86).

a serem seguidas. O momento atual brasileiro representa bem esta situação.

O Min. Maurício Corrêa arremata ao afirmar que "o recorrente não pode ter as portas do Judiciário fechadas. Na petição arrolam várias inconstitucionalidades que teriam ocorrido em virtude da portaria ministerial. Não sei se procede ou não procede o mérito. Cuido-me apenas da preliminar de conhecimento. E o faço seguro de que, se lei houvesse que impedisse o requerente de buscar a reparação de um direito perante o Poder Judiciário, no mínimo esta lei seria inconstitucional. A Constituição Federal, que a despeito de seus defeitos, mereceu do mundo civilizado os maiores elogios na parte relativa aos direitos e garantias individuais, inexoravelmente, em seu inc. XXXV, do art. 5º, não marginaliza o recorrente ao sagrado direito de ver a sua pretensão examinada".

É comum no caso de intervenção e liquidação de companhias e instituições financeiras a interposição de medidas judiciais que tentam obstaculizar o processo administrativo-intervencionista, valendo-se de alguma medida liminar, muitas vezes sem qualquer fundamento. O objetivo é trancar o processo, ganhando tempo com eventual prejuízo para os credores.

Quando o legislador disciplinou os processos de intervenção e liquidação compulsória, através da Lei 6.024/74, do RAET e do PROER, ele pretendeu de certa maneira "proteger a economia pública", mas também não se esqueceu de evitar uma excessiva discussão judicial a respeito das matérias de mérito, perdidas em perlengas processuais sem fim. Para isso, tornou o Banco Central o senhor único das decisões, deixando a possível decretação da falência destas entidades somente para casos extremos.

O Banco Central deverá requerer a falência da instituição financeira somente quando o ativo não for suficiente para cobrir pelo menos a metade do valor dos créditos quirografários, ou quando houver fundados indícios da prática de crimes falimentares pela administração (art. 21 da Lei 6.024/74).

Os administradores das instituições financeiras em intervenção, em liquidação extrajudicial ou em falência, ficarão como todos os seus bens indisponíveis, não podendo, por qualquer meio, direta ou indiretamente, aliená-los ou onerá-los, até a apuração e liquidação final de suas responsabilidades (art. 36).

A administração especial temporária será exercida por um conselho diretor, nomeado pelo Banco Central do Brasil, com *plenos poderes de gestão*, constituído de tantos membros quanto necessário para a condução dos negócios sociais (art. 3º do RAET).

Nas companhias de seguros quem detém o poder na liquidação é a Superintendência de Seguros Privados, seguindo em todas as suas decisões o posicionamento do Conselho Nacional de Seguros Privados (Poder Executivo).

A liquidação voluntária ou compulsória das sociedades seguradoras será processada pela SUSEP, que indicará o liquidante (art. 97 do Decreto-lei 73/66 e 73 do Decreto 60.459/67). A SUSEP examinará as impugnações e publicará no *Diário Oficial da União* a sua decisão, contra a qual cabe recurso para o Ministro de Estado. Ultimada a liquidação e levantado o balanço final, será submetido à aprovação do Ministro de Estado, juntamente com relatório da SUSEP. Portanto, como superintendência, a SUSEP deve acatar tudo que decida o Executivo, devendo cumprir aquilo que lhe foi ordenado. Desta maneira, a companhia fica sem meios para que dentro da própria liquidação a administração pública possa alterar e mesmo suspender o processo de liquidação, o qual pode ser decretado sem o devido exame das situações fáticas e financeiras.[4]

4. "A doutrina, inspirada na corrente organicista, entende o liquidante como um verdadeiro órgão

As atribuições do liquidante são técnicas, entre as quais: a) propor, contestar e intervir em ações, inclusive para integralização do capital dos acionistas; b) nomear, demitir e fixar os vencimentos dos funcionários; c) outorgar ou revogar mandatos; d) transigir, vender valores móveis e bens imóveis; e) pagar e receber, firmando os recibos e quitação; f) convocar assembléia-geral dos acionistas, na hipótese de liquidação voluntária; g) abrir, movimentar e encerrar contas bancárias, assinando e endossando cheques, ordens de pagamento e outros papéis necessários (art. 75 do Decreto 60.459/67). Nota-se que não há lugar para a revisão da medida administrativa. A hipótese da convocação de assembléia fica apenas para a liquidação voluntária, que também fica a cargo da SUSEP.

Não há qualquer norma que estabeleça prerrogativas para os acionistas impedirem a liquidação compulsória e cabe ao acionista, portanto, apresentar judicialmente os motivos pelos quais entenda que a liquidação deva ser suspensa.

Por outro lado, não pode ser olvidado o seguinte aspecto. Nos casos de intervenção e/ou liquidação, o Poder Judiciário não tem as informações necessárias sobre a situação financeira das companhias, e por isto procura se esquivar de qualquer análise mais profunda quanto ao mérito e fundamentos do ato administrativo, deixando que os técnicos do Banco Central e do Ministério da Economia realizem suas funções estabelecidas pela legislação.

Esta é uma situação evidente, e serviu de apoio para o tratamento extrajudicial dos processos intervencionistas. Seria ingenuidade acreditar que os juízes se intrometeriam nas disputas técnicas, dos burocratas e tecnocratas econômicos que habitam os ministérios federais. Não há meios para fazer isto.

O que deve ser realizado é um controle mais decisivo quanto ao aspecto procedimental das intervenções e liquidação, principalmente quanto à observação dos prazos para sua realização, evitando a protelação destas medidas, que lesam toda a coletividade. A atuação do Judiciário deveria ser mais incisiva sobre os próprios tecnocratas, quando não realizarem o controle preventivo da insolvência das companhias de seguro e demais instituições financeiras, como também em verificar a prática de atos contrários à economia pública e à legislação societária.

Outro aspecto nodal está em aumentar a transparência destes atos administrativos de liquidação, exigindo-se demonstrações financeiras que retratem a realidade, quer sejam antes ou depois da medida compulsória. Isto seria salutar sobremaneira para a população, a maior prejudicada diante da crise econômica da empresa.

Nesta rápida análise o que se procurou evidenciar é a falta de controle sobre a administração pública, senhora única da vontade coletiva. Contra isto o entendimento do acórdão foi bastante feliz, apesar do voto vencido e dissonante.

da sociedade. Não obstante, o art. 211 relaciona a competência do liquidante como de verdadeiro mandato. Querendo subtrair-se às dificuldades de considerar os administradores e outras figuras afins – p. ex., o liquidante – como mandatário, a doutrina adotou a concepção do órgão" (Waldirio Bulgarelli, *Manual das Sociedades Anônimas*, São Paulo, Atlas, 1996, p. 322).

Jurisprudência Comentada

CISÃO. PREJUÍZO AOS MINORITÁRIOS. DESPROPORCIONALIDADE. COMPETÊNCIA DO REGISTRO PÚBLICO DAS EMPRESAS*

Comentários de
ALEXANDRE LETÍZIO VIEIRA
ao acórdão do TJRS na apelação cível 584.012.934-RS

Apelação cível 584.012.934-RS

Apte.: Maisa – Máquinas Agrícolas e Industriais S/A

Apdo.: Estado do Rio Grande do Sul

Rel.: Elias Elmyr Manssour

Junta Comercial – Limites de atuação na Junta Comercial como órgão de intervenção estatal na administração de interesses privados.

Arquivamento de contrato de cisão de sociedade anônima. Art. 229, § 5º, da Lei das Sociedades Anônimas. Compete à Junta Comercial verificar a legalidade dos contratos trazidos a arquivamento, no alusivo às cláusulas relativas à matéria de ordem pública ou estrutural ao tipo de sociedade, ou relativas aos bons costumes, ou que visem acautelar eventuais direitos de terceiros. Nestes casos, poderá negar arquivamento aos contratos ofensivos a tais princípios ou interesses. Mas, não cabe à Junta Comercial recusar arquivamento fundada apenas em invocada inobservância de regra legal pertinente a direito patrimonial e disponível de sócio minoritário, que, ausente à assembléia, impugnação alguma apresentou contra o arquivamento ou contra as deliberações sociais. Segurança concedida. Voto vencido.

ACÓRDÃO

Vistos, relatados e discutidos os autos, acordam, em 1ª Câmara Cível do Tribunal de Justiça, vencido o relator, dar provimento à apelação e conceder a segurança, o que decidem, de conformidade e pelos fundamentos constantes das inclusas notas taquigráficas, que integram o presente acórdão. Custas na forma da lei.

Participou do julgamento, além dos signatários, o Exmo. Sr. Des. Tulio Medina Martins.

Porto Alegre, 5 de novembro de 1985.

Athos Gusmão Carneiro, Presidente e Redator do acórdão. Elias Elmyr Manssour, Relator, vencido.

RELATÓRIO

Des. Elias Elmyr Manssour: Maisa – Máquinas Agrícolas e Industriais S/A,

* Trabalho apresentado ao Curso de Pós-Graduação da FADUSP, 2º semestre de 1998, na disciplina Interesses Públicos e Privados na Extinção das Sociedades Mercantis em Direito Comparado II, ministrada pelo Prof. Mauro Rodrigues Penteado.

Loisa Locações Imobiliárias Ltda., Tapejara Administração e Participações Ltda. e Eunice S. Gigante, Participações e Negócios Imobiliários Ltda. impetraram mandado de segurança contra ato da Junta Comercial do Estado, que negou o arquivamento de ata de assembléia-geral da primeira impetrante, que decidiu sua cisão parcial, sendo vertido parte de seu capital social nas outras empresas impetrantes.

Narram as impetrantes que na assembléia, convocada na forma da lei e dos estatutos, com a participação de 94% do capital social, foi decidida a cisão, com estrita obediência ao art. 229 da Lei das Sociedades Anônimas.

Com relação à Loisa Locações Imobiliárias Ltda., que era acionista da sociedade cindida, extinguiu-se sua participação societária nesta última, recebendo em troca bens retirados do patrimônio da cindida e incorporado ao seu, sem aumento de capital.

As outras duas, Tapejara Administração e Participações Ltda. e Eunice S. Gigante, Participações e Negócios Imobiliários Ltda., tiveram aumentados seus capitais na exata proporção da participação acionária extinta na sociedade cindida, atribuindo-se a seus cotistas os respectivos valores, na mesma proporção das ações extintas na operação de cisão.

A Junta Comercial negou o arquivamento, pois que não teria sido respeitado o § 5º do art. 229 da Lei 6.404/76.

Notificada, prestou as informações a autoridade coatora, aduzindo que as impetrantes violaram dispositivo legal ao não assegurarem os direitos dos acionistas minoritários de participação no capital das empresas favorecidas na mesma proporção de suas ações na empresa cindida.

Colhido parecer do MP de primeiro grau, desfavorável às impetrantes, o magistrado negou a segurança, por entender não haver direito líquido e certo ferido.

Tempestivamente, apelam as impetrantes. Afirmam que os sócios minoritários não foram lesados, pois permaneceram na empresa cindida juntamente com outros acionistas e tiveram sua participação proporcional majorada. Respondidos e preparados, sobem os autos. Em ambos os graus, o MP opina se negue provimento ao recurso. É o relatório.

VOTO

Des. Elias Elmyr Manssour: Sr. Presidente. Examino a título de preliminar, o que a sentença relegou para a sua parte final, ou seja, a existência de violação de direito líquido e certo, de modo a perquirir do cabimento do mandado de segurança.

Entendo que o fato de a Junta determinar a diligência para complementação da decisão da assembléia autoriza, em tese, o cabimento do *writ*, sendo a legalidade da negativa matéria de mérito. A respeito, os autores bem a colocam, ao fazerem a análise dessas decisões da Junta. Dizem que a parte poderá atender à determinação, poderá recorrer à autoridade administrativa competente e, em última hipótese, socorrer-se do Judiciário através de ações cominatórias ou de mandado de segurança. Desse modo, o direito não é só do acionista dissidente, mas também da maioria. Daí que entendo cabível o mandado de segurança.

Outra questão levantada pela apelante diz respeito à competência da Junta para apreciar o mérito das deliberações da assembléia.

O art. 94 da Lei das Sociedades Anônimas diz que nenhuma companhia poderá funcionar sem que sejam arquivados e publicados os seus atos constitutivos. O mesmo dispositivo vale para alterações da sociedade, como no caso de cisão, incorporação ou fusão. Por sua vez, o art. 98 da mesma lei diz que cumpre ao Registro do Comércio examinar se as prescrições legais foram observadas na constituição da companhia, bem como se, no estatuto, existem cláusulas contrárias à lei, à ordem pública e aos bons costumes.

A Lei 4.726, de 13.7.65, no seu art. 37, II, ns. 3, 4 e 7 c/c o art. 38, II, e, finalmente, o art. 46, disciplinando as atribuições da Junta do Comércio, também lhe atribuem a faculdade de examinar da veracidade das alterações eventualmente ocorridas nas sociedades por ações.

O regulamento dessa lei, Decreto 57.651, e a Lei 6.939, de 9.9.81, que, por sua vez, foi regulamentada pelo Decreto 86.764, em nada alteraram a respeito da matéria.

Sustenta a recorrente, trazendo à colação acórdão do egrégio TJSP (*RT* 577/87), que não cabe à Junta examinar o mérito da deliberação societária, porque haveria intromissão na vida administrativa da sociedade, além de exercer indevidamente funções judicantes.

No caso julgado pelo Egrégio Tribunal de São Paulo, a pretensão foi dirigida no sentido de obter determinação judicial, vedado à Junta o registro de alteração contratual, portanto, hipótese diversa da que hoje estamos examinando.

É certo que essa decisão do Tribunal de São Paulo encontra respaldo na lição de Cunha Peixoto (*Sociedade por Cotas de Responsabilidade Ltda.*, 1º/78), que sustenta que à Junta Comercial cabe apenas examinar as solenidades extrínsecas e intrínsecas – no caso, o art. 309 do CCom –, não devendo apreciar a substância legal dos atos ou se envolver em discussões contenciosas, em interesses do sócio e de competência do Judiciário.

Entretanto, esse mesmo autor, comentando a Lei de Sociedades por Ações, ou seja, o art. 53 do Decreto-lei 2.670/40, que dispunha da mesma forma que o art. 97 da atual Lei das Sociedades Anônimas, contesta a opinião de Miranda Valverde que criticava decisão no sentido de que coubesse à Junta realizar a sua própria decisão. Diz o referido autor, na sua obra *Sociedade por Ações*, 2º/145:

> Sanada a irregularidade apontada, segundo Miranda Valverde, só resta ao Registro do Comércio o arquivamento dos atos constitutivos da companhia. Isto porque – acrescenta o ilustre comercialista – a lei, com efeito, não havia de deixar ao arbítrio dos funcionários do Registro do Comércio fazer ou não novas exigências, o que viria eternizar a solução final do processo administrativo do arquivamento.
>
> Ousamos discordar do eminente comercialista. A função do registro é de fiscalização. Sua missão é expurgar os defeitos de que padeçam as sociedades em sua constituição, a fim de que não passem a funcionar companhias sem suporte legal. Portanto, se o funcionário foi negligente da primeira vez, não se justifica que só por isto estejam sanados todos os defeitos não apontados. Até o arquivamento, o Registro do Comércio tem obrigação de examinar os atos e não permitir que tenham sua chancela aqueles que estão em desacordo com a lei.
>
> Neste caso, a nosso ver, a sociedade, uma vez registrada, tem ação contra o Estado para exigir os prejuízos que a negligência do funcionário lhe acarretou, mas nunca obrigar o Registro do Comércio a arquivar um documento que padece de faltas, apenas porque, da primeira vez, não foi ela observada. O Registro do Comércio funciona, na espécie, como um Juiz, e cumpre ao Juiz, até sua decisão final, rever seus atos e confessar seus erros, se os tiver cometido.

É certo que Waldemar Ferreira, no seu *Tratado de Direito Comercial*, v. 42, ao examinar o Estatuto de Sociedades por Ações, tem opinião um tanto diversa, pois, ao comentar a competência do Registro do Comércio para o exame da observância das prescrições legais, diz o seguinte:

> É o Registro do Comércio, dessarte, guardião da lei. Não mais do que isso. Cumpre-lhe, e é sempre prudente aventar certos rumos, examinar se foram observadas as prescrições legais.
>
> Ora, esse exame e de natureza formal. Foi o capital subscrito, pelo menos, por sete sócios? Depositou-se a décima parte desse capital em estabelecimento bancário? Publicou-se o prospecto? Teve publicidade o projeto dos estatutos? Assinaram-no todos os subscritores do capital? Contém ele os

elementos exigidos pela lei? Convocaram-se, instalaram-se e funcionaram as assembléias regularmente? Elegeram-se os órgãos diretores, deliberativos e fiscalizadores? Existe algum impedimento legal de seus componentes?

Eis o roteiro resumido da competência do Registro do Comércio. Consiste em verificar se foram "observadas as prescrições legais"; e só isso. Não lhe cabe, evidentemente, ir além e até, como tem acontecido, entrar, algumas vezes, em matéria de ordem doutrinária. Ele não pode ter doutrina jurídica: esse é o cenário dos doutores, dos juristas e quiçá dos magistrados, quando hajam de aplicar a doutrina na resolução das relações processuais dos litigantes.

É mais modesta a função fiscalizadora do Registro do Comércio. Nem por isso menos importante, qual a de velar pela observância das prescrições legais, verificando se nele figuram cláusulas contrárias à lei. Mas a ilegalidade, para que sobre ela incida sua censura, há de ser evidente; e não poderá resultar de interpretação delas à luz de tal ou qual teoria ou doutrina.

Deixou isso bem patente, de resto, o § 1º do art. 53, dando a entender que o arquivamento só pode ser negado "por inobservância de prescrição ou exigência legal ou por simples irregularidades verificadas na constituição da sociedade", de molde aos primeiros diretores poderem convocar imediatamente a assembléia-geral dos acionistas, a fim de que sejam autorizadas por esta as providências necessárias para sanar a falta ou irregularidade.

Tenho por oportuno trazer à colação também a manifestação de Trajano de Miranda Valverde, na obra *Sociedades por Ações*, 1º/336, que assim discorre a respeito da matéria:

> O Registro do Comércio deve examinar se na constituição da companhia foram observadas as prescrições ou exigências legais, e, mais, se nela, notadamente nos estatutos, figuram cláusulas ou artigos contrários à lei, à ordem pública ou aos bons costumes.
>
> São, pois, duas categorias de atos ou fatos, que ao Registro do Comércio compete examinar: os que se relacionam, estritamente, com a constituição da sociedade e os que se projetam em um campo muito mais amplo, onde dominam a lei, em geral, os princípios de ordem pública e os preceitos de moral.
>
> Assim, como não é possível a exploração de uma empresa contrária à lei, à ordem pública ou aos bons costumes, também não é possível a inserção nos atos constitutivos de cláusulas, condições, ou artigos infringentes de regras, normas, princípios, ou preceitos, que a lei, a organização da vida social, ou a moral, vedam ou condenam.
>
> O legislador deu ao Registro do Comércio uma competência que, fora de dúvida, pressupõe nos funcionários conhecimentos gerais sobre o direito pátrio e uma boa dose de bom senso.
>
> O decreto-lei, entretanto, não tinha outro caminho a seguir. Aliás, não fez mais que alargar a estrada, pois a legislação anterior já impunha às Juntas Comerciais o dever de examinar se nos atos constitutivos das companhias não figuravam cláusulas ou condições "contrárias à lei, à moral e aos bons costumes".

Entendo, por isso, que a decisão da Junta não implicou a invasão da área de atribuição do Judiciário, tanto que não fica afastada a análise da legalidade do ato por ela praticado. O que se pode dizer é que as deliberações impugnadas digam respeito apenas a sócios atingidos, não havendo, por isso, interesse público.

Ocorre que, ao determinar a vedação do arquivamento de documentos que não obedeçam às prescrições legais, a lei outorgou à Junta poderes que vão além do mero exame do aspecto formal.

O STF, no RE 79.432, da 1ª Turma, sendo Relator o Min. Djaci Falcão (*RTJ* 72/280), embora não tenha conhecido do recurso, por não haver dissídio na decisão que concedera o *writ* para anular decisão da Junta que, de ofício, cancelara o arquivamento anteriormente deferido, transcreve, no voto, parecer do Dr. Procurador de Justiça no rumo de que, "se a deliberação da sociedade contida na ata era ilegal, a única oportunidade de a Junta recusá-la era no momento de decidir sobre o arquivamento pretendido".

Em tais termos, embora ponderáveis os fundamentos contidos nas eruditas razões de apelação e no memorial encaminhado aos integrantes desta Câmara, no caso concreto, não vejo ilegalidade na decisão da Junta ao examinar o mérito das deliberações da sociedade, objeto de arquivamento.

Cabe, agora, portanto, examinar o acerto ou não das exigências feitas pela autoridade apontada como coatora.

O parecer oferecido neste grau de jurisdição (fl. 9) assim coloca a matéria em debate: "A sociedade anônima é uma sociedade de capitais, onde a importância principal está na contribuição do sócio para o capital; a sociedade não indaga quem é o possuidor dessa contribuição, que pode ser pessoa física ou jurídica, menor ou maior, incapaz ou capaz" (Fran Martins, *Curso de Direito Comercial*, 2ª ed., Forense, p. 262). Por isso, todos os dispositivos legais relativos a esse tipo societário contemplam o capital da sociedade, seu patrimônio, não a pessoa dos sócios.

A participação societária pode ser livremente negociada, mudando de mãos livremente. À sociedade pouco importa que as ações representativas do capital social pertençam a fulano ou a beltrano, que o sócio *A* tenha aumentado ou tenha diminuído sua participação societária, ou que tenha até se retirado da sociedade, alienando todas as suas ações. Tudo gira em torno do capital; o *quorum* para a realização das assembléias e para as deliberações é fixado levando em conta a proporcionalidade do capital representado, não o número de sócios presentes ou votantes.

Quando a lei fala em incorporação, fusão e cisão, está, também aí, dispondo sobre o patrimônio da sociedade, não sobre as pessoas dos sócios. No caso específico de que se cuida, partido o patrimônio da sociedade cindida, verteu-se essa parcela de capital em três outras empresas. Como não se trata, a sociedade cindida, de uma sociedade de pessoas, não se pode atribuir a um acionista ou a determinado grupo de acionistas essa parcela de capital destacado da entidade originária.

Todos os acionistas, presentes ou não à assembléia que deliberou a cisão, tenham ou não votado a favor, continuam proprietários do patrimônio, tanto do remanescente na sociedade cindida, como da parcela vertida. O § 5º do art. 229 da Lei 6.404/76 só pode ser interpretado dessa forma, como o fez a MM. Junta Comercial.

Para alcançar o *desideratum* visado pelos sócios de Maisa – Máquinas Agrícolas e Industriais S/A, de divisão pessoal do patrimônio, tocando tal parcela a tal acionista, tal outra a outro sócio ou grupo de sócios, participando aqueles ou estes, com exclusividade, do capital das empresas onde vertida a parcela de patrimônio destacada, restando como sócios da primitiva sociedade apenas alguns de seus antigos acionistas, o caminho seguido deverá ser o indicado nas informações da autoridade coatora, no item 2.1.4 à fl. 65. Só através de permuta de participações societárias, negócio jurídico a ser celebrado entre os interessados, é que a situação pode ser equacionada.

Sr Presidente. Entendo, da análise que fiz da matéria, que o disposto no § 5º do art. 229 era aplicável, mesmo na hipótese de decisão por incorporação Certo que a cisão, na espécie, não resultou na formação de nova sociedade, mas isto não impede a proteção do sócio minoritário e/ou dissidente. O referido artigo não fere a sistemática da sociedade por ações, pois que a nova lei, como é sabido, veio proteger o pequeno sócio, sem que se possa qualificar tal proteção como indevida ingerência na sociedade.

Rubens Requião, em trabalho que se encontra na obra *Estudos Jurídicos em Homenagem ao Professor Orlando Gomes*, analisa exatamente a matéria referente à responsabilidade das maiorias e a proteção das minorias nas sociedades anônimas. E diz, à fl. 370, o seguinte:

> Onde a atuação de minoria se faz sensivelmente sentir é no caso de transformação, incorporação, fusão e cisão da sociedade anônima.
>
> Ao adotar, na constituição da sociedade, a forma anônima, os acionistas se engajam nesse tipo social, com todas as garantias e prerrogativas a ele inerentes.
>
> A transformação acarreta, de todas essas formas, maiores conseqüências para os acionistas. Daí ter a lei entendido que a transformação exige o consentimento unânime deles. Essa unanimidade, todavia, pode ser afastada, se prevista no estatuto. Este deverá, no caso, determinar o *quorum* especial da deliberação da assembléia-geral extraordinária que decidir sobre a medida.
>
> Como se vê, a lei estabelece, em princípio, a unanimidade da decisão protegendo, assim, os sócios eventualmente divergentes. Nessas condições, um voto apenas impede a transformação. Se o estatuto estabelecer especificamente um *quorum* especial, que afaste a unanimidade, o sócio minoritário dissidente terá o direito de retirar-se da sociedade (art. 221).
>
> Com essas normas, a lei assegura a minoria, protegendo-a de modo seguro e rigoroso.

E, mais adiante, adverte: "O acionista dissidente (nesses casos de incorporação, fusão e cisão) tem o direito de se retirar da companhia, mediante o reembolso do valor de suas ações (art. 137). O prazo para o exercício desse direito será contado da publicação da ata da assembléia-geral que aprovar o protocolo ou justificação da operação, mas o pagamento do preço do reembolso somente será devido se a operação vier a efetivar-se. É o que dispõe o art. 230".

Dão os impetrantes, a seguir, o significado do § 5º do art. 229, ao consignar o seguinte: "No caso de ocorrência de operação de cisão, com ou sem extinção da companhia cindida (hipótese claramente contemplada no § 4º do mesmo dispositivo legal), e havendo versão de patrimônio da companhia cindida para os capitais de outras sociedades, as ações integralizadas com parcelas de patrimônio da cindida serão atribuídas a seus acionistas (quotistas, desde que presentes nessas sociedades absorventes) em substituições às ações extintas, na proporção das que possuíam (na sociedade cindida total e parcialmente), e desde que não dissidentes".

Entretanto, apesar desse entendimento, não vejo na lei a exclusão que se faz do dissidente. Ao contrário do que dizem os recorrentes, parece claro o entendimento de que a Lei de Sociedades Anônimas visou a assegurar ao acionista da ora cindida o direito de sê-lo também das companhias absorventes.

Querem os representantes da maioria que o § 5º do art. 229 só seja aplicável quando há extinção da sociedade, quando se fala em ações extintas e não em extinção de acionistas.

Irrelevante que os sócios minoritários tenham elevado sua participação na sociedade cindida. Não é exato que a Junta tenha exigido a presença de todos os acionistas, mas era necessária a manifestação dos dissidentes para deixar de integrá-los na sociedade incorporada ou resultante da cisão. Evidente que há o direito de retirar-se, mas sem violação do direito da minoria, como bem registram as informações da autoridade apontada como coatora, à fl. 66 dos autos:

> Ao contrário do que ocorre nas sociedades de pessoas, o acionista não pode retirar-se de uma sociedade anônima sempre que tal providência lhe convenha.
>
> A Lei 6.404/76 (art. 137) reserva esse direito para apenas poucos casos, entre os quais figura a cisão. Nas demais hipóteses, o único meio de retirar-se de uma sociedade anônima resume-se, para o acionista, em alienar suas ações.

É imprescindível, porém, que não se empreste ao direito de retirada (ou de recesso) características que não possui. O direito de recesso nasce sempre de deliberação lícita da maioria e nunca de deliberação ilícita. É remédio para conveniências feridas e não para direitos feridos.

Se, por exemplo, a maioria decide, reunida em assembléia regularmente convocada, alterar o objetivo da sociedade, tal decisão é perfeitamente lícita. Entretanto, a novidade pode não convir à minoria, que passa a ter o direito de retirar-se da sociedade, mediante o reembolso de suas ações. Mas, se, noutra hipótese, a maioria resolve criar nova classe de ações, estabelecido que todo o lucro lhes seria sempre destinado, nada cabendo às ações da classe primitiva, tal deliberação seria ilícita, e não há que falar em direito de recesso das minorias prejudicadas. O remédio contra tal absurdo não seria o recesso, o problema é de nulidade de deliberação.

Pelo exposto, se é ilícita uma cisão realizada com desrespeito à regra do art. 229, § 5º, da Lei 6.404/76 (ou seja, uma cisão em que não se assegure a todos os acionistas o direito de participar, também dos aumentos de capital operados nas sociedades que absorvem bens da companhia cindida), não se pode, no caso, elidir a irregularidade, acenando-se aos minoritários ou aos ausentes com a possibilidade de seu eventual recesso.

Recesso poderia haver, isso sim, se o acionista, a quem todos os direitos tivessem sido assegurados na cisão, não julgasse conveniente a operação e, por isso, preferisse retirar-se.

Portanto, não se discute que o acionista discordante da cisão possa retirar-se da sociedade, com o reembolso do valor de suas ações, mas isto não faculta que a maioria despreze o disposto no § 5º do art. 229, mesmo no caso de incorporação.

Da mesma forma, a deliberação da maioria não pode atingir o direito da minoria, nem é verdade que a Junta tinha exigido a manifestação dos sócios minoritários. O fato de os minoritários receberem maior participação na sociedade cindida não afasta a irregularidade praticada e corretamente apontada pela Junta dentro dos poderes a ela atribuídos.

Waldirio Bulgarelli, em *Comentários à Lei das Sociedades Anônimas* (4º/177, Coleção Saraiva), diz o seguinte:

A regra do § 5º é por demais evidente; após a operação, e segundo também o § 2º do art. 223, já examinado, as ações das sociedades absorventes, novas ou existentes, serão entregues aos acionistas da companhia cindida, na proporção das que possuíam.

Não esclareceu, contudo, a lei, se, em caso de permanecer a cindida, a proporção da distribuição das novas ações será para todo o quadro acionário, ou apenas para um grupo que concorde em deixar de ser acionista da cindida, para passar a sê-lo das absorventes. Temos para nós que terá de ser resolvido previamente, não podendo ser obrigado o acionista a transferir-se de sociedade; e, note-se, trata-se de caso que não se enquadra ajustadamente no direito de retirada, pois este é concedido a quem não concorde com a operação: dar-se-á então o caso de o acionista concordar com a operação, mas não querer transferir-se para a absorvente e pretender ficar na cindida.

A aplicação do direito de retirada, indistintamente, para os três institutos, fusão, incorporação e cisão, e neste, também de maneira geral, sem distinguir as várias hipóteses que a lei contemplou, poderá gerar os problemas que assinalamos acima, assim como outros, que a prática irá revelar.

Da mesma forma, Fran Martins, in *Comentários à Lei das Sociedades Anônimas*, 3º/162, diz o seguinte: "A composição, após a operação, do capital da companhia a ser criada, que deverá emitir ações em substituição às da companhia que se cindir, a qual reduzirá, por esse motivo, o seu capital, ações que serão distribuídas, proporcionalmente, aos acionistas da sociedade nova, que são os que pertenciam à sociedade cindida: e o valor do reembolso das ações a que terão direito os acionistas dissidentes que se desejarem retirar da sociedade (art. 225)".

E mais adiante, à p. 165, diz o seguinte: "O direito de retirada é plenamente justificado, pois com a incorporação, a fusão e a cisão há modificações profundas nas sociedades participantes das operações, algumas delas chegando até a desaparecer, como acontece com a sociedade incorporada, as fundidas e as cindidas com a extinção da pessoa jurídica. Em qualquer uma dessas operações, o acionista tem os seus direitos garantidos, ou recebendo ações das sociedades novas oriundas das operações, ou permanecendo na sociedade que sobrevive. Mas é indiscutível que se altera o regime jurídico da sociedade a que o acionista pertencia, razão pela qual o mesmo tem o direito de retirar-se, antes de ser realizada a operação, já que, ao associar-se, teve ele em vista participar de determinada sociedade e não de uma outra que, apesar de poder ser do mesmo tipo, tem estrutura diversa da sociedade primitiva".

Em tais termos, Sr. Presidente, entendo que a decisão atacada deve prevalecer, razão pela qual nego provimento à apelação.

Des. Athos Gusmão Carneiro: Desejaria ponderar mais detidamente sobre determinados argumentos do eminente Relator, motivo pelo qual pedirei os autos com vista.

Des. Tulio Medina Martins: Aguardarei o voto de V. Exa., Sr. Presidente.

Des. Athos Gusmão Carneiro: Eminentes Colegas. Rogo vênia ao ilustre Relator para ousar divergir, conquanto reconhecendo, à evidência, a relativa complexidade da matéria em debate e a ponderabilidade dos argumentos expendidos em seu douto voto.

Parto do exame da natureza do ato registral efetuado na MM. Junta Comercial: é ato de intervenção estatal na administração de interesses privados. Em sede doutrinária, já tivemos oportunidade de referir (*Jurisdição e Competência*, 2ª ed., Saraiva, ns. 39 e ss.) a distinção fundamental entre a jurisdição contenciosa e a jurisdição voluntária, acentuando, então, que a primeira, a jurisdição propriamente dita, visa à aplicação da lei com o objetivo, via de regra, de eliminar um conflito de interesse atual ou virtual. Já em outros casos, a intervenção do Poder Judiciário não parte do pressuposto da existência de uma lide. Ao contrário, pressupõe que inexista a lide, mas, por razões de tradição ou de conveniência prática, convenha a ingerência judicial em situações jurídicas individuais ou no relacionamento jurídico entre particulares, e isso, inclusive, para a prevenção, de possíveis futuras lides (Carnelutti, *Istituzioni del Nuovo Processo Civile Italiano*, 1/19, 1951).

Essa intervenção estatal no relacionamento jurídico entre particulares, ou na formação de situações jurídicas individuais, pode também fazer-se, e mais comumente é feita, ou por órgãos estatais, apenas sujeitos ao controle e fiscalização do Judiciário (os órgãos do assim chamado foro extrajudicial), ou, outras vezes, por órgãos estatais alheios ao Poder Judiciário, tais como a Junta Comercial.

De qualquer forma, a intervenção estatal na atividade privada justifica-se pela necessidade ou conveniência no acautelar interesses considerados de maior relevo para a sociedade, ou para a proteção de eventuais direitos de terceiros ou de pessoas que, por um ou outro motivo, devam ter determinados interesses seus especialmente tutelados.

Assim, no caso concreto, estariam em jogo direitos e interesses de sócios minoritários em sociedade anônima. Cuidou-se, segundo os autos retratam, de negócio jurídico, envolvendo a cisão (cisão imprópria) da primeira autora, Maisa – Máquinas Agrícolas e Industriais S/A, com versão parcial de patrimônio e capital em três sociedades por quotas, todas elas preexistentes ao referido negócio.

Assim a ata da assembléia-geral extraordinária – AGE – da primeira demandante, Maisa – Máquinas Agrícolas e Indústrias S/A, lavrada aos 27.6.83, menciona a redução do capital social da empresa parcial cindida e a nova composição acionária Maisa – Máquinas Agrícolas e Industriais S/A "após a retirada da empresa dos acionistas participantes da operação de cisão parcial" (fl. 44). Foram presentes então (item 8º da inicial) acionistas representando 94% do capital social.

A MM. Junta Comercial, todavia, sustou o arquivamento da alteração social baixando o expediente em diligência, nos termos seguintes: "A cisão trazida a arquivamento não respeita a norma do art. 229, § 5º, da Lei 6.404/76, que assegura a todos os acionistas manter, proporcionalmente, seus direitos de sócio relativamente às parcelas patrimoniais destacadas por cisão e, também, relativamente, ao patrimônio remanescente da sociedade que se cindiu" (fl. 54).

Prestando informações, o Presidente da Junta Comercial sugere que os sócios que desejem permanecer apenas na sociedade cindida – no caso, a Maisa – Máquinas Agrícolas e Industriais S/A – permitem suas participações sociais nas outras sociedades, ficando, assim, com *mais* capital na sociedade cindida e com *nenhum* nas sociedades que recebem capital. Sublinha que "a maioria não tem a faculdade de ditar a sorte da minoria. O direito assegurado pelo § 5º do art. 229 da Lei 6.404 não pode ser afastado pela vontade da maioria, sob pena de ilegalidade" (fl. 65).

Alude, mais, a autoridade coatora a que o direito de recesso, de retirada do sócio dissidente, "nasce sempre de deliberação lícita da maioria e nunca de deliberação ilícita. É remédio para conveniências feridas, e não para direitos feridos" (fl. 66).

Vale, eminentes Colegas, transcrever o item 2.2.2 das informações, *verbis*:

> "2.2.2 Pelo exposto, se é ilícita uma cisão realizada com desrespeito à regra do art. 229, § 5º, da Lei 6.404/76 (ou seja, uma cisão em que não se assegure a todos os acionistas o direito de participar, também, dos aumentos de capital operados nas sociedades que absorvem bens da companhia cindida), não se pode, no caso, elidir a irregularidade, acenando-se aos minoritários ou ausentes com a possibilidade de seu eventual recesso.
>
> Recesso poderia haver, isso sim, se o acionista, a quem todos os direitos tivessem sido assegurados na cisão, não julgasse conveniente a operação e, por isso, preferisse retirar-se (fl. 67).

Em razões de apelação, retrucam as recorrentes ser insustentável o entendimento da MM. Junta Comercial, pois,

> em última análise, ela não está senão a exigir que a maioria coloque os sócios minoritários (ressalte-se, sem sequer ouvi-los; portanto, sem o seu assentimento) dentro de outras sociedades, com o quadro social diverso da que faziam parte, afetando assim o secular princípio da *affectio societatis*.
>
> Ora, a prevalecer esta interpretação, aí sim, poder-se-ia falar em lesão à minoria causada pelos sócios majoritários. Aí sim, estaria configurada a coação ilegal, o arbítrio da maioria.

E afastam as recorrentes a hipótese de prejuízo aos sócios não comparecentes a AGE, pois 'os minoritários ausentes a assembléia-geral extraordinária (que deliberou e aprovou a operação de cisão parcial) permanecem juntamente com outros acionistas em Maisa – Máquinas Agrícolas e Industriais S/A.

> O fato de eles não participarem de outras empresas em hipótese alguma lesa aos seus interesses econômicos ou mesmo afeta o valor econômico de suas ações, como tenta fazer crer a Junta Comercial.
>
> Aliás, pede-se a especial atenção de V. Exa. para o fato de os sócios minoritários (ausentes à assembléia-geral extraordinária de cisão parcial) terem ficado com participação proporcional majorada, em decorrên-

cia da divisão do capital, juntamente com os acionistas remanescentes na empresa parcialmente cindida (fl. 84).

O invocado § 5º do art. 229 da Lei das Sociedades Anônimas, fulcro da lide, dispõe, *verbis*: "As ações integralizadas com parcelas de patrimônio da companhia cindida serão atribuídas a seus acionistas, em substituição às ações extintas, na proporção das que possuíam".

Trata-se, assim, de um direito subjetivo dos acionistas de sociedade cindida, o de participarem proporcionalmente nas sociedades resultantes da cisão. Mas, se a cisão for parcial, se permanece existente e atuante a sociedade cindida, é também inegável a possibilidade de os sócios convencionarem diversamente, podendo algum ou alguns resolverem permanecer apenas na sociedade cindida, e outro ou outros deixarem a sociedade cindida para passarem a integrar apenas a sociedade recipiendária do capital. Em suma, e ao cabo, são direitos patrimoniais e eminentemente disponíveis.

O Prof. Waldirio Bulgarelli, em seus *Comentários à Lei das Sociedades Anônimas* (Saraiva, 1978, pp. 177/178), escreveu o seguinte:

> A regra do § 5º é por demais evidente: após a operação, e segundo também o § 2º do art. 223, já examinado, as ações das sociedades absorventes, novas ou existentes, serão entregues aos acionistas da companhia cindida, na proporção das que possuíam.
>
> Não esclareceu, contudo, a lei se, em caso de permanecer a cindida, a proporção da distribuição das novas ações será para todo o quadro acionário, ou apenas para um grupo que concorde em deixar de ser acionista da cindida, para passar a sê-lo das absorventes. Temos para nós que terá de ser resolvido, previamente, não podendo ser obrigado o acionista a transferir-se de sociedade; e, note-se, trata-se de caso que não se enquadra ajustadamente no direito de retirada, pois este é concedido a quem não concorde com a operação; dar-se-á então o caso de o acionista concordar com a operação, mas não querer transferir-se para a absorvente e pretender ficar na cindida.
>
> A aplicação do direito de retirada, indistintamente, para os três institutos, fusão, incorporação e cisão, e neste também de maneira geral, sem distinguir as várias hipóteses que a lei contemplou, poderá gerar os problemas que assinalamos acima, assim como outros, que a prática irá revelar.

Também evidentes os motivos pelos quais a lei permite e assegura ao acionista minoritário, e que discorde da operação, o direito de retirada: "O direito de retirada é plenamente justificado, pois com a incorporação, a fusão e a cisão, há modificações profundas nas sociedades participantes das operações, algumas delas chegando até a desaparecer, como acontece com a sociedade incorporada, as fundidas e as cindidas com a extinção da pessoa jurídica. Em qualquer uma dessas operações, a acionista tem os seus direitos garantidos, ou recebendo ações das sociedades novas oriundas das operações, ou permanecendo na sociedade que sobrevive. Mas é indiscutível que se altera o regime jurídico da sociedade a que o acionista pertencia, razão pela qual o mesmo tem o direito de retirar-se, antes de ser realizada a operação, já que, ao associar-se, teve ele em vista participar de determinada sociedade e não de uma outra que, apesar de poder ser do mesmo tipo, tem estrutura diversa da sociedade primitiva" (Fran Martins, *Comentários à Lei das Sociedades Anônimas*, Forense, III/165, 1979, n. 991).

É problema, pois, eminentes Colegas, de opção, de disponibilidade por parte do acionista minoritário: a) concordar com as soluções encontradas e adotadas pelos acionistas controladores, ou b) delas divergir, quer retirando-se da sociedade, mediante o reembolso do valor de suas ações (nos termos do art. 230 e parágrafos da Lei das Sociedades Anônimas), quer impugnando a própria legalidade das deliberações aprovadas pela maioria.

Poderá a Junta Comercial, entretanto, mesmo ausente qualquer impugnação, tomar a si a tutela dos possíveis direitos ou eventuais interesses, decorrentes da citada norma legal, dos acionistas que não compareçam à assembléia?

O eminente Prof. Rubens Requião (*Curso de Direito Comercial*, Saraiva, 1º v., n. 66) põe a relevante questão nos seguintes termos:

> É preciso compreender que no exercício dessas atribuições, as Juntas Comerciais funcionam como Tribunal administrativo, pois examinam previamente todos os documentos levados a registro. Mas, essa função não é jurisdicional, pois as Juntas possuem apenas competência para o exame formal desses atos e documentos. Assim, p. ex., têm elas competência para verificar se os contratos sociais, as atas de assembléias-gerais, estão formalmente corretos, atendendo às exigências legais. Se o objeto de uma sociedade comercial for ilícito, ou se a ata da assembléia-geral registra uma decisão tomada em desatenção aos dispositivos da lei, deve o registro ser denegado.
>
> O que não podem as Juntas fazer, pois escapa a sua competência, é examinar problemas inerentes e próprios ao direito pessoal dos que participam de tais atos, pois isso constituiria invasão da competência do Poder Judiciário. Essa matéria, que não deixa de ser sutil, já foi objeto de debate judicial, tendo nossos Juízes recolocado as Juntas Comerciais nos limites de sua competência administrativa. Uma dessas decisões, por sinal, teve como parte o ilustre Prof. de Direito Comercial Honorário Monteiro, que postulou problema dessa ordem no agravo de instrumento 96.329: "Ao Registro do Comércio, decidiu o Tribunal de São Paulo, como órgão administrativo que é, sem função jurisdicional contenciosa, jamais se reconheceu competência para declarar a nulidade dos atos de constituição ou de alteração das sociedades anônimas, pelos vícios que poderiam invalidar a substância das declarações sociais. Essa competência é reservada ao Poder Judiciário, mediante ação própria. A validade do instrumento, que cumpre à Junta Comercial examinar, nada tem que ver com a validade ou invalidade das decisões tomadas pela assembléia-geral" (*RT* 399/342).
>
> Assim é que se deve entender a competência das Juntas Comerciais. Não podem os vogais se arrogar à posição magistrados para decidir problemas de interesse privado das partes que comparecem nos instrumentos levados a registro. A validade do documento, que cumpre às Juntas Comerciais examinar, na verdade, nada tem que ver com a validade ou invalidade das decisões tomadas pelas partes, no exercício de seus direitos privados (pp. 90/91, da 14ª ed.).

Em parecer publicado na *RT* 40, fascículo n. 530, o eminentíssimo mestre Miguel Reale, após ressaltar que a tarefa das Juntas Comerciais "não é puramente mecânica, sendo impossível considerar o registro um ato meramente material de expediente", e isto porque compete à Junta Comercial examinar "a legalidade do ato apresentado", a fim de assegurar "a exata observância da lei e impedindo possíveis abusos", prospera todavia o seguinte: "Com efeito, reconhecida às Juntas uma função de fiscalização legal, deve-se também negar que elas possam entrar na apreciação da substância legal dos atos, até se envolver em discussões contenciosas e inoportunas da competência dos Tribunais Judiciários". É nessa linha prudente do meio termo que se coloca o insigne Carvalho de Mendonça, quando escreve:

> No arquivamento dos contratos de constituição, prorrogação, alteração ou dissolução das sociedades, as Juntas devem limitar-se a verificar as solenidades legais extrínsecas e intrínsecas enumeradas no art. 302 do Código, e, tratando-se de sociedades anônimas, as estabelecidas nos arts. 65 e ss. do Decreto 434, de 1891 (hoje arts. 53 e ss. do Decreto-lei 2.627, de 1940), não lhes sendo permitido apreciar a natureza das cláusulas reguladoras dos interesses dos sócios. Essa última atribuição pertence ao Poder Judiciário (ob. cit., I, n. 237).

Tal conclusão se impõe, não só porque a finalidade primordial do registro é a publicação de certos atos mercantis para conhecimento e garantia de terceiros, e ressalva de direitos dos próprios interessados diretos, como em virtude da natureza administrativa das Juntas.

O registro cria apenas uma presunção em favor dos atos inscritos, arquivados e registrados, mas não dá nem tira direitos, embora os contratos de sociedades só adquiram validade contra terceiros depois de regularmente registrados. Assim sendo, não há inconveniente, mas antes vantagem, que o órgão incumbido do Registro do Comércio não entre em apreciação controvertida da substância dos contratos, indo além da já delicada missão de zelar pela observância das formalidades essenciais.

A meu sentir, eminentes Colegas, a atribuição legal da Junta Comercial, de verificar a legalidade dos contratos trazidos a arquivamento, deve operar-se no pertinente às disposições e às normas legais de ordem pública ou estruturais ao tipo de sociedade, ou relativas aos bons costumes, ou que visem a tutelar e a acautelar interesses gerais ou direitos de terceiros. Então, sim, inegável o poder de ver da Junta Comercial de exigir a conformidade dos atos negociais com os ditames da lei.

Todavia, entendemos que não cabe à Junta Comercial, como órgão de intervenção estatal na administração de interesses privados, recusar arquivamento de contrato fundada apenas no argumento de inobservância de regra legal pertinente a direito patrimonial e disponível de sócio, máxime, quando o mesmo, inclusive porque ausente e desinteressado dos negócios sociais, impugnação alguma apresentou contra o arquivamento ou contra as deliberações sociais majoritárias.

Por tais motivos, eminentes Colegas, devo discordar, *venia concessa*, do douto voto do ilustre Relator. Assim, concedo a segurança, nos termos em que postulada. É o voto.

Des. Tulio Medina Martins: Pedindo vênia ao eminente Relator, acompanho inteiramente o voto de V. Exa. (*RJTJRGS* 128/242)

Comentários de

Alexandre Letízio Vieira

I – Introdução

1. Trata-se de mandado de segurança impetrado em litisconsórcio ativo por companhia parcialmente cindida e por três de seus acionistas (todos pessoas jurídicas) contra ato praticado pelo presidente da Junta Comercial do Rio Grande do Sul, que recusou o arquivamento de ata de assembléia-geral da primeira impetrante (Maisa – Máquinas Agrícolas e Industriais S/A), regularmente convocada, na forma da lei e dos estatutos sociais, e que contou com a presença de acionistas representando 94% do capital social e deliberou sua cisão parcial, sendo vertido parte de seu capital social nas outras sociedades impetrantes (Loisa Locações Imobiliárias Ltda., Tapejara Administração e Participações Ltda. e Eunice S. Gigante, Participações e Negócios Imobiliários Ltda.).

2. No que diz respeito à acionista Loisa Locações Imobiliárias Ltda., foi extinta a sua participação societária na companhia parcialmente cindida, recebendo em troca bens retirados do patrimônio da cindida e incorporados ao seu, sem aumento de capital. As outras duas acionistas (Tapejara Administração e Participações Ltda. e Eunice S. Gigante, Participações e Negócios Imobiliários Ltda.), tiveram aumento de capital equivalente à participação acionária extinta na cindida, com atribuição aos seus quotistas dos respectivos valores, na mesma proporção das ações extintas na operação de cisão parcial.

3. Os acionistas minoritários representativos de 6% do capital social original da companhia cindida e que não estiveram presentes na assembléia-geral que deliberou a cisão parcial, com a conseqüente redução do capital social da companhia cindida, permaneceram exclusivamente na cindida, em companhia dos demais acionistas antigos (exceção feita à acionista Loisa Locações Imobiliárias Ltda., que teve extinta a sua participação societária na companhia cindida), porém tiveram sua participação no capital social da cindida proporcionalmente majorada, em decorrência da divisão do capital.

4. A Junta Comercial recusou o arquivamento da ata da assembléia-geral em apreço, sob a alegação de que teria restado violado o disposto pelo § 5º do art. 229 da Lei 6.404/76, com a redação vigente à época, entendendo que não teria sido concedido ou assegurado aos minoritários o direito de manter, proporcionalmente, seus direitos de sócio relativamente às parcelas destacadas por cisão, pois não receberam ações ou quotas representativas do capital social das empresas absorventes.

5. Em primeiro grau de jurisdição foi denegada a segurança, sendo que em grau recursal foi dado provimento, por maioria de votos, ao apelo, concedida a segurança e determinado o arquivamento do ato societário.

6. Algumas questões interessantes emergem do acórdão em testilha, as quais, ao nosso ver, comportam algumas considerações adicionais, a fim de possibilitar o exame da correção do *decisum*, bem como o cotejo com a legislação atualmente em vigor.

7. Assim sendo, na seqüência, iremos examinar (I) o âmbito de atuação da Junta Comercial no que concerne à análise dos atos societários levados a arquivamento; (II) a eventual violação do disposto pelo § 5º do art. 229 da Lei 6.404/76, com a redação que vigia à época dos fatos (1985) e (III) o enfrentamento da questão sob a égide da legislação atual.

II – O âmbito de atuação da Junta Comercial na análise dos atos societários levados a arquivamento

8. A Junta Comercial é o órgão incumbido da execução do Registro de Comércio, por força do estabelecido pela Lei 4.726, de 13.7.65, regulamentada pelo Decreto 57.651, de 19.1.66. Tal atribuição, embora já revogados os diplomas legais acima mencionados, permanece inalterada na legislação vigente (Lei 8.934, de 18.11.94, regulamentada pelo Decreto 1.800, de 30.1.96), que subordina a atuação das Juntas Comerciais (órgãos da administração estadual) às diretrizes gerais para a prática de atos registrários fixadas pelo Departamento Nacional de Registro do Comércio.

9. Na hipótese debatida no acórdão sob comento, o mandado de segurança foi impetrado contra ato praticado pela autoridade apontada como coatora, ou seja, pelo Presidente da Junta Comercial do Estado do Rio Grande do Sul, que recusou o arquivamento de ata de assembléia-geral de sociedade anônima que deliberou sua cisão parcial com versão de parte de seu patrimônio em outras empresas preexistentes, sob a alegação de que teria ocorrido afronta ao texto do § 5º do art. 229 da Lei 6.404/76, uma vez que não teria sido respeitado o direito de acionistas minoritários de participarem proporcionalmente dos aumentos de capitais das sociedades recipiendárias do capital da sociedade cindida. No entender dos impetrantes a denegação do arquivamento configuraria ato ilegal, uma vez que não caberia à Junta Comercial examinar o mérito da deliberação societária, restando configurada intromissão na vida administrativa da sociedade, além de exercício indevido de funções judicantes que não são próprias ao órgão registral.

10. Discorrendo sobre a competência atribuída às Juntas Comerciais para a observância das prescrições legais dos atos societários levados a registro, o ilustre comercialista Trajano Miranda Valverde assim se pronuncia em sua obra *Sociedades por Ações*, v. 1, p. 336: "O Registro do Comércio deve examinar se na constituição da companhia foram observadas as prescrições ou exigências legais, e, mais, se nela, notadamente nos estatutos, figuram cláusulas ou artigos contrários à lei, à ordem pública ou aos bons costumes. São, pois, duas categorias de atos ou fatos, que ao Registro do Comércio compete examinar: os que se relacionam, estritamente, com a constituição da sociedade e os que se projetam em um campo muito mais amplo, onde dominam a lei, em geral, os princípios de ordem pública e os preceitos de ordem moral. Assim, como não é possível a exploração de uma empresa contrária à lei, à ordem pública e aos bons costumes, também não é possível a inserção nos atos constitutivos de cláusulas, condições, ou artigos infringentes de regras, normas, princípios, ou preceitos, que a lei, a organização da vida social, ou a moral, vedam ou condenam. O legislador deu ao Registro do Comércio uma competência que, fora de dúvida, pressupõe nos funcionários conhecimentos gerais sobre o direito pátrio e uma boa dose de bom senso. O decreto-lei, entretanto, não tinha outro caminho a seguir. Aliás, não fez mais do que alargar a estrada, pois a legislação anterior já impunha às Juntas Comerciais o dever de examinar se nos atos constitutivos das companhias não figuravam cláusulas ou condições contrárias à lei, a moral e aos bons costumes".

11. O renomado comercialista paranaense Rubens Requião entende ser muito mais modesto o papel reservado às Juntas Comerciais, conforme se pode observar na lição constante de sua festejada obra *Curso de Direito Comercial*, v. 1º, p. 103, *in verbis*: "É preciso compreender que no exercício dessas atribuições as Juntas Comerciais funcionam como tribunal administrativo, pois examinam previamente todos os documentos levados a registro. Mas essa função não é jurisdicional, pois as Juntas possuem apenas competência para o exame formal desses atos e documentos. Assim, por exemplo, têm elas competência para verificar se os contratos sociais, as atas de assembléias-gerais, estão formalmente corretos, atendendo às exigências legais. Se o objeto de uma sociedade comercial for ilícito, ou se a ata da assembléia-geral registra uma decisão tomada em desatenção aos dispositivos da lei, deve o registro ser denegado. O que não podem as Juntas fazer, pois escapa à sua competência, é examinar problemas inerentes e próprios ao direito pessoal dos que participaram de tais atos, pois isso constituiria invasão da competência do Poder Judiciário. (...) Assim é que se deve entender a competência das Juntas Comerciais. Não podem os vogais se arrogar à posição de magistrados para decidir problemas de interesse privado das partes que comparecem nos instrumentos levados a registro. A validade do documento, que cumpre às Juntas Comerciais examinar, na verdade, nada tem que ver com a validade ou invalidade das decisões tomadas pelas partes, no exercício de seus direitos privados".

12. No mesmo sentido e com ainda maior ênfase é o escólio do Prof. Fábio Ulhôa Coelho, explicitado na obra *Manual de Direito Comercial*, pp. 30/31, que predica: "A Junta Comercial, no exercício de suas funções registrárias, está adstrita aos aspectos exclusivamente formais dos documentos que lhe são dirigidos. Não lhe compete negar a prática do ato registral senão com fundamento em vício de forma, sempre sanável, e, mesmo nesta seara, a sua atuação deve orientar-se pelas prescrições legais, sendo-lhe defeso exigir o atendimento de requisito formal não estabelecido no ordenamento jurídico em vigor. O prejudicado por ilegalidade da Junta poderá, evidentemente, socorrer-se do Poder Judiciário".

13. Posicionamento mais equilibrado e também mais preciso parece-nos o perfilado pelo eminente Prof. das Arcadas, Miguel Reale, citado no voto vencedor pelo Des. Athos Gusmão Carneiro, em parecer publicado na *RT* 40, fascículo n. 530, onde o mestre após ressaltar que a tarefa das Juntas Comerciais "não é puramente mecânica, sendo impossível considerar o registro um ato meramente material de expediente" e isto porque compete à Junta Comercial examinar "a legalidade do ato apresentado", a fim de assegurar "a exata observância da lei e impedindo possíveis abusos", pondera todavia o seguinte: "Com efeito, reconhecida às Juntas uma função de fiscalização legal, deve-se também negar que elas possam entrar na apreciação da substância legal dos atos, até se envolver em discussões contenciosas e inoportunas da competência dos Tribunais Judiciários. É nessa prudente linha do meio termo que se coloca o insigne Carvalho de Mendonça, quando escreve: No arquivamento dos contratos de constituição, prorrogação, alteração ou dissolução das sociedades, as Juntas devem limitar-se a verificar as solenidades legais extrínsecas e intrínsecas enumeradas no art. 302 do Código, e, tratando-se de sociedades anônimas, as estabelecidas nos arts. 65 e ss. do Decreto 434, de 1891 (hoje arts. 53 e ss. do Decreto-lei 2.627, de 1940), não lhes sendo permitido apreciar a natureza das cláusulas reguladoras dos interesses dos sócios. Essa última atribuição pertence ao Poder Judiciário".

14. Delimitado o âmbito de atuação das Juntas Comerciais, no que pertine ao exame dos documentos societários submetidos a arquivamento, cumpre-nos examinar se, no caso concreto examinado pelo acórdão sob comento, teria havido exorbitância de poder por parte do Presidente da Junta Comercial do Estado do Rio Grande do Sul, a justificar a concessão do *writ*, ou se, pelo contrário, teria sido justificada a recusa do arquivamento da ata da assembléia que deliberou a cisão parcial da empresa denominada Maisa – Máquinas Agrícolas e Industriais S/A, nas condições acima relatadas.

III – Eventual violação do disposto pelo § 5º do art. 229 da Lei 6.404/76, com a redação que vigia antes da alteração introduzida em seu texto pela Lei 9.457, de 5.5.97

15. Na época em que foi realizada a assembléia-geral dos acionistas da empresa Maisa – Máquinas Agrícolas e Industriais S/A, o art. 229 da Lei das S/A tinha a seguinte redação: "Art. 229. A cisão é a operação pela qual a companhia transfere parcelas de seu patrimônio para uma ou mais sociedades, constituídas para esse fim ou já existentes, extinguindo-se a companhia cindida, se houver versão de todo o seu patrimônio, ou dividindo-se o seu capital, se parcial a versão". O § 5º deste artigo tinha a seguinte redação: "§ 5º. As ações integralizadas com as parcelas de patrimônio da companhia cindida serão atribuídas a seus acionistas, em substituição às ações extintas, na proporção das que possuíam".

16. Na redação da época, a cisão regularmente aprovada em assembléia-geral (art. 136) ensejava ao acionista dissidente o direito de pedir o recesso (art. 137), mediante o reembolso do valor de suas ações (art. 45).

17. A Junta Comercial recusou o arquivamento da ata da assembléia-geral por entender que a cisão noticiada não respeitava a norma do art. 229, § 5º, da Lei 6.404/76, que assegura a todos os acionistas manter, proporcionalmente, seus direitos de sócio relativamente às parcelas patrimoniais destacadas por cisão e, também, relativamente, ao patrimônio remanescente da sociedade que se cindiu.

18. Segundo o entendimento explicitado pela autoridade coatora, por ocasião das informações que prestou ao Juízo, a operação de reorganização societária empreendida pela maioria dos acionistas da Maisa – Máquinas Agrícolas e Industriais S/A, pela qual insularam na companhia cindida os minoritários, não aquinhoados com participação societária proporcional nas empresas absorventes, somente poderia ser validamente executada se os interessados permutassem suas participações societárias depois de feita a cisão, ficando assim com mais capital na sociedade cindida e com nenhum capital nas sociedades que receberam capital, uma vez que o direito assegurado pelo § 5º do art. 229 da Lei das S/A não poderia ser afastado pela vontade da maioria.

19. Por assim entender, a Junta Comercial considerou que a matéria dizia respeito à ordem pública, pois estaria entrosada com questão estrutural da companhia, e negou o arquivamento da ata da assembléia-geral, reputando ilícita a deliberação haurida no conclave assemblear, não se podendo elidir a irregularidade detectada (vale dizer, cisão que não assegurou a todos os acionistas o direito de participar dos aumentos de capital operados nas sociedades que absorveram parcela do patrimônio da companhia cindida), remetendo os minoritários para o exercício do direito de recesso.

20. Não nos parece acertado o entendimento esposado pela Junta Comercial e que foi corroborado pelo Juízo monocrático que denegou a segurança propugnada e, posteriormente referendado pelo voto vencido do Des. Elias Elmyr Manssour, pois em verdade o direito dos acionistas da sociedade cindida de participarem proporcionalmente nas sociedades resultantes da cisão é eminentemente subjetivo/patrimonial, daí porque disponível, não ingressando portanto, na órbita do direito público, sendo, conseqüentemente, insuscetível de ter o seu mérito apreciado pelo órgão registral.

21. Cumpre assinalar, nesse passo, que há informação nos autos de que a assembléia-geral que deliberou pela cisão da Maisa – Máquinas Agrícolas e Industriais S/A foi regularmente convocada, além do que a cisão efetivada foi imprópria, restando atuante a sociedade cindida, fato que possibilitaria aos sócios convencionarem exatamente na forma que restou aprovada no conclave em apreço, ou seja, isolando a participação dos minoritários na sociedade cindida, com a conseqüente majoração proporcional das suas participações.

22. É oportuno, a essa altura, recordar a lição do Prof. Waldirio Bulgarelli, exposta na obra *Comentários à Lei das Sociedades Anônimas*, pp. 177/178: "a regra do parágrafo quinto é por demais evidente; após a operação, e segundo também o parágrafo segundo do art. 223, já examinado, as ações das sociedades absorventes, novas ou existentes, serão entregues aos acionistas da companhia cindida, na proporção das que possuíam. Não esclareceu, contudo, a lei se, em caso de permanecer a cindida, a proporção da distribuição das novas ações será para todo quadro acionário, ou apenas para um grupo que concorde em deixar de ser acionista da cindida, para passar a sê-lo das absorventes".

23. Considerando que a lei da época garantia ao minoritário eventualmente discordasse da operação o direito de retirada, e lembrando, ainda, que à época eram ainda admitidas pelo Direito brasileiro as ações ao portador e que a assembléia-geral que deliberou pela cisão foi regularmente convocada, temos que somente os acionistas minoritários que não foram contemplados com participação societária nas sociedades recipiendárias do capital da cindida é que teriam legitimidade para questionar a validade da deliberação assemblear e/ou impugnar o arquivamento do ato societário, pois, repita-se, trata-se de direito patrimonial disponível do acionista minoritário.

24. Assim sendo, reputamos correta a decisão proferida no acórdão em testilha, que determinou o arquivamento da ata da assembléia-geral da cindida, uma vez que a deliberação nela tomada não feriu matéria de ordem pública ou estrutural ao tipo de sociedade, e tampouco relativa aos bons costumes e muito menos direitos de terceiros. O direito eventualmente ferido pertencia exclusivamente aos acionistas minoritários, que estiveram ausentes à assembléia, embora regularmente convocados para dela participar, e não se insurgiram contra o arquivamento do ato societário e tampouco demonstraram inconformismo com a deliberação assemblear.

IV – Enfrentamento da questão sob a égide do Direito atual

25. A Lei 9.457, de 5.5.97, alterou significativamente a Lei das S/A, retirando o direito de recesso do acionista dissidente da deliberação assemblear que deliberar pela cisão da companhia (art. 137, *caput*).

26. Por outro lado, o princípio do paralelismo (regime da estrita proporcionalidade) estabelecido na redação do § 5º do art. 229, da Lei 6.404/76, sofreu mitigação na Lei 9.457, que viabilizou a superação dessa regra, permitindo que a proporcionalidade na atribuição das ações ou quotas substitutivas das extintas, na proporção das que os sócios anteriormente possuíam na sociedade cindida, seja quebrada, com atribuição diferenciada de ações ou quotas aos sócios nas sociedades recipiendárias.

27. Como bem assinala o notável Prof. Modesto Carvalhosa, em sua alentada obra *Comentários à Lei de Sociedades Anônimas*, v. 4, t. I, p. 291, "a desproporcionalidade deve constar necessariamente do protocolo, com a minuciosa atribuição que será dada a cada um na subscrição do capital das sociedades beneficiárias. Essa exceção que demanda unanimidade, trazida pelo diploma de 1997, vem substituir uma longa prática, estabelecida notadamente nas companhias fechadas, consistente na permuta entre os sócios das ações ou quotas, posteriormente à conclusão do negócio de cisão. Essa modalidade de quebra do paralelismo trazia questionamentos de natureza tributária, já que o negócio de permuta era autônomo com respeito ao negócio de cisão, não podendo, portanto, beneficiar-se da não-incidência tributária que se aplica a esta operação".

28. Assim sendo, retirado do acionista dissidente o direito de pleitear o recesso quando deliberada a cisão de companhia da qual participe, a quebra da regra do paralelismo prevista no § 5º do art. 229 da Lei Acionária somente poderá ocorrer se contar com aprovação unânime de todos os titulares de ações (inclusive das ações sem direito a voto).

29. Destarte, se repetida no presente a operação debatida no acórdão em comento, forçosa seria a conclusão de que a conduta da Junta Comercial ao denegar o arquivamento do ato societário que deliberou, por maioria de votos (94% do capital social) a cisão parcial da sociedade Maisa – Máquinas Agrícolas e Industriais S/A, com versão parcial de seu patrimônio para três outras empresas preexistentes, coincidentemente acionistas da cindida, sem assegurar igual tratamento aos acionistas minoritários estaria correta, pois teria ocorrido inequivocamente violação a norma legal de ordem pública, afetando, quiçá, a própria estrutura da sociedade, situação que, repita-se, não se verificou no caso debatido nos autos do processo no qual foi proferido o acórdão ora analisado.

Espaço Discente

PREÇO DE EMISSÃO DAS AÇÕES NO AUMENTO DE CAPITAL DA COMPANHIA - ART. 170 DA LEI DAS SOCIEDADES POR AÇÕES (alterações introduzidas pela Lei 9.457/97)

SANDRA DE MEDEIROS NERY

1. Introdução. 2. Considerações gerais sobre o aumento de capital por subscrição de ações. 3. Preço de emissão das ações no Direito brasileiro. 4. Diluição da participação dos já acionistas e abuso do poder de controle. 5. Critérios para a fixação do preço de emissão das ações: a) Cotação das ações no mercado; b) Valor do patrimônio líquido; c) Perspectivas de rentabilidade da companhia; d) Justificativa do critério escolhido. 6. Possibilidade de preços diferentes de emissão. 7. A CVM e a fixação do preço de emissão das ações no aumento de capital. 8. Casos práticos. 9. Conclusão. 10. Bibliografia.

1. Introdução

Este trabalho visa analisar a disciplina jurídica brasileira acerca da fixação do preço de emissão das ações por ocasião do aumento de capital da companhia, com ênfase especial às modificações introduzidas pela Lei 9.457, de 5.5.97.

Inicia-se com considerações gerais sobre o aumento de capital por subscrição de ações. Na seqüência, descreve o tratamento do preço de emissão das ações no Direito brasileiro e procura responder porque o preço de emissão das novas ações pode causar diluição da participação dos antigos acionistas da companhia. Em seguida, são analisados os critérios para fixação do preço de emissão relacionados na Lei das Sociedades por Ações e o papel da Comissão de Valores Mobiliários com relação a esse instituto. Por fim, são apresentadas algumas justificativas reais encontradas em prospectos de emissão registrados na CVM em 1997.

2. Considerações gerais sobre o aumento de capital por subscrição de ações

Sabe-se que a saúde econômico-financeira de uma sociedade depende de uma estrutura de financiamento coerente, segundo a qual, o prazo de retorno dos investimentos seja compatível com a devolução dos recursos aplicados, ou seja, os investimentos cujo retorno ocorra em longo prazo requerem recursos cujo prazo para devolução seja, da mesma forma, longo. A companhia que necessita ampliar ou desenvolver sua atividade negocial necessita de recursos que podem ser encontrados nos mercados monetário, de crédito, de capitais e de câmbio. Segundo a classificação de Luiz Fernando Rudge e Francisco Cavalcante (1996:36), em linhas gerais, o *mercado monetário* tem por objeto o empréstimo de recursos de curtíssimo e curto prazos, cuja principal aplicação é suprir necessidades momentâneas de dinheiro. O *mercado de câmbio* tem por objeto a troca de moedas. Os recursos para atender a necessidades de médio e longo prazos podem ser obtidos no *mercado de crédito* ou no mercado de capitais. Segundo a referida classificação, o mercado de crédito inclui todas as captações remuneradas por taxas de juros, ou seja, tanto os empréstimos junto a instituições bancárias, como a emissão de títulos representativos de dívida, tais como, debêntures e *commercial papers*. O *mercado de capitais* envolve a negociação de títulos representativos de participações no capital das sociedades.

O mercado de capitais destaca-se como fonte de financiamento de longo prazo para as companhias, porque, em princípio, os custos dos recursos obtidos nesse mercado são inferiores a outras formas de financiamento a longo prazo, em virtude de sua não-exigibilidade. Os doadores dos recursos à companhia tornam-se seus acionistas e o que os motiva é a expectativa de geração de lucro pela sociedade. Todavia, profissionais da área financeira, como Cláudio Vilar Furtado, acreditam que investir em ações é uma operação de maior risco para o investidor e, por isso, deve ser melhor remunerada, elevando os custos para a companhia.[1]

No campo da administração financeira, os recursos provenientes da emissão de ações compõem o denominado *capital próprio*. Os demais fundos de longo prazo, obtidos por meio de empréstimos, constituem o *capital de terceiros*.

Gitman (1978:330) enuncia as seguintes diferenças entre capital de terceiros e capital próprio:

a) os empréstimos têm data de vencimento estabelecida, em que o credor deverá ser reembolsado do montante principal dos recursos. Diferentemente, um acionista poderá vender seus títulos a um comprador interessado, se houver; porém, não tem garantia de que possa reaver seu investimento original;

b) os credores por empréstimos têm uma reivindicação prioritária sobre os lucros e ativos da companhia, em caso de liquidação desta última, prioridade esta que será estabelecida em função da garantia dada ao empréstimo. Os acionistas, porém, serão os últimos a ser reembolsados, a eles cabendo apenas o que sobrar depois de satisfeitas as obrigações com credores de qualquer natureza;

c) em regra, os que emprestam recursos a longo prazo não participam da administração da companhia, ao contrário dos acionistas. Em certos casos, como os previstos na Lei das Sociedades por Ações, art. 136, incs. I e II, os detentores de ações sem direito a voto dispõem de mecanismos para retirar-se da sociedade, mediante reembolso do valor de suas ações em função de decisões tomadas pelos administradores.

Não depende somente da companhia optar entre a captação de recursos no mercado de crédito ou no mercado de capitais. É necessário avaliar se existem interessados em assumir os riscos do negócio e participar do capital da companhia e dos lucros por ela gerados, ou se, somente, há interesse no reembolso do capital em um prazo determinado e no recebimento de juros. Casos há, ainda, em que a situação econômico-financeira da sociedade é tão crítica que ou os custos das operações tornam-se inviáveis ou não lhe são oferecidas fontes de financiamento de longo prazo.

Observa-se, portanto, que o aumento de capital mediante subscrição de ações é

1. Conforme reportagem de Amália Safatle, publicada na revista *Carta Capital* 76/62.

a fonte clássica de financiamento de longo prazo da companhia que, em princípio, tem o menor custo em virtude de sua não-exigibilidade, ou seja, de não haver uma data de vencimento estabelecida para pagamento dos recursos captados.[2]

A colocação de ações pode ser feita na constituição da companhia ou no aumento de capital, limitando-se este trabalho à esta última hipótese. O aumento de capital das companhias, mediante subscrição de ações, está disciplinado, no Brasil, pela Lei 6.404, de 15.12.76 que, em seu art. 170, com a nova redação dada pela Lei 9.457, de 5.5.97, assim dispõe:

"Art. 170. Depois de realizados 3/4 (três quartos), no mínimo, do capital social, a companhia pode aumentá-lo mediante subscrição pública ou particular de ações.

"§ 1º. O preço de emissão deverá ser fixado, sem diluição injustificada da participação dos antigos acionistas, ainda que tenham direito de preferência para subscrevê-las, tendo em vista, alternativa ou conjuntamente:

"I – a perspectiva de rentabilidade da Companhia;

"II – o valor do patrimônio líquido da ação;

"III – a cotação de suas ações em Bolsa de Valores ou no mercado de balcão organizado, admitindo ágio ou deságio em função das condições do mercado.[3]

"§ 2º. A assembléia-geral, quando for de sua competência deliberar sobre o aumento, poderá delegar ao conselho de administração a fixação do preço de emissão de ações a serem distribuídas no mercado.

"§ 3º. A subscrição de ações para realização em bens será sempre procedida com observância do disposto no art. 8º, e a ela se aplicará o disposto nos §§ 2º e 3º do art. 98.

"§ 4º. As entradas e as prestações da realização das ações poderão ser recebidas pela companhia independentemente de depósito bancário.

"§ 5º. No aumento de capital observar-se-á, se mediante subscrição pública, o disposto no art. 82, e se mediante subscrição particular, o que a respeito for deliberado pela assembléia-geral ou pelo conselho de administração, conforme dispuser o estatuto.

"§ 6º. Ao aumento de capital aplica-se, no que couber, o disposto sobre a constituição da companhia, exceto na parte final do § 2º do art. 82.

"§ 7º. A proposta de aumento do capital deverá esclarecer qual o critério adotado, nos termos do § 1º deste artigo, justificando pormenorizadamente os aspectos econômicos que determinaram a sua escolha."[4]

Dentre os efeitos da emissão de ações está a possível diluição da participação dos já acionistas, causada, principalmente, pela fixação do preço de emissão das ações, objeto do presente estudo.

3. Preço de emissão das ações no Direito brasileiro

O Decreto-lei 2.627/40, que regulou as sociedades anônimas até meados da década de 70, admitia a existência, apenas, de ações com valor nominal. Deixava, também, a critério da assembléia-geral extraordinária a fixação do preço de emissão das ações. Tal preço freqüentemente coincidia com o valor nominal.

No período em que o referido decreto-lei esteve vigente, existiam dúvidas so-

2. Cláudio Vilar Furtado, segundo reportagem publicada na revista *Carta Capital* 76, defendeu tese, na Fundação Getúlio Vargas, de que o lançamento de ações, em geral, é investimento desvantajoso tanto para quem compra os papéis quanto para a companhia que capta os recursos. Em 63% das emissões por ele analisadas, teria havido perda do valor de mercado das companhias.

3. § 1º com redação dada pela Lei 9.457/97.

4. § 7º adicionado pela Lei 9.457/97.

bre a possibilidade de emissão de ações por preço superior ao valor nominal da ação, ou seja, de emissão com ágio. Esta questão relaciona-se à acumulação de reservas pela companhia, em razão de sua própria atividade operacional, o que ficará demonstrado pelo exemplo hipotético a seguir.

Tomando como base o exemplo dado por Lamy Filho e Bulhões Pedreira (1992: 501), suponha-se que uma sociedade anônima tenha sido constituída em 2 de janeiro de 19X0 com um capital social de $ 100,00, dividido em 100 ações com valor nominal de $ 1,00. Na data de constituição, portanto, a sociedade possuía patrimônio líquido de $ 100,00. Cinco anos mais tarde, em 31 de dezembro de 19X4, em razão de lucros gerados pela atividade operacional, a sociedade possuía patrimônio líquido de $ 200,00. Observa-se, assim, uma evolução do valor patrimonial da ação, a seguir demonstrada:

CIA. T

	2.1.X0	31.12.X4
Capital social	$ 100,00	$ 100,00
(+) **Reservas**	–	$ 100,00
(=) **Patrimônio líquido**	$ 100,00	$ 200,00
Número de ações	100	100
Valor nominal da ação	$ 1,00	$ 1,00
Valor patrimonial da ação	$ 1,00	$ 2,00

Se um projeto de ampliação dos negócios da companhia exigir um aumento de capital de $ 100,00 e a assembléia-geral decidir, em 31 de janeiro de 19X5, emitir 100 ações pelo valor nominal de $ 1,00, a situação apresentar-se-á como segue:

	31.1.X5
Capital social	$ 200,00
Número de ações	200
(+) **Reservas**	$ 100,00
Valor nominal	$ 1,00
(=) **Patrimônio líquido**	$ 300,00
Valor patrimonial	$ 1,50

Nota-se, assim, que o valor patrimonial da ação, que era de $ 2,00, caiu para $ 1,50. Houve, portanto, uma transferência de parte do valor patrimonial das ações antigas para as ações novas, adquiridas por $ 1,00, mas cujo valor patrimonial é de $ 1,50.

Como a lei dava direito de preferência aos já acionistas, alguns autores entendiam ser o ágio inadmissível, visto que, se todos os então acionistas exercessem o referido direito, não haveria transferência de parte do valor patrimonial dos antigos para os novos acionistas. Nessa linha, pode-se citar, dentre os autores nacionais, Miranda Valverde, para quem "o ágio ou prêmio não tem razão de ser quando a lei assegura aos acionistas o direito de preferência para a subscrição de novas ações",[5] ou seja, caberia aos então acionistas exercer seu direito de preferência se não quisessem ver diluída sua participação.

A polêmica em torno do ágio sobre o valor nominal das ações no direito brasileiro foi eliminada com a edição da Lei 6.404/76, que estabeleceu critérios para a fixação do preço de emissão das ações. A intenção do legislador consta da Exposição de Motivos do Ministério da Fazenda 196, de 24.6.76, conforme a seguir transcrito:

"O art. 170 disciplina o aumento mediante subscrição de ações, com as seguintes inovações: (...) b) para proteção dos acionistas minoritários, o § 1º estabelece que as novas ações devem ser emitidas por preço compatível com o valor econômico da ação (de troca, de patrimônio líquido ou de rentabilidade), e não pelo valor nominal. A emissão de ações pelo valor nominal, quando a companhia pode colocá-las por preço superior, conduz à diluição desnecessária e injustificada da participação dos acionistas que não têm condições de acompanhar o aumento, ou simplesmente desatentos à publicação de atos societários. A existência do direito de preferência nem sempre oferece proteção adequada a todos os acionistas (...)".

5. Cf. citado por Modesto Carvalhosa em *Comentários ...*, p. 468.

Assim, a Lei 6.404/76, ao estabelecer, no art. 170, § 1º, que "o preço de emissão deve ser fixado tendo em vista a cotação das ações no mercado, o valor de patrimônio líquido e as perspectivas de rentabilidade da companhia, sem diluição injustificada da participação dos antigos acionistas, ainda que tenham direito de preferência para subscrevê-las", demonstrou clara opção por adotar o valor econômico da ação como critério de fixação do preço de emissão, abandonando o valor nominal.

Cumpre ressaltar que a referida lei introduziu o instituto da ação sem valor nominal, forma que, progressivamente, tornou-se predominante e, dessa forma, hoje quase não há mais que se falar em ágio sobre o valor nominal.

Observa-se, portanto, que a Lei 6.404/76 inovou em relação ao diploma anterior no tocante ao estabelecimento de critérios para a fixação do preço de emissão das ações e, também, à proibição da diluição injustificada da participação dos antigos acionistas, assuntos que serão, mais adiante, detalhados.

Todavia, a redação da Lei 6.404/76 havia gerado diversas controvérsias quanto à obrigatoriedade ou não da conjugação dos três critérios na fixação do preço de emissão das ações. Tal controvérsia, segundo o relatado por Modesto Carvalhosa (1997: 458), criou uma enorme confusão interpretativa no Judiciário, resultando sempre em prejuízo dos acionistas minoritários que, em juízo, pouco esclareciam sobre a alegada diluição injustificada de suas ações". No mesmo sentido é o relato de Nelson Eizirik (1997:90), segundo o qual, em alguns acórdãos, julgou-se que os critérios deveriam ser atendidos cumulativamente e, em outros, entendeu-se que não poderia ser adotado o parâmetro da cotação em bolsa de valores caso fosse muito inferior ao valor patrimonial.

Para Lamy Filho e Bulhões Pedreira (1992:502), os critérios estabelecidos pela Lei 6.404/76 significavam, apenas, parâmetros para a fixação do preço de emissão e o referido diploma legal não requeria que o referido preço fosse fixado segundo os três critérios de avaliação mencionados.

A CVM, em seu Parecer de Orientação 1, de 27.9.78, admitiu que, embora os três critérios enunciados fossem de observância cumulativa, haveria prevalência de um ou de outro sobre os demais: se a ação tivesse alto grau de negociabilidade, o parâmetro "cotação" iria predominar, caso contrário, ganhariam maior significado o valor de patrimônio líquido ou as perspectivas de rentabilidade da companhia.

Em 1995, com o objetivo de alterar a Lei 6.404/76, o Deputado Federal José Fortunati apresentou o Projeto de Lei 622/95, no qual o art. 170 não foi alterado, tendo, apenas, sido adicionado um novo parágrafo, com a seguinte redação: "a subscrição de novas ações não poderá ser superior a 100% (cem por cento) do número de ações existentes, a cada semestre".

O Deputado Luiz Carlos Hauly, relator do projeto na Comissão de Economia, Indústria e Comércio da Câmara dos Deputados, apresentou substitutivo ao referido projeto, alterando o § 1º do art. 170 e acrescentando o § 7º a este artigo, dando-lhes a seguinte redação:

"§ 1º. O preço de emissão deverá ser fixado, sem diluição injustificada da participação dos antigos acionistas, ainda que tenham direito de preferência para subscrevê-las, tendo em vista, alternativa ou conjuntamente:

"I – a perspectiva de rentabilidade da Companhia;

"II – o valor do patrimônio líquido da ação;

"III – a cotação de suas ações em Bolsa de Valores ou no mercado de balcão organizado, admitindo ágio ou deságio em função das condições do mercado.

"§ 7º. A proposta de aumento do capital deverá esclarecer qual o critério adotado, nos termos do § 1º deste artigo, justificando pormenorizadamente os aspectos econômicos que determinaram a sua escolha."

Em relatório de 12.12.96, o Deputado Hauly assim justificou tal alteração: "modifica-se a redação do dispositivo, com o objetivo de evitar interpretações equivocadas, acrescentando-se parágrafo para exigir que os aspectos econômicos do critério adotado sejam devidamente justificados". A redação proposta pelo substitutivo para o art. 170 da Lei das Sociedades por Ações foi acolhida pelo Senado Federal, com a seguinte justificativa: "no art. 170, explicita-se que os critérios estabelecidos nos incisos, para fixação do preço de emissão da ação, podem ser utilizados alternativa ou conjuntamente, a fim de dirimir dúvidas sobre a interpretação do artigo e evitando litígios judiciais. Acrescenta, ainda, parágrafo exigindo que os critérios adotados sejam devidamente justificados aos acionistas".

Veio, portanto, a Lei 9.457/97 eliminar a dúvida anteriormente existente, deixando clara a possibilidade de utilização cumulativa ou alternativa dos critérios de fixação de preço legalmente estabelecidos, bem como manteve a opção pela proteção dos já acionistas contra danos decorrentes da emissão de novas ações por preço inadequado.

4. Diluição da participação dos já acionistas e abuso do poder de controle

Conforme já exemplificado no item 3, a emissão de ações por preço inferior ao seu valor patrimonial causará diluição na participação dos já acionistas da companhia que não exerçam seu direito de preferência ou não subscrevam ações em quantidade suficiente para manter a participação que já possuem no capital. Tal diluição não apenas provoca a redução da participação sobre os lucros e reservas da companhia como também resulta em diminuição do poder decisório nos negócios da sociedade. Ensinam Lamy Filho e Bulhões Pedreira (1992:501) que o aumento do número de ações em que se divide o capital social modifica a fração do lucro e do patrimônio líquido que cabe a cada ação. O aumento do número de ações causa, também, a diminuição do valor de mercado porque este reflete os valores de rentabilidade e de patrimônio líquido; por outro lado, a maior quantidade de ações em circulação aumenta a oferta.

José Mario Bimbato (*RDM* 93/82) relata que, nos Estados Unidos, a proteção dos acionistas contra danos decorrentes da emissão de novas ações por preço inadequado construiu-se por via judicial e menciona, dentre outras, a decisão da Corte de Delaware de 1926, no caso *Bodell v. General Gas & Electric Corp.*, segundo a qual, não obstante o irrestrito poder atribuído aos administradores da companhia para fixar o preço de emissão das ações, a eqüidade interviria a favor dos acionistas contra a deterioração injustificada de sua parte social. William L. Cary, citado por José Mario Bimbato, adverte que, mesmo não ferido o direito de preferência, a emissão de novas ações pode significar uma violação do dever, que os administradores têm, de fixar um preço de emissão suficientemente alto para não diluir, sem justa causa, a participação dos acionistas existentes.[6]

A *ratio legis* da Lei das Sociedades por Ações, art. 170, § 1º, conforme a Comissão de Valores Mobiliários expôs em seu Parecer de Orientação 1/78, é evitar que, por ocasião de uma nova emissão de ações, o preço fixado para a subscrição possa acarretar uma diluição da participação dos antigos acionistas da companhia que, mesmo tendo direito de preferência à subscrição, não o exerçam. Observa-se, po-

6. William L. Cary, *Cases and Materials on Corporations*, 4ª ed., 1969, citado por José Mario Bimbato em *RDM* 93/83.

rém, que, salvo em casos excepcionais, a emissão de novas ações causa certa diluição do valor das ações antigas, pois basta que sejam emitidas por preço inferior a seu valor patrimonial para que a participação dos antigos acionistas seja diluída. Tal diluição pode ocorrer, também, em razão do não-exercício do direito de preferência. Nota-se, também, que, segundo a Lei das Sociedades por Ações, a fixação do preço de emissão não deve acarretar uma *diluição injustificada* da participação dos antigos acionistas, admitindo-se, portanto, *a contrario sensu*, a hipótese de uma "diluição justificada".

Para Lamy Filho e Bulhões Pedreira (1992:503) "se os negócios sociais exigem quantidade adicional de capital próprio que somente pode ser obtida por meio do aumento do capital social, justifica-se a subordinação do interesse individual dos acionistas, de preservar o valor econômico de suas ações, ao interesse social de manter as atividades da companhia". Assim, a única razão que pode justificar a diluição é o interesse desta última e, portanto, a "distinção entre diluição legítima e ilegítima não pode ser precisada na lei porque pressupõe o conhecimento, em cada caso, das diversas circunstâncias relativas à intensidade do interesse da companhia na obtenção de recursos adicionais, à espécie e quantidade dos subscritores potenciais das novas ações e ao nível de preço de emissão que é necessário fixar para que esses investidores potenciais subscrevam efetivamente o aumento".

Segundo Modesto Carvalhosa (1997: 474), a diluição da participação dos já acionistas somente será injustificada se o preço de emissão fixado foi inconsistente e falso, "visando sua adoção diluir a participação dos acionistas não controladores", acrescentando que a diluição também será injustificada quando o aumento de capital não tiver razão econômica para ser efetivado, pois presume-se, também neste caso, abuso de poder dos acionistas controladores com o objetivo de diluir a participação dos acionistas minoritários.

5. *Critérios para a fixação do preço de emissão das ações*

José Mario Bimbato (*RDM* 93/82 e ss.) efetuou uma análise da abordagem dada pelo direito estrangeiro à fixação do preço de emissão das ações, tendo concluído o seguinte:

a) Nos Estados Unidos, as companhias funcionam sob o regime de capital autorizado, em geral, muito alto. A elevação desse capital não é freqüente, ocorrendo, na verdade, subscrições parceladas deste capital, por iniciativa e competência dos administradores, que têm, também, liberdade para fixar o preço de emissão. Todavia, se causarem prejuízos para os acionistas, em especial, por fixação de preço inferior ao real, diluindo a participação dos antigos acionistas, os administradores poderão ser responsabilizados por emissão a preço inadequado. Fábio Konder Comparato (*RDM* 81/84) relata, porém, que os tribunais do Estado de Delaware têm decidido que a discrição dos administradores na fixação do preço de emissão de ações em aumento de capital não pode sofrer interferência do Judiciário, a não ser diante da prova de fraude evidente, prova esta que deverá ser produzida pelo interessado.

b) Na França, o preço de emissão das ações cotadas no mercado secundário não deve ser inferior à média da cotação dos vinte primeiros dias, pelo menos, dos quarenta que precedem o começo da emissão. Para as ações não cotadas, o preço de emissão deve ser maior ou igual ao do patrimônio líquido por ação, resultante do último balanço, ou àquele fixado por um perito designado pelo presidente do Tribunal de Comércio.[7]

7. Cf. Dominique Gerry, "Le régime des augmentations du capital en numéraire aprés la Loi 83-1, du 3 janvier 1983", *Revue des Societés*, 1983, pp.

c) Na Itália, o instituto está regulado pelo Código Civil, art. 2.441, alínea 6, que dispõe que a deliberação de aumento de capital, quando inexista direito de preferência, deve determinar o preço de emissão das ações com base no valor do patrimônio líquido, levando em conta, para as ações cotadas em bolsa, também a cotação das ações no último semestre. A expressão *com base no valor de patrimônio líquido* indica uma certa flexibilidade, "de modo que o preço de emissão poderia ser inferior ao valor patrimonial, se isso fosse necessário para colocar as ações".[8]

No Brasil, segundo dispõe a Lei das Sociedades por Ações, art. 13, o preço de emissão das ações nunca poderá ser inferior ao seu valor nominal. Dessa forma, a utilização do resultado obtido pela aplicação de qualquer dos critérios relacionados por tal lei, em seu art. 170, § 1º, está condicionada a ser ele superior ao valor nominal da ação.

Passa-se, a seguir, à análise dos critérios que a lei permite sejam utilizados, cumulativa ou individualmente, para a fixação do preço de emissão das ações de uma companhia. Quando se fala em fixação de preço tendo em vista a utilização cumulativa de critérios deve-se entender a ponderação entre os resultados obtidos mediante a aplicação de dois ou dos três parâmetros relacionados na lei.

a) Cotação das ações no mercado

Na redação original da Lei 6.404/76, a cotação das ações no mercado era o primeiro critério para a fixação do preço de emissão das ações. A redação dada pela Lei 9.457/97 manteve este critério no art. 170, § 1º, inc. III, referindo-se, porém, expressamente, à cotação das ações em bolsa de valores ou no mercado de balcão organizado, admitindo ágio ou deságio em função das condições do mercado.

Ficou claro, portanto, após a emissão da nova lei, que este critério pode ser aplicado somente pelas companhias abertas, visto que somente elas podem ter suas ações negociadas em bolsa de valores ou no mercado de balcão.

Neste ponto, cabe tecer algumas considerações sobre os mercados de bolsa de valores e de balcão organizado.

No Brasil, a constituição, a organização e o funcionamento das bolsas de valores foram disciplinados pelo Conselho Monetário Nacional, através da Resolução 1.656, de 26.10.1989. Conforme o art. 1º do referido diploma, as bolsas de valores são associações civis, sem fins lucrativos, que se destinam a manter local ou sistema adequado à realização de operações de compra e venda de títulos e valores mobiliários, em mercado livre e aberto, especialmente organizado e fiscalizado por elas próprias, pelas sociedades corretoras membros e pelas autoridades competentes. Cabe às bolsas de valores, também, o desempenho de atividades que visem a tornar transparente e confiável o referido mercado.

A negociação em bolsa de valores é sempre efetuada por intermédio das sociedades corretoras, e pode ser realizada de duas formas. A forma tradicional é o chamado pregão *viva-voz*, em que os representantes das corretoras, denominados "operadores", encontram-se pessoalmente num local e apregoam suas ofertas de compra e de venda, em cumprimento a ordens emitidas por seus clientes. A forma mais moderna, que somente se desenvolveu em virtude da evolução dos sistemas eletrônicos de processamento de dados e de telecomunicações, constitui-se por uma negociação efetuada através de uma rede de terminais eletrônicos, ligados a um computador central, e que são operados por representantes credenciados das sociedades corretoras.

281-282, citado por José M. Bimbato em *RDM* 93/94.

8. Cf. Raffaele Nobili e Marco Vitale, *La Riforma delle Società per Azioni*, 1975, p. 372, citado por José M. Bimbato em *RDM* 93/94.

Atualmente, a maior parte das companhias tem seus títulos negociados por esse sistema e, na Bolsa de Valores de São Paulo (Bovespa), somente em torno de 5% das companhias têm ações de sua emissão negociadas no pregão *viva-voz*.[9]

A negociação eletrônica em bolsa de valores não deve ser confundida com o mercado de balcão organizado. Este visa a conferir liquidez e transparência às operações realizadas no mercado de balcão, ou seja, efetuadas com interveniência dos integrantes do sistema de distribuição de valores mobiliários, mas fora das bolsas de valores. O funcionamento do mercado de balcão organizado, também denominado "mercado de acesso", foi disciplinado pela CVM por meio das Instruções 243, 244 e 245, todas de 1.3.96.[10] Em linhas gerais, a negociação nesse mercado é supervisionada por entidade auto-reguladora e é efetuada por meio de sistema eletrônico de processamento de dados, nele sendo admitidos, dentre outros, os valores mobiliários registrados na CVM para negociação em balcão, ou seja, títulos de companhias cujo porte não justifica a colocação no mercado de bolsa de valores, embora tenham perspectivas de crescimento.[11] O mercado de balcão organizado foi inspirado no NASDAQ norte-americano, primeira bolsa de valores eletrônica criada em 1971 pela NASD (*National Association of Securities Dealers*) e que, em 1992, segundo dados da referida associação, tornou-se o segundo mercado de ações dos EUA.

A lei não fixou, porém, como deve ser selecionada a cotação, em bolsa de valores ou no mercado de balcão organizado, a ser adotada na fixação do preço de emissão da ação, p. ex., se deveria ser utilizada a média ponderada de um determinado número de pregões ou se poderia ser a cotação de uma determinada data. Em tese, o mercado de bolsa constituiria um mercado eficiente, em que a cotação das ações refletiria, de modo instantâneo, todas as informações relevantes correspondendo, portanto, ao valor intrínseco ou real do título.

Sabe-se, contudo, que nem sempre é satisfatório o fluxo de informações entre a sociedade e a comunidade financeira, o que, por vezes, a leva a enganos quanto às possibilidades de risco e retorno da companhia, enganos estes que estarão refletidos nas cotações. Os mercados de ações caracterizam-se, também, por sofrer influências da conjuntura econômica nacional ou internacional e, além disso, mesmo os mercados mais desenvolvidos estão sujeitos a práticas ilegais que têm reflexos na cotação dos títulos e que, por vezes, somente são detectadas pelas bolsas e pelos órgãos reguladores muito tempo após sua ocorrência. Tais práticas ilegais poderiam influenciar a cotação das ações e, caso se

9. Segundo a Bovespa, em junho de 1998, das 537 companhias que tinham suas ações nela admitidas à negociação, apenas 23 (4%) tinham ações negociadas no pregão *viva-voz*. Esta modalidade de negociação ficou reservada às companhias que emitem títulos com os maiores índices de liquidez, e que, em 25.4.98, eram, em ordem alfabética: Banespa, BCN, Bradesco, Brahma, Banco do Brasil, Cemig, Cesp, Eletrobrás, Gerasul, Banco Itaú, Light, Lojas Americanas, Petrobrás, Petrobrás Distribuidora, Sadia Concórdia, Cia. Siderúrgica Nacional, Cia. Siderúrgica de Tubarão, Telebrás, Telerj, Telerj Celular, Telesp, Telesp Celular e Vale do Rio Doce.

10. Segundo a Instrução CVM 245/96, no Brasil, atualmente, o mercado de balcão compreende duas categorias: o mercado de balcão organizado, cujos negócios são supervisionados por entidade auto-reguladora, com funcionamento autorizado nos termos da Instrução CVM 243/96, e o mercado de balcão não organizado, cujos negócios não são supervisionados por entidade auto-reguladora.

11. Conforme o art. 10 da Instrução CVM 243/96, são, também, admitidos à negociação no mercado de balcão organizado: os valores mobiliários emitidos por sociedades beneficiárias de recursos oriundos de incentivos fiscais, que, embora não sejam companhias abertas, têm títulos de sua emissão registrados na CVM; os certificados de investimentos em obras audiovisuais; as quotas de fundos de investimentos fechados, que tenham sido objeto de distribuição pública; e outros títulos e valores mobiliários autorizados, pela CVM, à negociação nesse mercado, bem como os direitos e índices referentes aos valores mobiliários constantes dos incisos do referido artigo.

optasse por este critério, estariam refletidas, também, no preço de emissão fixado por ocasião da subscrição.

Para Modesto Carvalhosa (1997:494), cabe à CVM regulamentar a matéria, "(...) sob pena de se perpetrarem facilmente fraudes contra os acionistas não controladores, tendo em vista a mencionada fragilidade e relativa inconsistência de nosso mercado acionário (...)", sugerindo, como parâmetro, a média da cotação nos noventa dias anteriores à data da proposta do aumento de capital.

A lei admite, ainda, a fixação, sobre a cotação das ações, de um ágio ou deságio em função das condições do mercado. Observa-se, assim, que, em princípio, caberia aos potenciais investidores decidir qual o preço de emissão de uma determinada ação. Analisando-se prospectos recentes de emissão de ações, registrados na CVM, observou-se que, no cálculo do ágio, as companhias têm adotado um procedimento denominado *bookbuilding*, que consiste, essencialmente, "na determinação da demanda de ações a vários níveis de preço".[12]

Nelson Eizirik (1997:91) é de opinião que a utilização da cotação das ações como critério de fixação do preço de emissão é recomendável quando apresentarem esses títulos "razoáveis índices de liquidez", afirmando que há uma presunção absoluta de liquidez das ações que integram os índices negociados no mercado futuro (como, p. ex., o Índice Bovespa) e que, caso as ações não façam parte de tais índices, a proposta de aumento do capital deverá demonstrar que apresentam liquidez suficiente para justificar a escolha do referido critério.

b) Valor do patrimônio líquido

Tanto a redação original dada ao § 1º do art. 170 da Lei 6.404/76, como a alteração introduzida pela Lei 9.457/97, acolheram o valor do patrimônio líquido como um dos critérios para a fixação do preço de emissão das ações no aumento de capital.

Segundo o que dispõe a Lei das Sociedades por Ações, art. 178, o patrimônio líquido é um grupo de contas composto por capital social, reservas de capital, reservas de reavaliação, reservas de lucros e lucros ou prejuízos acumulados.

O patrimônio líquido pode, também, ser entendido como a diferença entre o valor dos ativos e o dos passivos e resultado de exercícios futuros, ou seja, corresponde aos bens e direitos da sociedade, excluídas as obrigações. Corresponde o patrimônio líquido, portanto, ao valor contábil da companhia pertencente aos acionistas. O valor patrimonial da ação corresponderá, assim, ao valor do patrimônio líquido da sociedade dividido pelo número de ações em circulação.

Até a promulgação da Lei 9.457/97, o valor patrimonial da ação era considerado, pela doutrina, equivalente ao "valor real" ou "valor econômico", constituindo-se no critério por ela considerado o mais importante para a fixação do preço de emissão das ações. Para Fran Martins (1978:489), "tem importância primordial o valor patrimonial das ações [...] Se as ações novas forem lançadas por preço inferior àquele valor patrimonial, os acionistas que não subscreverem o aumento serão, naturalmente, prejudicados com o ingresso na companhia de pessoas que adquirirão ações por preço inferior ao seu valor real". Nelson Eizirik (1997:90) relata que houve uma orientação doutrinária e jurisprudencial quanto à supremacia do valor patrimonial, sobre os demais critérios de fixação de preço de emissão das ações. Como, em regra, tal valor é superior ao da cotação em bolsa e ao obtido através do cálculo das perspectivas de rentabilidade, para Eizirik tal supremacia criou obstáculos para que as companhias buscassem recursos mediante a emissão de ações.

12. Definição constante do prospecto de emissão de ações da LATASA, registrado na CVM em 15.5.97.

A utilização do valor de patrimônio líquido como critério de fixação do preço de emissão das ações traz como vantagem a objetividade, visto ser um dado contábil e que não está sujeito ao arbítrio dos controladores e administradores da companhia. Todavia, ocorreram controvérsias quanto à necessidade ou não de se realizar uma reavaliação dos ativos da sociedade, a preços de mercado, por ocasião do cálculo do valor patrimonial das ações, como no procedimento de liquidação. Segundo Fábio Konder Comparato (1991:82), não há "nenhum apoio sistemático na interpretação que enxerga, no valor de patrimônio líquido das ações, referido no art. 170, § 1º, da lei, uma exigência de pré-avaliação dos ativos a preços de mercado". O valor de liquidação de uma sociedade apresenta, também, a desvantagem de não levar em consideração a atividade operacional da companhia, que, em última instância, é a própria razão da sua existência.

O *patrimônio líquido contábil* e o *valor de liquidação* são determinados por procedimentos de avaliação que consistem na soma algébrica de cada elemento do ativo e do passivo, tendo por base os registros contábeis. Tais modelos, segundo Diaz-Zorita (?:139) são denominados *critérios analíticos* e desse grupo fazem parte, ainda, outros dois, que buscam o valor substancial e o valor de reconstituição.

O valor substancial é obtido por meio da correção de todas as contas do balanço a preços de mercado. Embora mais ajustado do que o valor contábil, incorre em subjetividade, em especial, quanto aos bens que não se destinam à venda e aos de venda impossível ou que não tenham mercado.

O *valor de reconstituição ou substituição* é obtido mediante a avaliação de quanto custaria montar outra sociedade eficientemente igual, com bens não necessariamente idênticos, mas que tenham a mesma função. Este método utiliza preços de aquisição e não tem como base estimativas ou aproximações.

O exemplo constante do item 3 do presente trabalho demonstrou, numericamente, que a fixação de preço de emissão inferior ao valor patrimonial da ação leva à diluição da participação dos antigos acionistas nas reservas acumuladas pela sociedade. Nem sempre, porém, o valor patrimonial é aquele que os investidores aceitarão pagar para participar do capital da companhia. P. ex., se o preço de negociação em bolsa das ações emitidas por uma sociedade for consideravelmente inferior ao valor patrimonial, os potenciais investidores dificilmente irão aceitar participar de uma subscrição de ações se tiverem oportunidade de adquirir os mesmos papéis por preços mais baixos. Nesse caso, a diluição da participação dos antigos acionistas seria, em princípio, justificada.

Uma sociedade com poucas dívidas, que possua ativo imobilizado composto por imóveis e terrenos, com valor expressivo, mas cujo parque industrial necessite ser modernizado para que a companhia possa desenvolver sua atividade operacional, dificilmente conseguirá que as ações de sua emissão sejam subscritas pelo valor patrimonial que, certamente, será elevado em relação às receitas geradas pela companhia.

É possível, também, a existência de duas sociedades que, em dado momento, possuam idênticos valores de patrimônio líquido, sendo, porém, uma delas mais eficiente do que a outra. Nesse caso, parece óbvio que o valor patrimonial da ação de ambas as companhias não reflete o valor real.

Dessa forma, embora o valor do patrimônio líquido seja um critério razoavelmente objetivo, que tem, por isso, larga aceitação, não se pode aceitar que a soma dos elementos individuais do ativo e passivo constituam o valor da empresa como um todo, pois não levam em consideração a capacidade de geração de rendas. Para Nelson Eizirik (1997:94), em regra, o valor do patrimônio líquido não é adequado para a fixação do preço de emissão de ações de companhias que desenvolvam efetivas atividades empresariais, podendo ser cabível no caso de companhias cujo objetivo social seja a mera manutenção ou consolidação de bens imóveis, bem como poderia ser utilizado nos casos de companhias cujas atividades apresentem taxas de retorno de difícil mensuração.

c) Perspectivas de rentabilidade da companhia

A perspectiva de rentabilidade da companhia foi admitida pela Lei 6.404/76 como o terceiro critério a ser levado em consideração para o cálculo do preço de emissão das ações. Na redação dada pela Lei 9.457/97, o referido critério teve acentuada sua importância. Segundo Modesto Carvalhosa (1997:457), o real objetivo do legislador, ao alterar a redação dada ao art. 170, § 1º, da Lei das Sociedades por Ações, foi "franquear às companhias a adoção isolada do critério do valor econômico, desprezando, assim, o valor do patrimônio líquido, que sempre era levado em conta na fixação do preço de emissão".

Com efeito, conforme Diaz-Zorita (?: 139) os critérios contábeis facilitam a composição quantitativa e qualitativa do patrimônio, fornecendo, porém, uma imagem quantitativa defasada. Além disso, não é totalmente correto dizer que "patrimônio social" é sinônimo de valor econômico ou valor global. Modesto Carvalhosa (1997: 461) é de opinião que "o valor econômico da companhia não mais se afere pelo seu patrimônio líquido, mas por sua capacidade de produção de dinheiro".

Segundo Aswath Damodaran (1997:9, 21, 623), o valor de uma companhia pode ser diretamente relacionado às decisões relativas a que projetos empreende e como os financia, bem como à sua política de dividendos. A busca do valor da empresa levou ao desenvolvimento de diversos modelos de avaliação, muitos deles extremamente complexos, que só foram possíveis devido à evolução dos sistemas eletrônicos de processamento de dados.[13]

Os métodos que visam avaliar a sociedade como um todo capaz de gerar receitas são denominados *critérios analíticos*. Estes se apresentam em grande número e, conforme leciona Diaz-Zorita (?:144 e ss.), têm como característica comum considerar que o valor da sociedade decorre do desenvolvimento da própria atividade social, mas utilizam diferentes parâmetros para estimar tal valor, tais como benefícios, dividendos, valor contábil, quantidade e qualidade dos ativos, estrutura do passivo e crescimento da empresa. Tais métodos, embora às vezes envolvam complexos cálculos matemáticos, não são totalmente objetivos e sua subjetividade reflete-se em três aspectos: na necessidade de *previsão* de números ou acontecimentos futuros, em especial, a quantificação dos resultados futuros; nas *taxas de atualização* a serem utilizadas e na quantidade de *exercícios sociais* a considerar nas previsões. Dentre os diversos modelos existentes, pode-se destacar os seguintes:

• modelos de *capitalização de benefícios passados* e de avaliação pela *taxa de retorno* – pressupõem que o comportamento passado da sociedade manter-se-á sem variação no futuro.

• método do *fluxo de caixa descontado* – analisa o futuro da sociedade, pois, a partir do seu valor substancial, projeta,

13. Segundo Damodaran, os modelos de avaliação de empresas podem ser agrupados em três abordagens: (1) fluxos de caixa descontados a valor presente, ou seja, as receitas e despesas futuras projetadas são descontadas a uma taxa ajustada ao risco do negócio; (2) avaliação relativa, em que o valor do patrimônio líquido da companhia baseia-se no preço de mercado de empresas comparáveis; e (3) avaliação por direitos contingentes, em que um ativo com características de opção é avaliado através de um modelo de precificação de opções. Todas as abordagens têm suas limitações e sua aplicabilidade depende do caso concreto, dependendo das características da companhia e do ativo que está sendo avaliado.

dentre outros, os meios de financiamento necessários, os custos, os benefícios e os dividendos, ou seja, as entradas e saídas de recursos que se espera sejam geradas pela sociedade no futuro.

• método do *valor atual dos fluxos futuros de dividendos* – considera que o valor da ação corresponde ao valor atual dos dividendos por ela proporcionados no futuro.

• avaliação pelo *preço de mercado de ações de companhias similares*, ou seja, do mesmo ramo de atividade.

Observa-se, portanto, que existe uma diversidade de modelos, dos mais simples aos mais complexos, para se prever as rendas futuras proporcionadas pela sociedade, os quais, dificilmente, resultarão num mesmo valor. Segundo Modesto Carvalhosa (1997:461), existe um consenso de que o método do fluxo de caixa descontado é fundamental para a verificação do valor de uma companhia. Nota-se, porém, que existe uma gama de modelos que permitem avaliar a rentabilidade futura de uma sociedade, todos envolvendo uma certa dose de subjetividade. O método do fluxo de caixa descontado, assim como os demais, não é totalmente objetivo e sua aplicabilidade depende do caso concreto e das características da companhia.[14]

Segundo Nelson Eizirik (1997:93), caso uma companhia utilize-se de uma projeção de resultados para calcular o preço de emissão de suas ações, não estará obrigada a, efetivamente, alcançar os resultados projetados e não poderá ser responsabilizada, na esfera civil ou administrativa, se as projeções não se materializarem, cabendo sua responsabilização somente se utilizar dados incorretos ou falsificados na elaboração das projeções.

14. Para Damodaran, compatibilizar o modelo de avaliação ao objeto da companhia "é tão importante quanto a compreensão dos modelos e a existência de dados corretos".

Se se optar pelo critério das perspectivas de rentabilidade da companhia para a fixação do preço de emissão, e se se tratar de subscrição pública, a CVM requer[15] que o pedido de registro seja instruído com um estudo de viabilidade econômico-financeira que contemple a análise da demanda dos produtos ou serviços da companhia, o suprimento de matérias-primas e o retorno do investimento, expondo clara e objetivamente cada uma das premissas adotadas para a sua elaboração.

O valor econômico da companhia será inferior ao do patrimônio líquido se a rentabilidade for muito baixa ou negativa e, inversamente, se a rentabilidade for alta, o valor econômico será superior ao patrimônio líquido. Segundo Modesto Carvalhosa (1997:459), como envolve subjetividade, o valor econômico deverá ser justificado por relatório técnico apresentado com antecedência em relação à assembléia-geral que irá deliberar a respeito do assunto. A referida antecedência tem por objetivo permitir que os acionistas efetuem uma análise mais aprofundada do documento, que, em princípio, é uma peça extremamente técnica.

d) Justificativa do critério escolhido

A escolha do critério para a fixação do preço de emissão das ações cabe exclusivamente à companhia. Leciona Fábio Konder Comparato (*RDM* 81/85) que a Lei das Sociedades por Ações não ditou formalidades ou um comportamento estritamente vinculado para o órgão societário (assembléia-geral ou conselho de administração) incumbido de determinar ao preço de emissão de ações no aumento de capital, mas confere-lhe um poder discricionário, mediante o estabelecimento de diretrizes dentro das quais o preço será determinado conforme o caso concreto e "em função do interesse social dos minoritários". Assim,

15. Conforme a Instrução 13, de 30.9.80, art. 10, inc. VIII e § 1º, alínea *c*.

em se tratando de um poder discricionário, segundo Nelson Eizirik (1997:94), se o critério for justificado de forma conveniente e se o preço de emissão não ocasionar diluição injustificada da participação dos já acionistas, então o Poder Judiciário e a CVM (no caso de companhia aberta) não poderão entrar no mérito da decisão, se a considerarem inadequada ou inconveniente.

A Lei 9.457/97 inovou ao introduzir o § 7º ao art. 170 da Lei das Sociedades por Ações, exigindo que conste da proposta de aumento do capital o critério adotado para o cálculo do preço de emissão das ações e uma justificativa pormenorizada dos aspectos econômicos que determinaram a escolha. Segundo Modesto Carvalhosa (1997:459 e 477), tal relatório deve fazer uma demonstração comparativa para justificar a escolha de um dos critérios ou da ponderação entre mais de um deles; deve demonstrar a consistência técnica do preço apurado e, também, as razões da diluição da participação dos então acionistas que eventualmente ocorrer. Para ele, tal justificativa constitui "elemento de convicção da assembléia-geral e de eventual responsabilidade dos administradores", no caso destes últimos utilizarem premissas baseadas em dados incorretos ou falsificados.

Para Nelson Eizirik (1997:94), se o critério escolhido for o da cotação das ações no mercado secundário, a justificativa deverá ser acompanhada por documento emitido pela bolsa de valores ou pela entidade de balcão organizado onde os títulos são negociados, "que demonstre o volume dos negócios realizados nos últimos meses e os preços praticados no mercado"; se for o da perspectiva de rentabilidade, deverá ser apresentado estudo econômico realizado, de preferência, por profissional especializado e independente, demonstrando as taxas previstas para o retorno do investimento nos anos seguintes e, se o parâmetro escolhido for o valor de patrimônio líquido, devem ser anexadas as demonstrações financeiras que deram base ao cálculo.

Além da diluição da participação dos antigos acionistas por fixação de preço de emissão inferior ao valor patrimonial da ação, Fábio Konder Comparato (*RDM* 81/84) levanta uma outra situação de abuso de poder, "não cogitada pelos autores do projeto governamental", que ocorre "quando os controladores, no intuito de marginalizar os minoritários, fixam o preço de emissão das ações de aumento de capital em níveis excessivamente elevados, sem correspondência alguma com os parâmetros legais". Segundo seu raciocínio, "a incapacidade econômica dos minoritários de acompanhar o aumento de capital é criada não pelo preço de emissão inferior aos parâmetros indicados na lei, mas pela fixação desse preço em níveis superiores a qualquer dos três critérios legais".

Nota-se, assim, a importância de que os administradores das companhias justifiquem na proposta de aumento de capital a razão da adoção de um dos critérios ou de uma combinação entre eles, demonstrando as vantagens dessa escolha para a companhia e para os acionistas atuais, de forma a permitir a estes últimos analisar se houve ou não ocorrência de abuso de poder de controle, seja por diluição injustificada da participação dos antigos acionistas, ou por fixação de preços em níveis excessivamente elevados.

6. Possibilidade de preços diferentes de emissão

Segundo a disciplina estabelecida pela CVM, no Parecer de Orientação 5, de 3.12.79, em regra, deve-se estabelecer um único preço de emissão em aumento de capital por subscrição, mesmo que emitidas ações de diversas espécies, classes ou formas. Admite-se, porém, diversidade de preços, se todos os diversos tipos de ações a serem emitidas possuírem significativos *índices de negociabilidade* e se a *diferença na cotação* dos papéis for significativa. Conforme leciona Modesto Carvalhosa

(1997:478), se não ocorrerem essas duas condições, não poderão os administradores da companhia propor a emissão de ações com diferença de preços entre espécies e classes diversas.

7. *A CVM e a fixação do preço de emissão das ações no aumento de capital*

Cumpre, agora, tecer algumas considerações quanto ao papel da Comissão de Valores Mobiliários na fixação de preço de emissão de ações no aumento de capital das companhias abertas.

A Lei das Sociedades por Ações, art. 170, § 5º (primeira parte) e § 6º, assim dispõe: "Art. 170. (...) § 5º. No aumento de capital observar-se-á, se mediante subscrição pública, o disposto no art. 82. § 6º. Ao aumento de capital aplica-se, no que couber, o disposto sobre a constituição da companhia, exceto na parte final do § 2º do art. 82".

Reza a Lei das Sociedades por Ações, art. 82, ao cuidar do registro da emissão na constituição de companhia por subscrição pública:

"Art. 82. A constituição de companhia por subscrição pública depende do prévio registro da emissão na Comissão de Valores Mobiliários, e a subscrição somente poderá ser efetuada com a intermediação de instituição financeira.

"§ 1º. O pedido de registro de emissão obedecerá às normas expedidas pela Comissão de Valores Mobiliários e será instruído com:

"a) o estudo de viabilidade econômica e financeira do empreendimento;

"b) o projeto do estatuto social;

"c) o prospecto, organizado e assinado pelos fundadores e pela instituição financeira intermediária.

"§ 2º. A Comissão de Valores Mobiliários poderá condicionar o registro a modificações no estatuto ou no prospecto e denegá-lo por inviabilidade ou temeridade do empreendimento, ou inidoneidade dos fundadores."

Surge a indagação quanto à possibilidade de a CVM denegar registro de aumento de capital de companhia aberta por não concordar com o preço de emissão fixado. Pergunta-se, também, se pode aquela autarquia condicionar o registro da emissão a modificações no referido preço, ou seja, se pode entrar no mérito do preço de emissão.

A Lei das Sociedades por Ações não permite à CVM denegar o registro do aumento de capital. A denegação de registro, por lei, aplica-se, apenas, à constituição da companhia, conforme se depreende da leitura do art. 170, § 6º, do referido diploma legal. Cabe-lhe, porém, condicionar o registro a modificações no estatuto ou no prospecto de oferta pública de ações.

Segundo Modesto Carvalhosa (1997: 482 e ss.), a CVM, como integrante do Poder Público, "não é parte na oferta pública de venda de ações, cabendo-lhe apenas fiscalizar para que a informação prestada ao público seja clara, lógica e explícita". Em sua opinião, a CVM tem o poder de subordinar o registro da emissão a condições de caráter estritamente legal, não entrando no mérito da justificativa da emissão, quanto a seu aspecto econômico.

No mesmo sentido é a opinião de Nelson Eizirik (1997:94), para quem a fixação do preço de emissão das ações no aumento de capital é um poder discricionário dado aos administradores da companhia e, uma vez justificado de forma conveniente o critério e não ocasionando o preço de emissão diluição injustificada da participação dos já acionistas, não pode a CVM entrar no mérito da decisão, se a considerar inadequada ou inconveniente.

Tendo em vista o acima exposto, pode-se concluir que, na fixação de preço de emissão de ações no aumento de capital de companhia aberta, uma vez que as justificativas demonstrem ter sido atendido o interesse da companhia e não ter ocorrido diluição injustificada da participação dos antigos acionistas, não cabe à CVM recusar o preço e mandar alterá-lo. Nota-se, porém, que a análise dessa Autarquia envolve um certo juízo de valor quanto à natureza da justificativa apresentada e, em especial, quanto à não ocorrência de "diluição injustificada", dada a complexidade do conceito desse instituto.

Cabe, contudo, à Comissão, zelar para que a emissão pública seja processada em obediência às condições constantes do prospecto e do registro. Segundo o disposto na Lei 6.385/76, art. 20, se a emissão for julgada fraudulenta ou ilegal, ainda que após efetuado o registro, bem como se a oferta, o lançamento, a promoção ou o anúncio dos valores se fizer em condições diversas das constantes do registro ou com informações dolosas, falsas ou substancialmente imprecisas, a CVM deverá mandar suspender a emissão ou distribuição.

8. Casos práticos

Examinada uma amostra dos prospectos de emissão de ações em aumento de capital, registrados na CVM, em 1997, verificou-se a ocorrência das seguintes justificativas para o preço de emissão das ações emitidas:

a) Ferronorte S/A (registro na CVM em 2.1.97) – "O preço das ações será de R$ 1,37 por ação, adotando-se como parâmetro o 'valor patrimonial' da Emissora, conforme o § 1º do art. 170, da Lei 6.404/76. Adotou-se como base o Balanço Patrimonial levantado em 31.12.95 e para efeito de apuração do preço dividiu-se o valor do Patrimônio Líquido pela quantidade de ações existentes na data da realização da AGE que autorizou o presente aumento de capital".

b) Latasa S/A (registro na CVM em 15.5.97) – "O preço de emissão das ações objeto do presente aumento de capital foi fixado com observância do estabelecido no § 1º do art. 170, da Lei 6.404/76, tendo tido como parâmetro o valor do patrimônio líquido da Companhia, seu valor de mercado e levando-se em consideração, ainda, o procedimento de *book building*, consistente, essencialmente, na determinação da demanda de ações a vários níveis de preço. Com base em tal procedimento, o preço das ações foi fixado em R$ 8,55 por ação".

c) Rossi Residencial S/A (registro na CVM em 15.7.97) – "Tendo em vista que esta oferta global representa a efetiva abertura de capital da Companhia, o preço de subscrição das ações ordinárias foi determinado tendo como parâmetros o valor do patrimônio líquido, as perspectivas de rentabilidade da Companhia e, ainda, o seu valor de mercado verificado pelo procedimento de *book building*".

d) Caemi Mineração e Metalurgia S/A (registro na CVM em 22.4.97) – "O preço de emissão foi fixado com observância dos critérios estabelecidos no § 1º do art. 170 da Lei 6.404/76 e Parecer de Orientação 1/78, tomando-se por base a média ponderada da cotação das ações preferenciais nominativas da Sociedade na Bovespa nos últimos 10 pregões com negociação até 9.4.97, atingindo-se o preço de R$ 62,80 por lote de mil ações. Sobre os referidos valores foi aplicado um ágio de 94,3%, resultando no preço de R$ 122,00 por lote de mil ações, tendo em vista que os recursos captados com a presente emissão serão utilizados para fortalecer a estrutura financeira da empresa e de suas controladas, bem como permitir a expansão das atividades da empresa através de novos investimentos".

e) La Fonte Participações S/A (registro na CVM em 24.4.97) – "O preço de emissão do presente lançamento foi fixado com observância do estabelecido no § 1º do art. 170 da Lei 6.404/76, tomando-se por base o valor do patrimônio líquido da Sociedade constante das demonstrações financeiras auditadas e levantadas em 31.12.96, atingindo-se o preço de R$ 2,86 por ação. Sobre os referidos valores, foi aplicado um deságio de 19,5% resultando no preço de R$ 2,30 por ação, de tal forma a tornar o papel atrativo no mercado investidor".

f) Bombril S/A (registro na CVM em 27.6.97) – "O preço de emissão das ações de R$ 11,00 por lote de mil ações foi fixado com base no art. 170, § 1º, III da Lei 6.404/76, adotando-se a cotação média ponderada por lote de mil ações negociadas nos últimos dez pregões da Bovespa – R$ 12,28 –, sendo aplicado sobre este valor um deságio de 10,42%. Os aspectos econômicos que determinaram este parâmetro foi [*sic*] que, considerando que o capital social da Bombril S/A está, em sua maior parte, representado por ações preferenciais (cerca de 62%), que são negociadas há longo tempo nas Bolsas de Valores do Rio e de São Paulo, [...] o valor de cotação em bolsa representa o melhor indicativo do valor da empresa para os componentes do mercado. O desempenho da Bombril S/A, o setor em que ela atua, as perspectivas e os riscos, incluindo o do próprio país, são analisados por componentes do mercado, sejam eles domésticos ou ligados a grupos internacionais com larga experiência nos mercados de renda variável, fazendo com que a cotação média da empresa, levando em conta os fatores acima elencados, reflita, na média, o valor atribuído pelos mesmos às ações da empresa".

g) Cia. Brasileira de Distribuição (registro na CVM em 28.5.97) – "O preço de emissão das ações objeto do presente aumento de capital foi fixado com observância do estabelecido no § 1º do art. 170 da Lei 6.404/76, tendo sido baseado nas cotações das ações preferenciais da Companhia na Bovespa em 28.5.97, com um desconto de aproximadamente 1,38%. Tal desconto foi estabelecido em função das indicações de demanda apresentadas por investidores durante o processo de *book building*, que consistiu na apresentação da Companhia e da distribuição pública a um grande número de investidores nacionais e estrangeiros, no período de 7.5.97 a 28.5.97".

Observe-se os critérios utilizados para a fixação do preço de emissão das ações nas sete distribuições arroladas: duas consideraram o valor do patrimônio líquido; três, a cotação em bolsas de valores; e duas, critérios mistos, que levaram em conta o patrimônio líquido e as perspectivas e rentabilidade ou, então, o patrimônio líquido e valor de mercado. Em quatro, dentre sete emissões, afirmou-se que a expectativa acerca de quanto o mercado aceitaria pagar pelas ações a serem colocadas foi um fator primordial na determinação do preço de emissão.

9. Conclusão

A Lei 6.404/76 inovou, em relação ao diploma anterior, quando estabeleceu critérios de fixação do preço de emissão das ações em aumento de capital, ao invés de deixar tal mister ao arbítrio da assembléia-geral. Sua redação, porém, gerou controvérsias, em especial, quanto à possibilidade de utilização isolada de um dos critérios. A Lei 9.457/97, que alterou a Lei das Sociedades por Ações esclareceu ser possível utilizar os critérios de fixação do preço de emissão das ações de modo isolado ou cumulativo, desde que sem causar diluição injustificada da participação dos antigos acionistas e desde que os aspectos econômicos que determinaram a escolha sejam justificados na proposta de aumento de capital.

Durante a vigência da redação original da Lei das Sociedades por Ações, existiu uma tendência na doutrina e na jurisprudência de considerar o valor de patrimônio líquido da companhia como equivalente ao seu valor econômico. Atualmente, a fixação do preço de emissão com base apenas nas perspectivas de rentabilidade é vista, nos meios financeiros e empresariais, como o critério que melhor reflete o valor da companhia, pois leva em consideração a capacidade de geração de rendas em função da atividade operacional. Tal critério, porém, embora, por vezes, utilize sofisticados modelos matemáticos, embute grande subjetividade, pois envolve previsões. Dessa forma, tanto a justificação aos acionistas sobre o critério adotado como as premissas utilizadas na fixação do preço de emissão das ações no aumento de capital representam um importante instrumento para que os próprios acionistas fiscalizem os atos dos controladores. Tal justificação, portanto, constitui-se um instrumento para evitar um aumento de capital que tenha por objetivo único a redução da participação dos minoritários, seja nos lucros, seja no processo decisório da companhia.

Por fim, observa-se que, conforme a amostra de emissões registradas na CVM em 1997, as companhias tendem a efetuar uma análise de quanto os investidores estão dispostos a pagar pelas ações de sua emissão. Pode-se dizer, portanto, que a avaliação das companhias abertas e, conseqüentemente, do valor econômico de suas ações, é realizada pelo mercado investidor que, indiretamente, calcula o preço de emissão das ações dessas companhias.

Assim, aparentemente, a prática inverte os papéis descritos na lei. São os investidores e analistas de mercado, e não os administradores das companhias abertas, que utilizam efetivamente os critérios de fixação do preço de emissão das ações relacionados na Lei das Sociedades por Ações.

10. Bibliografia

BERMOND DE VAULX, Jean Marie de, *Les Droits Latents des Actionnaires sur les Réserves dans les Societés Anonymes*, Paris, Sirey, 1965.

BIMBATO, José Mario, "O preço de emissão das ações em aumento de capital", *RDM* 93/81-94 (1994).

BOVESPA, *Mercado de Acesso. Desenho Conceitual*, São Paulo, s/d, (aproximadamente, 1995) (folheto).

BULGARELLI, Waldirio, "Aumento de capital excessivo em prejuízo da posição dos acionistas minoritários", *Questões de Direito Societário*, São Paulo, Ed. RT, 1983.

CANTIDIANO, Luiz Leonardo, "Comentários à Lei 9.457, de 5.5.97", parecer de 5.8.97 dirigido à Comissão Permanente de Direito Comercial do Instituto dos Advogados Brasileiros.

CARVALHOSA, Modesto, *Comentários à Lei das Sociedades Anônimas*, v. 3, São Paulo, Saraiva, 1997.

COMPARATO, Fábio Konder, "A fixação do preço de emissão das ações no aumento de capital da sociedade anônima", *RDM* 81/79-86 (1991).

DAMODARAN, Aswath, *Avaliação de Investimentos: Ferramentas e Técnicas para a Determinação do Valor de Qualquer Ativo*, trad. de Carlos H. Treischmann e Ronaldo de Almeida Rego, Rio de Janeiro, Qualitymark, 1997.

DIAZ-ZORITA, Alejandro Larriba, *Acciones y Derechos de Subscripción*, Madri, Ministerio de Hacienda, Instituto de Planificación Contable, s/d.

EIZIRIK, Nelson Laks, *Reforma das S/A e do Mercado de Capitais*, Rio de Janeiro, Renovar, 1997.

________ e BASTOS, Aurélio Wander, *Mercado de Capitais e S/A – Jurisprudência*, Rio de Janeiro, Comissão Nacional de Bolsas de Valores, 1987.

GITMAN, Lawrence Jeffrey, *Princípios de Administração Financeira*, trad. de Francisco J. dos Santos Braga, São Paulo, Harbra, 1978.

IUDÍCIBUS, Sérgio de, MARTINS, Eliseu e GELBCKE, Ernesto R., *Manual de Contabilidade das Sociedades por Ações*, 4ª ed., São Paulo, Atlas, 1994.

LAMY FILHO, Alfredo e PEDREIRA, José Luiz Bulhões, *A Lei das S/A*, Rio de Janeiro, Renovar, 1992, pp. 499 a 506.

MARTINS, Fran, *Comentários à Lei das Sociedades Anônimas*, v. 2, t. 2, 1ª ed., Rio de Janeiro, Forense, 1978.

NATIONAL ASSOCIATION OF SECURITIES DEALERS-NASD, An Introduction, Washington (DC), dez. 92.

RUDGE, Luiz Fernando e CAVALCANTE, Francisco, *Mercado de Capitais*, 3ª ed., Belo Horizonte, Comissão Nacional de Bolsas de Valores, 1996.

SAFATLE, Amália, "Lucros na sarjeta" (reportagem a respeito de tese de Cláudio Vilar Furtado), revista *Carta Capital* 76, São Paulo, Carta Editorial, 24.6.98, pp. 60-62.

1º semestre de 1998

Pareceres

A OPERAÇÃO DE "FACTORING" COMO OPERAÇÃO MERCANTIL

LUIZ GASTÃO PAES DE BARROS LEÃES

1. Exposição e consulta 2. Operação de crédito e operação financeira. 3. O "factoring" não é operação financeira. 4. As operações descritas na consulta são operações de fomento mercantil.

1. Exposição e consulta

1.1 A "Fomento" (doravante denominada simplesmente "Fomento") vem enfrentando questionamentos nos âmbitos administrativo e judicial acerca da natureza de suas atividades de *factoring*, motivo pelo qual nos solicita, através de P.N. – Advogados, a elaboração de parecer jurídico a respeito do assunto.

1.2 Na esfera administrativa, a consulente sofreu a autuação do Banco Central do Brasil, mediante a instauração do processo administrativo n. *x*, que pretende caracterizar tais atividades de *factoring* como operações privativas de instituições financeiras, na medida em que encobririam um processo de captação de recursos e de financiamento de veículos a pessoas físicas e jurídicas, sem a prévia e indispensável autorização do Banco Central do Brasil, consoante previsto nos arts. 17 e 18 da Lei 5.495, de 31.12.64.

1.3 Nesse sentido, foi lavrado em 6.11.97 auto de infração contra a "Fomento", intimando-a a cessar imediatamente a prática das supostas irregularidades, assinando-lhe o prazo de 30 (trinta) dias para a apresentação de defesa, ciente a mesma de que, em perseverando, estaria sujeita às sanções previstas no art. 44 da referida Lei 5.595/64.

1.4 Paralelamente, em 13.8.98 foi aberto o processo administrativo n. *x* contra o "Banco" (doravante apenas "Banco"), entidade cessionária de créditos decorrentes de contratos de exportação, objeto de cessões de crédito realizadas pela "Fomento" no giro dos seus negócios de *factoring*, constituindo concessões de empréstimos à sociedade ligada ao "Banco", ao arrepio das determinações constantes do art. 34, inc. V, da Lei 5.495/64. Como se sabe, tais determinações vedam essas operações nas circunstâncias apontadas, razão pela qual o suposto "Banco" infrator estaria sujeito às sanções previstas no art. 44 do referido diploma legal.

1.5 Com fundamento em raciocínio justamente oposto, essas operações de *factoring* também vêm sendo submetidas à apreciação do Poder Judiciário em demandas promovidas por adquirentes de veículos, que postulam a anulação ou a revisão dos respectivos contratos, com base numa suposta cobrança de juros em descompasso com a limitação prevista na Lei de Usura, para os negócios entre particulares. Os demandantes alegam que as operações de *factoring*, estruturadas pela "Fomento" para a aquisição dos veículos, consubstanciam operações de fomento comercial e não operações financeiras, o que as privaria do elastério do regime de juros próprio das instituições financeiras.

1.6 Ambos os processos administrativos são instruídos com um longo rol de contratos, através dos quais são praticadas as atividades de *factoring* da consulente, compreendendo uma seqüência de operações cuja estrutura negocial pode ser descrita da forma como se segue:

a) Uma exportadora possui créditos contra um importador no exterior, decorrentes de um contrato de exportação de mercadorias, embarcadas ou não, e os cede (total ou parcialmente) através de um contrato de cessão à "Desenvolvimento" (doravante apenas "Desenvolvimento"), empresa igualmente vinculada ao grupo. A esses contratos de cessão de crédito de exportação, feitos pela empresa exportadora por conta de embarques que realizará no futuro, dá-se o nome de *export notes*, haja ou não a incorporação do crédito a cártulas.

Através dessas cessões, a "Desenvolvimento" obtém créditos em moeda nacional indexados à variação cambial, visto que a exportadora entregará à cessionária, na data programada, o contravalor em moeda corrente nacional equivalente à importância em moeda estrangeira devida em razão da exportação.

Pela aquisição dos créditos de exportação, a "Desenvolvimento" paga à exportadora, no ato, um valor como sinal, obrigando-se a completar o preço da cessão na data aprazada no contrato de exportação, residindo aí o interesse da exportadora. O valor da parcela devida a prazo, acrescido de juros, coincide com o valor do crédito de exportação. O importador não é notificado desta cessão, em razão das particularidades da regulamentação cambial, valendo, porém, o pactuado entre cedente e cessionário (CC, art. 1.069). Nesse sentido, a exportadora-cedente assume expressamente a responsabilidade, junto à cessionária "Desenvolvimento" *e aos seus sucessores*, pela existência e pela liquidação do crédito cedido (CC, arts. 1.073 e 1.074), na qualidade de fiadora e principal pagadora, sem o benefício de ordem e dos demais contidos na lei civil e comercial.

b) Ato contínuo, a "Desenvolvimento" cede os mesmos créditos de exportação à "Fomento", para pagamento a prazo, doravante em várias prestações mensais, através de um novo contrato de cessão de créditos. Da mesma forma anterior, a presente cessão é realizada sem a renúncia do direito de regresso, respondendo a cedente perante a cessionária pela existência e pela boa liquidação do crédito cedido. Assumindo uma dívida a prazo para com a cedente, a nova cessionária, em virtude da cessão referida, passa a ter crédito contra o importador, que continua a ser garantido pela exportadora, em face da cláusula de fiança constante da primeira cessão, acima descrita.

c) A seguir, "Fomento" cede os créditos de exportação suprareferidos ao "Banco", desta feita mediante pagamento à vista, através de um novo contrato de cessão de créditos (estamos na terceira cessão), responsabilizando-se a cedente perante a cessionária apenas pela existência do crédito cedido, mas não pela sua boa e pontual liquidação. Diferentemente das cessões anteriores, a presente transferência dos créditos de exportação é feita *pro-soluto*, não dispondo o "Banco" do direito de regresso contra a "Fomento". Tornou-se, assim, o "Banco" titular dos direitos de crédito contra o importador, sempre garantido pela exportadora, como fiadora.

d) Eis agora que um determinado consumidor, pessoa física ou jurídica, adquire a propriedade de um veículo automotivo junto a uma concessionária, mediante o pagamento de um sinal, comprometendo-se a pagar o saldo remanescente no prazo de 30 dias. O consumidor passa, portanto, a ter uma dívida a prazo para com a concessionária, e a concessionária, um crédito contra o consumidor.

e) À vista disso, "Fomento" cede e transfere a esse consumidor parte da dívida que assumiu perante a "Desenvolvimento" (ao dela adquirir o crédito de exportação, indexado pela variação cambial, para pagamento em parcelas mensais), sem porém notificá-la. Ora, sem a anuência expressa ou tácita da credora, a assunção do débito pelo consumidor não libera a "Fomento" da dívida transferida, de sorte que esta última permanece responsável perante a "Desenvolvimento" pela boa liquidação da dívida transferida ao assuntor.

Como contrapartida pela transferência do débito, a "Fomento" obriga-se a entregar recursos, no montante acordado entre as partes, ao consumidor ou a quem o mesmo indicar. O consumidor autoriza a "Fomento" a entregar tais recursos diretamente à concessionária, em quitação do saldo do preço do veículo. Em garantia do cumprimento pelo consumidor da obrigação de honrar o débito assumido, a "Fomento" recebe o veículo em reserva de domínio. O contrato que rege tais relações é denominado de *Contrato de Compra e Venda Mercantil, Assunção de Dívida com Cláusula de Reserva de Domínio e Outras Avenças*, revestindo forma tipificada.

f) Nos vencimentos das parcelas do débito que, desta forma, lhe que foi transferido, o consumidor paga a "Fomento". De posse dos recursos assim recebidos, a "Fomento" toma, alternativamente, uma entre as duas seguintes medidas: (*a*) ou quita, com esses recursos, a sua dívida para com a "Desenvolvimento"; (*b*) ou compra os créditos de exportação detidos pelo "Banco" e, com eles, mediante dação em pagamento, quita as suas obrigações junto a "Desenvolvimento". Conforme a alternativa, o "Banco", ou permanece detentor dos créditos de exportação, ou passa a ter o numerário correspondente à alienação do crédito.

g) Na data de vencimento dos créditos de exportação, a "Desenvolvimento", dependendo da alternativa eleita, ou (*a*) quita junto à exportadora a dívida relativa ao preço acordado na primeira cessão, mediante a compensação com os créditos de exportação que recebeu da "Fomento" (CC, art. 1.009), ou (*b*) utilizando-se dos recursos recebidos da "Fomento", adquire do "Banco" (ou a quem este os tiver cedido), mediante pagamento à vista, os créditos de exportação, e igualmente quita a dívida relativa ao preço ajustado na primeira cessão, mediante a compensação com os créditos de exportação recebidos da "Fomento". Com isso se finaliza a operação, restando todas as partes envolvidas reciprocamente quitadas.

1.7 Tendo em vista essas operações, somos consultados a respeito dos seguintes aspectos:

(1º) Em face da regulamentação existente no tocante às atividades de *factoring* no Brasil, as operações praticadas pela "Fomento" se enquadram no conceito de *factoring*?

(2º) As operações praticadas pela "Fomento" confundem-se ou podem ser equiparadas às operações privativas de instituições financeiras, tais como são definidas pelos arts. 17 e 18 da Lei 4.595/64?

(3º) Qual a natureza jurídica das operações praticadas pela "Fomento" com empresas do grupo (aquisição para pagamento a prazo e subseqüente cessão para pagamento à vista de *export notes*), consoante estrutura já pormenorizadamente descrita? Essas operações podem ser reputadas como um negócio de mútuo?

(4º) Qual a natureza jurídica das operações praticadas pela "Fomento" e os adquirentes de veículos? Podem ser caracterizadas como operações de financiamento? A existência de garantias para o caso de inadimplemento das obrigações do adquirente de veículo desnatura ou desfigura a operação?

(5º) Qual a natureza jurídica da diferença de valores entre as dívidas permutadas pelas partes contratantes nos *Contratos de Compra e Venda Mercantil, Assunção de Dívida, com Cláusula de Reserva de Domínio e Outras Avenças*, descrito páginas atrás? Pode essa diferença de valores ser caracterizada como juros?

1.8 Como se vê, em síntese, todas as perguntas acima reproduzidas gravitam em torno de uma questão central, qual seja a de averiguar se nas operações de *factoring*, especificamente nas modalidades acima expostas, se realiza uma operação financeira, nos termos constantes dos arts. 17 e 18 da Lei 4.595, de 1964. Daí porque cabe aqui enfrentar, nas seções preliminares, a pergunta relativa ao conceito de financiamento, respondendo outrossim se o *factoring*, tecnicamente falando, poderia ser caracterizado, ou não, como uma modalidade de financiamento das empresas. Os demais quesitos, que são meros consectários dessa questão nuclear, serão abordados nos blocos subseqüentes.

2. *Operação de crédito e operação financeira*

2.1 Grande parte dos problemas acima suscitados é desenganadamente de ordem semântica, devendo ser imputada à pluralidade de significados de que se revestem os termos *crédito* e *financiamento*. Com efeito, o termo *crédito* apresenta, no mínimo, três acepções, de acordo com o contexto em que se insere: uma acepção moral, uma econômica e uma jurídica. Sob o ângulo moral, *crédito* significa "confiança". Dizer que alguém dispõe de crédito na praça, é asseverar que esse alguém desfruta da confiança das pessoas que o cercam. Já sob o prisma econômico, o crédito traduziria, no mecanismo da circulação de riquezas, a troca de bens presentes por bens futuros. Tratar-se-ia de uma modalidade de troca econômica que se caracterizaria por se realizar em momentos diferentes, ou, se se preferir, de uma inserção do tempo, na troca.[1]

2.2 No campo jurídico, o termo *crédito* traduz também essa multiplicidade de sentidos. É com a acepção de "confiança" que a expressão aparece em vários dispositivos do nosso Código Comercial (arts. 6º; 39, III; 174; 343 *in fine*). Na teoria geral das obrigações, o crédito designa, *lato sensu*, o direito do sujeito ativo à prestação do devedor, a acentuar o caráter de troca econômica em que se funda toda relação obrigacional. E *sensu stricto*, significa o negócio jurídico bilateral em que há, necessariamente, um intervalo de tempo entre a prestação e a contraprestação. Nesse último sentido, o *negócio de crédito* constitui um gênero, do qual são espécies um sem número de negócios, que vão desde o mútuo à compra e venda a prazo.

2.3 Aliás, a categoria jurídica dos negócios de crédito, como gênero contratual em que se enquadram várias espécies, é, há alguns anos, objeto de indagação por parte dos juristas de língua alemã, que dão preferência à expressão "negócio de crédito" (*Kreditgeschäft*) em lugar da expressão "contrato de crédito" (*Kreditvertrag*), na medida em que essa última expressão é freqüentemente utilizada em seus países como sinônima de contrato de abertura de crédito (*Krediteröffungsvertrag*). Da Alemanha e da Áustria a discussão passou para a Itália, onde a categoria foi consagrada sob a denominação de "contratos de crédito", mormente a partir do estudo, hoje clássico, de Ernesto Simonetto, intitulado justamente *I Contratti di Credito* (Pádua, 1953). Em síntese, constituem tais contratos a larga categoria dos negócios jurídicos de troca econômica em que ocorre, necessariamente, um intervalo de tempo entre prestação e contraprestação.[2]

1. Comparato, *O Seguro de Crédito. Estudo Jurídico*, São Paulo, Ed. RT, 1968, pp. 26 e ss.

2. Esser, *Schuldrecht*, II, Karlsruhe, 1969, p. 208; Larenz, *Lehrbuch des Schuldrechts*, II, Mün-

2.4 Ora, nesses negócios de crédito, não se vislumbram propriamente "operações de financiamento". Com efeito, a não ser num sentido vulgar, despido de qualquer conteúdo técnico, é que se poderia dizer que ocorre "financiamento", p. ex., num contrato de compra e venda com pagamento a prazo, ou de compra e venda com pagamento em prestações. No entanto, ambos esses contratos são, inegavelmente, contratos de *venda a crédito*, na medida em que, entre a obrigação de entregar a coisa e a obrigação de pagar o preço, se interpõe um espaço de tempo. Em ambas as hipóteses, o vendedor (que executa desde logo a sua prestação) abre "um crédito" em favor do comprador, para que este cumpra a sua contraprestação a certo dia da entrega da coisa, ou a prestações.

Da mesma forma, o mútuo entre particulares, ainda que comerciantes, não configura necessariamente uma operação de financiamento, se bem abrigue um negócio de crédito, visto que se caracteriza pela temporariedade, havendo sempre um intervalo entre a transferência da coisa mutuada e a obrigação de a restituir.

2.5 Quando se configura, então, o *negócio de financiamento*? A nosso ver, a resposta a essa pergunta deve ser extraída da definição de instituição financeira estabelecida pelos arts. 17 e 18 da Lei 4.595/64. Com efeito, dispõe o art. 17 do referido diploma que, *in verbis*, "consideram-se instituições financeiras, para os efeitos da legislação em vigor, as pessoas jurídicas públicas ou privadas, que tenham como atividade principal ou acessória a coleta, intermediação, ou aplicação de recursos financeiros próprios ou de terceiros, em moeda nacional ou estrangeira e a custódia de valor de propriedade de terceiros".

2.6 Desse conceito legal, a melhor doutrina e a jurisprudência[3] têm concluído que, para a caracterização de uma atividade como própria de instituição financeira, faz-se necessária a presença simultânea da coleta de recursos de terceiros (que podem ou não passar à propriedade da instituição) e da aplicação desses recursos, através da prática de intermediação financeira, ou seja, através da intromissão especulativa dessas instituições entre os agentes econômicos superavitários e os deficitários. Desse mo-do, só com a conjugação dos três pressupostos – coleta, intermediação e aplicação de recursos – é que se capacita caracterizar-se uma atividade como privativa das instituições financeiras. Só, portanto, quando exibe os três elementos interligados e reciprocamente dependentes é que uma atividade pode ser reputada como *atividade financeira*.

2.7 Sendo necessária a presença desses três elementos informadores na caracterização da atividade financeira, lícito será ainda dizer que o traço básico das instituições financeiras é, na realidade, a captação de recursos do público em geral. Pois ninguém pode coletar recursos próprios, nem tampouco intermediá-los. Por conseguinte, quando o art. 17 da lei fala alternativamente em "aplicação de recursos próprios ou de terceiros" por parte das instituições, não invalida a nossa afirmação anterior de que, para a caracterização da atividade financeira, se faz mister o entendimento conjunto das três operações. Com efeito, constituindo a *atividade* o exercício de uma série de atos, podem certos atos singulares, realizados pela instituição financeira, se limitarem à aplicação de recursos próprios, não implicando, por conseguinte, nem em captação, nem em intermediação. A atividade, porém, desenvolvida pela entidade, entendida como um todo e como uma série de atos, somente poderá ser denominada de "atividade financeira" quando nela estiverem presentes os três elementos citados.

chen u. Berlin, 1967, p. 189; Simonetto, *I Contratti di Credito*, Padova, 1953, p. 13.

3. Wilson do Egito Coelho, "O *factoring* e a legislação bancária brasileira", *RDM* 54/73; Carlos Alberto Hagstrom, "O *factoring* no Brasil", *RDM* 48/42, 1982; Carlos Renato de Azevedo Ferreira, "*Factoring*", *RDM* 59/92; Gonçalo Ivens Ferraz da Cunha e Sá, "O *factoring* e a nova Constituição", *RDM* 73/101.

2.8 Daí que podemos definir as *operações financeiras* como os negócios de crédito, realizados por instituições cuja atividade seja justamente a coleta, intermediação e aplicação de recursos próprios ou de terceiros. Trata-se do chamado "pressuposto subjetivo do negócio" a que se refere Betti, que o singulariza e lhe dá autonomia conceitual.[4] Ou seja, o negócio jurídico é qualificado *a parte subjecti*, em função do agente que o realiza. Um determinado negócio que vise a aplicação de recursos próprios pode consubstanciar uma operação financeira, desde que realizado por um agente cuja atividade compreenda o trinômio acima referido, com realce para a captação de recursos de terceiros, junto ao público em geral.

2.9 Para ficarmos com os exemplos já elencados, basta pensar no mútuo bancário, que reproduz todos os elementos estruturais do mútuo civil e comercial, mas que só adquire perfil próprio quando relacionado com a atividade financeira desenvolvida pela instituição bancária. Nesse caso, praticado por um banco no giro de seus negócios, o mútuo passa a desfrutar de um regime privativo, com uma disciplina diferenciada de juros (Lei 4.595, art. 4º, IX) e com garantias que lhe são exclusivas (alienação fiduciária; penhor mercantil cedular). Assim, um *negócio de crédito*, típico instituto de direito mercantil, se transforma num *negócio financeiro*, com um estatuto peculiar.[5]

3. O "factoring" não é operação financeira

3.1 E aqui chegamos à questão da natureza jurídica das operações de *factoring*. Consistem essas operações na cessão, a título oneroso, de direitos oriundos do faturamento de venda de bens ou serviços, feita pela empresa faturizada, como cedente, em favor da casa faturizadora, especializada na prática dessas operações, como cessionária. Em suma, a operação se resume numa *venda de faturamento*, em que a cessão dos créditos é o "fulcro da operação", acompanhada de serviços relacionados com a gestão e com a garantia de liquidez dos direitos creditórios, que assim completam o seu desenho negocial.

3.2 Pois se bem que a cessão de créditos constitua a essência da faturização, o contrato de *factoring* se forma à margem desse paradigma, resultando da combinação de elementos de diferentes contratos, determinada pela unidade de causa. Trata-se, portanto, de um negócio contratual atípico, com prestações diversas, que vão da gestão dos créditos (expressão que abrange seleção, contabilização e cobrança) à assunção dos riscos da inadimplência, sendo de se destacar o pacto de cessão dos créditos vincendos, que tem uma "função instrumental" no contexto da referida convenção, na medida em que é através dessa cessão que a *factor house* pode prestar todos os seus serviços ao cliente.[6]

3.3 Há, como se sabe, duas modalidades principais de compra de faturamento: a compra dos créditos com pagamento à vista (*conventional factoring*) e a compra dos créditos com pagamento em seus respectivos vencimentos (*maturity factoring*). É possível a compra do faturamento tanto com direito de regresso, como sem regresso, seja na faturização à vista, seja na faturização com pagamento na maturação.[7]

4. Betti, *Teoria Generali del Negozio Giuridico*, Torino, 1943, pp. 81 e ss.

5. Fragalli, verbete "Finanziamento", in *Enciclopedia del Diritto*, v. XVII, Giuffrè, p. 605, define o contrato de financiamento como uma espécie do gênero "contrato de crédito", qualificado pelo elemento finalístico, ou seja, a destinação de disponibilidade obtida do público em geral para determinada finalidade.

6. De Lucca, *A Faturização no Direito Brasileiro*, Ed. RT, 1986, pp. 25 e ss.; Tucci, "Factoring", in *I Contratti del Commercio Dell'Industria e del Mercato Finaziario*, trattato diretto da Galgano, Utet, t. 1º, pp. 527 e ss.

7. Na faturização com pagamento no vencimento, o contrato pode prever o pagamento na data da cobrança, ou ainda quando for declarada a insol-

Nessas duas modalidades, porém, haja ou não renúncia do direito de regresso, a empresa de *factoring* nunca deixa de assumir o risco do inadimplemento por parte dos terceiros devedores, já que a garantia pela solvência é uma das tônicas da operação. A empresa vende o seu faturamento à companhia de *factoring*, entre outras razões, em busca da garantia de solvência.

3.4 Ora, à vista dessas observações, poder-se-á dizer que nas operações de *factoring* se realiza uma operação crédito? Ou mesmo uma operação financeira? Segundo registramos páginas atrás, só podemos falar em negócio de crédito quando se trocam bens atuais por bens futuros, havendo um intervalo entre a prestação e a contraprestação. A nosso ver, essa definição elimina desde logo do âmbito dos contratos de crédito as operações de *maturity factoring*, eis que nessas operações os créditos, uma vez transferidos ao novo titular, somente serão pagos ao cedente quando dos respectivos vencimentos, sem que ocorra qualquer "antecipação" ou "adiantamento" em dinheiro efetuado pela empresa de *factoring*, que nos habilitaria a vislumbrar na espécie "troca de bens presentes por bens futuros".

3.5 Ao contrário, porém, o fenômeno creditício se insere nitidamente no chamado *conventional factoring*, na medida em que, nessa hipótese, o *factor* paga o preço dos créditos em momento anterior ao dos seus vencimentos, colocando à disposição do cliente recursos presentes relativos à realização *futura* dos direitos creditórios. Nesse caso, estamos indisfarçavelmente perante um negócio de crédito. Para usarmos de um distinção cara à doutrina alemã, na faturização com pagamento na maturação, a cessão atua como efeito jurídico (*Übertragung*) de um típico negócio de gestão e de risco, transferindo a terceiro a posição do credor na relação obrigacional. Já na faturização com pagamento à vista, a cessão atua como um típico negócio de transmissão de direito (*Abtregung*), tendo por finalidade econômico-social fundamentalmente a realização presente dos direitos creditórios futuros, que permita saia o credor da relação obrigacional, para que o terceiro passe a ocupar o seu lugar.

3.6 A questão não muda de aspecto se o chamado "adiantamento" se fizer *com* direito de regresso. Mantenha o direito de regresso contra a faturizada, para o caso de inadimplência por parte dos devedores sacados (*cessio pro solvendo*), ou renuncie à ele (*cessio pro soluto*), o *factoring*, com pagamento do preço de aquisição dos direitos creditórios no ato de transferência do faturamento, envolve sempre uma operação de crédito, assim considerada, repita-se, aquela que tenha por escopo a troca de bens futuros por bens presentes.

3.7 Há quem afirme que no *conventional factoring* também não se vislumbra uma operação de crédito, na medida em que, nesse tipo de *factoring*, o faturamento da empresa é cedido ao *factor*, contra o pagamento do preço desses créditos, através de *atos simultâneos*. Tratar-se-ia de um venda à vista, sem a ocorrência de um intervalo de tempo entre a prestação e a contraprestação, que é reputada imprescindível para a configuração dos negócios de crédito. O faturamento é aí cedido para a faturizadora em caráter definitivo, mesmo quando os créditos são transferidos *pro solvendo*, com direito de regresso contra a empresa cedente. Nesse caso, se os sacados deixarem de pagar os seus débitos, a empresa cedente ficará obrigado a honrá-los, não porque falhou o mecanismo da cessão (que se aperfeiçoou com o pagamento à vista do preço), mas, porque, mantendo o direito regressivo em favor do *factor*, assumiu a garantia pela solvência de seus clientes.

3.8 A nosso juízo, a argumentação acima não procede. Na realidade, a cessão do faturamento não atua, como já acentue-

vência do sacado. Daí porque pode ser com ou sem direito de regresso (cf. J. Brito Alves, *Factoring*, Rio, 1985, p. 16).

mos, como um mecanismo contratual *per se stante*, exercendo, pelo contrário, uma função instrumental no contexto da operação de *factoring*, que só se aperfeiçoa em combinação com os outros elementos do negócio. É através da cessão que o *factor* presta uma série de serviços ao cliente, que compõem a estrutura dos contratos de faturização, indo da gestão dos créditos à exoneração do risco de inadimplemento – além, por suposto, do fato de propiciar a imediata colocação de recursos pecuniários à disposição da empresa faturizada. Ora, colocando à disposição da firma cedente os recursos correspondentes aos créditos cedidos em momento anterior aos seus vencimentos, o *factor* realiza uma inegável operação de crédito, pois antecipa, para o cedente, os valores desses direitos creditórios, de que somente se apropriaria no futuro.

3.9 Ademais, para nos mantermos coerentes com o raciocínio acima exposto, se o *conventional factoring* não envolve uma operação de crédito (como se sustenta), porque prestação e contraprestação se realizam simultaneamente, sem intervalo de tempo, deveríamos concluir também que, em sentido oposto, o *maturity factoring* se insere no fenômeno creditício, exatamente porque, nessa espécie de faturização, os créditos, transferidos num primeiro momento à empresa de *factoring*, só serão pagos à empresa cedente nos seus respectivos vencimentos, por ocasião da liquidação das faturas pelos sacados. Entre a prestação da empresa cedente (a transferência do crédito) e a contraprestação da faturizadora (o pagamento do preço) se interpõe um espaço de tempo, que seria o elemento identificador dos contratos de crédito.

Mas essa inserção do tempo no corpo da operação não basta para a configuração desse tipo contratual. Vários são os contratos cujas prestações e contraprestações se cumprem em momentos diferentes, sem que sejam caracterizados como contratos de crédito. Basta pensar nos contratos de duração, de execução diferida, como o contrato de fornecimento. O que caracteriza os contratos de crédito é que, nesse intervalo, se permutam bens presentes por bens futuros. Ora, essa *troca econômica no tempo*, que os singulariza, por certo não existe na compra de faturamento para pagamento na maturação, ou *maturity factoring*.

3.10 Admitida, assim, a existência de um negócio de crédito no *conventional factoring*, seria lícito também concluir que esse negócio reveste-se da natureza de operações financeiras? Ou que a *factor house*, que as realiza, deva ser encarada como instituição financeira? Por certo que não. A empresa faturizadora não pode ser qualificada, ao menos em nosso Direito, como instituição financeira, pois esta, como vimos linhas atrás, desenvolve uma atividade que se caracteriza fundamentalmente pela captação, intermediação e aplicação dos recursos coletados no mercado. Ora, as empresas de *factoring* desenvolvem atividades onde está ausente o referido trinômio, visto que a faturização importa em aplicação de recursos próprios (obtidos ou não junto a terceiros), na aquisição de faturamento de empresas comerciais ou de prestação de serviços, na forma já explanada.

3.11 As operações de *factoring* são, portanto, desenganadamente, operações de fomento industrial, de simples natureza mercantil. Não se trata de intermediação financeira, cujo lucro provém do diferencial entre as taxas de juros da aplicação do capital e da captação no mercado, mas de operação de compra, por um preço que se acredita vantajoso, de direitos creditórios (equiparados, de certa forma, a uma mercadoria qualquer), a que se somam prestações de serviços de variada ordem.

3.12 De fato o instituto do *factoring* serve como forma alternativa de obtenção de recursos para importante segmento da economia empresarial, através da alienação de direitos creditórios de sua produção, mas sem ter de recorrer à intermediação financeira. Em síntese, implicam em operação de crédito mercantil, quando previsto o pagamento dos créditos em momento anterior aos seus vencimentos, mas não configuram, de maneira nenhuma, negócio de financiamento, segundo o significado que a legislação pátria empresta a essa expressão.

3.13 A tentativa de disciplina normativa, já ensaiada, comprova aliás essa assertiva. Inicialmente, o Banco Central do Brasil, com vistas à regulamentação e controle do fomento comercial, baixou em 16.6.82 a Circular 703, advertindo (*a*) que "as operações conhecidas por *factoring*, 'compra de faturamento' ou denominações semelhantes – em que em geral ocorrem a aquisição, administração e garantia de liquidez de direitos creditórios de pessoas jurídicas, decorrentes do faturamento da venda de seus bens e serviços – apresentam características e particularidades próprias daquelas privativas de instituições financeiras autorizadas pelo Banco Central"; (*b*) "Assim, e até que a matéria seja regulamentada pelo Conselho Monetário Nacional, as pessoas físicas ou jurídicas não autorizadas que realizarem tais operações continuem passíveis, na forma prevista no § 7º do art. 44 da Lei 4.595, de 31.12.64, das penas de multa pecuniária e detenção de 1 (um) a 2 (dois) anos, ficando a estas sujeitos, quando pessoas jurídicas, seus administradores".

3.14 Na oportunidade, e diante do desenvolvimento das atividades de fomento mercantil que se observava no País, alguns interessados se insurgiram contra o ato do Banco Central, postulando em Juízo o arquivamento junto aos órgãos do Registro de Comércio dos atos constitutivos de empresas que tivessem por objeto a exploração de atividades de *factoring*, independentemente de aprovação prévia do Banco Central do Brasil. Em 1986, as E. Segunda e Terceira Turmas do Tribunal Federal de Recursos[8] consagraram a faturização como atividade essencialmente comercial, admitindo a constituição das empresas de *factoring* independentemente da autorização do Banco Central. Esse fato levou o Departamento de Normas do Mercado de Capitais a oficiar (Ofício DNOC/GABIN-86/105) o Departamento Nacional de Registro do Comércio, o qual, por sua vez, liberou as Juntas Comerciais a acolher pedidos de arquivamento de atos constitutivos das sociedades de fomento comercial, se exame prévio do Banco Central, através da Instrução Normativa 10, de 10.12.86.

3.15 Decorridos mais alguns anos, o próprio Banco Central reviu a sua posição, através da Circular 1.359, de 1988, comunicando que a sua Diretoria, "em sessão realizada em 8.9.88, decidiu revogar a Circular 703, de 16.6.82, relativa às operações de *factoring*". A revogação em tela *suspendia*, assim, a caracterização das operações de fomento comercial como operações financeiras, ou seja, como operações com "características e particularidades próprias daquelas privativas de instituições financeiras".

3.16 Mais recentemente, por meio da Resolução 2.144, de 22.2.95, o Banco Central tornou público determinados "esclarecimentos", onde, de maneira clara e insofismável, *distingue* as "operações de *factoring* das operações privativas de instituições financeiras". Preliminarmente, agasalha o conceito de *factoring* estabelecido pelo art. 28, § 1º, alínea *c.4*, da Lei 8.981, de 20.1.95 (que "altera a legislação tributária federal"), no sentido de que constitui *factoring* "a atividade de prestação cumulativa e contínua de serviços de assessoria creditícia, mercadológica, gestão de crédito, seleção e riscos, administração de contas a pagar e a receber, compras de direitos creditórios resultantes de vendas mercantis a prazo ou de prestação de serviços".

8. Autoras das ações foram duas empresas gaúchas, a Financial e a Serda, cf. "A Constituição Federal e o estágio em *factoring*", artigo de Carlos Renato de Azevedo Ferreira, in *O Estado de S. Paulo*, de 7.5.89, p. 57.

Ato contínuo, esclareceu que, *in verbis*, "qualquer operação praticada por empresas de fomento mercantil (*factoring*) *que não se ajuste* ao disposto [no artigo acima citado], e que caracterize operação privativa de instituição financeira, nos termos do art. 17 da Lei 4.595, de 31.12.64, constitui ilícito administrativo (Lei 4.595, de 31.12.64) e criminal (Lei 7.492, de 16.6.86)".

3.17 Da leitura da norma acima transcrita, infere-se que o Banco Central distingue perfeitamente as operações de *factoring* das operações financeiras, definindo as primeiras como negócios mercantis que tenham por objeto os atos enumerados no art. 28, § 1º, alínea *c.4*, da Lei 8.981, de 1995, e as extremando, assim, dos negócios privativos das instituições financeiras. Em suma, de acordo com essas manifestações da Autoridade Monetária, as operações de *factoring* são transações comerciais regidas pelo Direito comum, que refogem, portanto, do crivo do Banco Central.

3.18 Cabe ainda uma última referência ao tratamento tributário emprestado às operações de *factoring*. Em 1997, foi baixado um pacote fiscal através da Medida Provisória 1.602/97, convertida na Lei 9.532, de 10.12.97, cujo art. 58 veio a dispor que a pessoa física ou jurídica que alienar a empresa de *factoring* (tal como caracterizada pelo art. 15, § 1º, alínea *d*, da Lei 9.249, de 26.12.95) direitos creditórios resultantes de vendas a prazo, sujeita-se à incidência do IOF, "às mesmas alíquotas aplicadas pelas instituições financeiras", ficando responsável pela cobrança e recolhimento a empresa de *factoring* adquirente do direito creditório. Esse dispositivo foi reiterado pela Instrução Normativa 5, de 16.1.88, da Secretaria da Receita Federal.

3.19 Sem abordar a manifesta ilegalidade e inconstitucionalidade da norma tributária em questão, cumpre apenas registrar que a mesma não respeita o perfil do instituto, de natureza marcadamente mercantil, que o *factoring* ostenta, em franca agressão aos arts. 109 e 110 do CTN, que proíbem possa a lei tributária "alterar a definição, o conteúdo e o alcance dos institutos de direito privado", regulando, ademais, contra o disposto nos arts. 192 e 153, inc. V, da Constituição Federal, que instituiu o IOF apenas para as instituições elencadas no art. 192. Cabe no entanto deixar apontado que o diploma em apreço está indisfarçavelmente ciente da diferença que separa as operações de *factoring* das operações financeiras, tanto que, ao criar a hipótese de incidência do imposto e estabelecer a sua alíquota, atua *por equiparação ou aplicação extensiva*, ou seja, trata das operações de faturização "como se fossem" operações de financiamento praticadas pelas instituições financeiras – que na realidade não são. Desnecessário advertir que estamos diante de uma lei exclusivamente de caráter tributário, cujos efeitos se esgotam no específico campo em que atua.[9]

4. As operações descritas na consulta são operações de fomento mercantil

4.1 À vista do exposto, podemos dizer que as operações descritas na consulta são, inegavelmente, operações de *factoring*, apenas com a peculiaridade de estarem inseridas numa seqüência de faturizações, praxe aliás freqüente no mercado. Com efeito, a operação em massa com créditos futuros, através de cessões de direito, por parte de uma empresa especializada, é prática difundida nos tempos atuais em vários países, a ponto de, na Itália, ter sido editada a Lei 52, de 21.2.91, que procurou adequar uma estrutura negocial, pensada e

9. Na Itália, onde a definição de entidade financeira é diferente, também é feita a distinção entre o *factoring* e as empresas bancárias nos mesmos termos: "risulta chiara la netta distinzione tra l'impresa bancaria e quella di *factoring* con riferimento all'evidente presupposto che quest'ultima non esercita alcuna raccolta di risparmio tra il publico" (Tucci, ob. cit., p. 530).

construída em função de negócios singulares, a uma dinâmica de massa, colocando a cessão de crédito no âmbito de uma atividade empresarial.[10] Na espécie, também podemos vislumbrar uma constelação de negócios de *factoring*, disposta num processo utilizado em série ou em massa pela empresa de fomento, no exercício normal de sua atividade.

4.2 Se não, vejamos. Como relatado, num primeiro passo, a "Fomento" compra créditos contra um importador no exterior, decorrentes de exportações de mercadorias, pactuadas entre exportadores e importadores (*export notes*), adrede adquiridos por uma firma de desenvolvimento de negócios, a "Desenvolvimento". Pela aquisição dos referidos créditos, a "Desenvolvimento" tinha pago um sinal, obrigando-se a saldar a prazo o saldo remanescente, por ocasião dos vencimentos dos créditos cedidos. Advirta-se que o cedente-exportador responsabiliza-se pela liquidação dos créditos de exportação na qualidade de fiador e principal pagador, perante a cessionária e seus sucessores. Nessas condições, a "Desenvolvimento" cede à "Fomento" créditos adquiridos, para pagamento igualmente a prazo, mas desta feita parcelado em prestações mensais.

4.3 A *export note* equivale a uma fatura comercial decorrente de uma compra e venda internacional, de sorte que a sua aquisição por parte da "Fomento" – através da empresa diafragma – reflete a mais tradicional das operações de *maturity factoring*, ou seja, de faturização com pagamento no vencimento, aliás com direito de regresso contra a empresa cedente. Em sendo os créditos pagos à cedente pela "Fomento" apenas quando dos respectivos vencimentos, não há qualquer "antecipação" ou "adiantamento" em dinheiro por parte da *factor*, razão pela qual não há cogitar aqui em operação de crédito.

4.4 Através de nova cessão, a "Fomento", cessionária do crédito de exportação, transfere-o ao "Banco", desta feita mediante pagamento à vista, antecipando assim os recursos pecuniários do crédito antes da sua maturação, o que vem a dar à transação a condição de uma operação de *conventional factoring*, ou seja, de uma faturização com adiantamento de numerário. Obviamente que a "Fomento" pactua essa cessão à vista com o "Banco" a fim de obter disponibilidades, praticando, destarte, uma inegável "operação de crédito", que não se reveste da natureza de operação financeira. Trata-se de uma operação de crédito comum a toda empresa comercial, que simplesmente busca obter recursos líquidos para cumprir seu objeto social, seja através de empréstimos, aumentos de capital com aportes dos acionistas, emissão de debêntures, lançamento de ações ao público, ou mesmo venda de ativos e alienação de direitos creditórios – como, aliás, se fez na hipótese em foco. Pois ao lado da geração de lucros, largo é o espectro das providências destinadas à obtenção de capital de terceiros, com que contam as empresas mercantis, financeiras ou não-financeiras.

4.5 Essas operações de crédito, no entanto, não são operações financeiras. É preciso não confundir a pura e simples obtenção de disponibilidades pecuniárias de terceiros, para a geração de capital de movimento, praticada por todo e qualquer tipo de empresa, com a "coleta de recursos" junto ao público em geral, que está na base das operações financeiras, na conceituação prevista no art. 17 da Lei 4.595, de 1964. O que distingue uma instituição financeira de uma entidade não-financeira é a sua capacidade de captar recursos da população e aplicá-los em operações financeiras, como já foi apontado. A empresa de fomento não capta recursos do público. Na busca,

10. No art. 4 da Lei 52, é regulamentada a "cessione di crediti futuri e di crediti in massa". Cf. Felsani, "La l. 21 febbraio 1991, n. 52, sulla disciplina della cessione dei crediti d'impresa", *Rivista del Diritto Commerciale*, ano LXXXIX, 1991, pp. 731 e ss.

porém, de obter disponibilidades, pode realizar operações de crédito, como cessões de direitos creditórios, até mesmo com instituições financeiras. Nem por isso essas transações passam a revestir a natureza de operações financeiras.

4.6 Essas operações de crédito, quando dizem respeito às instituições financeiras, têm sido regulamentada aliás pelo Banco Central, através de seus atos normativos. As normas acerca das cessões de crédito encontram-se consolidadas na Resolução 1.962, de 27.8.92, que expressamente autoriza a aquisição por parte das instituições financeiras "de direitos creditórios de pessoas *não* integrantes do Sistema Financeiro Nacional" (art. 9º, parágrafo único). No que toca especificamente à cessão dos *export notes* (como se operou no vertente caso), o art. 12 da citada Resolução a autoriza nos seguintes termos: "É facultada às instituições financeiras *a aquisição e a cessão*, a pessoas *integrantes ou não integrantes* do Sistema Financeiro Nacional, de créditos decorrentes de contratos de exportação negociados no mercado interno". Por fim, a Circular 2.715, de 28.8.96, que dispõe especificamente sobre operações de crédito com empresas de *factoring*, inclui no rol das atividades das instituições financeiras, "(I) a realização de operações de crédito com empresas cujo objeto social, exclusivo ou não, seja a prática de operações de compra de faturamento (*factoring*); (II) o aporte de recursos a empresas de *factoring* e promotoras de vendas" (art. 1º).

4.7 Dando seqüência ao processo de faturização descrito na consulta, a "Fomento" "compra", a seguir, o faturamento de uma concessionária de veículos automotores, desta vez sem transacionar diretamente com a empresa sacadora, mas mediante a permuta das dívidas assumidas pelos adquirentes dos veículos, com o débito que a "Fomento" tem para com a "Desenvolvimento", por força dos direitos creditórios provenientes de exportações que adquiriu, conforme descrito na primeira série de cessões.

4.8 Em decorrência dessas assunções recíprocas de débitos, a "Fomento" quita as faturas dos adquirentes de veículos junto à concessionária, ficando tais consumidores obrigados a efetuar o pagamento das prestações do débito relativo à aquisição de créditos de exportação, de responsabilidade da empresa faturizadora, que em troca assumiram. Como se recorda, os veículos são faturados contra o pagamento de uma parcela de entrada e o saldo – objeto da permuta – dentro de 30 dias do faturamento; já a dívida da empresa de fomento relativa à aquisição dos créditos de exportação – assumida pelo adquirente de veículo — prevê pagamentos parcelados, alongados no tempo.

4.9 Estamos, como se vê, perante uma nítida operação de faturização com adiantamento de recursos, ou seja, de uma *conventional factoring*, com a peculiaridade de que essa compra de faturamento, que antecipa recursos à empresa faturizada, se implementa através da aquisição das faturas pela empresa faturizadora diretamente junto aos sacados, que, em troca, assumem os débitos que a empresa de *factoring* mantém junto a terceiro.

4.10 Dir-se-á que, a rigor, não ocorre aqui a operação típica de fomento mercantil, em que a empresa de *factoring* compra o faturamento da empresa comercial, subrogando-se nos direitos de crédito contra os consumidores sacados? Nem consta que as permutas de dívidas ou assunções recíprocas de débitos se inscrevam como típicas operações de *factoring*. Na verdade, o substrato da operação de *factoring* reside na chamada sucessão ativa a título singular, em conseqüência da qual a empresa mercantil credora transmite à empresa de fomento os créditos de que dispõe junto aos seus devedores, consumidores ou usuários, a fim de que esta última possa lhe prestar a gama de serviços que a caracteriza. Via de regra, essa substituição do credor por terceiro na relação obrigacional se dá pelo mecanismo da cessão de crédito, que se bem constitua o instrumental de atuação mais comum do *factoring*, com ele não se confunde. Com efeito, a cessão de créditos é um dos mecanismos jurídicos que estão mais presentes na faturização do crédito. Não é, no entanto, o único instrumento com que a empresa de *factoring* conta para operar a transmissão de crédito.[11]

4.11 Por outro lado, a cessão de direitos não pode ser encarada como aspecto particular do contrato de compra e venda, embora se inscreva igualmente na categoria mais ampla dos negócios de alienação. A sua função econômica não corresponde necessariamente ao esquema legal desse contrato, objetivado na troca de uma coisa por dinheiro, para a transferência de propriedade. Na realidade, a cessão tem mais semelhança com o contrato como fonte de obrigações do que como de transferência de direitos reais. Só em linguagem figurada é que se pode, portanto, falar em "compra de faturamento" para caracterizar o negócio de *factoring*. O *factoring* não é um negócio típico de transmissão de direitos, senão de gestão e de garantia. Como frisamos linhas atrás, a sub-rogação convencional tem apenas função instrumental, como meio para a prestação dos serviços objetivados no *factoring*. Assim, nada impede que o negócio de faturização se faça através do mecanismo da sucessão no débito, já que, como observa Gaudemet, a *cessão de dívida* exerce função econômica análoga à da cessão de crédito, a saber, facilita o acerto de contas sem o deslocamento de numerário.[12]

4.12 Nos autos de infração lavrados contra a "Fomento" e o "Banco", a Autoridade Monetária adverte que, para se aquilatar se as transações levadas a cabo pelas autuadas caracterizariam ou não atividades financeiras, cumpriria levar em conta as atividades da empresa *como um todo*, e não considerá-las isoladamente, devendo ser compreendidas em sua dinâmica. Assim, dentro desse prisma, a aquisição a prazo de direitos creditórios, originários de *export notes*, e sua concomitante cessão onerosa à vista, teriam por finalidade a obtenção de disponibilidades financeiras para a empresa de fomento, configurando uma operação financeira e não um negócio de faturização. No episódio em exame, o "Banco" teria concedido verdadeiros empréstimos a "Fomento" – aliás irregularmente, pois se trata de empresa coligada – utilizando-se do "artifício" representado pelas operações de cessão de contratos de exportação. Tanto que, no vencimento desses contratos, os recursos liberados pelo "Banco" retornam a esse estabelecimento, como é da característica do mútuo. Com os recursos assim obtidos, a "Fomento", "dissimulada sob o manto da troca de dívidas", teria, na verdade, realizado operações de financiamento, visto que pagou à concessionária o preço dos veículos e ficou com o direito de receber diretamente dos adquirentes o valor correspondente, em prestações, respaldando-os com garantias próprias das operações financeiras (reserva de domínio, notas promissórias).

4.13 Na realidade, a Autoridade Financeira parece desconhecer que o fenômeno do *factoring* se inscreve entre os novos mecanismos de troca econômica, caracterizando-se fundamentalmente por ser um instrumento alternativo de fornecimento de liquidez às empresas. Com a expansão industrial, os bens e serviços só poderão ser absorvidos pela clientela, se os prazos de pagamento forem razoavelmente dilatados. De outro lado, o empresário só pode impulsionar a sua atividade produti-

11. "Este mecanismo es en la mayoria de los países europeos la cesión de créditos, pero igual podria ser la subrogación convencional, o cualquier otro medio que sirviera para conseguir el resultado querido con la transmisión del crédito" (Guillamón, *El Contrato de Factoring y su Regulación por el Derecho Privado Español*, Madrid, 1977, p. 80). Cf. Freitas Gomes, *Da Assunção de Dívida e sua Estrutura Negocial*, Rio, 1982, p. 148.

12. Gaudemet, *Théorie Générale des Obligations*, Sirey, 1965, p. 475.

va, se acelerar o aporte de recursos correspondente aos bens e serviços vendidos à clientela. A atividade dos *factors*, mormente nas faturizações com adiantamentos ou antecipações (como ocorre no presente caso), desempenha papel relevante na monetarização dos créditos comerciais. E no exercício dessa função, ao anteciparem recursos presentes em troca de recebimentos futuros, as *factor houses* realizam, evidentemente, operações de crédito. Mas são sempre operações de crédito de cunho mercantil, não revestindo a natureza de operações financeiras, pois as empresas de fomento não fazem a coleta de recursos do público, nem praticam a intermediação financeira, aplicando sempre recursos próprios (obtidos ou não junto a terceiros).

4.14 À vista do exposto, julgamo-nos habilitados a responder os quesitos que nos foram formulados, na forma como se segue:

(1º) Em face da regulamentação existente no Brasil no tocante às atividades de *factoring*, podemos asseverar que as operações praticadas pela "Fomento" se enquadram no conceito de *factoring*, na medida em que se exteriorizam através de negócios de cessão de crédito e de débito, realizados com o objetivo de propiciar às empresas faturizadas – exportadoras ou concessionárias de veículos – serviços relacionados com antecipação dos recursos, gestão e assunção de riscos de inadimplência de créditos comerciais.

(2º) Todas as operações praticadas pela "Fomento", seja de compra de faturamento, no caso das *export notes*, seja de assunção recíproca de dívidas perante terceiros, no caso dos adquirentes de veículos da concessionária, são operações de crédito comercial, que não se confundem nem podem ser equiparadas às operações privativas de instituições financeiras, tais como são definidos pelos arts. 17 e 18 da Lei 4.595/64.

Assim, de maneira nenhuma, essas operações podem ser reputadas como negócios de mútuo, os quais, de resto, são também negócios de crédito, havendo um interregno entre a prestação e a contraprestação das partes. Essencial no mútuo é, como se sabe, a restituição pelo mutuário do que recebeu do mutuante em coisa do mesmo gênero, qualidade e quantidade, depois de escoado certo período de tempo (CC, art. 1.256). Na faturização, porém, isso não ocorre. Na operação de faturização *pro soluto*, é transparente que, mesmo na hipótese de inadimplência dos devedores, estará o faturizado desobrigado de efetuar a devolução, ou de responder por eventuais perdas e danos. Se a transferência dos créditos for feita *pro solvendo*, na falta de pagamento do devedor cedido, o faturizado fica responsável, não porque seja obrigado a restituir a soma restituída, mas porque assumiu a garantia de solvência.

(3º) Todas essas operações de *factoring* são realizadas com recursos próprios da "Fomento", não havendo por parte dessa empresa a "coleta" de recursos da poupança popular, para aplicá-los no giro de seus negócios. Como qualquer empresa comercial, a "Fomento" procura obter disponibilidades pecuniárias, para geração do seu capital de movimento, por meio de várias providências, inclusive venda de ativos a terceiros e cessão de direitos creditórios a estabelecimentos bancários, como aquele que ajustou com o "Banco". Essa captação de disponibilidades líquidas com terceiros não se confunde, contudo, com a coleta de recursos junto ao público, atividade privativa das instituições financeiras. A "Fomento" se limita a comprar e vender bens, que podem consistir em faturas comerciais, direitos representados por contratos, ou mesmo dívidas perante terceiros, mas sempre com recursos que não decorrem do apelo ao público.

(4º) A "Fomento" tem uma determinada dívida, indexada à variação cambial, pois relacionada com a compra de créditos relativos a *import notes*, e pagável a longo prazo, e troca essa dívida com débito de curto prazo, que um consumidor havia assumido perante a concessionária de veículos. Essa permuta de dívidas, ou essa assunção recíproca de débitos, ou caso ainda se queira, essa dupla cessão de dívidas constituem o mecanismo utilizado pelo "Fomento" para realizar a faturização das vendas da concessionária. Trata-se inegavelmente de operação de *factoring*, que não é descaracterizada nem pela existência de coincidência de valores, datas e mesmo de participantes do negócio, estranhada pela Autoridade Financeira, nem pela existência de garantias para o caso de inadimplemento do adquirente de veículo.

Não se nega que as operações enfocadas, conforme se deflui da coincidência de valores, datas e mesmo de participantes dos negócios, foram ajustadas previamente e revelam uma unidade de propósito. Tinham, certamente, por finalidade a obtenção de disponibilidades de caixa, para poder mobilizar os direitos creditórios advindos da venda de veículos por parte da empresa faturizada. Não se vislumbra em quê ditas coincidências descaracterizariam essas operações como negócios de *factoring*. É medida normal de boa gestão empresarial, trate-se de empresa de fomento ou não, ajustar as disponibilidades de caixa aos desembolsos previstos, a fim de que o fluxo de entrada e saída de recursos sejam coincidentes.

Por outro lado, a existência de garantias para o caso de inadimplemento das obrigações do adquirente de veículo igualmente não desnatura ou desfigura a operação. Em decorrência da permuta de dívidas recíprocas, a "Fomento" paga a concessionária, liberando o adquirente de veículo desse compromisso, que, ato imediato, assume o débito das *export notes* perante a "Desenvolvimento". A primeira operação é quitada e totalmente liquidada pela segunda, que será paga pelo adquirente de veículos em prestações. Como a "Desenvolvimento" não foi cientificada da assunção da dívida decorrente da compra das *export notes* pelos adquirentes de veículo, a "Fomento" não foi liberada e mantém-se, perante ela, responsável pelo débito. Daí que os recursos para pagamento desse débito devem ser entregues à "Fomento" (pois o pagamento direto ao credor originário, por parte do assuntor, pode configurar adesão tácita do credor), e daí também a razão do oferecimento de garantias por parte do adquirente do veículo. Essas garantias objetivam assegurar o pagamento do débito assumido e não propriamente a aquisição do veículo em um pretenso financiamento, até porque essa aquisição já se encontra quitada.

(5º) Para concluir, cumpre dizer que a operação de *factoring* pode configurar operação de crédito, mas nem por isso a remuneração do *factor* reveste a natureza de juros ou de deságio. Tais denominações dizem respeito à remuneração das obrigações pecuniárias, constituindo a retribuição do capital utilizado. Já nas operações de *factoring*, instrumentalizadas através de transferências de créditos ou débitos, a remuneração do *factor* é determinada pela diferença de preços nas sucessivas cessões. Nas operações de fomento cabe, portanto, falar apenas em *preço*, assim como se fala somente em preço nas vendas a prazo, que, como sabemos, consubstanciam também negócios de crédito.

A afinidade da remuneração do *factor*, embutida na diferença entre o valor nominal do crédito e o preço pago pela cessão, com o *spread* das operações financeiras, é apenas de superfície. Nas operações financeiras, esse diferencial é determinado por negociações num mercado abstrato e impessoal; no *factoring*, está ausente esse mercado, sendo determinado por partes contrantes concretas e determinadas: a faturizada, titular dos créditos cedidos, e a faturizadora, prestadora de serviços. De qualquer forma, de maneira nenhuma a diferença de valores entre o valor nominal do crédito e o preço com que foi transacionado o *factoring* pode ser caracterizada como juros ou deságio, já que deixariam inexplicados componentes relevantes da remuneração do *factor*, como a prestação dos serviços de gestão e a assunção do risco de inadimplência. Pactuado o preço da operação, nada impede que se convencione expressamente no contrato de *factoring* – como ocorre no caso em exame – uma taxa para os pagamentos parcelados, dando a essa expressão não o significado de razão dos juros (já que juros não existem), mas de uma percentagem proporcional ao preço avençado.

É o nosso parecer, s.m.j.

São Paulo, 26 de outubro de 1998

Pareceres

INCORPORAÇÃO DE RESERVAS DE CAPITAL AO CAPITAL SOCIAL SEGUIDA DA REDUÇÃO DO CAPITAL – LEGITIMIDADE DA OPERAÇÃO

Nelson Eizirik

I – A consulta. II – A incorporação da reserva de capital ao capital social. III – A redução do capital social. IV – Assembléia especial dos preferencialistas e direito de recesso. V – Conclusões.

I – A consulta

A Companhia X – Consulente – solicita-nos um Parecer Jurídico sobre a projetada operação de redução de seu capital social, conforme adiante descrito.

Para tanto, narra-nos a Consulente que:

• É uma sociedade de economia mista estadual.

• O objeto da Companhia, nos termos do art. 3º do seu Estatuto Social, é projetar, construir e explorar sistemas de produção, transmissão, distribuição de energia elétrica, assim como serviços correlatos à realização de suas finalidades principais, inclusive a importação de materiais e equipamentos de energia elétrica para seu uso próprio.

• O *caput* do art. 6º do seu Estatuto dispõe que: "Art. 6º. O capital social é de R$ 580.874.190,24 (quinhentos e oitenta milhões, oitocentos e setenta e quatro mil, cento e noventa reais e vinte e quatro centavos), representado por 388.669.954.000 (trezentas e oitenta e oito bilhões, seiscentas e sessenta e nove milhões, novecentas e cinqüenta e quatro mil) ações, sem valor nominal, sendo 380.669.270.000 (trezentas e oitenta bilhões, seiscentas e sessenta e nove milhões, duzentas e setenta mil) ações ordinárias e 8.000.684.000 (oito bilhões, seiscentas e oitenta e quatro mil) ações preferenciais, sem direito a voto, todas nominativas".

• O § 12 do art. 6º do Estatuto Social está assim redigido: "§ 12. A Sociedade fica autorizada, por deliberação da Assembléia-Geral, a reduzir o seu Capital Social, observadas as disposições da Lei 6.404/76".

• Nos termos do art. 8º do Estatuto, o Estado deterá, obrigatoriamente, a propriedade mínima de 51% (cinqüenta e um por cento) do capital votante da Consulente.

• Os arts. 54 e 55 do Estatuto Social estabelecem que: "Art. 54. Serão deduzidos do lucro, primeiramente, e nesta ordem: a) prejuízos acumulados; b) provisão para o imposto de renda; c) participações referentes ao atendimento de partes beneficiárias, se houver, após as deduções anteriores. Art. 55. Após as deduções previstas no artigo anterior, daquele Lucro Líquido, serão procedidas, pela ordem, mais as seguintes: a) 5% (cinco por cento) do Lucro Líquido, para constituição da Reserva Legal, obedecido o limite máximo permitido; b) 25% (vinte e cinco por cento) do Lucro Líquido ajustado a título de dividendo obrigatório, na forma da lei, assegurando-se: I – às Ações Preferenciais um dividendo anual mínimo, não cumulativo, de 10% (dez por cento), sobre o Capital Próprio a essa espécie de ações, que será entre elas rateado igualmente; II – às Ações Ordinárias, havendo saldo, um dividendo anual mínimo não cumulativo, de 10% (dez por cento) sobre o Capital Próprio a essa espécie de ações, o qual será entre elas rateado igualmente".

• Lei Estadual autorizou a reestruturação societária da Consulente, visando dotá-la de maior eficiência e produtividade, com a criação de novas empresas que assumiriam parte de suas atividades.

• A Consulente, em suas demonstrações contábeis, apresenta Reservas de Capital no valor de 829.949.000,00 resultantes de correção monetária e de subvenções, oriundas da Conta de Resultados a Compensar, significando créditos frente ao Poder Concedente, nos termos do § 11 do art. 7º da Lei 8.631/93, com a redação que lhe foi dada pelo art. 1º da Lei 8.724/93.

• A Consulente pretende promover a *incorporação* de parte de tais Reservas de Capital ao seu capital social, e depois reduzir *o capital*, não só porque ficará ele excessivo, face ao atual estágio de desenvolvimento da empresa, mas também visando a atender ao disposto na Lei Estadual 11.076/98.

• Narrados os fatos, consulta-nos a Consulente sobre a legalidade da projetada operação, assim como sobre as providências que devem ser adotadas para que os acionistas minoritários e/ou terceiros não venham eventualmente a ser prejudicados.

II – A incorporação da reserva de capital ao capital social

1. A primeira questão a ser analisada refere-se à legitimidade da incorporação da reserva de capital ao Capital Social da Consulente.

2. Conforme narrado pela Consulente, apresenta ela reservas de capital no montante de R$ 828.949.000,00 originadas de saldos de correção monetária e de subvenções.

3. Vale observar, inicialmente, que a própria expressão *reservas*, no contexto jurídico-contábil das sociedades, denota uma noção de previdência, de salvaguarda frente a eventuais acontecimentos futuros e imprevisíveis.

4. Conforme tradicionalmente reconhecido pelo Direito Societário, as reservas, uma vez constituídas pela sociedade, representam fundos próprios, valores que lhe pertencem.[1]

5. A doutrina, no Direito Comparado, tem classificado as reservas como "quase capital", ou "capital potencial", na medida em que, inexistindo prejuízos, que as absorvam, a sua destinação natural é a incorporação ao capital social.[2]

6. A transformação das reservas, enquanto "quase capital", em capital social, é juridicamente instrumentalizada pela técnica do *aumento de capital*, que permite a absorção das reservas. A utilidade básica de tal operação reside em proporcionar uma melhor adequação do capital ao patrimônio social.[3]

7. Referentemente às Reservas de Capital, dispõe o art. 182, *caput* e seus §§ 1º e 2º, da Lei das S/A, que: "Art. 182. A conta do capital social discriminará o montan-

1. J. M. Bermond de Vaulx, *Le Droits Latents des Actionnaires sur les Réserves dans les Sociétés Anonymes*, Paris, Sirey, 1965, p. 10.

2. Sabine Dana-Demaret, *Le Capital Social*, Paris, Litec, 1989, pp. 235 e ss.

3. Tullio Ascarelli, *Problemas das Sociedades Anônimas e Direito Comparado*, São Paulo, Saraiva, 1969, p. 408.

te subscrito e, por dedução, a parcela ainda não realizada. § 1º. Serão classificadas como reservas de capital as contas que registrarem: a) a contribuição do subscritor de ações que ultrapassar o valor nominal e a parte do preço de emissão das ações sem valor nominal que ultrapassar a importância destinada à formação do capital social, inclusive nos casos de conversão em ações de debêntures ou partes beneficiárias; b) O produto da alienação de partes beneficiárias e bônus de subscrição; c) o prêmio recebido na emissão de debêntures; d) as doações e as subvenções para investimento. § 2º. Será ainda registrado como reserva de capital o resultado da correção monetária do capital realizado, enquanto não capitalizado".

8. As Reservas de Capital, assim, são formadas por valores recebidos pela companhia e que não transitam pelo Resultado como Receitas, pelo fato de se referirem a valores destinados ao reforço do seu capital, sem terem como contrapartida qualquer atividade da empresa de entrega de bens ou de produção de serviços.[4]

9. Nos termos do art. 200 da Lei das S/A, as Reservas de Capital terão a seguinte destinação: "Art. 200. As reservas de capital somente poderão ser utilizadas para: I – absorção de prejuízos que ultrapassarem os lucros acumulados e as reservas de lucros (art. 189, parágrafo único); II – resgate, reembolso ou compra de ações; III – resgate de partes beneficiárias; IV – *incorporação ao capital social*; V – pagamento de dividendo a ações preferenciais, quando essa vantagem lhes for assegurada (art. 17, § 5º). Parágrafo único. A reserva constituída com o produto da venda de partes beneficiárias poderá ser destinada ao resgate desses títulos" (grifamos).

10. O art. 169 da Lei das S/A, ademais, prevê expressamente como uma das modalidades de aumento de capital, o da capitalização de lucros e de reservas.

11. Como as reservas de capital, assim como a de lucros, constituem valores existentes, anteriormente declarados no patrimônio social, o aumento de capital com tais reservas caracteriza simples operação contábil, consistente no remanejamento de contas já existentes no balanço.[5]

12. É plenamente válida e legítima, assim, a incorporação da totalidade ou de parte das Reservas de Capital ao Capital Social da Consulente, mediante deliberação assemblear.

III – A redução do capital social

13. Nas sociedades em que o sócio não responde com seu patrimônio próprio pelas dívidas da pessoa jurídica – como é o caso das sociedades anônimas – o capital social constitui uma noção construída na prática mercantil para possibilitar a garantia dos credores e o funcionamento da empresa.

14. O capital social, formado pela contribuição dos sócios e pelas reservas, é representado por uma cifra constante do estatuto social, somente podendo ser alterado pela assembléia-geral nas hipóteses previstas em lei. O capital, que tem uma existência de direito, não de fato, evidentemente não se confunde com o patrimônio, formado pelo conjunto de bens, direitos e obrigações da empresa; o capital constitui um valor estático, ao passo que o patrimônio é dinâmico, por excelência, sofrendo mutações diárias.

15. Ainda que o capital social continue a ser objeto de minudente regulação na

4. Sergio de Iucíbus, Eliseu Martins e Ernesto Rubens Gelbcke, *Manual de Contabilidade das Sociedades por Ações*, São Paulo, Atlas, 1995, p. 420.

5. Modesto Carvalhosa, *Comentários à Lei de Sociedades Anônimas*, v. III, São Paulo, Saraiva, 1997, p. 166; Mauro Rodrigues Penteado, *Aumentos de Capital das Sociedades Anônimas*, São Paulo, Saraiva, 1988, p. 96.

legislação societária, vem sendo reconhecido, consensualmente, que a cifra representativa do capital constitui apenas *um* dos mecanismos para a garantia dos credores, os quais, na realidade, tem a efetiva garantia de seus créditos no patrimônio social. A doutrina vem identificando, a propósito, nítida tendência no sentido da edição da normas que viabilizem maior congruência entre capital e patrimônio, quer por ocasião da constituição da companhia, quando se exige avaliação dos bens por perito (art. 8º da Lei das S/A) quer ao longo de toda a existência da companhia, nas diversas operações a que o capital social está sujeito (Lei das S/A, arts. 170, § 3º, 226, 228 etc.).[6]

16. Superado o caráter sacral que antigamente atribuía-se à cifra do capital social, verifica-se que praticamente todos os sistemas jurídicos aceitam e disciplinam expressamente a operação de *redução do capital*, sem conferir-lhe qualquer feição de excepcionalidade.

17. No Direito norte-americano, quase todas as legislações societárias estaduais admitem a operação de redução do capital social mediante simples decisão da administração da companhia, sem necessidade de aprovação assemblear.

18. No direito societário europeu, a Segunda Diretiva do Mercado Comum Europeu, de 31.12.76, admite expressamente a operação de redução do capital social das sociedades anônimas, subordinando-a, porém, à decisão da Assembléia-Geral.

19. Em nosso sistema de direito societário, a Lei das S/A, em seu art. 173, prevê a redução do capital social, nos seguintes termos: "Art. 173. A Assembléia-Geral poderá deliberar a redução do capital social se houver perda, até o montante dos prejuízos acumulados, ou se julgá-lo excessivo".

6. Mauro Rodrigues Penteado, ob. cit., pp. 15 e ss.

20. Cabe observar, preliminarmente, que a decisão de reduzir o capital social compete, com exclusividade, à Assembléia-Geral, órgão que, através do voto dos acionistas, expressa a vontade social.

21. Conforme o art. 121 da Lei das S/A a assembléia-geral tem poderes para decidir sobre *todos* os negócios relativos ao objeto da companhia, bem como para tomar as resoluções que entender convenientes à defesa e desenvolvimento dos negócios sociais.

22. A decisão de reduzir o capital social insere-se dentro dos poderes da assembléia-geral de traçar os rumos da companhia, da maneira que considerar mais adequada, cujo mérito *não* pode ser contestado por qualquer outro órgão, seja a Junta a Comercial, seja a Comissão de Valores Mobiliários, seja o próprio Poder Judiciário, sob pena de caracterizar-se invasão de área de competência privativa da assembléia-geral da sociedade anônima, que expressa a vontade social.

23. O direito de voto na companhia, mediante cujo exercício forma-se a vontade social, é soberano do acionista, não cabendo a quem quer que seja a determinação do seu conteúdo, sob pena de grave afronta aos princípios essenciais do direito societário.

24. A própria Comissão de Valores Mobiliários, órgão encarregado da fiscalização das companhias abertas, nos termos da Lei 6.385/76, com as modificações introduzidas pela recente Lei 9.457, de 5.5.97, tem reconhecido, em procedimentos administrativos, que não detém poderes para substituir a vontade dos acionistas e determinar que as companhias convoquem assembléia-geral para deliberar no sentido do entendimento considerado mais adequado pela CVM.

25. Da mesma forma, o Poder Judiciário tradicionalmente tem se recusado a entrar no mérito das deliberações adotadas pela assembléia-geral, quando regularmente convocada e instalada.[7]

26. Também não cabe à Junta Comercial analisar e eventualmente recusar o arquivamento de atos societários com base em qualquer argumento ligado à inobservância de eventuais direitos patrimoniais e disponíveis dos sócios, muito menos entrar no mérito de deliberações que dizem respeito à gestão do patrimônio e do desenvolvimento dos negócios da companhia, uma vez que sua competência restringe-se ao exame formal dos atos e documentos societários, conforme a orientação da doutrina e da jurisprudência.[8]

27. Ou seja, uma vez adotados os procedimentos previstos na Lei das S/A, e adequadamente assegurados os direitos dos credores e dos acionistas minoritários, se for o caso, a decisão de reduzir o capital da companhia, por constituir matéria concernente à gestão empresarial, não pode ser, no mérito, objeto de contestação ou de reparos por parte de terceiros.

28. A Lei das S/A, em seu art. 173, prevê expressamente a possibilidade de proceder a companhia à redução do seu capital social, mediante decisão soberana da assembléia-geral dos acionistas.

29. Distingue-se tradicionalmente, tanto no Direito Comparado,[9] como entre nós[10] duas modalidades de redução do capital: a *real*, ou efetiva, quando há igual diminuição do patrimônio destinado a representar a cobertura da cifra do capital social; e a *nominal*, ou contábil, que significa mera operação contábil, de redução da cifra do capital, permanecendo intocado o valor patrimonial.

30. A redução *nominal*, também denominada *saneamento financeiro*, supõe a existência de prejuízos, daí decorrendo a redução do capital para mantê-lo em posição de equilíbrio com o patrimônio real da companhia.

31. Já na redução *real*, que pode ser ditada por razões de conveniência administrativa, há restituição do excesso de capital aos acionistas, ou diminuição do valor das ações, quando não integralizadas; a restituição deve ser feita *pro rata*, incidindo sobre todas as ações, na mesma proporção, em respeito ao princípio da igualdade entre os acionistas.

32. A proposta de redução do capital social, antes de ser submetida à assembléia-geral, deve ser analisada pelo Conselho Fiscal, que emitirá parecer a respeito da matéria, uma vez que se trata de medida que implica em modificação do capital (arts. 163, III e 173, § 1º da Lei das S/A).

33. Referentemente ao procedimento da redução do capital, deve ser observado, inicialmente, que a matéria deve constar da ordem do dia da convocação da assembléia-geral extraordinária, em obediência ao disposto no *caput* do art. 124 da Lei das S/A.

34. Como a medida de redução do capital ocasiona alteração do estatuto social,

7. Nelson Eizirik e Aurélio Wander Bastos, *O Poder Judiciário e a Jurisprudência sobre Sociedades Anônimas e Instituições Financeiras,* Rio de Janeiro, IBMEC, 1980, p. 65.

8. Rubens Requião, *Curso de Direito Comercial,* v. I, São Paulo, Saraiva, n. 66; Miguel Reale, Parecer publicado na *RT* 40, fascículo 530; apelação cível 584.012.934, j. pela 1ª Cciv. do TJRS, em 5.11.85, in Nelson Eizirik, *Sociedades Anônimas – Jurisprudência,* Rio de Janeiro, Renovar, 1996, p. 689.

9. Antonio Peres de la Cruz Blanco, *Reducción del Capital en Sociedades Anónimas,* Bolonha, 1973, p. 73.

10. Alfredo Lamy Filho, "Redução do capital social com base em balanços intermediários", in *A Lei das S/A*, v. II, 2ª ed., Rio de Janeiro, Renovar, p. 471.

o *quorum* de instalação será o previsto no art. 135 da Lei das S/A: presença de dois terços dos acionistas representativos do capital votante, em primeira convocação, mas com qualquer número na segunda convocação.

35. As medidas de incorporação das Reservas de Capital à cifra do capital social e de conseqüente redução do capital, no montante correspondente à totalidade ou à parte das reservas a ele incorporadas, podem ser legitimamente deliberadas na *mesma* Assembléia-Geral Extraordinária, constituindo ambas, conforme já analisado, operações de natureza contábil.

36. No caso da redução *nominal* do capital, procedida quando há prejuízos acumulados, como medida de saneamento financeiro, os credores *não* são afetados, não lhes cabendo manifestar-se sobre a medida.

37. Já na hipótese de redução *real* do capital, que é a do presente caso, como é atingido o patrimônio social, com a devolução aos acionistas de parte do valor de suas ações, busca-se tutelar o direito dos credores.

38. Nesse sentido, a Lei das S/A, em seu art. 174, estabelece que os credores quirografários por títulos anteriores à data de publicação da ata da assembléia-geral que a tiver deliberado poderão se opor à medida, mediante notificação, no prazo decadencial de sessenta dias contados da publicação da referida ata.

39. Caso haja oposição dos credores, a ata da assembléia-geral que deliberar a redução do capital somente poderá ser arquivada no registro do comércio se a companhia demonstrar que pagou os seus créditos ou depositou judicialmente as respectivas importâncias.

40. Caso existam debêntures emitidas pela companhia em circulação, a redução do capital dependerá da prévia aprovação pela maioria dos debenturistas, reunidos em assembléia-geral, conforme o disposto no § 3º do art. 174 da Lei das S/A.

41. No caso presente, tratando-se de redução *real* do capital, devem ser adotados os procedimentos acima descritos, tendo em vista a tutela dos direitos dos credores, para a plena eficácia da deliberação de reduzir o capital.

IV – Assembléia especial dos preferencialistas e direito de recesso

42. Nos termos do art. 55 do Estatuto Social da Consulente, é assegurado às ações preferenciais um dividendo anual *mínimo*, não cumulativo, de 10% sobre o capital próprio a essa espécie de ações, o qual será entre elas rateado igualmente.

43. A Lei das S/A, em seu art. 136, II e § 1º, condiciona a eficácia da medida que ocasiona alteração nas preferências ou vantagens de uma ou mais classes de ações preferenciais à prévia aprovação ou ratificação, no prazo de um ano, por titulares de mais da metade de cada classe de ações preferenciais prejudicadas, reunidos em assembléia especial.

44. Conforme já tivemos a oportunidade de comentar, existindo diminuição potencial ou real dos direitos patrimoniais dos titulares de ações preferenciais, deve ser convocada assembléia especial dos preferencialistas.[11]

45. No mesmo sentido, na hipótese de redução do capital social, Modesto Carvalhosa entende que: "Configurar-se-á o caso típico de redução por excesso do capital com afetação dos direitos das preferenciais se o dividendo mínimo atribuído a elas

11. *Reforma das S/A e do Mercado de Capitais*, Rio de Janeiro, Renovar, 1997, p. 120.

pelo estatuto tiver por base o capital social. Essa hipótese, que é comuníssima, demandará a realização de assembléia especial dos preferenciais, com direito de recesso para os dissidentes, na forma dos arts. 136 e 137".[12]

46. No caso, com a redução do capital ocorrerá uma diminuição potencial dos direitos dos preferencialistas, uma vez que o dividendo que lhes é atribuído é calculado sobre o valor do capital.

47. Consequentemente, deve a medida ser previamente aprovada ou ratificada pelos titulares de ações preferenciais, reunidos em assembléia especial, a ser realizada no prazo de um ano, para sua plena eficácia, conforme o art. 136, § 1º da Lei das S/A, com a redação que lhe foi dada pela Lei 9.457/97.

48. Ademais, deve constar da ata da Assembléia-Geral que deliberar a redução do capital que tal deliberação somente terá eficácia após a sua ratificação por parte da assembléia especial dos preferencialistas, nos termos do art. 136, § 4º da Lei das S/A, acrescentado pela Lei 9.457/97.

49. Podem os preferencialistas que discordarem da deliberação de reduzir o capital exercer o direito de recesso, com fundamento no art. 137, I, da Lei das S/A, com a nova redação introduzida pela Lei 9.457/97.

50. Deve ser observado que o direito de recesso de nenhuma forma invalida ou torna menos legítima a deliberação assemblear de reduzir o capital social.

51. Considera-se que o acionista controlador é o intérprete do interesse social, dada a prevalência do princípio majoritário na sociedade anônima. Há, porém, certos direitos individuais que correspondem a prerrogativas essenciais do acionista, das quais ele não pode ser privado. Assim, quando a decisão majoritária contraria o interesse dos minoritários, nos casos expressamente elencados na Lei das S/A, podem eles retirar-se da companhia com o reembolso do valor de suas ações.[13]

52. Porém, o ato praticado pela companhia que enseja o direito de recesso *não* constitui ato ilícito; o recesso, na realidade, significa apenas a compensação de interesses particulares dos acionistas minoritários sacrificados legitimamente em favor do interesse social.[14]

53. Daí decorre a plena legitimidade da operação de redução do capital social da Consulente, ficando sua eficácia condicionada ao pagamento aos credores que se opuserem à medida, assim como à ratificação dos titulares de ações preferenciais, reunidos em assembléia especial.

V – Conclusões

54. Face à análise desenvolvida e

Considerando

• Que a Consulente apresenta em sua contabilidade Reservas de Capital no montante de R$ 828.949.000,00;

• Que as Reservas de Capital constituem *quase capital*, na medida em que, inexistindo prejuízos que as absorvam, a sua destinação natural é a incorporação ao capital social;

• Que a transformação das reservas em capital social, nos termos da legislação societária, é realizada mediante o aumento do capital;

12. *Comentários à Lei de Sociedades Anônimas*, cit., p. 527.

13. Cf. o nosso *Reforma das S/A e do Mercado de Capitais*, cit., p. 61.

14. Fabio Konder Comparato, "Valor de reembolso no recesso acionário", *RT* 563/50.

• Que a Consulente deseja incorporar as reservas ao capital social para depois proceder à sua redução, não só por ser ele excessivo, face ao atual estágio de desenvolvimento das atividades desenvolvidas pela companhia, mas também para atender ao disposto na Lei Estadual 11.076/98;

• Que nossa legislação admite expressamente a redução do capital social, mediante deliberação assemblear;

• Que compete ao acionista exercer, soberanamente, o seu direito de voto, com vistas à formação da vontade social;

• Que a decisão de reduzir o capital social constitui matéria de competência exclusiva da assembléia-geral, cujo mérito e conveniência não podem ser objeto de contestação por parte de terceiros;

• Que as operações de incorporação das reservas ao capital e conseqüente redução do capital podem ser validamente praticadas na mesma assembléia-geral extraordinária;

• Que a redução do capital, no caso, por atingir o patrimônio social, pode ensejar a oposição dos credores, cabendo à companhia, em tal hipótese, demonstrar que pagou ou depositou judicialmente o valor de seus créditos;

• Que, como a redução do capital, embora constituindo operação legítima, pode ensejar a diminuição potencial dos direitos dos titulares de ações preferenciais, deve ser ela aprovada previamente ou ratificada no prazo de um ano por assembléia especial dos preferencialistas, cabendo aos dissidentes o direito de recesso.

Respondemos que a incorporação das reservas ao capital social e a conseqüente redução do capital social da Consulente constitui operação plenamente válida e legítima, nos termos da legislação societária, condicionada sua eficácia ao atendimento dos direitos dos credores que se opuserem e à ratificação por parte dos titulares de ações preferenciais, reunidos em assembléia especial.

É o nosso Parecer.

Rio de Janeiro, 20 de fevereiro de 1998

Impressão e acabamento:
GRÁFICA PAYM
Tel. (011) 4392-3344

RDM 115

DOUTRINA: EFICIÊNCIA ALOCATIVA DAS NORMAS QUE REGEM O DIREITO DE PROPRIEDADE E A REFORMA AGRÁRIA – Rachel Sztajn • ***ATUALIDADES:*** O DIREITO DA PRIVATIZAÇÃO – Arnoldo Wald • RESPONSABILIDADE DOS ADMINISTRADORES E OUTROS MEMBROS DOS ÓRGÃOS SOCIAIS POR DÍVIDAS TRIBUTÁRIAS – Armindo Saraiva Matias • INTERPRETAÇÃO DO DIREITO COMERCIAL – Jorge Lobo • APLICAÇÃO DO ACORDO TRIPS NO BRASIL – Newton Silveira • INATIVIDADE DA SOCIEDADE COMERCIAL – Joaquim Antônio Vizeu Penalva Santos • APLICABILIDADE DA RESOLUÇÃO 2.493/98 ÀS COMPANHIAS SECURITIZADORAS DE CRÉDITOS IMOBILIÁRIOS – Caio Moysés de Lima • OS CONSÓRCIOS DE EMPRESAS E SEUS RISCOS JURÍDICOS – João Luiz Coelho da Rocha • ASPECTOS ATUAIS DO CONTRATO DE CÂMBIO – Marcelo M. Bertoldi • QUESTÕES JURÍDICAS SOBRE A INADIMPLÊNCIA NO PAGAMENTO DO CHEQUE – Celso Barbi Filho • CONTEMPORANEIDADE DO CÓDIGO COMERCIAL IMPERIAL. BREVES CONSIDERAÇÕES – Luiz Antonio Guerra da Silva • A PROPÓSITO DA SECURITIZAÇÃO DE RECEBÍVEIS: CESSÃO DE CRÉDITO OU CESSÃO DO CONTRATO – Cassio M. C. Penteado Jr. • DO ACESSO AOS LIVROS SOCIETÁRIOS. – Nelson Cândido Motta • APLICAÇÃO EXTRATERRITORIAL DA LEI ANTITRUSTE – Lior Pinsky • ***JURISPRUDÊNCIA COMENTADA:*** O SIGNIFICADO DA EXPRESSÃO "OPERAR INSTITUIÇÃO FINANCEIRA" CONSTANTE DO ART. 16 DA LEI "DOS CRIMES DO COLARINHO BRANCO" (LEI 7.492/86) – Haroldo Malheiros Duclerc Verçosa • EXECUÇÃO JUDICIAL DE DUPLICATAS SEM OS ORIGINAIS DOS TÍTULOS – Celso Barbi Filho • LIQUIDAÇÃO EXTRAJUDICIAL DE COMPANHIA SEGURADORA. DIREITO DO ACIONISTA RECORRER AO PODER JUDICIÁRIO PARA DEFESA DE SEUS DIREITOS – Frederico Simionato • CISÃO. PREJUÍZO AOS MINORITÁRIOS. DESPROPORCIONALIDADE. COMPETÊNCIA DO REGISTRO PÚBLICO DAS EMPRESAS – Alexandre Letízio Vieira • ***ESPAÇO DISCENTE:*** PREÇO DE EMISSÃO DAS AÇÕES NO AUMENTO DE CAPITAL DA COMPANHIA – ART. 170 DA LEI DAS SOCIEDADES POR AÇÕES (ALTERAÇÕES INTRODUZIDAS PELA LEI 9.457/97) – Sandra de Medeiros Nery • ***PARECERES:*** A OPERAÇÃO DE "FACTORING" COMO OPERAÇÃO MERCANTIL – Luiz Gastão Paes de Barros Leães • INCORPORAÇÃO DE RESERVAS DE CAPITAL AO CAPITAL SOCIAL SEGUIDA DA REDUÇÃO DO CAPITAL – LEGITIMIDADE DA OPERAÇÃO – Nelson Eizirik

MALHEIROS EDITORES